往生要集

全現代語訳

源信
川崎庸之・秋山　虔・土田直鎮

講談社学術文庫

目次

往生要集　巻下末

凡例

一、本書は『恵心僧都全集』（昭和二〜三年、比叡山図書刊行所）を底本とした。

一、訳出にあたっては、花山信勝博士の『原本校註漢和対照 往生要集』（昭和十二年、小山書店）、同博士訳注の『往生要集』（岩波文庫所収。昭和十七年、岩波書店）、石田瑞麿博士訳の『往生要集』（東洋文庫所収。昭和三十八年、平凡社）、同博士の『源信』（日本思想大系所収。昭和四十五年、岩波書店）を参照して、多大の示唆に与ったことを特記して深謝の意を表したいと思う。

一、現代語訳は次の分担で担当した。

「大文第一　厭離穢土」〜「大文第二　欣求浄土」　秋山　虔
「大文第三　極楽の証拠」〜「大文第五　助念の方法」　土田直鎮
「大文第六　別時念仏」以降　川崎庸之

一、底本における割注は〔 〕、訳者の注は（ ）の中に入れた。

一、補注は土田と川崎が執筆し、巻末にまとめた。

往生要集

往生要集　巻上本

天台首楞厳院沙門源信撰

そもそも往生極楽《おうじょうごくらく》のための教えと修行こそは、汚濁《おじょく》にまみれた末世の人々を導く眼であり、足である。出家の身も在家の者も、あるいは貴賤のいかんを問わず、誰かこの道に帰一しない者があろうか。ただし顕教《けんぎょう》(1)といい密教(2)といい、その教え説くところ、かならずしも同一ではない。また、仏の相好《そうごう》や浄土の姿を観想する事観(3)や、仏を普遍的な真理そのものとして観《み》る理観(4)にも、いろいろの修行の方法がある。智力、人に秀《すぐ》れ、なおかつ精進を怠らぬ者は、修行の苦もさしておぼえぬであろう。しかしながら私のごとき頑迷凡愚の身には、どうしてよく修行に堪え、進んでこれをわがものとすることができようか。

このゆえに、ごく限られた念仏(5)という分野について、わずかではあるが経や論の中から、いささか要諦とすべき文章を収録した。時にのぞんでこれを繙《ひもと》き、これを修《しゅ》するなら、理解の一助ともなり、修行の困難もまたやわらげうるであろう。

全体は十の部門から成る。これを分けて三巻に構成した。第一は厭離穢土《おんりえど》、第二は欣求浄土《ごんぐじょうど》、第三は極楽の証拠、第四は正修念仏《しょうじゅねんぶつ》、第五は助念の方法、すなわち念仏の助けとなる法、第六は別時、すなわち特定の時の念仏、第七は念仏の利益《りやく》、第八は念仏を勧める証拠、第九には浄土に生まれんがためのもろもろの修行、第十には問答料簡《もんどうりようけん》、すなわち問答による解釈である。これを日夜、座右の友とし、ゆめ忘れざらんことを期したい。

大文第一　厭離穢土

そもそも、人のこの世に生を享《う》けるや、三界《さんがい》(6)は苦患《くげん》の熄《や》むことを知らぬ世界である。ために安心の境を得るということがない。なにはさておき、娑婆《しゃば》世界を厭離すべき理由はそこにある。いま、この世界の様相を明確にするために、全体を七つの部門に分けて考えることとする。第一には地獄、第二には餓鬼、第三には畜生、第四には阿修羅《あしゅら》、第五には人《にん》、第六には天、そして第七には総結とする。

第一　地獄

地獄もまた、これを八つに分類する。その一は等活《とうかつ》、その二は黒縄《こくじょう》、その三は衆合《しゅごう》、その四には叫喚《きょうかん》、その五は大叫喚、その六は焦熱《しょうねつ》、その七は大焦熱、その八には無間《むけん》の各地獄である。

初　等活地獄

等活地獄は、人の住む世界の地下、一千由旬《ゆじゅん》(7)の所にある。縦横《たてよこ》の広さは一万由旬に及ぶ。

この地獄に蠢《うごめ》く罪人どもは、互いに相手の虚をうかがいあい、常に敵愾心《てきがいしん》の炎《ほむら》を抱いている。たまたま相見る機を得ると、たとえば猟師が鹿という好餌を目の前にした時のように、互いにござんなれと、鉄のような非情の爪で挑みかかり引き裂く。血をすすりあい、肉を食《は》み、ついには骨だけがわずかに人間の形態をとどめる。あるいは地獄の獄卒が、手に鉄杖・鉄棒を握りしめ、罪人の全身をくまなく打ちすえ打ち砕く。ために身体は破れとび、ついには土塊《つちくれ》のように粉々となる。あるいは鋭利な刃《やいば》で切り刻むこと、あたかも料理人が魚や肉を割《さ》くがごとくである。ところがこの罪人ども、涼風吹き来たればたちまちに生者となり、ふたたび起《た》ち、ふたたびもとにもどって苦悶に身を沈める。これら罪人が息を吹きかえす時、空中から「汝《なんじ》ら、もとのごとくに活きかえれ」という声がするとも、獄卒が二股に分かれた鉄の棒で地を打ち、「活きかえれ、活きかえれ」と呼ぶのだともいう。こうして罪人は息を吹きかえしては血を吐いて悶絶し、また活きかえる。このような苦しみをつぶさに述べる気力をいま私はもたない〔以上は『智度論《ちどろん》』(8)『瑜伽論《ゆがろん》』『諸経要集《しょきょうようしゅう》』により撰集した〕。

人間世界の五十年が一昼夜にあたる四天王天は、その寿命は五百年である。この四天王天の寿命をもってするも、等活地獄の一昼夜にしかならぬ。しかも等活地獄の寿命は五百年である。ここには、殺生《せっしょう》の罪を犯した者が堕《お》ちるのである〔以上、寿命の長さは『倶舎《くしゃ》』により、地獄へ堕ちる悪の原因は『正法念経《しょうぼうねんきょう》』によった。以下に述べる六つの地獄についても同じである〕。『優婆塞戒経《うばそくかいきょう》』には、四天王天の一年は、最初の地獄の一昼夜にあたるという。以下はこれに準じて述べるものと知られたい。

この地獄には東西南北、それぞれに門があり、それに付属する十六の特別の箇所、いわゆる別処と称するものがある。

第一には屎泥処《しでいしよ》である。極熱《ごくねち》の屎《くそ》がどぶどろを呈している。味はあくまでも苦い。金剛石のようにかたい嘴《くちばし》の虫どもが、その中に充満し蠢いている。罪人はこの極熱の屎を貪《むさぼ》りくらうのである。すると、罪人めがけどっと蝟集《いしゆう》する虫どもは、先を争ってくらいつくのだ。皮膚を破って肉を食む。骨を砕いて髄を吸う。その昔、鹿を殺し鳥を殺《あや》めた者がこの中に堕ちるのである。

第二には刀輪処《とうりんしよ》である。鉄壁の周囲をめぐること十由旬。火炎は猛《たけ》り狂い、ことごとくを焼き尽くす。わずかに触れる炎にすら、からだは芥子粒《けしつぶ》のように粉々に砕かれる。灼熱《しやくねつ》せる鉄の雨は、容赦なく降り注ぐのだ。これに較《くら》べると、人間世界の火はまことに雪のごときもの、熱なきに等しい。また、刀の林がある。その刃の鋭利なること、触れる者をしてことごとく断つ。さらに刃が雨のように降り注いでくる所がある。種々の苦しみはこもごも襲い来たり、とても堪え忍びうるものではない。昔、物を貪り、生あるものを殺戮《さつりく》した者がこの中へ堕ちるのである。

第三には瓮熟処《おうじゆくしよ》である。罪人を捉え鉄の瓮《かめ》に入れ、豆のようにじっくりと煎《い》りあげる所である。昔、生きものを殺し、煮て食べた者の堕ちゆく所である。

第四には多苦処《たくしよ》という。ここには何万億種かの、数えきれぬ苦しみがある。そのいちいちについては説ききれない。この中に堕ちる者は、昔、縄で人を縛ったり、杖で人を打擲《ちようちやく》したりした者、または人を遠国《おんごく》の地に追放するとか、嶮岨《けんそ》な崖上から突き落とすなどの惨忍な行ないをあえてなした者である。あるいは、人を煙責めの苦におとしたり、みだりに子供の恐怖心を駆りたてるの挙に出た者が堕ちゆく所である。

第五は闇冥処《あんみょうしょ》である。罪人は闇黒の中にいて、常に闇火《やみび》に焼かれる。強い風圧で金剛石の山に叩きつけられ、猛烈な風とかたい石にはさまれて、からだはすり砕かれ、あたかも砂を吹き散らすように微塵《みじん》となる。熱風に灼《や》かれること、ちょうど研《と》ぎすました刀で切りさいなまれるようである。昔、羊の口や鼻を塞いで窒息させ、または亀を二つの瓦の間にはさんで圧殺した者が堕ちこむ所である。

第六は不喜処《ふきしょ》という。ここは大火炎が、昼夜をわかたず天を焦がしている所である。嘴から熱い炎を吐く鳥が棲《す》んでいる。異様な犬や狐の吠え声はあたりに充ち満ち、不気味きわまるものだ。それらは突如として襲いかかり、罪人の肉を食《は》み骨をしゃぶる。金剛石のようにかたい嘴をした虫が、骨の中を出たり入ったりして、髄を食い荒らしてしまう。ここは昔、法螺貝《ほらがい》を吹き、鼓を打ってひゅうひゅうと恐ろしげな音をたて、鳥や獣を殺《あや》めた者の堕ちゆく所である。

第七は極苦処《ごくくしょ》と呼ぶ。嶮崖《けんがい》の下にいて、いつも鉄火に焼き爛《ただ》れる所である。昔、欲望の虜《とりこ》となり、勝手放題に生あるものを殺した者が堕ちゆく所である〔以上は『正法念経』によった。他の九つの付属した地獄については経の中に説かれていない〕。

二　黒縄地獄

黒縄地獄は等活地獄の下にあって、縦横の広さは前述の地獄と同じである。獄卒は罪人を捉えると、灼熱した鉄の地面に臥《ふ》せさせる。焼けた鉄の墨縄《すみなわ》でからだの縦横に墨をうち、これまた真赤に灼けた鉄の斧《おの》で、墨縄の線にそって断裁してゆく。時には鉄斧に代えるに鋸《のこぎり》をもってし、あるいは刀でこれを裂く。幾百幾千に切り刻み、あちこちに撒《ま》き散らすのである。また、熱い鉄の縄を無数に交錯させ、罪人をその中に追いこむ。すると悪気に満ちた風が激しく吹き、縄はからだにもつれ絡《から》まる。たちまちにして肉は焼け爛れ、骨は焦げ、苦痛にゆがむに至るのだ〔以上は『瑜伽論』『智度論』によった〕。

また、左右に大きな鉄の山がある。山上にはそれぞれ鉄の幢《はた》をたて、その尖端《せんたん》には鉄の縄を張りめぐらしてある。縄の下には煮え沸《たぎ》る釜《かま》がぎっしりと置かれている。獄卒は罪人に鉄の山を背負わせ、縄の上を渡らせる。歩をあやまればたちまちに、はるか下の鉄の釜へと落下し、骨は砕け肉は煮られる〔『観仏三昧経《かんぶつざんまいきょう》』〕。

ここ黒縄地獄では、かくて等活地獄とその付属の十六の特別の地獄で受ける業苦の十倍もの重い苦痛を受けるのである。獄卒は罪人を責めたて、

「心がいちばん怨《あだ》をなすのだ。この怨こそがもっとも悪を働くのだ。この怨が人を捉え、閻《えん》魔《ま》(9)王のもとへ送らせるのだ。お前ひとりだけが地獄に焼かれ、悪事の果てに食われてしまう。妻子眷属《けんぞく》といえども、何人《なんぴと》もお前を救うことはできぬぞ」〔以下、詳しく説かれている〕

と怒鳴りつける。このあとの五つの地獄は、それぞれ前の地獄で受ける苦しみに十倍する重

いものであることは、この例をもってしても推察できるところだ〔以上は『正法念経』の意を記した〕。

人間の百歳を一昼夜とする忉利天《とうりてん》[10]の寿命は千年である。が、この忉利天の寿命すらも地獄の一昼夜にしかならない。しかも地獄の寿命は千年もあるのだ。ここには殺戮を事とし、盗みを働いた者が堕ちる。

また、等喚受苦処《とうかんじゅくしょ》なる特別の地獄がある。罪人を目くるめく高い嶮崖の上に押し上げ、灼熱の炎をあげている墨縄でこれを縛る。しかるのち、槍《やり》の穂先の林立する、焼け爛れた地面に突き落とす。すると、口から炎を噴《ふ》き上げ鉄の牙を剝《む》き出しにした犬どもが、いっせいにこれにくらいつく。からだはために裂けてとび散る。大声あげて喚《おら》ぶとも、ひとりとして助ける者はないのだ。昔、法《のり》の名をかりてことさらに異見邪説を事とし、いっさいが虚妄の言説にすぎなかった者や、あるいは人としての営みに不誠実で、みずから崖上から投身の挙に出た者がこの地獄へ堕ちる。

また、畏鷲処《いじゅしょ》とよぶ特別の地獄がある。獄卒は杖でにわかにはげしく打擲する。かと思うと、昼夜の別なく罪人を追いまわし、炎を上げる鉄の刀で迫り、箭《や》をつがえて弓を引き絞り、とどめを刺そうとねらう所である。昔、物欲に目がくらみ、人を殺《あや》めたり縛ったり、食物を強奪したりした者が堕ちる所である〔『正法念経』からの略抄〕。

三　衆合地獄

衆合地獄とは、互いにひしめきあい、打ちあう地獄である。黒縄地獄の下にあり、縦横の広さは前の地獄と同じく一万由旬に達する。峨々《がが》たる鉄の山は互いに相対し、牛や馬の頭などの異形《いぎょう》の獄卒が、手に手に拷問の道具を携え、罪人をこの山中に追いこむのである。この時、山は両方から押し迫り押しつぶす。罪人のからだは挟撃され、砕け散る。血は流れ、地に満ちる。あるいは鉄の山が空から崩れ落ち、罪人はさながら砂の塊《かたまり》のように粉々に砕ける。時には罪人を石の上に置き、岩石でこれを圧殺する。あるいは鉄の臼《うす》に入れ、鉄の杵《きね》でこれを搗《つ》き砕く。極悪な地獄の鬼や、熱く焼け爛れた、鉄でできた獅子・虎・狼など、さまざまの獣や、烏・鷲といった黒い羽搏《はばた》きの鳥どもが、われ先にと争いついばみくらうのである〔『瑜伽論』『大論』〕。

また、炎をあげる鉄の嘴の鷲は、罪人の腸《はらわた》を食いちぎると、これを樹上にひっかけておいてくらう。また、そこには大河が流れていて、河の中に鉄の鉤《かぎ》があり、ことごとく火を噴き上げている。獄卒は罪人を捕縛すると、河中に抛《ほう》りこみ、鉤の上に落とすのである。河は熱い赤銅がどろどろに溶けて流れていて、罪人をその上に漂わせる。ある者は日の出のように、わずかにからだの先が浮かび、ある者は重い石のように深々と沈んでいる。流れに足を取られ、いまにも沈まんとして両手を挙げ、天に向かって号泣する者、身を寄せあい泣き叫ぶ者もある。こうして長い時間、はげしい苦悶に身をよじり続けているのだが、頼る者とてなく、救いの主とていないのだ。

さらにまた、獄卒は地獄に身を沈める者を拉致《らち》し来たり、刀身のように鋭く尖った葉の群がる林の中に置く。その樹の頂を見やると、顔立ちの整った、美しく装いを凝らした女がいる。それを見るや罪人は我を忘れて、すぐさまその樹に登ろうとするが、樹の葉は刃のようにたちまち肉を割《さ》き筋を裂く。こうして満身これ膾《なます》のごとく切り裂かれ、ようやく登り終わってくだんの女はと見れば、いつの間にやら地上にいて、嫣然《えんぜん》と秋波を送るのだ。

「あなたを一途《いちず》に慕うのあまり、わたしはここへ下りて来ましたのに。あなたはどうして、わたしのそばへはいらっしゃらないの。なぜ、抱いてはくださらないの」

罪人はこれを目にするや、欲情の炎《ほむら》に身をよじり、ふたたび樹を伝って下り始めるが、刃のような葉はことごとく上を向き、さながら鋭利な剃刀《かみそり》のようである。罪人、からだじゅういたるところを切り裂くも、ようやく地上に下り立つや、女はまたもや樹上にある。罪人これを見て、再三再四、女を追うの愚を繰り返す。こうして百千億年の長きにわたり、みずからが作り出した妄執の虜となり、おのれの心に誑《たぶら》かされ、この地獄の中で、果てない堂々めぐりにうつつを抜かし、このように身を焼かれるに至るのは、これみなひとえに邪欲の念のいたすところなのだ〔以下、詳しく説かれている〕。そこで獄卒は罪人を責めつけ、糾弾し、次のような偈《げ》を賦して教えていう、

他人《ひと》の作れる悪ゆえに
汝《なんじ》苦報を受くるにあらず
自業自得の果《か》なり

衆生《しゆじよう》みなかくのごとし(11)

と〔『正法念経』〕。

人間世界の二百年が、夜摩天《やまてん》(12)では一昼夜にあたる。そして夜摩天の寿命は二千年であるが、この寿命でさえこの地獄の一昼夜にしかならないのだ。しかもこの地獄の寿命がまた二千年なのである。生きものを殺し、盗みを働き、邪婬に耽《ふけ》った者の堕ちゆく所である。

この地獄にもまた、付属した十六の特別な地獄がある。その一つに、悪見処《あくけんじよ》と呼ばれる地獄がある。他人の子供を捉え、よこしまなる性行為を迫り、泣き叫ばせるような振舞いに出た者はここに堕ち、苦しみを受ける。罪人が、自分の子供も同じ地獄の責め苦を受けているのを見る苦しみである。獄卒は、ある者は鉄の杖で、ある者は鉄の錐《きり》で、その子供の陰部を刺し貫く。あるいは鉄の鉤をば、その陰部に打ちつける。わが子がこのような苦患の中にのたうつ姿を見ては、いかなる罪人といえども、わが子愛《いと》しさの情に堪えず、悲しみのあまり悶絶するのだ。ところがこれほどの苦しみも、火に身を炙《あぶ》られ焼かれる苦しみに較べれば十六分の一にも及ばない。罪人は心の苦しみに迫られると同時に、肉体の苦をも受けるからである。逆さに吊《つる》され、どろどろに溶けた熱い銅を肛門に注ぎこまれる。すると煮え沸る銅は体内を貫流し、熟臓《じゆくぞう》(13)や大腸・小腸などを焼き尽くすのだ。徐々に焼け終わると、その熱い銅は口からだらだらと滴り落ちる。このように、つぶさに身心の苦しみを受けること、何十万年の長きにわたって止むということがないのだ。

また、多苦悩処《たくのうしょ》と呼ぶ特別の地獄がある。これは男色《なんしょく》に耽ったよこしまな男の堕ちる所である。その苦しみやいかにというに、かつて男色の関係に陥った男を見ると、からだじゅうが炎を含むがごとく熱くなり、近づいてくだんの男を抱けば、からだの器官のすべては、ことごとくばらばらに崩れ落ちる苦しみである。そしていったん死んでしまうと、また息を吹きかえす。次には極度に恐怖心を起こして逃げ去るのだが、懸崖絶壁に足を踏みはずし墜死する。と、たちまちに嘴から炎を噴く烏、口から炎を吐く狐どもが群がりくらう。

また、特別の地獄がある。忍苦処《にんくしょ》と呼ぶ。他人の婦女子《おんな》を掠奪し凌辱した者の堕ちゆく先である。ここでは獄卒は罪人を樹上から吊す。しかも、頭や顔は下に、足は上にというぐあいに。下から火を放ち、じりじりと焼きあげてゆく。すっかり焼きあがると、罪人はまた活きかえる。恐怖と苦痛がからだじゅうをつんざく。救いを求めようと口を開くと、すかさず炎は口から入り、心臓や肺臓など、五臓六腑を焼き尽くすのだ。このほかのことは経に説いているとおりである〔以上は『正法念経』からの略抄〕。

四　叫喚地獄

叫喚地獄は衆合地獄の下にある。縦横の広さは前の地獄とまったく同じである。獄卒の頭はさながら黄金を思わせる色をしている。眼球より火を発し、赤い着物を着ている。手足ときたら異常に長く大きい。疾風のごとくに走り、口から恐ろしげな奇声を発し、罪人めがけて矢を射かける。罪人は恐怖のあまり頭を地にすりつけ、

「どうかあわれみの心を垂れたもうて、いましばらくお許しください」と、哀願に心を砕くが、かえってますます瞋《いか》りの心をつのらせてしまうのだ〔『大論』〕。そして怒りのあまり、鉄の棒で頭を打ち割ったり、焼け爛れた鉄の地面を走らせたりする。時には熱い炒鍋《いりなべ》に入れ、腹を焼き背を炙る。あるいは煮え沸る釜に抛りこむと、これをぐつつと煮つめたりする。かと思うと猛火の渦巻く鉄の室《へや》の中に追い入れ、あるいは金鋏《かなばさみ》で口をこじ開けると、ふつふつと煮え沸る銅を流しこむ。五臓六腑を焼き爛れさせると、やがて肛門からたらたらと流れ出てくる〔『瑜伽論』『大論』〕。ここに罪人、偈を賦し閻魔王の配下なる獄卒の非情を恨んでいう、

汝はなんぞ悲心なき
またなんぞ寂静《じゃくじょう》ならざる
我はこれ悲心の器ぞ
なにゆえに悲《あわれみ》のなき

と。すると獄卒は罪人の言葉を受けていう、

汝は愛欲の羂《わな》に誑《たばか》られ
悪・不善の業《わざ》をば作《な》せり

いま悪業の報いをば受く
なにゆえぞ我を瞋り恨むや

と。また、つづけていう、

汝《なれ》はもと悪業を作《な》し
欲痴《よくち》のために誑《たぶら》かさる
かの時になんぞ悔いざる
いまに悔ゆとも何かはせん

と〔『正法念経』〕。

人間世界の四百年が一昼夜に当たる兜率天《とそつてん》(14)では、その寿命は四千年である。ところが兜率天の寿命でさえも、叫喚地獄の一昼夜にしかならないのに、この地獄の寿命は四千年という。生あるものを殺し、盗みをなし、邪婬に耽り、酒に溺れた者の堕ちゆく所である。

ここにもまた付属の十六の特別の地獄が待ち受けている。中に、火末虫《かまつちゅう》と呼ぶ地獄がある。昔、酒を売るに水増しした強欲の者がこの中に堕ち、四百四病(15)に一つ残らず罹《かか》る〔風病・火病・水病・地病のおのおのに百一の病気がある。合わせて四百四となる〕。そのうちのある病気は、一昼夜のうちに全世界に猛威をふるい、多くの者を死に至らしめる。またこの病気に罹ると、からだから虫が這い出し、皮膚といわず肉といわず、骨や髄を食い破りするのである。

また、雲火霧《うんかむ》という特別の地獄もある。昔、酒をすすめて相手を泥酔させ、嘲りふざけてこれをなぶりものにし、相手をして羞恥の情におとしめた者の堕ちゆく所である。地獄の業火は、厚さ二百肘《ちゅう》(16)にわたって燃えさかっている。獄卒は罪人を捉え、この業火の中へ追いこむのである。と、たちどころに爪先から頭に至るまで、すっかり溶けてしまうといった苦しみである。これを業火の中から引き上げると、また活きかえる。こうして何十万年という長年月にわたり、苦しみを与えて止《とど》まることを知らない。このほかのことは経に説くとおりである。獄卒は罪人を叱責し、次のような偈をよんでいう、

み仏のもとにありて痴を生じ
世《せ》・出世《しゅつせ》（世間と出世間）の事を壊《やぶ》り
解脱《げだつ》を焼くこと火のごとくなるは
いわゆる酒の一法なり

と〔『正法念経』〕。

五　大叫喚地獄

大叫喚地獄は叫喚地獄の下にある。縦横の広さは前の地獄とまったく同じである。苦しみの相《すがた》もまた同じである。が、苦しみの重さに至っては、前の四つの地獄、およびそれに付属した十六の特別の地獄で受けるなべての苦しみを十倍にしたひどいものである。

化楽天《けらくてん》(17)では、人間界の八百年が一昼夜にあたり、その寿命は八千年である。ところが化楽天の寿命をもってしても、大叫喚地獄の一昼夜にしかならないのに、この地獄の寿命がまた八千年なのだ。ここには殺生を事とせる者、盗みをなし婬欲に耽った者、飲酒に身を持ち崩したり、不実の言を弄《ろう》した者が堕ちる。獄卒は罪人を責め、叱咤して偈をよんでいう、

妄語は第一の火なり
なおよく大海をも焼く
いわんや妄語の人を焼くは
草木の薪を焼くがごとくなり

と。

またここには、これに付属した十六の特別の地獄がある。その中の一つを受鋒苦《じゆぶく》と名づける。ここでは罪人は、熱く鋭い鉄の針で唇と舌を刺し通され、ために苦痛の声すら発することができぬ。また受無辺苦《じゆむへんく》という特別の地獄もある。獄卒は灼熱せる鉄の金鋏で、罪人の舌

を抜き取る。抜いてしまうとまた生え、生え終わるとすぐさま抜き取る。眼球を抉《えぐ》り取るのもこれと同じようにする。また刀で罪人の肉を削り取ってゆくのだが、その刀はあくまでも薄くあくまでも鋭利なのだ。剃刀の大なるを想起するとよいだろう。それで薄く鋭く削ってゆくのである。こうした種々の苦しみを受けるのは、みなこれ、嘘をつき人を欺いた結果なのだ。他は経に説くとおりである〔『正法念経』からの略抄〕。

六　焦熱地獄

焦熱地獄は大叫喚地獄の下にある。縦横の広さは前の地獄と同じである。獄卒は罪人を捉えると、熱鉄の地面に横たえ、仰向けにしたり俯《うつぶ》伏せたり、頭から爪先に至るまで、焼けた大きな鉄の棒であるいは打ち、あるいは搗《つ》き固めて、さながら肉団子のようにしてしまう。時には沸騰する巨大な鉄鍋の上に置き、猛火で炙り、左右にころがし、腹を焼き背を焼いて薄くのしてしまう。時には巨大な鉄の串《くし》を肛門から頭へと貫き通し、裏返し裏返しして火に炙る。罪人のもろもろの器官や毛の孔《あな》、口の中に至るまで、みな火を吐くまでに焼きあげる。あるいは沸る鉄の釜に入れ、あるいは熱い鉄の高楼《たかどの》に置く。すると鉄火は熾烈《しれつ》を極め、骨といわず髄といわず、くまなくしみとおるのである〔『瑜伽論』『大論』〕。もしもこの地獄の豆粒ほどの小さな火でも、人間世界へ持ってきたなら、またたく間にいっさいを焼き尽くすだろう。ましてや罪人のからだは、生蘇《しようそ》（乳製品の一種。柔らかいものの喩え）のように柔らかいのが常である。時間をかけてじっくりと焼きあげるのに、どうして堪えられようぞ。この地獄に堕ちた者は、前述の五つの地獄の火を遠く眺め、霜か雪のように思うのである〔『正法念経』〕。

人間の千六百年がちょうど他化自在天《たけじざいてん》(18)の一昼夜にあたる。他化自在天の寿命は一万六千年である。ところがこの寿命さえも、焦熱地獄の一昼夜にしかならない。しかもこの地獄の寿命は一万六千年なのである。ここに堕ちる者は、生あるものを殺《あや》め、盗みを働き、邪婬を事とし、酒をくらい、嘘をつき、因果の理を否定する不逞《ふてい》の輩《やから》どもである。

この地獄の四つの門の外には、また十六の特別の地獄がある。その中の一つに分荼離迦《ふんだりか》(19)と呼ぶ所がある。文字どおり芥子粒《けしつぶ》ほどの隙間もなく火炎につつまれる所である。ほかの地獄にいる罪人がこれを見ていう。

「おい、速くこちらへ走ってこい、速く！　こちらには、白い蓮華《れんげ》の花咲く分荼離迦の池があるぞ。水は美味《うま》いし、林の中には涼しい木蔭もあるぞ」

と。その声につられて走ってゆくと、道の傍に坑《あな》があり、そこから猛火が噴き上げている。罪人がその坑に足を踏みはずすと、からだじゅう、じりじりと焼け失せてゆく。焼けきってしまうとふたたび活きかえり、活きたとみるやたちまちに焼かれるのだ。咽喉《のど》はからからに干上がり、水を求めてなおも進む。やっとの思いで池の畔にたどり着き、身を沈めたとみる間に、分荼離迦の池の面はことごとく炎と化し、それは一大火柱となって天に沖すること五百由旬に達する。罪人はこの火に炙られ、焼き焦がされる。死ぬとまた活きかえり、焼かれるといった苦悶がつづく。ここにはみずからすすんで断食をし、天に生まれたいなどと望んで餓死するに至った者や、他人にすすめて邪見を抱かせた者が堕ちる。

　また、闇火風《あんかふう》と名づける特別の地獄がある。ここに堕ちた罪人は、悪風に吹き上げられ、つかまる所とてなく、車輪のようにぐるぐると急転回させられ、いずれが頭、いずれが足と判別することもできない。[20]回転し終われば、さっと吹きつける別の太刀風が生じ、砂礫《されき》のようにからだを砕き、十方に撒《ま》き散らす。散ってしまうとまた活きかえり、活きかえるとまた撒き散らす。こうしていつ果てるとも知らぬ繰り返しが演じつづけられる。「すべてのものには、常住不変で生滅することのないものと、常に変わって止《とど》まることを知らぬものとがある。後者は人のからだである。前者は四つの要素たる四大[21]である」と、もし誰かこのような邪念を抱く者があれば、彼はその考えのゆえに闇火風の地獄に堕ちるのだ。その他のことについては、まさに経に説くとおりである〔『正法念経』〕。

七　大焦熱地獄

大焦熱地獄は焦熱地獄の下にある。縦横の広さは前の地獄と同じである。苦しみの相《すがた》もまた同じである〔『大論』『瑜伽論』〕。ただし前述の六つの地獄と、付属の特別の地獄で受けるいっさいの苦しみの十倍にあたるひどい苦しみを受ける。そのさまは、これをつぶさに述べることができない。

　大焦熱地獄の寿命は一中劫《ちゅうこう》[22]の半分である。生あるものを殺《あや》め、盗みや邪婬をほしいままにし、飲酒・妄語に明け暮れ、よこしまな考えを抱き、加うるにひたすらに仏の戒《いましめ》を堅固に守る尼を、暴力をもって犯した者などが堕ちゆく所である。このような悪業を積み重ねた者は、死んでから地獄に堕ちるまでの間、すなわち中有《ちゅうう》(23)において大地獄の様相を思うぞんぶん見せつけられる。そこには閻魔王の配下の獄卒どもが、すさまじい形相で待ち受けている。手足は熱気をふくみ、身をよじり肱《ひじ》を怒らせている。罪人はこれを目にするやいなや、たちどころに恐怖の虜となる。声はまさに雷を思わせ、罪人の恐怖はさらに激しいものとなる。手にはひらめく白刃、巨大な腹はさながら黒雲を見上げるかのようである。両眼は炎を発して燃え、鉤のように曲がった牙は、鉾《ほこ》の切先《きっさき》と見まがうばかりに鋭い。臂《ひじ》も手も異様に長く、武者ぶるいするごとに、からだじゅうが岩石のように隆起する。こうした畏怖すべき形相をして迫りくると、罪人の咽喉仏《のどぼとけ》をがっきと捉え、そのまま拉致し去って、六百八十万由旬のかなたの大地や海洋や島や城をいっきょに通過し、海の外側に出る。そしてさらに行くこと三十六億由旬、漸次下に向かって下ってゆくこと十億由旬のかなたに達する。すべての風のうち、業風《ごうふう》(地獄に吹く風)がもっとも烈しい。業風は悪業《あくごう》の者を連れ去って、ここへと連れてくる。閻魔王は時を移さず、罪人を責め叱りつける。それが終わると、悪業の縄に縛られて地獄へと向かう。はるかかなたに大焦熱地獄の火が炎々と燃え上がるのをのぞみ、また地獄の罪人どもが喚《おら》び悲しむ声を聞く。その悲しみ、その恐ろしさ。名状しがたい苦しみが襲ってくる。しかも百千万億という無限の年月にわたり、泣き喚ぶ声を聞き、ためにそれに十倍する恐怖に蒼《あお》ざめ果てることとなる。閻魔王の手下の獄卒は、罪人を叱責して次のようにいう、

汝は地獄の声を聞き
すでにかくのごとくに畏怖す
なんぞいわんや地獄に焼かるること
乾ける薪草《しば》を焼くがごとくなるを

火の焼くはこれ焼くにあらず
悪業すなわちこれ焼くなり
火の焼くはすなわち消ゆべし
悪業の火は消すことあたわず

と。このように心底《しんそこ》から責め叱り、しかるのち罪人を引き具して地獄へ向かう。そこには巨大な火柱が群林している。火炎はおよそ五百由旬の高さに達し、二百由旬の広きに及ぶ。炎は熾烈を極めているが、これは罪人の作った悪業の惨忍さによるものである。獄卒はここへ来ると、突如として罪人をこの火炎の中に突き落とす。ちょうど大きな山の崖っぷちから、さらに険しい崖の上に押しやるのに似ている〔以上は『正法念経』からの略抄〕。

この大焦熱地獄の四つの門の外には、これに付属した十六の特別の地獄がある。その中の一つは、天に至るまでいっさいの間隙がなく、ことごとに燃えあがり、針で突いた孔ほどの隙もない。罪人は炎の中で呻《うめ》き声を発し、救いを求めて泣き叫ぶが、何億年というもの焼かれ続けるのだ。五戒(24)を保ち、仏の道を信じている女性《にょしょう》を犯した者は、この地獄の責め苦を受ける。

また、普受一切苦悩《ふじゅいっさいくのう》と名づける特別の地獄がある。ここへ堕ちると、炎をあげている刀で皮を剝《さ》ぎ割かれる。その際、肉はいっさい傷つけない。すっかり剝ぎ終われば、皮とからだを一緒に並べて灼熱の地に敷き、火で焼き、どろどろに溶けた熱い鉄がしきりに煙を上げているのを、からだにぶち撒くのである。こうして何億千年という長年月にわたり、大いなる苦しみを受け続けるのだ。身は仏に仕える出家でありながら、戒律をかたく守っている婦女子に酒をのませ、誘惑し誑《たぶら》かして、心を損わせ、情交をほしいままにし、または金品をもって歓心を買うの挙に出た者が堕ちてゆく所である。その他のことについては経に説くとおりである〔『正法念経』からの略抄〕。

八　阿鼻地獄

阿鼻地獄は大焦熱地獄の下にある。欲界(25)の最底部に位する。罪人はここに向かって堕ちてゆく時、中有、すなわち死んでから地獄にて生まれ変わるまでの間に、声をかぎりに喚《おら》び泣きながら偈をよんでいう、

一切《ものみな》はただ火炎なり

天空覆《おお》いて隈《くま》なし
四方および四維《しゆい》(26)
地上にも空隙存せず
一切の暗き大地は
悪人みな遍満す
われいま帰するに所なく
孤独にして同伴なし
悪所の闇中に在って
大火炎の聚《なか》に入る
我は虚空の中にして
日・月・星を見ざるなり

と。この時、閻魔王の手下どもは、怒りの思いにうちふるえ、答えていう、

日月めぐりて年経るとも
大火ありて汝が身を焼かん
汝痴人にして悪をなせり
いま何をもってか悔いを生ぜん

これ天・修羅《しゅら》・健達婆《けんだつば》
竜・鬼(27)のなすにあらざるなり
自業の羅《あみ》に繫縛《けばく》せられたるなり
人よく汝を救うものなし
もし大海の中にして
ただ一掬《きく》の水を取らんに
この苦は一掬のごとく
後の苦は大海のごとし

と。このように呵嘖《かしやく》の鞭を加えると、引き具して地獄へと向かうのである。阿鼻地獄の手前、二万五千由旬の地点に達すれば、いち早く地獄で泣き喚ぶ声がする。それを耳にするうち、以前に十倍する恐怖にうちのめされ、悶え果てて気を失う。顔は下に足は上にと、逆さに吊り下げられた恰好で、二千年の長きにわたり下へ下へと落下し、やがて地獄の淵へと堕ちるのだ〔『正法念経』からの略抄〕。

かの阿鼻地獄の城は縦横の広さ八万由旬、七重の城壁、七層の鉄網が張りめぐらされ、その下には十八の隔壁がある。刀の林は周囲をめぐり、四隅には銅で作られた四匹の犬がいる。身長は実に四十由旬に達する巨大なものだ。両眼はさながら稲妻のごとくきらめき、牙はまさに鋭利な剣を思わせる。歯は刀の山に似て、舌は鉄の刺《とげ》のようである。加うるに、毛孔という毛孔からは猛火を噴き出し、その煙はひどい悪臭を放っていて、何物にも譬えがたい。十八人の獄卒どもがいて、彼らの頭は、人の血をすすり肉をくらい、空中を飛び地を疾駆するといわれる羅刹《らせつ》(28)を思わせ、口はまさに夜叉《やしゃ》(29)のようである。六十四の眼を持ち、鉄の塊がそこから迸《ほとばし》り散っている。鉤形《かぎがた》に曲がった牙は上に突き出し、その長きこと四由旬。牙の先からは火が流れ出て、阿鼻地獄に充ち満ちている。頭にはさらに八つの牛の頭がつき、その頭の一つ一つには十八本の角が生えているのだ。また、その角の一本一本の尖端からは、猛火を噴き出しているのである。そして七重の城壁の内側には七本の鉄の幢が立ち、その尖端からは噴水のように火炎を噴き上げている。炎はとび散り流れてまた城内に充ち満ちている。四つの門の敷居の上には八十の釜が置いてある。煮え沸る銅が溢れ、これまた城内を満たしている。一つ一つの隔壁の間には、八万四千の鉄の蛟《みずち》（竜の一種。四足にて大水を起こす）や大蛇がいる。毒を吐き散らし、火を吐き、城内にのたうち溢れている。これらの蛇は、時に百千の雷が一時に落ちたかと思われる咆《ほ》え声をあげ、大きな鉄の塊を雨と降らせ、これまた城内に溢れている。また、五百億匹にのぼる虫が蠢き、八万四千の嘴を有している。嘴の尖端からは火が流れ出し、雨のごとく沛然《はいぜん》と降りそそぐのだ。この虫どもが下りてくる時は、地獄の火はいやさかりに燃えさかり、八万四千由旬をくまなく照らし出す。八万億千の苦しみという苦しみのすべてがここに集約されているのだ〔『観仏三昧経』からの略抄〕。

『瑜伽』第四の巻に次のように記している。

東《ひんがし》のかなた、数百由旬の地点に、三熱の焼けつく鉄の地表から、熾烈を極めた猛火が炎をまきあげて襲い、地獄の罪人を刺し、皮を穿《うが》って肉に食いこみ、筋肉を断ち切って骨を砕き、またその骨髄にまで達し、じりじりと焼くこと、さながら蠟燭《ろうそく》の火に溶けるがようである。こうしてからだじゅうが、まったくの炎と化して燃えあがるのだ。東方から猛火が襲ってきたのと同じように、南から、西から、北からと襲ってくる。罪人どもは猛き炎と雑《ま》じりあって、火の塊が四方から津波のごとく押し寄せてくるのを見るだけである。火は火をよび、隙間もなく溶けあい、それだけに、受ける苦痛もまた間断をおかない。ただ、苦に迫られて号泣する声が聞こえるので、ようやく火炎の中に罪人のいることがわかるだけなのだ。また獄卒は罪人を、三熱の鉄と炭といっしょに鉄の箕《み》（米と糠を選別する具）に盛り上げ、それを揺さぶってふるい分けると、熱い鉄の地面に置いて、巨《おお》きな灼熱の鉄の山へと登らせる。上げては下ろし、下ろしてはまた登らせる。口から舌を抜き取り、多くの鉄の釘を打ちこんで、これを張りつける。牛の皮を張るように、皺《しわ》や襞《ひだ》のないようにのばすのだ。またそのうえ、熱く灼けた鉄の地面に仰向けに寝かせ、これまた焼けた金鋏で口を挟んでこじ開け、三熱の鉄の塊をその中に入れる。すると口や咽喉は焼け爛れ、五臓六腑を焼き貫いて肛門から出てくる。また時には、沸った銅を口に注ぐと、口も咽喉も焼け、臓腑を貫通して肛門から溢れ出る〔以上は『瑜伽』による。三熱とは焼燃《しょうねん》・極焼燃《ごくしょうねん》・遍極焼燃《へんごくしょうねん》である〕。

前の七大地獄とそれに付属した特別の地獄とで受けるもろもろの苦しみを合わせて一つと

するも、阿鼻地獄の苦しみに較べたなら、わずかに千分の一にすぎない。こうしたことから、阿鼻地獄に堕ちた者は、大焦熱地獄の罪人を見ると、他化自在天の在処《ありか》を見るように、羨望の思いを禁じ得ない。だが四大洲[30]や欲界の六欲天[31]も、この阿鼻地獄の臭気にあてられると、たちまちに消え失せてしまうであろう。それほど、阿鼻地獄の者どもは、もの凄い臭気を発しているのだ。しかし幸いにも、この臭気が鼻を衝いてこないのは、出山《しゅつせん》・没山《もつせん》なる二つの巨大な山があって、臭気を遮《さえぎ》ってくれているからである。もし人が、地獄の苦しみにのたうつ声のすべてを耳にしたなら、恐怖のあまり気を失い、果ては息も絶えるであろう。まだまだ、阿鼻地獄の様相の恐ろしきこと、千分の一も説明していない。なぜなら、億万語を費やすも説き尽くせないからだし、すべてを聴きおおせる人はいないからだ。この何物にも譬えることのできない苦しみを、もし人あってこれを説き、最後まで聴くとしても、そのような人はついには血を噴いて悶死するのがおちであろう〔『正法念経』からの略抄〕。

　この無間《むけん》地獄、すなわち阿鼻地獄での寿命は一中劫である〔『倶舎論』〕。五つの逆罪[32]を犯し、因果の理を否定し、大乗を謗《そし》り、殺生・偸盗《ちゅうとう》・邪婬、それにいつわって聖者の位に達したと称するがごとき妄語を吐きちらして、いわゆる四重戒[33]を犯し、不当に信者の施しを受けてのうのうと生活していた者などが、この地獄へと堕ちるのだ〔『観仏三昧経』による〕。

　この無間地獄の四つの門の外にもまた、十六の付属した特別の地獄がある。その中の一つに鉄野《てつや》干食処《かんじきしょ》といい、罪人のからだが十由旬の高さに火柱を上げて燃えている地獄がある。他のいかなる地獄といえども、ここでの苦しみにまさるものはない。鉄の瓦がさながら夏の夕立のごとく沛然と降りそそぎ、ために罪人のからだは乾肉を引きちぎり砕くかのようである。牙を尖らせ、炎を吐きながら異形の狐がやってきて食い散らし、食いあさる。ために瞬時も苦の止むということがない。ここは昔、仏像を焼き僧坊を焼き、あるいは僧の寝具を焼き払うといった行為に及んだ者が堕ちてゆく所である。

また、黒肚《こくと》処《しょ》なる特別の地獄が存在する。飢渇身を焼き、われとわが身を食い尽くすところである。食い尽くすとまた活きかえり、活きかえるとまた食う。時には黒い腹を見せて這いずりまわる蛇がいて、罪人にまといつき、足の甲から徐々に上へ上へと嚙み砕き、呑みこんでゆく。あるいは猛火に入れて焼いたり、鉄の釜に入れて煮る。何億年というはかり知れない長年月にわたり、罪人はこうした責め苦を受けつづける。ここは昔、仏の財宝をかすめ取って生活の糧となした、不埒《ふらち》な者の堕ちてゆく所である。

また雨《う》山聚処《せんじゅしょ》と名づける特別の地獄がある。一由旬ほどもある巨大な山が落下してきて、罪人を打ち砕き、砂礫のように粉々にしてしまう。すっかり砕け散ると、罪人はふたたび活きかえる。するとまた、鉄の山が轟音《ごうおん》とともに落下するのだ。また十一の火炎が罪人を取り巻いて焼いたり、獄卒が刀であますところなく切り裂き、熱く溶けた白蠟の液をその裂け目へと注ぎこむ。ために四百四病は間断なく身を蝕《むしば》み、永遠の苦海に呻吟することとなる。ここは昔、辟支仏《びゃくしぶつ》(34)の食べ物を盗んで食べ、しかも人にわかち与えることすらしなかった者の堕ちゆく所である。

また、閻婆《えんば》度《ど》処《しょ》なる特別の地獄がある。ここには象の大きさにも匹敵する恐ろしげな鳥が棲んでいる。名づけて閻婆という。嘴はあくまで鋭く、たえず炎を吐く。罪人を爪にて捉えるや、はるか空中高く舞い上がり、東に西にと翔《かけ》り遊ぶ。しかるのち、この遊びにも飽くと、罪人をば空中に離す。すると、罪人は一塊《ひとくれ》の石のようにみるみる落下し、たちまち砕け散る。砕けてしまうとまた一つに合わさり、合わさったとみるや、閻婆は突如として襲いかかるのである。この地獄にはさらに、鋭い刃の尖《さき》をそろえた道があって、足といわず脛といわず切り裂く。あるいは歯から炎を出す犬がいる。罪人を見ればたちどころに食いつく。こうして永遠の苦しみから逃れ出るすべはない。昔、人が生命の綱と頼んでいた河を決壊させ、ために渇きに陥れて死に至らしめた者の堕ちる所である。その他の様相については経に説くとおりである〔以上は『正法念経』〕。

『瑜伽』の第四巻に、八大地獄の近くにある特別の地獄を通観して次のように説いている。

かのすべての奈落《ならく》の底には、四方にそれぞれ四つの壁と門がある。鉄の囲いの壁がまわりをめぐっている。四方の四つの門を出ると、それぞれの門の外には四つの外苑がある。膝を没する熱い埋み火の灰が、堆《うずたか》く積もっている。罪人は門を出ると、住居を求めてあちこちと彷徨《さまよ》い歩く。あげくの果てにここに来たり、一歩足を踏み入れると、たちどころに皮膚も肉も血も消《と》け爛れる。足を上げるとその足はたちまち生え、めりこんだもう一つの足は煙を上げて焼かれてゆく。こうした繰り返しが際限もなく続くのだ。

次にこの熱灰《あつばい》のすぐ傍に、死骸と糞の泥沼がある。地獄の罪人どもが住居を求めて熱灰を出てから徐々に彷徨い歩き、この中に落ちこむと、首まですっぽり沈んでしまう。死骸と糞溜めの泥沼には、無数の虫が蠢いている。虫は嬢矩吒《ひくた》という。皮膚を穿ち破って肉に食い入り、筋を断ち切って骨をばらばらにし、髄を取って食う。

次に死骸と糞の泥沼のすぐ近くに、鋭利な刀剣の刃を上に向けて列ねた道がある。かの罪人どもが住居を求めて泥沼を抜け出して彷徨い歩き、ここに至って足を踏み入れると、皮膚も肉も筋もことごとく切り裂かれ、爛れるのだ。裂かれた足を上げると旧《もと》に復し、片方の足は血しぶきを上げる。次に刀剣の刃でできた路の傍に、木の葉が刃でできた林がある。罪人どもが住居を求めてこの木蔭に行き、やっとその下に憩うやいなや、たちまち微風が自然にそよぎわたり、刃の葉が音もなく落ちてきて、からだのすべての節々《ふしぶし》を断ち切ってしまう。ために立つことができず、どうとばかり斃《たお》れると、まっ黒な犬が忽然《こつぜん》ととび来たり、背といわず腹といわず嚙み裂いて食い散らす。

この刃の葉の林のすぐ傍に、鉄の刺の林がある。罪人どもは住居を求めて彷徨《さまよ》い、ここにやってくると、ついにはこの木に登る。登る時は、刺のように鋭い鋒先がことごとく向きをかえて下に向き、降りようとすればことごとく上に向く。ために罪人のからだは節々に至るまで、くまなく刺し通されてしまう。その時ちょうど、鉄の嘴を持った怪鳥がばさと舞いおり、頭といわず肩といわず止まったかと思うと、すばやく眼球を抉り啄《ついば》んでこれをくらう。

鉄の刺の林のすぐ近くには大河が流れている。沸騰する熱い灰水《はいみず》が濁りをたたえ、滔々《とうとう》と流れている。罪人は住居を求めてかの林を出てここにやってくると、河に堕ちる。さながら、熾《さか》んに火をたきつけて煮る大釜の中の豆のごときさまを呈する。湯が沸《たぎ》るにつれ、罪人はぐるぐるとめぐりめぐる。河の両岸には獄卒が待ち構えている。手に鞭と縄、大きな網を持ち、列をなして立ち並んでいる。ために罪人どもは、焦げつく臭気を発しながらも、河から這い上がることもかなわぬのだ。獄卒は縄をひっかけたり、網ですくったりする。また広大な熱鉄の地面に罪人を仰向けにさせ、

「お前らはいま、何に望みをかけているか」

と問う。

「いまはもう知覚を失い、何も考える力とてないのです。が、さまざまの飢えの苦に迫られています」

と答える。すると獄卒は、鉄の金鋏で口を挟んで押し開かせ、真赤に焼けた鉄の塊をねじこむのだ。その他のことは前述のとおりである。もしもかの罪人が、

「私はいま、咽喉の渇きに喘《あえ》いでいます」

と答えたなら、獄卒はすかさずどろどろに溶け流れる銅を口に注ぎこむ。長い歳月にわたりこうした苦しみを受け続ける。前世において地獄に堕ちる因を招いたいっさいの悪、いっさいの不善の行為の余燼《よじん》のくすぶっているうちは、この苦から抜け出すことはできない。

　この地獄に四つの庭があるのは、刀剣の刃でできた道、葉が刃でできた道、あるいは鉄の刺の林など、これらを含めて一つとするからである、

と〔以上は『瑜伽』『倶舎』の意による。それぞれの地獄の四つの門の外には四つの庭がある。合わせて十六となる。『正法念経』の八大地獄とそれに付属した十六の特別の地獄が名称と様相をおのおの異にしているのと同じではない〕。

また、頞部陀《あぶだ》等の八つの寒地獄があるが、詳細は経・論に述べるとおりである。いまはこれらについて述べるいとまはない。

第二　餓鬼道

第二には、餓鬼の世界を明らかにしよう。ここには二つの住所がある。一つは地の下五百由旬の地点にある。いわゆる閻魔王の国である。いま一つは人間世界と天界との間にあるものである。その様相ははなはだ多岐にわたっている。いまそのいくつかについて明らかにすると、ある餓鬼は鑊身《かくしん》と名づけ、身の丈《たけ》ははなはだ大、おおよそ人間の倍に達する。しかも顔や目を有せず、手足は物を煮る釜の脚に似ている。たえず熱い火が全身に充満していて身を焼くのである。昔、財宝を貪り、生あるものを屠《ほふ》った輩《やから》がこの報いを受ける。

あるいは食吐《じきと》と名づける餓鬼がいる。その身はきわめて巨大、身長は半由旬。常に吐き出したものを食いあさるのだが、困《くる》しむばかりで嘔吐物にありつくこともできぬ。これは昔、立派な男子でありながら、もっぱら美食を求め、しかも妻子にはいささかも与えようとしなかった者、または逆に、妻だけが美食をあさり、夫や子を顧みなかった者が受ける報いである。

別に、食気《じきけ》という餓鬼がいる。人は病いに罹れば水辺や林の中に祭壇を設け、天の祭りを行なうが、この餓鬼は祭壇に立ちのぼる香の匂いを嗅《か》いで生命をつなぐ。昔、妻子を前にしてひとり平然と美食を事とした者の受ける報いである。

また食法《じきほう》なる餓鬼は、嶮峻な崖っぷちのような所にいて、危険にさらされながら常に走りまわって食べ物をあさりまわっている。色は黒雲を思わすようにどす黒い。ひとたび泣き喚《おら》べば、滝のように涙を流す。誰かが僧房に来て祈禱したり説法したりする機に出遭《であ》えば、ようやくこれにより力を得て生命をつなぐ。これは昔、名誉心や利得の満足を得ようとして不浄の説法をなした者が受ける報いである。

また、食水《じきすい》なる餓鬼がいる。飢えと渇きに身を焼き、うろたえ騒いで水を捜し求めるが、困憊《こんぱい》するのみで水にありつくことができない。長い髪が顔を覆い塞いで、ために何も見ることができない。河の畔に走ってゆき、もし人が河を渡って、その足から滴が落ちていれば、すばやくこれを舐《な》めるがごとくに吸いとって、かつがつ命をつなぐ。あるいは誰かが水を掬《すく》って、亡くなった父母に供養する者があると、そのわずかの水で生命をつなぐのである。もし自分で水を掬おうとすれば、水を守るさまざまの獄卒どもが、杖でしたたかに打ちのめす。昔、酒を売るにのぞんで水増しし、不当の利潤を得た者とか、蚯蚓《みみず》や蛾といった、抵抗力のない生きものを水中に沈めて苛《いじ》め、当然あるべき憐憫《れんびん》の心を忘れた者が受ける報いである。

さらにまた、悕望《けもう》という餓鬼がいる。人が亡き父母を祀《まつ》る時に、その供え物を取って食べる。祀りのない時は、腹を満たすことができない。昔、人が苦労辛酸の末にかつがつ得たわずかの報酬を、横合いから誑《たぶら》かし迷わして着服した者が受ける報いである。

あるいは海渚《かいしょ》餓鬼なるものもいる。海の中洲に生まれたものである。樹々もなければ河の水もない。炎熱のたちこめる所である。冬の日といえどもはなはだ暑く、人間世界の夏のしのぎにくさを千倍にしたよりもはるかに暑い。ただ、わずかに置く朝露に口をひたして生命をつなぐ。海の中洲に住みながら、海は涸《か》れていると思いこんでいる。これはその昔、旅ゆく商人が病苦に行き倒れていた時、その商品を欺《だま》し取り、わずかの代金を与えただけで私腹を肥やそうとした者がこの報いを受けるのである。

また、食火炭《じきかたん》という餓鬼は、いつも墓場にやってきて、火に焼けた死骸を拾って食う。だが、食えども食えども、満腹ということをたえて知らない。昔、監獄の看守の役でありながら、他人の食べ物を奪った者がこの報いを受ける。

あるいは樹中住《じゅちゅうじゅう》なる餓鬼がいる。常に樹の中に住む。さながら木賊虫《とくさむし》のように、ぺしゃんこになって押し籠められている。からだを動かすことも容易ではなく、大いなる苦しみを受ける。昔、日蔭をなす涼しい樹を情け容赦なく伐《き》り倒したり、僧たちの住む精舎《しょうじゃ》の森を伐採した不逞《ふてい》の輩がこの報いを受ける〔『正法念経』〕。

また、ある餓鬼は頭髪ことごとく垂れさがり、からだじゅうにまつわりついている。しかもその髪は、刀のようにからだを刺し傷つける。ある時は髪は変じて火となり炎を噴き、からだをめぐりめぐって焼き焦がす。またある餓鬼は、昼夜それぞれ五人の子を生む。生むにしたがい子を食べるのだが、それでもなお飢餓の情に苦しめられつづける〔『六波羅蜜経』〕。

　また別の餓鬼は、他の食べ物はいっさい摂《と》ることができず、自分の頭を割っては脳を取り出してこれを食べる。かと思うと、口から火を発し、その火に飛びこんでくる蛾をとらえて腹を満たす餓鬼がいたり、人糞をくらい、人の流す涙をすすり、膿《うみ》や血をのみこんで渇をいやし、器物の洗い残しをあさって食う餓鬼などもいる〔『大論』〕。

　さらに外部からの妨害にあって、食べることのできない餓鬼がいる。この餓鬼は飢渇に責められ、ためにからだは痩せ、枯れてかさかさに渇いている。たまに清流を望見することがあると、取るものも取りあえず走ってゆくのだが、そこには大力無双の獄卒が待ち構えていて、杖で力まかせに打ち伏せる。時には清流はたちまち変じて火の河となり、あるいは変じて涸れ果てた河床となってしまう。これとは逆に、みずからの障害によって食べ物にありつけない餓鬼がいる。それというのも、口はさながら針の孔のように小さく、腹だけは大きな山を思わせるように異様に膨《ふく》らみ、突き出ている。たとい食べ物にありついても、この巨大な腹を満たすことはできないのだ。こうした内や外からの要因によらずに、食うことのできない餓鬼もいる。たまさかに食べ物にありついても、これを口にするやいなや、食べたものは凄《すさ》まじい炎をあげて、からだを焼き貫いて出てくるからである〔『瑜伽論』〕。

　これらの餓鬼世界は、人間の世の一ヵ月が一昼夜にあたる。年月を重ね、五百年をもってその寿命とする。『正法念経』には「物惜しみをし、貪り、そねみねたんだ者はこの餓鬼道に堕ちる」と説いている。

第三　畜生道

第三には畜生の世界を明らかにしておこう。その住所は二つある。もともと大海に居を持つものだが、そこから転じて人や天とまじわり生活している。細かく分けると三十四億の種類がある。これを総括して考えると三種類に大別される。第一には鳥禽類、第二に獣類、第三に虫類である。

さて、こうした類《たぐい》のものは、強弱あい食《は》み、危害を加えあっている。相手を呑みこみ、食い殺し、しばしの間も安穏無事であったためしがない。昼夜をおかず恐怖にうちおののき、爪を磨かざるをえないありさまだ。そのうえ、水を棲みかとする類は漁夫に捕われ、陸に棲む類は猟師の手にかかる危険にさらされている。たとえば象にしろ、馬・牛・驢《ろば》・駱駝《らくだ》・騾《らば》といった類にしろ、鉄の曲がった鉤でその脳を断ち割られたり、あるいは鼻に孔を穿《うが》ち、あるいは轡《くつわ》を首につなぎ、いつも背中に重いものを背負わされて、さまざまの鞭を身に受ける。ただただ、水を飲み草を食《は》むことだけを思い、他のことはいっさい念頭から去ってしまう。また、蚰蜒《げじげじ》とか鼬鼠《いたち》などは、生涯を闇の中で送り死んでゆくのだ。しらみや蚤《のみ》などは、人に寄生してはかなくその生涯を閉じる。さまざまの形の竜のごときは、多くは三熱の苦しみを受けて昼夜も休まることがない。また蟒蛇《うわばみ》という大蛇の類は、からだは長大であるが、耳も聞こえず愚かであり、足もない。ばかでかい図体を、のらりくらりと転がすようにして動かし、腹で歩く。しかもその身の長大さにもかかわらず、小虫の攻撃すら防ぎ得ない。つまりは血を吸われ食い荒らされてしまう。

　このようなさまざまの畜生は、一中劫を経て、はかり知れない苦を受けつづける。また、いろいろの予期しない事件に遭い、しばしばむごたらしい死にざまをする。これらの苦しみをいちいち列挙するいとまはないが、この報いを受けるのは、愚鈍で痴《し》れ者で、そのうえに恥知らずで、在家信者の施しをいたずらに受けるだけで、他のものでその償いをしなかった者である。

第四　阿修羅道

　第四に阿修羅の世界を明らかにしよう。これには二つある。根本の勝れたものは須弥山《しゅみせん》の(35)北、巨大な海底に住んでいる。その支流の劣れるものは、四つの島の間の、山の岩石の間にいる。もし雷鳴がとどろきわたると、これは天の鼓だと思いこみ、怖れおののき慌てふためき悲しむといったぐあいなのだ。また、いつもさまざまの天によって侵害され、あるいはからだを傷つけ、あるいは若くして生命をおとしてしまう。そして来る日も来る日も、朝昼晩と責め道具でひっきりなしに責めさいなまれ、さまざまの憂苦にからだを害《そこな》うこと、いちいち列挙することはできない。

第五　人道

第五に人道《にんどう》、すなわち人間世界について明らかにしよう。これは概略三つの様相に分けられる。以下、詳しくこれを考える必要がある。その一は不浄の相《すがた》、その二は苦の相、その三は無常の相、これらである。

一　不浄

不浄についていえば、およそ人間のからだには三百六十の骨があり、節《ふし》と節とで互いに支えあっている。つまり足の指の骨は足の骨を支え、足の骨は踝《くるぶし》の骨を支え、踝の骨は腓《ふくらはぎ》の骨を、腓の骨は膝の骨を、膝の骨は股の骨を、股の骨は臀《しり》の骨を、臀の骨は腰の骨を、腰の骨は背骨、背骨は肋骨を支えるとともに、また頸の骨を、頸の骨は下顎《したあご》の骨を、下顎の骨は歯をといったぐあいに、それぞれ支えていて、その上に頭蓋骨があるわけである。また、頸の骨は肩の骨を支え、肩の骨は臂《ひじ》の骨を、臂の骨は腕の骨、腕の骨は掌《てのひら》の骨を、掌の骨は指の骨をそれぞれ支えるといったあんばいである。人のからだはこのようにして、次々と展開し順を追って鎖のように連なっているものだ〔『大経』〕。

人体はかく三百六十の骨が集まって形成するものだが、それはあたかも朽ち崩れた家のようなものといえよう。さまざまの筋で支えられ、四本の細い血管がからだをくまなくめぐりおおっている。五百の断片から成る筋肉は、ちょうど壁土のようである。この五百の筋肉を六本の血管がつなぎ、七百の細い血管がさらにまつわりつき絡まりあっている。また十六本の太い血管は曲がった鉤のように人体をめぐり、互いに連絡している。二本の筋肉の縄があって、長さおよそ三尋《ひろ》半に及び、からだの中でまつわり繋がっている。十六の腸と胃は、生臓・熟臓をめぐっている。また二十五の気管は窓や穴のようである。百七の関《かん》は、あたかも破れ壊れた容器のようである。人体にはまた、八万の毛孔があるが、それは乱れ覆う草に似ている。五つの感覚器官（眼・耳・鼻・舌・身）と七つの穴（眼・耳・鼻・口）は不浄のもので充満している。七重の皮で包まれ、ちょうど火を祭る時のように、六つの味（甘・酸・鹹・辛・苦・淡）によって養われていて、それらを貪り受けて飽くということを知らない。このようなからだは、いたるところ臭気に満ち、穢《けが》れはてていて、そもそもの当初から腐蝕し爛れきっているのだ。いったい誰が、このようなものをいとおしみ重んじ、得意になって誇ろうぞ〔『宝積《ほうしやく》 経《きよう》』九十六巻〕。

あるいはいう、九百の肉の断片が骨を覆い、九百の筋肉がその間を連ねていると。そして三万六千の血管が走り、三升の血が血管を流れめぐっている。毛孔は九十九万あり、さまざまの汗がここから出ている。九十九重の皮膚がその上を包んでいるともいう〔以上は身中の骨や肉などである〕。また、腹の中にはいわゆる五臓なるものがある。五臓のはしばしは互いに覆いかぶさり、さながら蓮華の花弁のように重なり重なって下向きになっている。穴はまったく空洞になっていて、内と外とが互いに通じあい、それぞれ九十九の重なりがある。

肺臓はからだの上部に位し、色は白い。肝臓は青色をしている。心臓はからだの中央に位し、その色は赤く、脾臓は黄色である。腎臓はからだの下部にあり、黒っぽい色をしている。また、いわゆる六腑なるものがある。大腸は排泄物を送り出す役目をなす所である。さらに肺のはたらきをも助ける。長さ三尋半、その色は白い。胆《きも》は体内を清浄にする所で、肝臓のはたらきを便ならしめる。色は青い。小腸は胃からやってくる消化物を受けとめ貯えるはたらきをする。また心臓のはたらきをも便ならしめる。長さは十六尋で、赤い色をしている。胃は五穀、すなわち食べ物を消化する所で、脾臓のはたらきを助ける。三升の糞が中にあり、色は黄色である。膀胱は尿を貯える所で、腎臓のはたらきを容易ならしめる。一斗の尿水がその中に入り、黒色である。三焦《さんしょう》(36)は排泄をつかさどる。このようなものが縦横に体内に分布し、大小二つの腸の赤と白の色を交えて十八重にぐるぐるとめぐっているさまは、あたかも毒蛇がとぐろを巻いているのに似ている〔以上は腹中の臓腑についてである〕。

また、頭の先から足の裏まで、骨の髄から皮膚に至るまで八万の穴には、その中に棲む虫がいる。頭は四つ、口は四つ、九十九の尻尾を持つものなど、その形態は一様ではない。個々の虫の穴には、さらに九万の微細な虫がいて、細くなった秋の獣の毛の尖端よりも小さいのである〔『禅経』『次第禅門』など〕。

『宝積経』には次のように述べている。

初めて胎内を出て七日経つと、八万の穴にはそれぞれ八万の虫が生まれ、からだの縦横を食い荒らす。その中に二つの穴に棲む虫がいて舐髪《しはつ》という。毛髪の根元に巣くい、常に髪を食《は》みつづける。また繞眼《にょうげん》なる虫は、二つの穴、すなわち両眼に棲み、絶えず眼球を蝕んでいる。四つの穴に棲む虫、これは脳に巣くって脳を食みつづける。また一つの穴の虫は稲葉《とうよう》という。耳に巣くって耳を食う。また一つの穴の虫を蔵口《ぞうく》とよぶ。これは鼻に棲みつき鼻を犯す。また二つの穴がある。一つを遥擲《ようちゃく》といい他を遍擲《へんちゃく》という。唇に棲む虫で唇を蝕みつづける。また一つの穴に棲む虫は針口《しんく》と名づける。舌に棲み舌を食べる。また五百の穴がからだの左側にあり、五百の虫がその穴に棲む。ために左側はそれらの虫に蝕まれつづける。右側もまた同様である。四つの穴の虫は生臓を食べ、二つの穴の虫は熟臓を食べつづける。また四つの穴の虫は尿道にいて尿をくらい、さらに四つの穴に棲む虫は肛門にいて糞をくらって生きている。そしていま一つの穴に棲む虫は黒頭《こくず》という。脚を食む虫である。こうしてこれら八万の虫どもは、人間のからだに寄生して昼夜をわかたず食い荒らしつづけ、ために人間は熱を発したり苦悩の底に沈む。心に悩むことがあると、これらもろもろの病気がにわかに勢いを増し、いかなる名医もじゅうぶんなる治療を施し根治するということはできない、
と〔第五十五巻と第七巻に出ている。その略抄〕。
また、『僧伽吒経《そうぎゃたぎょう》』には次のように説く。
　人がまさに死のうとする時は、そのからだに巣くっていた虫どもが、生命の終りを予感して怖れおののき、互いに生きのびようと食いあうから、人は臨終の苦しみの上にさらに別の苦痛を重ねるのだ。枕頭で看とる一族の者たちも、その形相の苦しげなるを見て、よ

り悲しみと苦悩を深くする。虫どもは同類相食み、ついには二匹の虫のみ生き残る。するとこの虫は、七日間というもの死闘を演じつづけ、七日を過ぎると一方の虫は死に絶えるが、他の一匹はなお生き残るのである、

と〔以上は蛆《うじ》についてである〕。

また、たとい上等な料理、さまざまの珍味なものを食べたとしても、一晩経たぬうちにみな不浄なものと化してしまう。譬えてみると、汚物は大便も小便もともに臭気を発するように、人間のからだもまた同じである。老若男女、ひとりとして例外はない。この不浄を洗おうとして、たとい海水を傾け尽くしたとしても、清浄にすることは不可能である。外貌はいかに端正美麗を装うとも、ひとたびからだの内部に目を向けるなら、もろもろの不浄を内包していること、きれいに彩色した瓶に糞や汚物を盛っているのとまったく同じである〔『大論』『止観』などの意による〕。だから『禅経』の偈に、

身は臭く不浄なるを知れども
愚者はことさらに愛惜す
外貌のみめよきを視て
内の不浄をば観ざるなり

とうたっている〔以上は身体の不浄を挙げた〕。

ましてや生命の果てたのちは、人は墓場に棄て去られる。一日か二日、あるいは七日も経てばその身は膨《ふく》れあがり、色は変じて青くまたどす黒くなる。臭気は満ち、肉は糜爛《びらん》し、皮はぬるぬると剝け、血膿《ちうみ》はどろっと流れ出だす。熊鷹《くまたか》・鷲・鳶《とび》・梟《ふくろう》・狐・犬といったさまざまの猛獣・猛禽の類が群れ集《つど》い、死体は嚙み裂かれ食い荒らされる。食い終わると、いっそう汚く潰《くず》れ果て、爛れるにまかせてしまうから、幾千幾万と数しれぬ蛆がその臭気を慕って群がり出る。その醜怪なること、死んだ犬よりもさらにひどい。こうしてついには白骨と化してしまえば、節々はばらばらに分散し、手や足、頭蓋骨といったものは離れ離れになってしまう。風が吹き天日に曝《さら》され、時に雨がそそぎ霜に閉じこめられる。歳月はその上に積もり積もって、白骨は色も形も変わり果て、ついには腐り朽ちて粉々となり、塵や土と混じりあってしまう〔以上は最後の不浄について述べたもの。『大般若』『止観』などに見える〕。

以上の点からも、人間の身は初めから終りまでまったく不浄の一語に尽きることを知るはずだ。愛しあう男女といえども例外ではないのだ。とするならば、智慧《ちえ》ある者の、誰がこの上とも人の世を楽しみ愛着を持とうとする者があるだろうか。そこで『止観』では次のようにいっている。

いまだ人間の不浄の真相を知らない時は、この世を貪り執着し、あるいは煩悩の虜となる。だが、いったん不浄の何たるかを目撃したなら、愛欲の情はたちどころにやみ、耐えられないものとなる。ちょうど、糞を見ない時は食事もおいしいものだが、もしもその臭気を嗅いだなら、たちまちむかついて吐き出してしまうようなものだ、と。また、次のようにもいっている。

　もしもこの相《すがた》を悟るなら、人を蠱惑《こわく》してやまないあの秀でた眉、翠《みどり》をたたえた眼、皓《しろ》く清潔な歯、紅《あか》い唇も、ひとかたまりの糞に脂粉を施して表面の体裁を整えたものに過ぎず、または爛れた死骸に仮りに絹とか綾といった美しい布を着せたようなものとしか映らぬであろう。直視するに耐えないものを、どうして近づいてこれに執着の情を示すことがあろうか。かつて身の不浄を知るに及び、鹿杖梵志《ろくじょうぼんし》(37)に頼んで自害し果てた者がいた。ましてや男女互いに情を交わし、歓に耽り婬楽を想うなどということがあってよいだろうか。かく考えると、身の不浄を知ることは、婬欲の情に溺れる人間の病いを癒《い》やすところの、すぐれて効果ある煎じ薬といえよう、

と。

二　苦

苦しみについていえば、人間、生を享《う》けて以来、常に苦悩を受けつづけている。『宝積経』に説くとおりである。

　男女のいかんを問わず、たまたまこの世に生まれ堕ちる時は、あるいは両手で受けとめ、あるいは衣服でもって抱きとめるとしても、みないちように冬の寒風を肌に受けたり、あるいは夏の熱風に触れる時は、ちょうど牛を生剝《なまは》ぎして生垣や壁にこすりつけるような、はげしい苦しみを受けるものだ、

と〔大意〕。これは生まれ堕ちる時のことだが、人は成長した後もまた、苦悩の絶えることを知らぬ。同じ経に次のようにいう、

　人間の受ける苦しみには二つの種類がある。一つは眼・耳・鼻・舌・咽喉・歯・胸・腹・手・足といったものに生ずるもろもろの病気である。こうしたいわゆる四百四病がからだを侵し苦しめるのを内苦という。これに対し外苦なるものがある。すなわち牢獄に投ぜられ殴られたり、鞭打たれたり、あるいは拷問のために耳や鼻をそがれたり、手足を切断されたりすることである。さまざまの悪神や鬼神が、これさいわいと弱みにつけこむ。また蚊・虻《あぶ》・蜂といった毒虫の類が針を刺し血を吸う。寒さと熱さ、飢えと渇き、風に雨とこもごも身を責め、さまざまの苦しみがしきりに迫るのである。人間は五つの構成要素のあつまり、すなわち五陰《ごおん》(38)の身であるから、立居振舞い・行住坐臥のすべてにわたり、苦から逃れることはない。もし人が長い道程を間断なく歩きつづけて、しかも瞬時も休息をとらなかったとしたら、これは外苦であるが、その苦しみは察するにあまりあろう。同じ姿勢を長時間にわたり保ちつづけるのも、また坐ったり臥したりするのも、ともに苦しみなのである、

と〔略抄〕。

　これらのほか、さまざまの苦の相は容易に眼の前に見ることができるものであるから、いまさら喋々《ちょうちょう》するほどのことはあるまい。

三　無常

無常については『涅槃経《ねはんぎょう》』に次のようにいっている。

人の生命のはかなさは、瞬時もとどまることを知らぬ、あの沢を流れ落ちる水にも譬えられようか。今日生きているとしても明日という日は予測しがたい。こう考えるなら、どうして放縦安逸に身をゆだね、まちがった生涯を送ってよかろうか、と。また、『出曜経《しゅつようぎょう》』には次のような偈がある。

この日すでに過ぎぬれば
命すなわち減少す
少なき水に泛《うか》ぶ魚のごとし
これ何の楽しみかあらん

『摩耶経《まやぎょう》』の偈には左のようにいう、

たとえば旃陀羅《せんだら》(39)の
牛を駆りて屠所に至るに
歩々死地に近づくがごとし
人の生もまたかくのごとし

と〔以上〕。

たとい、長寿を約束するような、いかなる善行が過去にあったとしても、やはり死を免れることはできない。また、現世における正しい行ないの報いとして富貴の身となることができても、いつかはかならず身心は衰え果てるか、病患の身となるものである。『大経』の偈にいう、

一切のもろもろの世間に
生を享けし者はみな死に帰す
寿命《いのち》無量なりと思えども
必ず終尽することあり

それ盛んなるものは必ず衰う
合い会えるものは別離あり
壮年は久しく停《とど》まらず
盛色も病いの侵すところとなる
命は死のために呑まれ
法（存在・もの）として常なるはなし

と。また、『罪業応報経《ざいごうおうほう》』の偈にいう、

水流るれば満つるあたわず
火盛んなれば久しくは燃えず
日出ずれば須臾《しゅゆ》にして没し
月満ちおわればまた欠くるなり

尊栄高貴なる者といえども
無常の速《すみ》やかなることこれに過ぎたり
まさに念じ勤め精進し
無上尊《むじょうそん》（仏）を拝すべし

と〔以上〕。

ところで、世の愚かな者たちだけが、こうした恐れの心を抱くのではない。仙人となって天に昇り、神通力《じんずうりき》(40)を得た者もまた、これと同じなのである。『法句譬喩経《ほっくひゆ》』の偈にいっているとおりである。

空にもあらず海中にもあらず
山石《いわや》の間に入るにもあらず
この世の方処として
脱れて死を受けざるものなし
〔空にのぼり、海に入り、巌《いわお》の中に隠れた三人(41)の動機については経に詳しく説くとおりである〕

かく考える時、他のさまざまの苦しみや患《うれ》いは、なかには幸いにして免れる者があるやも知れぬ。しかしこの無常の一事だけは、ついに誰しも避けることのかなわぬことを、どうしても知らねばならない。だから当然のこととして、仏の説かれるがごとくに修行して、永遠の楽しみをもたらす悟りの道をねがい求めねばならぬのだ。これについては『止観』にいうとおりである。

無常の死神は、豪なる者も賢なる者もいっさい区別しない。だから人間誰しも脆《もろ》く危い存在であり、みずからの力を恃《たの》むことはできない。しかるになぜ、人は百歳の長寿を期待し、東奔西走して金銀財宝を求め貯えようとするのか。財貨にいまだ倦《う》むことのないうちに急死などすれば、辛苦のあげくの財産は、いたずらに他人の所有と化し、おのれはひとりで暗い黄泉《よみじ》へと去ってゆくのである。誰がいったい、逝った者の冥路の安否を気づかうであろうか。もしも死が、荒れ狂う激流、猛り狂う風、光る稲妻よりもすみやかに訪れるものであると知り得ても、山にも海にも空にも、雑踏の中にも逃れる所を持たないのだ。このように、死を逃れる方途はありえぬものとわかってみれば、心は死の恐怖におののき、眠ろうとしても安眠する床を持たなくなる。また食べ物にしても、その美味を賞するだけの余裕はなくなってしまう。だから頭にふりかかる火の粉を払うように、つとめて死の恐怖から逃れる、解脱《さとり》への道を求めるにしくはないのだ。

また、次のようにもいっている。

たとえば狐が耳と尾と牙をとられたために、生命の危機を逃れんものと眠ったふりして相手をやり過ごそうとしても、「頭を刎《は》ねてしまえ」という声を聞くと、心はにわかに恐怖のどん底へと陥ってしまうようなものである。生まれる時、老いゆく時、または病気に罹った時は、さして慌てふためくには及ばないが、死だけはゆるがせにできないものだ。だからどうして死を怖れないでいられようか。そしてこの恐怖心がおきたならば、あたかも熱湯や炎を足で踏んづけるような思いに陥るのだ。この世の楽しみに耽り、六つの欲望㊷を貪る余裕はないのである、

と〔以上大意〕。

人間世界の実態はこのようなものであってみれば、まこと、心からこの世界を厭《いと》い離れなくてはならぬ。

第六　天道

天の世界について述べよう。天道には三つある。一には欲界、二には色界《しきかい》、三には無色界である。この世界の相は多岐多様を極め、そのいちいちにわたって述べるのは至難である。ゆえにしばらく一事を挙げ、他は推量にゆだねよう。

かの忉利天《とうり》のごときは、快楽そのものに限度はないのだが、臨終にあたっては特有の五衰の相が現われる。その一つには、頭にかざした花の髪飾りもたちまちに萎《しお》れ果てる。二つにはあの美しい天の羽衣も塵や垢で穢れてしまう。三つには腋《わき》の下から汗を発し、四つには両眼がしばしば眩《くら》み、五つにはこれまでの住居をも楽しむことができなくなる。この様相が現われると、天女や一族の者もみな遠ざかり離れて、さながら雑草か何かのように棄て去って顧みることもしなくなる。そこで林の間に倒れ伏し、悲しみのたうち、泣きながらいうのだ。

「天女たちよ、私はいつもそなたたちに憐愍《れんびん》の思いを寄せてきたのに、どうしてにわかにそんな邪慳《じやけん》な素振りを見せるのか。私はいまはまったく孤独の身、誰ひとり頼る者を持たない。誰か私を救ってはくれまいか。おお、善見城《ぜんけんじよう》（帝釈天《たいしやくてん》の宮城）は、いままさに私の視界から消え去ろうとしている。もはや帝釈天の宝座にふたたび拝謁する道も絶たれたのか。殊勝殿（善見城の中にある、帝釈天の宮殿）の中にあって、宮殿のきらびやかさを仰ぎ見ることも絶え、帝釈天の宝の象にいつの日に同乗することがあろうか。衆車苑《しゅしゃおん》(43)の中にふたたび目を楽しませることもなく、麁渋苑《そじゅうおん》のうちにて、甲冑《よろいかぶと》に身を固めることもありえない。雑林《ぞうりん》苑《おん》で宴席に侍《はべ》る日もなく、歓喜苑《かんぎおん》に歩を運ぶこともできないのだ。劫波樹《こうはじゅ》(44)の下の柔らかな白玉の上に坐することもなく、ゆるやかに流れる殊勝池の水で沐浴するようすがとてない。四種の甘露（天人が不死の薬とする青・黄・赤・白の甘露）も、ついには口にすることもできなくなるのか。妙なる五つの楽の音（宮・商・角・徴《ち》・羽の五音階による音楽）も、忽然として聞こえなくなってしまった。ああ、なんと悲しいことか。私だけがこの悲痛の思いの中にいるのだ。どうか慈《いつく》しみの心を垂れて、生命を救ってくれ。ほんのごくわずかの日数でもよい、寿命を延ばしてくれたなら、それだけでもどんなにか嬉しいことだろう。あの馬頭山《めずせん》(45)や沃焦海《おくしょうかい》(46)には、なんとしてでも堕とさないでくれ」
と、思いのかぎり、声をかぎりに哀願するけれども、進んでこれを救おうとする者とてない〔『六波羅蜜経』〕。

　このように見てくるなら、これは地獄のそれにまさるとも劣らぬ苦しみであることがわかろう。だから『正法念経』の偈に、

天上より退かんと欲するの時
心に大いなる苦悩を生ず
地獄のもろもろの苦毒も

十六の一に及ばず

とうたっている。

また大いなる有徳の天が生まれると、もとの天の一族は、旧《もと》の主を捨て去り、こぞって新しい天に従うのである。あるいは威光を放つ有徳の天があって、心から信じ順《したが》わない時は、宮殿から追放され住居も奪われてしまうのである〔『瑜伽』〕。

他の五つの欲界の天にも、みなこれに類する苦しみがある。色界と無色界の二つにはこうした苦しみはないというものの、ついには天を去らねばならない苦しみが待ち受けている。無色界の最高である非想天㊼ですら、阿鼻地獄に堕ちないという確とした保証はないのであるから、天上をまたとない楽園と考えるのは非であることを知るだろう〔以上は天の世界である〕。

第七　総結厭相

以上、六つの世界の厭《いと》うべき相を総括するならば、たとえば地・水・火・風の四つの要素の結合から成るこの身は、まことに苦の連続である。悦楽に耽るべきものではない。生・老・病・死の四つの苦しみはかならずやってくるもので、逃げ隠れしてやり過ごせるものではない。ところが人は貪りの心のために、おのれを直視することができず、どこまでも五欲㊽

に執するのが一般である。ためにはかない存在を永遠のものと錯覚したり、楽しみでもないものを楽しみと思いこんだりするのだ。これは癰《よう》を患った時に膿《うみ》を洗い流すと、当座はさっぱりした気分になり、そこで事はすでに終わったと安堵《あんど》したり、目に刺さった逆睫毛《さかまつげ》を抜いて、それでももとどおりに楽しみが得られたと考えたりするのと同断である。どうして厭わしいと思わないのだろうか。ましてや剣の山、火と燃える熱湯の池が、ようやくおのれの身辺に忍び寄ろうとしているのに。智慧のある者で、誰がいったいこの身を宝と観じて愛玩する者がいるだろうか。そこで『正法念経』の偈には、次のようにうたっている。

智者の常に憂いを抱くこと
獄中の囚に似たり
愚人の常に歓楽すること
あたかも光音天㊾のごとし

と。また、『宝積経』の偈にはうたっている。

種々の悪業をもって財貨を求め
妻子を養育して歓娯すといえども
命終わる時に臨んで苦は身に迫り

妻子のよく相救う者なし
かの三途《さんず》(50)の怖畏の中においては
妻子および眷属《けんぞく》をも見ず
車馬・財宝ことごとく他人に帰し
苦を受くるを誰かよくともに分かつ者あらん

父母・兄弟および妻子も
朋友・僮僕《どうぼく》ならびに珍財も
死し去ればひとりとして来たりて相親しむ者なし
ただ黒業《こくごう》（悪業）のみありて常に随逐《ずいちく》す

〔中略〕

閻魔王常にかの罪人に告ぐ
少《わず》かなる罪も我よく加うることなし
汝自《みずか》ら罪を作りて今自《おのずか》ら来たる
業報自《みずか》ら招いて代わる者なし

父母・妻子もよく救うことなし
ただまさに出離の因を勤修《ごんしゅ》すべしと
このゆえにまさに枷鎖《けさ》（くびかせと鎖）の業を捨て
よく遠離を知りて安楽を求むべし

と。また、『大集経《だいじつきょう》』の偈にも、

妻子も珍宝もはた王位も
命終わるの時に臨んでは随う者なし
ただ戒と施しと不放逸とは
現世《げんせ》と後世《ごせ》の伴侶となる

とうたっている。かく、めぐりめぐって悪を作っては苦を受け、酔生夢死してさながら車輪のまわるごとく、尽きるということを知らない。このことを経の偈に、

一人《いちにん》の一劫の中
受くるところのもろもろの身の骨

常に積みて腐敗せずんば
毘布羅《びふら》の山(51)のごとくならん

とよんでいる。一劫ですらなおこのようである。はかり知れぬ多くの劫にあっては、いかようのものとなるか推測だにつきがたい。われわれは、いまだかつて仏道にいそしむことを知らなかったゆえに、数多くの劫にわたって、いたずらに生死を繰り返してきたのである。いまにして勤め励むことをしなければ、未来もまた、かならずや同じ愚を繰り返すであろう。このようなはかり知れぬ生死の間に、ふたたび人間として生まれてくるのは、はなはだ困難というべきだ。よしんば人間として生まれえても、人としての完全な機能を備え得ているかどうかはあやしいのである。一歩譲って、それぞれの十全の器官が備わっていたとしても、仏の教えを受ける好機にめぐりあうことはまたむずかしいのである。たとい仏の教えを聞く機を得ても、信心に至るのはまたむずかしいことなのだ。だから『大経』にも、

人間界に生を享ける者は、爪の上に乗せる土がきわめて微量であるように、ごく少ない。地獄界や畜生界・餓鬼道に堕ちる者は、世界中の土を集めたほど数知れぬくらい多い、

といっている。『法華経』の偈でもやはり、

無量無数の劫にも

この法を聞くことはまた難し
よくこの法を聴く者も
この人また得がたし

とうたっている。ところがいま、われわれは僥倖《ぎょうこう》にもこれらの諸条件を備えているのだ。だから当然、生死輪廻《りんね》の絶えないこの世をば離れ、浄土に生まれるべくつとめるのは、いまのこの時点を措《お》いて他にないことを知るはずである。しかるにわれわれは、いたずらに馬齢を重ね、頭には霜をいただくのみで、心はまさに俗臭芬々《ふんぷん》、生涯の終りに臨んでも執着は断ち切れない。ついにはこの世を去り、ひとり冥々界に入ってゆく時、数百由旬にわたって燃え拡がり焼き尽くす猛火の中に堕ちて、初めて天に向かって助けを乞い、地を叩いて悔いるのだが、時すでに遅く、何の益もないのだ。どうか道にいそしむ者たちよ、いっときも早くこの不浄世界を厭い離れる心を発し、すみやかに解脱《さとり》の道に入られよ。せっかく宝の山に入りながら、手を空《むな》しゅうして帰るの愚を犯さないで欲しいのだ。

問　いかなる相に対して厭離の心を生ずべきか。

答　もしも広く、さまざまの相を正しく洞察しようとするなら、前述したように地獄から天までの六つの世界の、そこに生ずる原因と結果、不浄と苦しみの相を観るがよい。あるいはまた、龍樹菩薩《りゅうじゅぼさつ》(52)が禅陀迦王《ぜんだかおう》(53)にすすめて道心を発せしめた偈に、次のように述べたものがある。

この身は不浄九孔《くく》[54]より流れ
窮まり已《や》まざること河海のごとし

薄皮覆い蔽《かく》して清浄に似たれども
瓔珞《ようらく》（宝玉を連ねた装身具）を仮《か》りて自ら荘厳《かざ》れるがごとし
もろもろの智ある人はすなわち分別し
その虚誑《こおう》（いつわり）を知りてすなわち棄つ

たとえば疥者《かいしゃ》（ひぜんを病む者）の猛焔に近づくに
初めはしばし悦び後に苦を増すがごとし
貪欲の想いもまた然《しか》なり
初め楽着《ぎょうじゃく》（楽しみ執着する）すとも終《つい》には患《うれ》い多し

身の実相はみな不浄なりと見る
すなわちこれ空・無我[55]を観ずるなり
もしよくこの観を修習《しゅうじゅ》する者は

利益《りやく》の中において最も無上なり

才色・門閥・博識を有すといえども
もし戒・智なくんば禽獣のごとし
醜賤《しゅうせん》に処して聞見《もんけん》少なしといえども
よく戒・智を修するものを勝士（すぐれた人）と名づく

利・衰の八法(56)はよく免るる者なし
もし除断することあらば真に匹《たぐい》なし
もろもろの沙門《しゃもん》・婆羅門《ばらもん》(57)
父母・妻子および眷属の

かの意のためにその言を受け
広く不善・非法の行を造ることなかれ
たといこれらのために過ちを起こすことあらんも
未来の大苦はただこの身に受く

それ衆悪を造りてただちに報いず

刀剣こもごも傷《そこな》い割《さ》くがごとくにあらざるも
臨終に罪相初めてことごとく現われ
後に地獄に入りて諸苦を嬰《いだ》かん

信《しん》・戒《かい》・施《せ》・聞《もん》・慧《え》・慚《ざん》・愧《ぎ》
かくのごとき七法をば聖財《しょうざい》と名づく
真実にして比《たぐい》なき牟尼《むに》（煩悩を去った聖者）の説なり
この世のもろもろの珍宝に超越せり

足ることを知らば貧といえども富と名づくべし
財あるも多欲なるはこれを貧と名づくべし
もし財業《ざいごう》に豊か（財を作るに専心する）なれば諸苦を増すこと
竜の多首なるは酸毒（苦しみ）益《ま》すがごとし

まさに美味は毒薬のごとしと観じて
智慧の水もて灑《そそ》ぎて浄《きよ》からしむべし
この身を存《たも》たんがために食すべしといえども
色味《しきみ》を貪りて憍慢《きょうまん》を長ずることなかれ

もろもろの欲染（むさぼり）においてまさに厭《いと》いを生じ
勤めて無上涅槃（最高の悟り）の道を求むべし
この身を調和して安穏ならしめ
しかる後に宜《よろ》しくまさに斎戒(58)を修すべし

一夜を分別するに五時あり
二時の中においては眠り息《やす》むべくも
初・中・後夜《ごや》には生死を観じ
宜しく勤めて度《ど》（解脱）を求め空しく過ぐることなかれ

たとえば少《わず》かの塩をもて恒河《ごうが》（ガンジス河）に置くも
水をして鹹味《かんみ》（辛い味）あらしむるあたわず
微細《みさい》の悪の衆善に遇わば
消滅散壊《さんえ》することまたかくのごとし
梵天《ぼんてん》の離欲の娯《たの》しみを受くといえども
また無間《むけん》の熾燃《しねん》の苦に堕ちん

天宮に居して光明を具すといえども
後には地獄の暗黒の中に入らん

いわゆる黒縄・等活地獄の
焼・割・剝《はく》・刺および無間と
八つの地獄は常に熾燃なれば
みなこれ衆生悪業の報いなり

もしは図に画《か》けるを見　他の言を聞き
あるいは経書に随いて自《みずか》ら憶念し
かくのごときを知る時すらもって忍びがたし
いわんやまた己《おの》が身に自ら逕歴せんをや

もしまた人ありて一日の中に
三百の矛《ほこ》もて其の体《み》を鑽《き》らんも
阿鼻地獄の一念（一瞬）の苦に比すれば
百千万分の一にも及ばず

畜生の中におけるも苦は無量なり
あるいは繋縛せられ鞭撻《むちう》たるる者あり
あるいは明珠と羽・角・牙と
骨・毛・皮・肉とのために残害《ころ》さる

餓鬼道の中の苦もまた然《しか》なり
もろもろの須《もと》むる欲《ねが》いは意に随わず
飢渇に迫られ寒熱に困《くる》しみ
疲れと乏《か》くる苦しみはなはだ無量なり
屎尿《しにょう》・糞穢《ふんえ》のもろもろの不浄すら
百千万劫によく得ることなし
たといまた推求《すいぐ》して少分を得るも
さらに相劫《かす》め奪いてまた散失す

清涼の秋の月にも焔熱を患《うれ》え
温和の春の日にもうたた寒苦す
もし園林に赴けば衆菓尽き

もし清浄の流れに至れば変じて枯渇す
罪業の縁《えにし》のゆえに寿は長遠にして
巡ること一万有五千
もろもろの楚毒《くるしみ》を受けて空しく欠けざるは
みなこれ餓鬼の果報なり

煩悩の駃河《かいが》（流れの早い河）衆生を漂わし
深き怖畏と熾燃の苦とをなさん
かくのごときもろもろの塵労（煩悩）を滅せんと欲せば
まさに真実解脱の諦《たい》（真理）を修すべし
もろもろの世間の仮名《けみよう》の法を離るれば
清浄不動の処《ところ》（悟りの境地）を得るなり
〔以上、百十行の偈から成っている。これは略抄である〕

もし簡略に観想の法を示すなら、馬鳴菩薩《めみようぼさつ》(59)が「頼吒和羅《らいたわら》(60)」という伎楽《ぎがく》をつくりうたったとおりである。すなわち、

有為《うい》の諸法は
幻のごとく化《け》（仮りの姿）のごとし
三界の獄縛は
一として楽《ねが》うべきものなし

王位は高顕にして
勢力自在なるも
無常すでに至れば
誰か存することを得る者ぞ

空中に漂える雲の
須臾《しゅゆ》にして散滅するがごとし
この身の虚偽《こぎ》なること
あたかも芭蕉のごときなり
怨《あだ》たり賊たり
親近《しんごん》すべからず

毒蛇の篋《はこ》のごとし
誰かまさに愛楽《あいぎょう》すべけん

このゆえに諸仏は
常にこの身を呵《か》したまうなり

と〔以上〕。この中でつぶさに無常と苦と空《くう》と無我について説いたから、およそ聞く者はみな道を悟ったのである。また、堅牢比丘《けんろうびく》(61)が石窟《せっくつ》の壁に書きとめた偈にいう、

生死の断絶せざるは
貪欲嗜味のゆえなり
怨《あだ》を養いて丘塚《くちょ》（墓）に入り
虚《むな》しくもろもろの辛苦を受く

身の臭きこと死屍のごとく
九孔より不浄を流す
厠《かわや》の虫の糞を楽しむがごとく
愚かにして身を貪るも異なることなし

憶想して妄《みだ》りに分別するは
すなわちこれ五欲の本なり
智者は分別せざれば
五欲すなわち断滅す

邪念より貪着《とんじゃく》を生じ
貪着より煩悩を生ず
正念《しょうねん》にして貪欲なければ
余の煩悩もまた尽きん

と〔以上〕。昔、弥《み》楼《る》犍駄《けんだ》仏《ぶつ》[62]が涅槃に入られたのち、仏の教えが正しく行なわれていた時代も終わったころ、陀《だ》摩《ま》尸《し》利《り》菩《ぼ》薩《さつ》[63]がこの偈を求めて仏の教えをひろめ、多くの人に恵みを与えたといわれる。あるいはまた、『仁王《にんのう》経』に、無常・苦・無我をよんだ、四言より成る三十二句の偈があるから、これを参看するとよい。もし簡略にその全容に接することをのぞむならば、『金剛経』にいっているとおりである。すなわち、

一切の有為の法は

夢・幻・泡・影のごとし
露のごとくまた雷《いなずま》のごとし
まさにかくのごとき観を作《な》すべし

といっている。あるいはまた『大経』の偈にも、

諸行は無常なり
これ生滅の法なり
生滅の滅しおわれば
寂滅（悟り。涅槃）を楽しみとなす

とよんでいる〔以上〕。これは雪山《せっせん》（ヒマラヤ）に道を求めた菩薩、すなわち釈尊の前身たる雪山童子(64)が、一身を捨ててこの偈を得たものといわれている。修行者たるもの、このことに思いを潜め、ゆめゆるがせにしてはならない。説かれるところをよく観想し、貪りや怒り・愚痴といったいわゆる三毒の煩悩をば、あたかも獅子が人を追い散らすがごとく遠ざけるべきである。仏の教え以外の邪説邪道に迷わされ、無意味な苦行を行なって、愚かな犬が土塊《つちくれ》を追いまわすようなことをしてはならないのだ。

問　不浄・苦・無常については、その意味は理解しやすい。だが、現実に本体そのものが見えているのに、なぜこれを空《くう》とみなすのか。

答　経にも、「夢・幻か化《け》のごとし」と説いているではないか。だから夢の世界を例にとって、空《くう》の意味を思うべきである。『西域記』にも次のようにいっている。

波羅痆斯国《ばらなしこく》（中インドにあった国）の施鹿林《せろくりん》[65]（鹿野苑《ろくやおん》ともいう。釈尊が最初に説法を行なった所）の東方二、三里のところに、水の涸《か》れた池がある。昔、ひとりの隠者がこの池のほとりに、庵を結んで世俗を逃れていた。多くの技術を習得し、神理を究め、瓦礫《がれき》をも宝石に変え、人間や畜生の姿をも変える不思議な術を身にそなえていた。それでもまだ、風や雲に乗り、仙人の車駕《くるま》に陪乗するまでには至っていなかった。ゆえにさらに書物に没頭し、古昔を調べ、いっそう仙人の術の習得に明け暮れた。その結果求め得た一つの方法はこうである。すなわち、節義に堅いひとりの烈士に命じ、長刀を持って壇の隅に立たせ、息を殺し言葉を断ち、夕暮れから翌朝までその姿勢を崩させない。仙人の術を得ようとする者は壇の中央に坐し、手に長刀を携え、口に神秘な呪文をとなえ、視ること聴くことのいっさいを断ったならば、未明には天にのぼって仙人となる、というのである。そこでひとりの烈士を捜し求めた。彼は烈士に、なんども手厚い贈り物を与え、ひそかに恩恵を施した。彼はある日、
「どうか一晩だけ、いかなる事態に遭おうとも、声をたてない約束をしてほしい」
と頼んだ。烈士は、

「自分は死すらも平然と受け容《い》れるつもりだ。ましてや息を殺し声を発せざること、いとたやすい仕儀にござる」

と答えるのだった。そこで彼は壇場を設け、仙人の方術を授からんものと、その方法どおりに事を行なった。坐して日の暮れるを待ち、とっぷりと暮れ果てると、各自の務めを分担した。彼は呪文をとなえ、烈士は研ぎすました刀を帯びて身構えていた。時は刻々と過ぎ、いままさに白々と明けようとする時、突如として烈士は声をあげた。彼はいまや事の成る寸前のことであったので、きっとなって問いつめた。

「あれほどの堅い男同士の約束を、何ゆえに破ったのか。何ゆえにかくも声を発したのか」

と。烈士は、

「命を受けての後、夜半に至り、心は冥《くら》く乱れ、まことに夢心地にさまよい続けていた時、思いもかけぬ変異がつぎつぎにおこりました」

という。そして、

「昔、仕えていた主人がみずから現われ、慰め労《ねぎら》ってくれるのでしたが、あなたのこれまでの恩義を思い、忍んで何も答えませせなんだ。と、主人はひどく怒って、とうとう私を殺し、私は次の生を得るまでの、いわゆる中間的存在としての霊魂と化したのです。そして自身の死骸を目撃し嘆き悲しんだのですが、なお、たとい次の生を享《う》けた後もものはいわず、あなたの厚い恩義に報ぜんものと願ったのです。そして後に私は、南インドの大婆羅門の家に生まれました。胎内に宿り胎内を出でてからというもの、なべての苦、なべての厄難をなめ尽くしました。が、あなたの鴻恩《こうおん》を思い、あなたの徳を慕って、一度も声をあげることはしませなんだ。私は家業を継ぎ、成年式や結婚式を挙げ、親に死別し、人の親ともなりましたが、常に前世の恩徳を思い、我慢してものをいいませなんだ。兄弟や親戚の者はみな訝《いぶか》しがっておりました。年も六十五を過ぎた時、妻は『あなた、口をきいてください。もし何もおっしゃらないなら、私はあなたの子を殺すことになりましょう』というのです。私はその時、『すでに生まれかわってから久しいが、ふりかえってみるに、私自身がすでに老いぼれ衰え、ただこの幼な子があるだけであってみれば、何とか妻を引きとめ子供を助けたいものだ』と思うに至り、それであのように思わず声が出たのです」といった。隠者はこれを聞くや、

「私の過ちであったぞ。これは魔がさしたとしか考えようがない」

といったが、烈士は彼の恩にいたく感泣し、事の成就しなかったことを悲しみ、おのれの節義のなさを憤り死んでいったのである、

と〔以上略抄〕。夢寐《むび》の境地とはこのようなものである。すべてのものもまたこれと同じである。妄想のいまだ醒めざるうちは、空《むな》しいものをも実在するものと考えるのだ。だからかの『唯識論《ゆいしきろん》』にも、次のように記している。

いまだに真実のさとりを得ざる時は、常に夢の中にさまよっている。ゆえに仏はこれを「生き死にの長き夜」と説かれている、

と。

問　もし無常・苦・空などをみつめるだけならば、ひとりみずから道を修め、みずからの解脱のみをめざす小乗(66)と、どうして異なるところがあるのか。

答　かくみつめる態度は、小乗にのみ限られたものではない。大乗(67)にも共通せるものだ。『法華』を見よ。次のようにいう、

大慈悲を室《へや》となし
柔和・忍辱《にんにく》（忍耐すること）を衣とし
諸法の空をば座となして
ここに処《お》りてために法を説け

と〔以上〕。なべてのものを空と観ることすら、なお大慈悲の妨げとはならない。ましてや苦や無常などが、あらゆるものを救わんとする菩薩の悲願（慈悲の願い）を起こさせるのだ。このゆえに、『大般若』などの経典には、不浄などを観察することを、菩薩の修すべき法としているのである。もしこれが真実を知らんとする者は、さらに経文《きょうもん》を読むにしくはない。

問　このように心を静め、正しい智慧によって対象を洞察するならば、いかなる利益《りやく》があるというのか。

答　もし、常にかくのごとくに心を調伏《じょうぶく》（心を静め迷妄を静める）するなら、五官によりておこる欲望は微薄となり、臨終にも心乱れず、地獄などの悪道に堕ちることはない。かの『大荘厳論《だいしょうごんろん》』の、勧進繋念《かんじんけねん》（一所に思いをつなぐことを勧める）の偈の中でいうとおりである。すなわち、

盛年《じょうねん》（壮年）にして患《うれ》いなき時
懈怠《けだい》（怠惰）して精進せず
もろもろの世事に貪営《あくせく》とし
施と戒と禅とを修せず

死のために呑まれんとするに臨みて
まさに悔いて善を修せんことを求む

智者はまさに観察して
五欲の想を断除すべし
精勤《しょうごん》して心を習う者は

終わる時悔恨なし

心意すでに専至なれば
錯乱の念あることなけん
智者は勤めて心を捉うれば
臨終には意散《こころみだ》れず

心を習うこと専至ならずんば
臨終には必ず散乱せん

と〔以上〕。また『宝積経』の第五十七巻の偈には、次のようにうたっている。

まさにこの身を観ずべし
筋・脈たがいに纏繞《てんにょう》（まつわりめぐる）し
湿《うるお》える皮相裹《つつ》み覆えり
九処（九孔と同じ）に瘡門《そうもん》ありて

周遍して常に流溢す

屎尿《しにょう》もろもろの不浄を
たとえば舎《いえ》と篅《ずい》（竹囲いの倉）とに
穀麦等を盛れるがごとし

この身もまたかくのごときか
雑穢《ぞうえ》（さまざまの汚物）その中に満てり
骨の機関を運動《うご》かすに
危脆《きぜい》にして堅実ならず

愚夫は常に愛楽《あいぎょう》し
智者は染着することなし
洟・唾・汗は常に流れ
膿血恒《つね》に充満す

黄脂《おうし》（黄色の脂）は乳汁に雑《まじ》り
脳は髑髏《どくろ》の中に満つ
胸膈（胸のうち）には痰と癊《おん》（胸の病気）と流れ
内には生熟の蔵（はらわた）あり

肪膏《ぼうこう》（あぶら）と皮膜と
五蔵のもろもろの腸胃と
かくのごとく臭爛せる
もろもろの不浄とともに居る

罪の身は深く畏《おそ》るべし
これすなわちこれ怨家《おんけ》（怨みを抱く人）なり
識《し》らずして耽り欲《むさぼ》る人
愚痴にして常に保護すれども

かくのごとき穢臭の身は
あたかも朽ちたる城廓のごとし
日夜煩悩に迫られ
遷《うつ》り流れてしばしも停まるなし

身の城　骨の墻壁
血肉もて塗泥となし

画彩の貪《とん》・瞋《じん》・痴《ち》
処に随《したが》いて枉飾せり

悪《にく》むべし骨身の城
血肉相連なり合し
常に悪知識に
内外《うちと》の苦もて相煎《に》らる

難陀《なんだ》(68)汝まさに知るべし
わが所説のごとく
昼夜常に繫念《けねん》して
欲境をば思うことなかれ

もし遠離せんと欲せば
常にかくのごとき観を作《な》し
解脱の処を勤求《ごんぐ》せば
速やかに生死の海を超えん

と〔以上〕。

この他の種々の利益《りやく》に関しては、『大論』『止観』等を参看されよ。

大文第二　欣求浄土

欣求《ごんぐ》浄土、すなわち極楽浄土に生まれんと願い求めることについては、極楽の国土とそこに住む者の功徳《くどく》は無量で、百劫・千劫にわたって説くもよくするところではない。数値や比《ひ》喩《ゆ》で示しても、功徳を知る手だてとはなるまい。しかし『群疑論』では三十種の利益《りやく》を記し、『安国抄』には二十四の楽しみを記しているから、極楽を称揚するは、ひとえに人それぞれの心によるものだということを知った。いまここで、十の楽しみを列挙して浄土をほめ讃えたいと思う。が、もとよりこれは、一本の毛をかの大海に浸すがごときものである。

さて第一には聖衆来迎《しょうじゅらいこう》、すなわち浄土の菩薩《ぼさつ》が迎えに来る楽しみ、第二には蓮華《れんげ》初開、すなわち蓮華によって極楽に生まれる楽しみ、第三には身相神通《じんずう》、すなわち相《すがた》尊く通力《つうりき》自在なるを得る楽しみ、第四には五妙境界《きょうがい》、すなわち妙《たえ》なる極楽世界の楽しみ、第五には快楽《けらく》無退、すなわち楽しみが尽きることなき楽しみ、第六は引接結縁《いんじょうけちえん》、すなわち昔の縁《ゆかり》ある者を引きよせる楽しみ、第七は聖衆倶会《くえ》、すなわち尊い浄土の菩薩と倶《とも》に相会う楽しみ、第八には見仏聞法《もんぼう》、すなわち仏に見《まみ》えて教えを聞く楽しみ、第九には随心供仏《くぶつ》、すなわち心のままに仏を供養《くよう》する楽しみ、第十には増進仏道、すなわち仏の悟りに進み入る楽しみ、これらである。

第一　聖衆来迎の楽

およそ悪業の人の命数の尽きる時には、まず生気と体温とが消え去るものだ。それにつれてはげしい動きと熱を生じ、苦しみもまたまさるのである。善行を積んだ人は、その死に際してはまず、からだの要素と水分とが消え去る。これは変化が緩やかであるゆえに、苦しみがない。ましてや念仏の功徳を積み、長い年月、阿弥陀《あみだ》仏の浄土に心を寄せきたった者は、臨終にあたってはかえって大いなる喜びがおのずから湧《わ》いてくる。これは阿弥陀如来《にょらい》が(1)お立てになった誓いによって、もろもろの菩薩や、何千何百という僧たちとともに、大いなる光明を放ちながら皓然《ごうねん》（あきらかなるさま）として目の前にお立ちになる。時に慈悲の象徴たる観世音《かんぜおん》菩薩が、百福荘厳《しょうごん》の手をさしのべ、宝玉で作った蓮華の台《うてな》を捧げ持ち、修行者の前に進み出る。智慧《ちえ》の象徴たる大勢至《だいせいし》菩薩は、多くの聖衆（おつきの菩薩）とともに、声を揃えて讃めたたえ、わざわざ手をかして連れていってくれるのである。この時、念仏に心を打ちこんだ者は、まのあたりにこれを見、心は喜びにうちふるえ、身も心も安らぎ楽しみ、あたかも三昧《さんまい》境に入った心地となる。このことからも知らねばならない、草庵にあって目を閉じた時がすなわち蓮華の台に坐る時であることを。そこで直ちに阿弥陀仏の後ろに従い、菩薩たちにまじって、一瞬のうちに西方《さいほう》の極楽浄土に生まれることができるのである〔『観経』『平等覚経《びょうどうがくきょう》』および『伝記』(2)等の意による〕。

してみると、かの忉利天《とうりてん》の億千年の楽しみも、梵天《ぼんてん》の王宮での三昧境の深い楽しみなども、いまだ楽しみの数にも入らぬことを知るだろう。それというのも、車輪の転がるがごとくはてがなく、ついには三悪道に堕《お》ちることも免れないからなのだ。しかるにこれは、観音の掌に乗り、宝玉で飾られた蓮《はちす》の台に生まれる時、苦しみの海を永遠に遠ざかり、初めて浄土に生まれるのである。その時の歓喜の心は、言葉をもってこれを表わすことができない。

龍樹菩薩の偈《げ》にいう、

もし人ありて命終わるの時
かの国に生まるることを得る者は
すなわち無量の徳を具す
このゆえに我帰命《われきみよう》（心より信ずる）したてまつる

と。

第二　蓮華初開の楽

蓮華が初めて開く楽しみとは、修行者がかの国に生まれかわった時、蓮華が初めて開く時に受ける喜びである。前の喜びに比すれば数十万倍、ちょうど盲者が初めてこの世の光に接することができた時とか、片田舎の者が、突如として王宮に足を踏み入れた時の感慨にも譬《たと》えられよう。自分のからだは紫がかった金色の身となり、自然《じねん》の宝衣《ほうえ》、すなわち縫目のない、宝玉で飾られた美しい衣をまとい、指輪・腕輪・宝冠などで厳《おごそ》かに飾られていること、他に比すべくもない。仏の光明を仰ぎ見て清浄《しょうじょう》の眼が得られ、前世の因縁《いんねん》により、さまざまの説法の声を聞く。目に触れ耳に聴くもの、一つとして霊妙ならざるものはない。天空いちめんを蔽い尽くす飾りは、目も雲路に迷うばかり。妙法輪(3)を説く音声《おんじょう》は、聞くに宝刹《ほうせつ》に満ち溢れている。高楼《たかどの》と林池（林の中の池）は互いに照り曜《かがや》き、鴨《かも》・雁《がん》・鴛鴦《おしどり》は遠近《おちこち》に群がり飛ぶ。あるいは衆生《しゅじょう》が、駛雨《しう》（にわか雨）のごとく十方世界からここに生まれ来るのが見える。あるいは恒河沙《ごうがしゃ》(4)のごとく多数の菩薩が、無数の浄土から集《つど》い来るのが見える。また楼台に登り眺望を楽しむ者、あるいは宮殿に乗り空中に泛《うか》ぶ者、あるいは空中を住居として経文を誦《ず》し、仏法を説く者もある。また同じく空中に住み坐禅入定《ざぜんにゅうじょう》(5)する者がある。地上や林間もまた、これらと同じである。ところどころでは河をわたり流れに櫂《かい》をあやつり、楽《がく》を奏し花を散らし、楼閣に往来して如来を礼讃する者もある。かく無量の天人やおつきの菩薩は、心の赴くままに遊び楽しむ。ましてや、仮りに姿を現わされた仏や菩薩などが、香ぐわしい雲、花の雲に乗り、国じゅうに充ち満ちていること、つぶさに述べるいとまがない。

　また、おもむろに視点を移しはるかかなたを眺めるに、阿弥陀如来は金山《こんせん》（仏のからだをたとえていう）の中の王のごとく宝玉の蓮華の上に坐し、宝玉の池の中央においでになる。観音や勢至の姿も気高く、宝玉の蓮華に坐し、仏の左右に侍《はべ》って、数知れぬ多くの菩薩が恭《うやうや》しく敬したてまつって、そのまわりを繞《めぐ》っている。宝玉をちりばめた大地には、これまた宝玉の樹々が立ち並び、宝樹の下にはおのおのひとりの仏とふたりの菩薩がおられる。光明は照り映え、瑠璃《るり》を敷きつめた地上にくまなく行きわたり、あたかも夜の闇の中に巨大な炬火《かがりび》を燃やしているかのようである。時には観音や勢至が修行者の前に来たり、慈愛あふる言葉をかけて、その労をねぎらうのである。修行者は蓮の台から下り、五体を地に投げ、(6)頭を仏のみ足につけて礼拝する。終われば菩薩に従いみ仏のもとへ行き、七宝《しっぽう》(7)の階《きざはし》に跪《ひざまず》いて、さまざまの功徳をそなえた仏の尊容を仰ぎ見る。そして人みな救われるものだという唯一真実の教えを聞き、普賢《ふげん》菩薩が立てた広大な十の願い(8)をおこし、歓喜の涙を流し、仏を渇仰《かつごう》するの思いが骨身に徹するのである。かくして初めて仏の境界を得、かつてない喜びに浸ることができる。修行者は、初め娑婆《しゃば》世界にあって、わずかに経文を読んだだけであるとしても、いままさにこのようなことを見るにつけ、随喜の心はいかようなものであろうか〔多くは経等の意による〕。

龍樹の偈にいう。

もし人善根《ぜんごん》を植えて
疑えばすなわち華《はな》開かず
信ずる心の清浄なる者
華開きてすなわち仏を見ん

と。

第三　身相神通の楽

身にすぐれた相好《そうごう》をそなえ、神通力が得られる楽しみについていおう。極楽の衆生はその身はことごとく純金色で、からだのみならず、すべてこれ清浄である。常に光を放ち、互いに照らしあっている。三十二相[9]がそなわって身を飾っている。端麗さはことにすぐれ、世に比を見ない。もろもろの声聞衆《しょうもんしゅ》[10]は、その身から発する光およそ一尋《ひろ》、菩薩のそれは百由旬《ゆじゅん》をあまねく照らすほどである。あるいは十万由旬に達するともいわれる。他化自在天《たけじざいてん》の主《あるじ》とこの浄土の人と比べるなら、なお乞食が帝王の傍にいるかのごとき観を呈するのである。また、この浄土の衆生はみな五つの神通力を有し、その妙用（すぐれたはたらき）は測りがたく、まったく自由無礙《むげ》である。もし十方世界の色を見ようとするなら、歩を運ばずしてこれを見ることができ、声を聞こうと思うなら、いながらにして聞くことができる。過去における生存のあり方も、いま聞くがごとくにありありとわかる。生死を繰り返す六道（地獄・餓鬼・畜生・修羅・人間・天）に生を享《う》けている者の心は、明らかなる鏡に像を映すがごとく明瞭である。無央数《むおうしゅ》（無数）の仏の国に往来すること、まさに咫尺《しせき》（わずかの距離）の間を往来するがごとくである。空間的には百千万億那由他《なゆた》[11]のはかり知れぬ国々を、時間的には百千万億那由他のはかり知れぬ時間を、一瞬のうちに自由無礙に往来するのである。

いま、この世に生を享けている者で、三十二相のうちの一相でもそなえ、五つの神通力のうち一つでも得ている者がいるだろうか。灯火や太陽のほかは明るく照らすことはできないし、身を動かすことなくしては目的とする所に達することはできない。わずかに一枚の紙といえども、その紙もて隔てるなら、見はるかすことは不可能である。また、一寸先も暗闇となる。人の生はいわば、鳥籠の中における生のようなもの、いまだ鳥籠の外に出たことがないから、事をなすにしたがい障害はそれにつきしたがう。しかしこの浄土の衆生は、ひとりとしてこれらの徳をそなえない者はいない。一大劫を百倍する、すなわち百大劫にわたる長い時間、すぐれた姿を得んがために善根を積んだのでもなく、四静慮《しじょうりょ》[12]において超人的な力を得るための原因は作らなかったけれども、これは生まれながらにして自然に得られている果報なのである。また楽しいというべきではないか〔多くは『双観経』『平等覚経』等による〕。

龍樹の偈には次のようにうたっている。

人《にん》・天《てん》の身の相《すがた》は同じくして
あたかも金山《こんせん》の頂のごとし
もろもろの勝《すぐ》れたる所帰の処（よるべ）なり
このゆえに頭面《ずめん》して礼《らい》したてまつる

それかの国に生まるることあらん者は
天眼《てんげん》⒀・耳通《につう》を具し
十方《じっぽう》ことごとく無礙《むげ》なり
聖　中《しょうちゅう》の尊を稽首《けいしゅ》（叩頭礼拝の意）したてまつる

その国のもろもろの衆生は
神変《じんぺん》（神足通）と身通《しんつう》（心通＝他心通）とあり
また宿命の智をも具す
このゆえに帰命し礼したてまつる

と。

第四　五妙境界の楽

五官の対象たる色・声・香・味・触の五つが美しく浄《きよ》らかな世界の楽しみについていえば、阿弥陀仏が法蔵菩薩であった時に四十八の誓い⒁を立て、浄土を美しく飾られたから、すべてのものが美を極め妙を尽くしている。目に触れるものことごとくが浄らかで、妙なる色彩に溢れている。耳に触れるものみな、解脱《さとり》の声でないものはない。嗅覚・味覚・触覚の対象もまたこれと同じである。

かの世界は瑠璃で大地を作り、金の縄をもって道の境界としている。平坦《へいたん》で高下といったものがない。まさに恢廓曠蕩《かいかくこうとう》（広く大きいこと）、その辺際《へんざい》を知らない。その耀《かがや》きは微妙、麗しく清浄である。形容しがたい美しき衣をくまなく敷きつめ、人も天人ももろともにこれを踏んでゆく〔以上は地の相《すがた》である〕。

さまざまの宝玉で作られた大地の境界には、七つの宝玉から成る五百億の宮殿・楼閣が建ち並ぶ。しかもそれらは、高下は心のままに広狭は念《おも》いのままに変わるのである。種々の宝玉で飾られた床や座席には、妙なる衣を敷き、七重のてすりには、百億の華の幢《はた》が立ち並んでいる。珠《たま》の飾りがそこから垂れ、宝玉の幡《のぼり》や蓋《かさ》がかかっている。宮殿の内や高楼の上には、多くの天人がいて、常に伎楽《ぎがく》を奏し、如来を讃え歌っている〔以上は宮殿についてである〕。

講堂・精舎・宮殿・楼閣の内外や左右には、浴《ゆあみ》のできる多くの池がある。黄金の池の底には白銀の砂を敷きつめ、白銀の池の底には黄金の砂が、水晶の池の底には瑠璃の砂が、瑠璃の池の底には水晶の砂が敷きつめられている。珊瑚《さんご》・琥珀《こはく》・硨磲《しゃこ》・瑪瑙《めのう》・白玉・紫金《しこん》といったものもまた同様である。八つの功徳をそなえた水がその中に充ち満ち、宝の砂に映りとおって、どこまでも深く照りわたっている〔八功徳とは、一には澄みとおって浄らかなこと、二には清くさえざえとしていること、三には甘く美味なること、四には軽くかつ軟らかなること、五には艶やかにして潤い、六には平穏、七には飢渇等のはかり知れぬ患《うれ》いを除くこと、八には飲み終わればからだの諸機能・諸器官を養い、種々の勝れた功徳を助けふやすこと、これらである」。

四辺の階段は多くの宝玉で成り、種々の宝花は池中をあまねく覆っている。青い蓮は青い光、黄色の蓮は黄なる光、赤い蓮、白い蓮もそれぞれ赤と白の光を放ち、微風《そよかぜ》がそれらの面《おもて》を撫でると、花の光はいっせいに揺れ動く。しかもそれら一つ一つの花の中にはおのおの菩薩がいて、一つ一つの光の中にはさまざまの仮りの姿を現わした化仏《けぶつ》がおられるのである。小波はひたひたとめぐり流れ、また一つところに集まっている。その流れはゆったりとしていて、遅からず疾《はや》からず、まことに静かである。その音は霊妙、仏の教えを説くがごとくである。あるいは苦・空・無我といった、もろもろの波羅蜜《はらみつ》(15)をば説き述べ、あるいは十《じゅう》力《りき》(16)といった智の力や、四無畏《しむい》(17)といって四つの畏《おそ》れを知らない自信など、不共法《ふぐうほう》(18)を説く声となって流れ出るのである。あるいは広大無辺の慈悲の声とも聞こえ、あるいは無生忍《むしょうにん》(19)の声とも聞かれる。その時その時の、聞く人、聞く心によって歓喜は無量である。その喜びたるや、清浄なる寂滅（さとり）、真実の心にかない、菩薩や声聞が行なう道にもまたかなっている。また、鴨・雁・鴛鴦《おしどり》・鵜《う》・鷺《さぎ》・鵝鳥《がちょう》・鶴《つる》・孔雀《くじゃく》・鸚鵡《おうむ》・迦陵頻伽《かりょうびんが》（極楽に住む声の美しい鳥）といった、百宝の色をした鳥が、昼となく夜となくみやびやかな声で歌い、仏を念じ法を念じまた比丘《びく》僧を念ずることを讃嘆し、解脱の道におもむかせる五つの勝れたはたらきをもたらす五根(20)とか、そのはたらき、すなわち五力《ごりき》(21)といったもの、また七菩提分《しちぼだいぶん》(22)といった解脱の智慧を助ける七つのはたらきなどについて説くのである。ここでは地獄・餓鬼・畜生といった塗炭の苦しみを味わう三途《さんず》とか苦難なる名称だになく、不知不識《しらずしらず》のうちに陶然とする心地よい声だけがある。

かのもろもろの菩薩や声聞たちが、宝玉の池に入って身を洗う時は、池の浅さ深さは思いのままであり、その心に違うということがない。心の垢を拭い去り、清々《すがすが》しく澄潔な身となる。沐浴し終わると、おのおの思い思いに去り、ある者は空中に、ある者は樹下にあって経を説く者、口ずさむ者があり、経を授けられ経を聴く者、坐禅する者、静かに散策する者もある。その中でいまだ須陀洹《しゅだおん》(23)に達していなかった者は解脱の最初の入口に達し、いまだ阿羅漢(聖者の最高の悟り)を得なかった者はその位を得、いまだ阿惟越致《あゆいおっち》(不退転の位)に至らなかった者はこれを得て、すべてみな道を得て歓喜しない者はいない。

また清らなる河があり、底には金の砂を敷きつめ、浅深寒温、ことごとく人の好みのままとなる。多くの者はここに遊び、ともに河の汀《みぎわ》に集まるのである〔以上は水の相である〕。

池の畔、河の岸に栴檀《せんだん》の樹がある。整然と列をなして並び、葉と葉は互いに連なって、紫金の葉、白銀の枝、珊瑚の花、硨磲《しゃこ》の実といったように、一種だけの宝玉あるいはとりどりの七種の宝玉でできた枝や葉、花や実で厳かに飾られ映発している。微風が時にこれらの樹々を吹き渡ると、羅網(宝玉をちりばめた網)はかすかに揺れて美しい花々は徐《しず》かに散り敷く。風にしたがい馥郁《ふくいく》たる香が漂い、それはまた水にまじり香りを運ぶ。葉ずれの音はまさに妙音を極め、宮商《きゅうしょう》(宮・商・角・徴・羽の五音階)相和すること、たとえば何十万種の楽器を一時に奏するかのようである。これを聞く者、自然に仏を念じ法を念じ比丘僧を念ずるに至る。かの他化自在天における万種の楽の音も、この栴檀の木の一本が奏《かな》でる楽の美しさにも及ばぬのである。葉の間には花が咲き、花の上には果実がみのり、ことごとく光を放って、その光は宝玉の蓋《かさ》となり、いっさいの仏事（仏の行なう教化）は蓋の中に映現している。また、十方の厳浄《ごんじょう》の仏土を見ようと思えば、宝玉でできた樹々の間にすべてを見ることができる。樹上には七重の宝玉作りの網があり、その網の間には五百億の妙なる花で飾られた宮殿がある。そこには数多くの天の童子がいて、瓔珞《ようらく》を輝かせ自在に遊び楽しんでいる。このように七つの財宝に飾られた樹々は、浄土の世界をあまねくめぐり、美しい花、柔らかな草も随所に生えている。これを見、これに触れる者は、みな楽しみの心で満たされる〔以上は樹林の相である〕。

さまざまの宝玉をちりばめた羅網は天空にあまねく満ち、それには宝鈴（宝玉で作った鈴）がかけてあって、たえず仏の教えを説く声が響くのである。天に咲く花は妙なる色彩に溢れ、落英繽紛《ひんぷん》といったさまである。宝衣《ほうえ》（宝玉をちりばめた衣）・厳具《ごんぐ》（装身具）は、あたかも鳥が空より下りるように弧を描きながら舞い下り、もろもろの仏に供えられる。また数知れぬ多くの楽器ははるか虚空のかなたにかかっていて、打たずしておのずから音を発し、みな仏の教えをば説くのである〔以上は大空の相である〕。

また、意のままになる妙香・塗香《ずこう》（香水のように体に塗る香）・抹香《まっこう》（細かく砕いた香）など、無数の香《こう》の香りが芳しくあまねく浄土に満ちている。もしこの香をかぐ者は、なべての煩悩もおのずから消滅するのである。およそ大地より天空にいたるまで、宮殿・楼閣・花樹といったいっさいの万物は、無量のくさぐさの宝玉にそなわった何十万種の香りからできあがっているのだ。その香りはあまねく十方の世界に薫《かお》り、菩薩にしてかぐ者は、みな仏の行を修《しゅ》するのである。また浄土の菩薩や阿羅漢、そこに生まれたもろもろの衆生は、食事を摂《と》ろうと思えば眼前に七宝で作られた机が現われ、七宝の鉢には妙なる味覚を盛った食べ物が山と盛られている。世間一般の味の類ではなく、さればとて天上の味でもない。香ぐわしく美味なること他に比を見ず、甘いも酸《す》いも食べる者の意のままとなる。色を見、香をかぎ、身心清潔となり、ただそれだけで食べ終わったと同じように全身に活力がみなぎる。食べ終われば忽然と眼前から消え、時いたればまた現われる。これらのことはただに食事にのみ限らない。衣服を欲するなら、その思う下からたちどころに整えられる。しかも仏が讃えられているように、応法（教えにかなうこと）の美しい衣服は自然にからだに合い、縫ったり染めたり洗ったりする必要はさらさらない。

　また、光はあまねく行きわたり、日・月・灯火といったものの要を感じない。冷暖は互いに調和し、ために春夏秋冬の季節のけじめもない。おのずから吹き渡る微風《そよかぜ》は、温寒を適度に塩梅《あんばい》し、衆生の身に触れると、ひとしくみな陶然とする。あたかも比丘が滅尽三昧(24)の境を得たかのようである。朝ごとに、風のまにまに散り敷く妙花は浄土に満ちわたり、馥郁たる香気は漂って、その微妙にして柔らかなること、まさに兜羅《とら》の綿のごとくである。その上を歩めば四寸ばかり沈むが、足を挙げるともとの姿に復する。朝を過ぎればその花もまた地に没し、旧《ふる》い花が没してしまうとそこにはさらに新しい花が雨と散り敷く。真昼・暮れ方・夕べ・真夜中・明け方もまたこれと同じである。

これらのあらゆる微妙な対象は、見る者、聞く者をしてその身心を楽しませるのだが、しかも貪《むさぼ》りの心を増長させたりするようなことのないばかりか、さらには無量の勝れた功徳を増すのである。およそ八方・上下の数限りない諸仏の国の中で、極楽世界にそなわっている功徳をもって第一とする。二百十億の諸仏の浄土の、厳かにして浄らかな勝れた点が、みなこの中におさまっているからである。もしこのような国土の相を観照する者は、永劫にわたり消し去ることのできなかった悪業をも除き、臨終ののちはかならずや浄土に生まれかわるであろう〔二種の『観経』、『阿弥陀経』『称讃浄土経』『宝積経』『平等覚経』『思惟経』等の意によりこれを記した〕。

世親《せしん》(25)の偈にも次のようにうたっている。

かの世界（極楽）の相を観ずるに
三界《さんがい》（この世）の道に勝過《すぐ》れたり
究竟《くきょう》せること虚空のごとく
広大にして辺際なし
宝花《ほうけ》千万種にして

あまねく池・流・泉を覆う
微風《みふう》花葉《けよう》を動かすに
交錯《きょうしゃく》して光は乱れ転《うご》く

宮殿《くでん》・諸楼閣は
十方を観るに礙《さわり》なし
雑樹《ぞうじゅ》には異なる光色ありて
宝欄はあまねく囲み繞《めぐ》りたり

無量の宝は絞絡《きょうらく》（交差）し
羅網は虚空に遍《あまね》し
種々の鈴は響きを発し
妙なる法音を宣吐《せんど》す

衆生の願楽《がんぎょう》（願うこと）するところ
一切みな満足す
ゆえに我 かの
阿弥陀仏の国に生まれんと願う

と。

第五　快楽無退の楽

喜びの尽きざる楽しみについていおう。われわれの住む苦しみ多い娑婆世界は、一つとして耽溺《たんでき》できるものとてはない。かの輪王《りんのう》(26)の位にしろ、せっかく手中におさめた七宝もほどなく失われた。天上の楽しみにしろ、五衰はすみやかに訪れるものだ。色界における最高の天である有頂天《うちょうてん》にしても、輪廻《りんね》を免れるすべはないのだ。いわんやその他の世界の楽しみなどいわずもがなであろう。人の世は、現実と希望とがあまりに遠く離れ、楽と苦はともにある。富者《ふうじゃ》かならずしも長命とは限らないし、長寿を保ちえた者がかならずしも富裕というわけのものでもない。あるいは昨日は富んで今日は貧しく、あるいは朝《あした》に生まれて夕べには死ぬ。経にもこのことを、

　吐く息は吸う息を待たず、吸う息は吐く息を待たない。それはただに眼前の楽しみが去り、哀《かな》しみが訪れるといったものではない。臨終に際しては、犯した罪にしたがって苦患《くげん》の世界に堕ちるのだ、

といっている。ところでかの西方世界、すなわち極楽は、楽しみを受くるに窮まりなく、人《にん》天交接《でんきょうしょう》してともに相見ることができる。たとえば一粒だねの愛《いと》し児を見るがごとくに慈悲

の心が互いに生じ、そこはかとなく心にしみわたる。瑠璃でできた大地の上を、ともに相携えてあちこちと歩き、同じく栴檀の林の間を遊び戯れて、宮殿より宮殿へ、林池より林池へと歩を運ぶ。もし心静かなるを欲する時は、風浪・絃管の音《ね》はおのずと遠ざかってゆく。もし見たいと願うなら、山川渓谷、たちどころに眼前に現われる。同じように香りや味・感触といった五官のほかに、すべてのものをおし包む法境といったものも思いのままである。あるいは飛梯《ひたい》（雲上にかかる橋）を渡って伎楽を奏し、あるいは天空高くのぼって神通力を現わす。あるいは他の菩薩の供をして送迎の日を送り、あるいは天人やおつきの菩薩に同行して遊覧する。時には宝池の畔で、新たに浄土に生まれた人を訪れ、

「あなたは知っておいでですか。ここは極楽世界、ここの主をば阿弥陀仏と申し上げます。いまこそあなたは、真心こめて帰依《きえ》したてまつらねばなりますまい」

と、労《ねぎら》うのである。また同じく宝池の中にいて、それぞれ蓮の台に坐し、互いに前世のことを語るのである。

「私はもと某国にあり、一念発して解脱の道を求めた時、かくかくの経典の心を心とし、しかじかの戒行を守り、これこれの善行を積み、その施しをしたのです」

と。おのおの好み喜んで行なってきた功徳を語り、浄土に生まれてくるに至った経緯をつぶさに語りあう。あるいはともに、十方の諸仏の衆生済度の方法を語り、時には三有《さんう》（三界のこと）の衆生も、すべて苦界から抜け出る因縁のあることを話しあう。相談し終われば、互いの縁を求めてその場を去り、思いのままに出かけてゆく。時に七宝の山に登り〔七宝の

山、七宝の塔、七宝の僧坊に関しては『十往生経』に出ている〕、八つの功徳をそなえた池に浴し、寂然として瞑想し、経を読み、その意を説き明かす。かく遊び楽しむことあいついで、絶えることを知らぬ。

ところで浄土は不退転、すなわちひとたびここに生まれれば退くことのない永劫の地である。よって三悪道に堕ちる怖れもない。寿命もまた永久であるから、生老病死の苦しみもない。心に思うことと現実とが一致しているから、愛別離苦もなく、慈悲の眼で等しくながめるがゆえに、怨憎会苦《おんぞうえく》もない。正しい行ないの所産であってみれば、欲するものが得られない苦しみもない。また頑健なること金剛のごとき身であるから、心身いかなる苦しみもない。ひとたび七宝荘厳の台に身を委《ゆだ》ねると、娑婆世界の苦海に沈淪《ちんりん》するいたましさから永久に別れることができる。もしも特別に個人的な願いがあり、他の世界に生まれるとしても、これは自由意志によって極楽を去り出かけていったもののゆえ、過去の業報によって他の世界に生まれたものとは基本的に異なるものだ。だから不苦・不楽という言葉すらないのだ。ましてや、さまざまの苦などのあろうはずはない。

龍樹も次のような偈を賦している。

もし人かの国に生まるれば
ついに悪趣（悪道と同じ）と
および阿修羅に堕せず

我いま帰命《きみよう》し礼《らい》したてまつる

と。

第六　引接結縁の楽

昔の縁《ゆかり》のある者を引きよせる楽しみについて述べよう。人は生ある間、まことに意のごとくならぬものである。樹自身は静かでありたいと願っても、風吹きやまぬことがある。子は成人して親に孝養を尽くしたく思っても、親の生命はそれを待たずして消えてゆく。心中深く胆《きも》に銘じ、志の成らんことを期すも、よく貧窮に堪えうるはまれである。君臣・師弟・妻子・朋友の関係にしても、恵みを与えてくれたすべての人、すべての知り合いに至るまでみなこれと同じである。いたずらに愚痴盲愛の心を労し、心身を磨滅し、ますます輪廻《りんね》の業を重ねるのみである。いわんや行為の結果はさらに次の結果を生み、生まれる所も互いに相隔たることになる。すると六趣・四生《ししよう》(27)もいずれの所かまったくわからなくなり、迷いの世界はさらに深まる。それは野を疾駆する獣、山の鳥どもを見ればよい。彼らは旧《もと》の親さえもわきまえることができない。

『心地観経《しんじかんぎよう》』の偈にもこのことに関して、

世の人子《ひと》のために諸罪を造り
三途に堕在して長く苦を受くれども
男女《なんにょ》は聖にあらざれば神通なし
輪廻を見ざれば報ずべきこと難し

有情《うじょう》輪廻して六道に生まるること
あたかも車輪の始終なきがごとし
あるいは父母となり男女となりて
世々《せせ》生々《しょうじょう》に互いに恩あり

とうたっている。

ところでもし極楽に生まれたなら、智慧はあくまでも高く明晰となり、超人的な神通力は洞《ふか》く達して、生まれかわるごとに恩恵を受けた者、知り合った者を意のままに極楽に連れてくることが可能である。天眼《てんげん》（超人的な眼力）をもってかつて生まれた所を見、天耳《てんに》（超人的な聴力）をもってさまざまの声を聞く。宿命智《しゅくみょうち》（過去を知る超人的な智）により、かつて受けた恩を憶《おも》い、他心智（他人の心を知る超人的な智）をもって相手の心を理解する。神境通（超人的な脚力）により思うがままに意とする所へ赴き姿を変え、方便力《ほうべんりき》という巧妙な手だての力を発揮して人を教誡し、導くのである。次に示す『平等経』にいうとおりである。

かの浄土の衆生は、みな自ら前世の、よって生まれ来たった生を知り、あらゆる世界の過去・現在・未来のことを知る。またかの天や人、空をかけり地に蠢《うごめ》く虫の類が、心に思い口に出して表現せんとするところを知ることができる。そしていずれの年、いずれの劫に至ってこの国に生まれ、菩薩の道を修行して阿羅漢の解脱を得るかということを、みなあらかじめ知ることができる。

また、『華厳経』の普賢《ふげん》菩薩の立てた誓いの中では次のようにいっている。

願わくは我《われ》命の終わらんと欲する時に臨んで
ことごとく一切の諸障礙を除き
まのあたりかの仏・阿弥陀を見て
すなわち安楽の刹《くに》に往生することを得ん

我すでにかの国に往生しおわらば
現前にこの大願を成就し
一切円満してことごとく余すことなく
一切の衆生界を利楽《りぎょう》せん

と。なんら縁のない者すらこのとおりである。ましてや縁のある者は多くいうを要しない。

龍樹の偈にもうたっている。

無垢荘厳《しょうごん》の光
一念および一時に
あまねく諸仏の会《え》（説法の会座）を照らし
もろもろの群生（多くの衆生）を利益《りやく》せん

と。

第七　聖衆倶会の楽

仏におつきの浄土の菩薩たちに会える楽しみは、経にいうとおりである。

衆生よ、かの浄土について聞いた者は、まさに一念を発して浄土に生まれるべく願うべきである。理由はただ一つ、このような多くの積徳の人と一堂に会する光栄をになうからである、

と〔以上〕。

かのもろもろの菩薩や聖衆の徳と善行は、容易に推測することができない。普賢菩薩はこ

のことを、

もしも衆生にしていまだよい果報を招来すべき善行をなしていない者、およびわずかばかりの善を行なった声聞や菩薩たちは、まだ私の名を聞くことはできない。いわんや私を見ることなどありえない。もし衆生にして私の名を聞くことのできた者は、この上なき悟りに達した者として、ふたたび退くということはない。また、夢の中にて私を見、聞いた者もやはり同じである、

といっている〔『華厳経』の意による〕。またいう、

我常にもろもろの衆生に随順して
未来一切の劫を尽くさんも
恒《つね》に普賢広大の行を修して
無上の大菩提（仏の悟り）を円満せん

普賢の身相は虚空のごとし
真《しんにょ》によって住み　国土に非《すま》ず
もろもろの衆生の心の欲するところにしたがいて
普《あまね》き身を示現《じげん》して一切に等しゅうす

一切の刹《くに》の中の諸仏の所《みもと》に
種々の三昧もて神通を現わし
一々の神通はことごとく周遍（あまねく行き渡る）す
十方の国土に遺《のこ》れる者なし

一切の刹の如来の所のごとく
かの刹の塵の中にもことごとくまた然り

と〔同じ経の偈である〕。
また、次のようにもうたわれている。

文殊師利《もんじゅしり》大聖尊《だいしょうそん》は
三世の諸仏もって母となす
十方の如来の初発心《しょほっしん》は
みなこれ文殊の教化《きょうけ》の力なり
一切の世界のもろもろの有情
名を聞き　身および光相を見

ならびに類にしたがいもろもろの化現《けげん》を見ば
みな仏道を成《じょう》ずること思議《はか》りがたし

と〔『心地観経』の意による〕。

もしただ文殊の名を聞いただけの者は、十二億劫にわたり生死を反覆する重い罪を除き、もし礼拝《らいはい》・供養する者は、常に仏の家（浄土のこと）に生まれ、もし名字《みょうじ》を称すること一日から七日にわたるなら、文殊はかならずそのもとへやって来られる。もし宿障（前世の罪障）のある者は、夢の中にて見ることができ、願いはすべてかなうのである。もし形像《すがた》を拝した者は、百千劫にわたり悪道に堕ちることがない。慈心をもって慈しむ者は、直ちに文殊をまのあたり拝することができる。もし文殊の名を教えられ、これをひたすらとなえるなら、たとい重い咎《とが》を持つ身でも、阿鼻地獄の恐ろしい猛火に焼かれることもなく、どこか別の清浄の仏土に生まれかわる〔これは『文殊般涅槃経《もんじゅはつねはんぎょう》』の意による。文殊の姿については経に詳説するとおりである〕。また、百千億那由他の仏が衆生に恵みを与えることも、文殊師利ひとりが一劫の間に施す利益にはるかに及ばぬのである。だからもし文殊師利菩薩の名をとなえる者があるなら、その功徳たるや、かの百千億の諸仏の名を教えられ、これを受持するよりも多いのだ〔『宝積経』の意による〕。

また、弥勒《みろく》菩薩の功徳は無量である。ただその名を聞くだけでも暗黒の闇に堕ちることを免れる。たった一遍でも名をとなえる者は、それだけで千二百劫にわたって受ける生死の繰り返しの重い罪を除くことができ、心から帰依する者は解脱の境地がふたたびゆらぐということがない〔『上生《じょうしょう》経』の意による〕。弥勒菩薩を讃《たた》え礼拝する者に至っては、百千万億阿《あ》僧祇《そうぎ》(28)劫にわたる生死の繰り返しの罪さえ除くのである〔『虚空蔵経』『仏名経』の意による〕。

無量千万劫に
修するところの願・智・行は
広大にして量るべからず
称揚せんもよく尽くすことなけん

〔『華厳経』の偈である。以上の三菩薩が常に極楽世界におわしますことは四十巻の『華厳経』に出ている〕

地蔵菩薩は毎日朝早く、恒河《ごうが》沙《しゃ》の数ほどもあるもろもろの三昧に入り、あまねく宇宙をめぐって苦界に沈淪する者の悩みを除くのである。その抱懐する慈悲の願いは、他のいかなる菩薩よりもまさっている〔『十輪経《じゅうりんぎょう》』の意による〕。この経の偈に次のようにいっている。

一日地蔵を称せんに
功徳大名聞は
倶胝《くてい》(29)劫の中に

余の智者を称する徳に勝《すぐ》れん
たとい百劫の中に
その功徳を讃説すとも
なお尽くすことあたわず
ゆえにみなまさに供養すべし

と。また観世音菩薩は、「衆生が苦しみのあまり三たびにわたって私の名をとなえる者があるなら、直ちに行って救おう。もしも救うことができぬなら、私は悟りを開かないでおこう」といっている〔『弘猛海慧経《ぐみようかいえ》』〕。また、「もし百千倶胝那由他の仏たちのみ名をとなえ、一心に念ずることがあるならば、またしばらくの間でも私の名を至心に称念することがあるならば、この二つの功徳はまったく同価値のものである。私の名を称念する衆生たちは、みないちように退くことのない位を得るだろう」といっている〔『十一面経』〕。

衆生もし名を聞かば
苦を離れて解脱を得ん
また地獄に遊戯《ゆげ》して
大悲代わりて苦を受けん

とうたっている〔『請観音経《しょうかんのんぎょう》』の偈〕。

弘誓《ぐぜい》の深きこと海のごとし
劫を歴《ふ》とも思議《はか》られじ
多千億の仏に侍して
大清浄の願いを発《おこ》す

神通力を具足し
広く智の方便を修し
十方のもろもろの国土に
刹《くに》として身を現わさざることなし

念々（非常に短い時間）にも疑いを生ずることなかれ
観世音の浄き聖《ひじり》は
苦悩死厄において
よくために依怙《えこ》（支え）となる

一切の功徳を具し
慈眼《じげん》(30)もて衆生を視る
福聚《ふくじゅ》は海のごと無量なり
このゆえにまさに頂礼《ちょうらい》すべし
〔『法華経』〕

また大勢至菩薩は「私は、さまざまの悪道に堕ちた、いまだ救われていない衆生を救済するだけの能力がある」といっている〔『宝積経』〕。

この菩薩は智慧の光により一切を照覧し、ことごとく三途の世界から救いとる最高の力を有している。そこで大勢至菩薩と名づけるのだが、この菩薩を心に想い描く者は、生き死にの間に犯してきた数えきれぬ多くの罪を除かれ、再度人間として生まれることなく、常に諸仏の清らなる浄土に遊ぶことを得る〔これは『観経』の意による〕。

無量無辺無数劫に
広く願力を修して弥陀を助け
常に大衆《だいしゅ》に処《おもむ》いて法言《ほうごん》(教えの言葉)を宣《の》ぶ
衆生の聞く者は浄眼《じょうげん》を得ん

神通もて十方の国に周遍し

あまねく一切衆生の前に現ず
衆生もしよく至心に念ずれば
みなことごとく導きて安楽に至らしむ
〔龍樹の讃〕

また次のようにうたっている。

観音・勢至は大名称《だいみょうしょう》（大いなるほまれ）あり
功徳・智慧ともに無量
慈悲を具足して世間を救い
あまねく一切の衆生の海に遊ぶ
かくのごとき勝れたる人にははなはだ遇《あ》いがたし
一心に恭敬《くぎょう》し頭面《ずめん》して礼したてまつれ

と〔以上〕。

このように、一生補処《いっしょうふしょ》[31]の大菩薩は、恒河沙のごとく数限りなく多い。その姿は端正荘厳、功徳そなわらぬものとてなく、常に極楽世界にあって阿弥陀仏のかたわらに侍《はべ》っている。また、声聞、すなわちみずからの解脱に励む聖者たちの数もはかり知れない。洞察力はすぐれて明らかであり威力は自在である。あの掌《たなごころ》のなかに、よくいっさいの世界を載せうるのである。たとい大目連《だいもくれん》(32)のように神通力第一といわれた人が、百千万億と無数に集まり、力を合わせ、無限の時間にわたり阿弥陀仏の最初の説法に集まった声聞たちの数を計校《けきょう》(数える)せんとしても、数えられるのはたかだか一滴《ひとしずく》に過ぎず、知らない部分は大海の水にもなぞらえられよう。そのなかにおいて教えを聞いて入滅した者も数限りなく多く、新たに阿羅漢になった者も無数である。しかしすべて数に増減はない。譬えるなら、かの大洋の水の、常に使い減らしたり、逆にまた常に増し加えたりしたところで、その実は増すことも減ることもないのと同断である。

ところでもろもろの菩薩衆の数は、これらの倍の多きに達している。『大論』にいうとおりである。

阿弥陀仏の国には菩薩僧(菩薩の集まり)多く声聞僧は少ない、と。こうしたおつきの菩薩たちは浄土に充ち溢れている。互いにはるかに仰ぎ見、はるかなる声を聞き、こぞって道を求め、その他の者はいない。のみならず、十方恒河沙の浄土にいる無量塵数《じんじゅ》(無数)の菩薩たちは、おのおの神通力を現わして安楽国に来たり、仏の顔を仰ぎ見、恭しく供養するのである。天上の妙なる花を持ち来たる者、妙宝の香をたく者、無価《むげ》の衣を献ずる者、あるいは天の調べを奏《かな》で、雅趣に富んだ声で世尊を讃え歌う者、仏法を聴き解脱の道を説いて世人を教化する者がいる。かく、互いに昼夜をわかたず往来し、誰か東方に去る者あれば西方より来たり、西方に去れば北方より来たり、北方に去れば南方よりやってくる。東南・南西など四維・上下とも互いに往来しあい、あたかも殷賑《いんしん》を極める市場のように互いに道を開け譲りあう。これらの菩薩の名をいちど聞くだけでも、浄土に生まれる浅からぬ因縁となる。ましてや百千万劫の間に誰か相見ることがあるなら、その因縁たるや想像にあまりあろう。ところがその国の衆生は、常に同じ所に会し互いに語りあい、問い訊《たず》ね敬い親しみ、教えを受ける。これにまさる楽しみがあろうか〔以上は『双観経』『観経』『平等経』等の意による〕。

龍樹の偈にいう、

かの土《くに》のもろもろの菩薩は
もろもろの相好《そうごう》を具足して
みな自《みずか》ら身を荘厳《しょうごん》す
我いま帰命し礼したてまつる

三界の獄を超出して
目は蓮の華葉《はなびら》のごとし
声聞衆無量なり
このゆえに稽首して礼したてまつる

と。また、龍樹はうたっている。

十方より来たるところのもろもろの仏子
神通を顕現して安楽に至り
尊顔を瞻仰《せんごう》(仰ぎ見る)して常に恭敬す
ゆえに我弥陀仏《みだぶつ》を頂礼したてまつる

と。

第八　見仏聞法の楽

仏に見《まみ》え法《のり》を聞く楽しみについていおう。これは実のところ、娑婆世界でははなはだしく困難である。師子吼《ししく》菩薩はこのことを、

我らは無数百千劫に
四無量・三解脱(33)を修して
いま大聖牟尼尊《だいしょうむにそん》(釈尊)を見たてまつるは
あたかも盲亀の浮木に値《あ》えるがごとし

とうたっている。釈尊の前身たる雪山童子は、一身を捨てて初めて半偈《はんげ》、すなわち二句を与えられ、常啼菩薩《じょうたい》は胆《きも》を引き裂いて遠く般若《はんにゃ》（悟りを開く智慧）を求めた。菩薩ですらなおこのようである。ましてや凡夫たる者はいわずもがなである。仏の舎衛城《しゃえじょう》(34)におられること二十五年、その他の九億の家のうち三億は仏に見《まみ》え、他の三億はわずかに教えを聞き、残りの三億は見もせず聞くこともなかった。仏の在世中ですらこのようであった。まして入滅後はなおさらである。『法華』にも、

このもろもろの罪の衆生は
悪業の因縁をもて
阿僧祇劫を過ぐせども
三宝《さんぼう》の名《みな》をも聞かず

とうたっている。しかるにかの国の衆生は常に阿弥陀仏に見《まみ》え、譬えようもない深い教えを聞いている。この上なく厳かで清浄な地上には菩提樹《ぼだいじゅ》があり、枝葉は四方《よも》に拡がり、それはもろもろの宝玉で作られている。樹上には宝玉をちりばめた網が覆い、枝の間には珠玉の瓔珞が垂れている。風が枝葉を吹き渡ると、その音は尊い教えを述べる声と聞かれ、遠く響き伝わり、もろもろの仏の国にあまねく聞こえてゆく。その声を耳にする者は深い安らぎの境

地にひたり、不退転の位に住み、耳は清浄澄徹、なべてのものを聞き分ける。樹の色を見、樹の香をかぎ、樹の味をなめ、樹の光に触れ、樹のすがたのすべてを眺める場合もみな同じである。仏道を完成するに至るまで六根（眼・耳・鼻・舌・身・意）は清らかに澄徹している。樹下には仏の座がしつらえられ荘厳を極めている。座上には仏がましまし、その相好の勝れたるさまは、いかに説くも極まるところを知らない。烏瑟《うしつ》（仏の頭の上の肉の隆起。肉《にく》髻《けい》のこと）は高く顕《あら》われ、晴天の翠《みどり》の濃く澄み渡るに似て、額の白毫《びゃくごう》（眉間の白い巻き毛）は右巻きに渦をなし、玲瓏《れいろう》の秋の月のごとき光を放っている。青い蓮華を思わす眼、赤い果実のごとき唇、迦陵頻伽《かりようびんが》のように美しい声、獅子にも似た雄々しきその胸、仙鹿《せんろく》[35]王のごとき脚力の勝れた脛《はぎ》、千輻輪相《せんぷくりんそう》を有する足の裏など、このような八万四千の姿は紫磨金《しまごん》ともいうべき身に纏《まと》いまつわり、それらがいっせいに放つ光は、さながら億千の日月を集めたかの観がある。ある時は七宝の講堂にあって尊い法を説かれるとその声は深い趣きと美しさを呈し、衆生の心をして喜悦の思いにひたらせる。菩薩・声聞・天・人、その他の衆生は、一心に合掌し仏の尊顔を拝すると、たちまちにしておのずからなる微風はおこり、七宝の樹々を吹き、無数の妙なる花々は風のまにまに四方に散りこぼれる。なべての天人はさまざまの楽を奏し、心底からこみ上げる快さは、いちいち説き尽くすことはできない。時には仏はその広大の身を現わし、あるいは一丈六尺、あるいは八尺の身を現わされる。ある時は宝樹の下にいられるかと思えば、ある時は宝池の面においでになる。衆生のそれぞれの前世の縁により、道心を発した時、各自に抱懐する願いにしたがい、大小、心のままにこれらの者のために法を説き、彼らの心の迷妄を解き、解脱の道に入らせられる。かくのごとく種々の能力・素質に応じ、さまざまの法をば説かれるのである。

　また観音・勢至の両菩薩は、常に仏の左右に侍り正邪を分別するのである。仏は常にこの両菩薩と対坐し、八方・上下の国々のこと、過去・現在・未来のことを議せられる。ある時は東方の恒河沙の仏の国から、もろもろの菩薩たちが阿弥陀仏のみもとに至り恭敬し供養する。また南・西・北方・四維・上下と、菩薩や声聞たちも、ありとあらゆる方角から集まってくる。そして荘厳な浄土の、微妙にして考えも及ばぬ相に接し、よって最上の心を発し、自分の国もまたかくありたいと願うのである。

　時に応じて世尊がからだを動かして微笑されると、口元からは無数の光がこぼれ、あまねく十方の国々を照らす。その光はまたたちかえり、仏の身をめぐること三回、頭の頂に入るのである。すべての天や人たちは、みなおどりあがって喜び、歓喜の涙にくれる。観世音菩薩は衣服を整え、ぬかずいて礼拝し仏にお尋ねする。

「どうしてこのように微笑《ほほえ》まれたのでしょうか。その心をお聞かせください」

と。時に仏のみ声は八音《はっとん》(36)の妙なる声となり、あたかも雷のごとく隅々にまで響きわたり、しかもその美しい響きは菩薩に未来には仏となる予言の声となってしみわたる。

「汝よ、よく心して聴くがよい。十方より訪れ来たれる菩薩たちがいかなる願いを持つかを、私は万々承知している。荘厳の浄土を求めているのだ。彼らは予言を受けてかならずや仏となるであろう。この世はすべて夢、すべて幻、すべて響きのごとくはかなく消えゆくものと悟って、もろもろのよき願いを満たし、かならずや浄らなる国を築きあげるであろう。世のなべてのものは稲妻か影のごときものと知り、菩薩の道を極め、もろもろの功徳の根源をそなえ、予言を受けてかならずや仏となるであろう。諸法の本体は、これみな空・無我にほかならぬと達観し、もっぱら浄き仏土をば求め、かならずやそのような国を築きあげるであろう」

かくて仏のみ声のみならず、水鳥や樹林もことごとく尊い教えを説き、およそ聞かんとするところはおのずから聞きうるのである。こうした法を聞く楽しみの深きこと、またいずれの国にあるだろうか〔以上のことは、多くは『双観経』『平等覚経』等の意による〕。

龍樹の讃には次のようにいう、

金底宝間《こんたいほうけん》の池に生いたる花には
善根より成れる妙台の座あり
かの座上において山王《せんのう》のごとし
ゆえに我弥陀仏《みだぶつ》を頂礼したてまつる

もろもろの有《う》（存在）は無常・無我等なり
また水月・電・影・露のごとし
衆のために名字なしと説法したまう

ゆえに我弥陀仏を頂礼したてまつる
願わくはもろもろの衆生とともに
安楽国に往生せん

と。

第九　随心供仏の楽

心のままに仏を供養する楽しみについていおう。かの浄土に生まれた者は、昼夜六時(朝・昼・晩・初夜・中夜・後夜)にいつもさまざまの天の花を持って阿弥陀仏を供養したてまつる。また他の国の諸仏を供養したいと思う時は、ただちにみ仏の前に進み跪《ひざまず》き、礼拝し申し上げると、仏はこれをお許しになる。みな大いに歓喜し、千億万の人たちはそれぞれ身を翻し、喜び勇んで互いに仲間の後を追い、ともに八方・上下とその目ざすところに飛び散り、数限りない仏のもとへとおもむく。みな進んで礼拝し供養しつつしみ敬うのだ。このように毎日早朝に、おのおの花籠に美しい花々を盛り、他方の十万億の仏たちを供養する。またさまざまの衣類や音楽、いっさいの供具《くぐ》などを必要に応じ意のままに出現させて、諸仏を供養しつつしみ敬うのである。こうして正午には浄土に還《かえ》り着き、食事を終えると、散策し経をとなえ、法の神髄に心からひたる。あるいは毎日三時（朝・昼・晩）に諸仏を供養するともいわれている。

念仏にいそしむ修行者は、いま仏の遺された教えに従い、十方の仏土に生まれかわるための種々の功徳を聞くことができ、その世界を聞くにつけ見るにつけ、はるかに憧れの心をおこす。口々に、

「我らはいつの日にか、十方の浄土を見、諸仏や菩薩たちに親しくお会いしたいものだ」という。教文に対するごとに、その願いを口にしないことがない。しかしたまたま極楽浄土に生まれることがあれば、ある者は自分自身の努力で、ある者は仏の加護を得て、朝《あした》に出かけて夕べに帰り、須臾《しゆゆ》にして往きかつ還り、あまねく十方のすべての仏の国に着いて、じきじきに諸仏にお仕えし多くの菩薩に会い、常に正しい教えを聞き、仏のさとりを得るという予言を受ける。ないしは、あまねくいっさいの塵刹《じんせつ》（俗世間のこと）に入り、さまざまの仏事を行ない、衆生済度の普賢菩薩の誓いを修行する。これにまさる楽しみがあろうか〔『阿弥陀経』『平等覚経』『双観経』の意による〕。

龍樹の偈に次のように見える。

かの土《くに》の大菩薩は
日々三時において
十方の仏を供養す

このゆえに稽首して礼したてまつる

と。

第十　増進仏道の楽

仏の道を推し進める楽しみについていおう。いまこの娑婆世界では道を修するとも、成果を期待することははなはだしく困難である。なぜなら、苦しみを受ける者は常に憂いに沈み、楽しみを受ける者は常に執着するからである。この苦といい楽というも、いずれも解脱の境からは遠いものだ。天上界に生まれるにせよ、地獄に沈淪するにせよ、帰するところは煩悩世界で生死を繰り返しているに過ぎない。たまたま発心して修行する者があっても、それを成就することは困難この上もないのである。内からは煩悩にせきたてられ、外からは悪縁に引きずられる。その結果、ある者は二乗《にじょう》の心にとらえられ、ある者は三悪道（地獄・餓鬼・畜生の三つ）に堕ちるのが常である。たとえば水に浮かぶ月が、波の動きにつれ砕けてやまず、最前線の兵たちが白刃のきらめきを見て退くのと同じである。稚魚の無事に成魚となるは数少なく、菴没羅《あんもら》（果樹の名。花多く実は少ない）の実を結ぶものは数少ない。かの舎利弗《しゃりほつ》(37)たちが六十劫めに修行を断念したのはこれにあたる。こうした中で釈迦如来のみは無量の劫にわたり難行し苦行して功を積み徳を重ね、菩薩の道を求めてかつて挫折するということがなかった。ありとあらゆる世界、すなわち三千大千世界[38]を観るに、芥子粒ほどの小さな生命でさえも、この菩薩が身命を投げ出さないですむものはなかった。なぜなら、世に生あるものはこれを救わねばならないからである。こうしたことを経て、初めて解脱の道を全うすることが可能であったのだ。その他の衆生に至っては、解脱を得ようにも、そのもっている智慧の限りではいかんともしがたい。いかに象といえども、子象ともなればいまだ力は微弱である。刀や箭《や》にはいまだ抗すべくもない。

　龍樹はこのことを次のようにいう、

　たとえば四十里四方にわたる氷の塊に対し、誰かが熱湯一升をこれに注いで溶かそうと試みても、注いだ当座はやや氷も溶け減ずるかに見えるものだが、一夜明ければ、かえってその部分は氷が盛りあがっているようなものである。凡夫の身で一念を発して世の中の苦を救済しようとするのも、これと異なるところがない。修行いまだ浅く、貪りや瞋《いか》りに身を焼く境界の者では不如意の連続であってみれば、自然にいつかは煩悩を起こし、かえって悪道に堕ちるのが常である、

と〔以上〕。

　これに反し、かの極楽浄土の衆生は多くの因縁がそなわっていて、挫折して退くということがない。仏道を推し進めてやまないのである。これが元をなすのは、第一には仏の慈悲による力が常に摂《おさ》め養ってくださるからだ。第二には仏の慈悲の光が常に照らして菩提心をいや増しに増すからである。第三には水鳥・樹林・風鈴等の声が、仏を念じ法を念じ僧を念ず

るという、いわゆる仏・法・僧の三宝を念ずる心を不断に生じさせるからである。第四にはもろもろの菩薩たちがもっぱら善き友となり、外には悪しき因縁がなく、内には重惑（激しい煩悩）を起こさぬよう抑制するからである。第五には寿命は永劫であり仏とまったく同じであるから、仏道を修めるにも生き死にの間の間隙など生じないからである。

『華厳経』の偈には次のようにうたっている。

　もし衆生ありてひとたび仏を見たてまつれば
　必ずもろもろの業障《ごっしょう》（悪業のさわり）を浄め除かしめん

と。いちど見たてまつるだけでもこうである。ましてや常に見たてまつるに至ってはなおさらである。この因縁により浄土の人たちは、持ち物すべてに対し、一つとして己れに執する所有感を持たぬ。行くも来るも進むも止まるも、心に煩うものとてないのである。すべての人に大いなる慈悲の心を抱き、それが自然に増幅して無生忍《むしょうにん》に安住し、ついには仏と生まれることが約束された一生補処《いっしょうふしょ》の位に達し、ないしはすみやかに至高のさとりが開けてくる。衆生のために仏の生涯の相を八相《はっそう》[39]において示し、縁にしたがって厳かな清浄の国土にあって教えを垂れ、多くの衆生をば済度するのである。すべての衆生に、ちょうどわれわれがいま極楽を願い求めるがように、その国を請い願わせるのである。また十方世界に赴き衆生を救うことは、阿弥陀仏の大慈悲による本願と同じである。このように、なべてのものに喜びを与える楽しみにまさるものがあろうか。生涯を仏道に勤め励むとしても、永劫の時間からすればまことに須臾の間である。なぜ、さまざまの雑事はいっさいかなぐり捨てて浄土を求めようとはしないのか。願わくはもろもろの修行者よ、常に念仏に心を致し、ゆめゆめ怠ることがあってはならぬ〔多くは『双観経』と天台大師(40)の『十疑』等の意による〕。

龍樹は次のようにうたっている。

かの尊《ほとけ》の無量の方便の境《せかい》は
諸趣・悪知識あることなし
往生すれば退かずして菩提に至る
ゆえに我弥陀仏を頂礼したてまつる

我かの尊の功徳の事を説かん
衆善無辺なること海水のごとし
獲るところの善根は清浄なる者なり
願わくは衆生とともにかの国に生ぜん
願わくはもろもろの衆生とともに

安楽国に往生せんことを

往生要集　巻上本　終

往生要集　巻上末

天台首楞厳院沙門源信撰

大文第三　極楽の証拠

極楽の尊ぶべきことの証拠を明らかにすれば、それには二つの視点がある。その第一は十方世界に対してであり、第二は兜率天《とそつてん》に対してである。

初　十方に対す

問　浄土は、十方世界に諸仏の浄土が無数に存在する。どうしてただ、西方浄土の一つに過ぎない極楽浄土だけに生まれようと願うのか。

答　天台大師は次のようにいっている。

多くの経・論が、その中のいろいろな箇所で、ただ衆生に、ひたすら阿弥陀仏を念じて西方の極楽世界を願い求めることを勧めている。すなわち、『無量寿経』『観経』『往生論』など数十余部の経・論の文に、懇切にさし示して西方極楽浄土に往生することを勧めている。それであるからひたすらに阿弥陀仏を念ずるのである、と〔以上〕。この天台大師は、あらゆる一切の経・論を読むこと、実に十五回に及んだ人である。その大師のいうことなのであるから、これは信じなければならぬことが知れよう。

また迦《か》才《さい》(1)師の三巻の『浄土論』には、極楽浄土を勧めた経・論として、十二の経と七つの論の文を引用している。その十二の経とは、一『無量寿経』、二『観経』、三『小阿弥陀経』、四『鼓音声《くおんじょう》経』、五『称揚諸仏功徳経』、六『発覚浄心経』、七『大集経』、八『十往生経』、九『薬師経』、十『般舟三昧《はんじゅざんまい》経』、十一『大阿弥陀経』、十二『無量清浄平等覚経』の十二である〔この中で、『双観無量寿経』すなわち『無量寿経』と『清浄覚経』『大阿弥陀経』の三つは、同じ経の異訳である〕。

次に七つの論とは、一『往生論』、二『起信論』、三『十住毘婆沙論《じゅうじゅうびばしゃろん》』、四、一切経の中の「弥陀偈」、五『宝性論』、六、龍樹の「十二礼偈」、七『摂《しょう》大乗論』の「弥陀偈」の七である〔智《ち》憬《けい》(2)師のいうところもこれと同様である〕。

さて、以上の経・論にさらに私見として付け加えるならば、『法華経』の「薬王品」、『四十華厳経』の「普賢願」、『目連所問経』『三千仏名経』『無字宝篋《ほうきょう》経』『千手陀羅尼《だらに》経』『十一面経』や、『不空羂索《けんさく》』『如意輪』『随求《ずいぐ》』『尊勝』『無《む》垢《く》浄光』『光明』『阿弥陀』など、顕教・密教の諸経の中で、もっぱら極楽浄土を勧めている例は、数えきれないほど多い。こういうわけで、ひたすらに極楽浄土を願い求めるのである。

問　仏陀の言葉に、「諸仏のそれぞれの浄土には、実際には差別はない」とあるが、どうして如来はひとえに西方浄土だけを讃えられるのだろうか。

答　これは、『随願往生経』において、仏がこの疑問を解いて次のようにいっておられる。この娑婆世界では、貪欲に心汚れた者が多く、信心をめざす者は少なく、邪見を習う者が多くて正しい教えを信じない。したがって浄土をめざすにも精神の統一を欠き、心が散乱して志が定まらない。それゆえに、多くの浄土に実際には差別はないのであるが、もろもろの衆生に専心する目標を与えようとしてとくに西方阿弥陀仏の極楽浄土を讃嘆するのである。もろもろの往生人らは、すべて阿弥陀の本願のままに、仏果を得ない者はない、と。また、『心地観経』には、

仏弟子は誠心誠意、一仏または一菩薩を眼前に拝することを求むべきである。このような行を、迷いを離れる出世間の法の要点とする、

と説いている〔云々〕。このように心を一方に集中する必要があるから、もっぱら一つの仏の国、西方極楽浄土を求めるのである。

問　心を集中するためというならば、どうして多くの浄土の中でとくに極楽浄土だけを勧めるのか。

答　その疑問は、もし極楽浄土でなく他の浄土を勧めるにしても、同じことである。仏のみ心は測り知れないのであって、ただ仰ぎ信ずるがよい。たとえば、愚人が火の穴に落ちこんで自分では脱出できないという時に、善知識がこれを救おうと一つの方便を用い、愚人はその方便によって力を得て、奮起してすみやかに穴を出ることができたとした場合を考えるがよい。そのような急迫した時に、どうしてあれこれと他の手段を論ずる余裕があろうか。行者もこの火坑《かきよう》の愚人と同様である。余念を起こしてはならない。『目連所問経』に、

たとえば多くの川を集めて流れる大河に浮かぶ草木があるとする。その草木は、前に浮かんでいるものは後のものにおかまいなく、後のものも前のことは知らず、めいめいが勝手に浮かんでいるようだが結局はすべて一様に大海に入ってしまう。人の世間もこれと同じで、勢力あり、身分高く、富も快楽も自由自在の人であっても、すべて、生老病死の運命はこれを免れえない。ただし死後の世界においては差があり、ただ仏や経典を信じなかったばかりに、死後の世でふたたび人間に生まれたにしても、またもはなはだしい困苦に悩まされるのであって、千もの多くの仏のどの浄土にも生まれることができないのである。それだから私は、無量寿仏（阿弥陀仏）の極楽浄土は、そこに往生することは容易なのだぞと説き勧めているのである。ところが世の人は、修行して往生するということもできずに、逆に九十五種の邪道を事とする。このような者を、私は見る目なき人と名づけ、聞く耳なき人と呼ぶ、

と説いているとおりである。また『阿弥陀経』にも、

私は阿弥陀仏を信ずればこういう利益があるということを知っているから、このように説き教えるのである。もしこれを信ずる者は、当然往生の願を発し、かの浄土に生まれるに相違ない、

と見えている〔以上〕。このように、仏の訓戒はまことに懇切である。ただただこれを仰ぎ信ずるがよろしい。まして、また何かの機縁で仏道に入るということもないではない。そのような時にどうして、しいてその教えを拒むことがあろうぞ。天台大師の『十疑』には、

阿弥陀仏には、とくに大慈大悲の四十八の本願があって、衆生を極楽に導かれる。またその仏の光明はあまねく法界の念仏を修する衆生を照らし、これを摂取して捨てることがない。さらに十方世界の恒河《ごうが》沙《しゃ》のごとく無数の諸仏は、広長舌の相をあらわして三千世界を覆いつくして法を説き、一切衆生は阿弥陀仏を念ずればその大悲の本願の力によって、かならず極楽世界に往生できるのだと証明しておられる。また『無量寿経』には、「末法の世も終わり、仏法が滅びる時期になっても、なおこの『無量寿経』だけはとくに百年の間世に残しておいて、衆生を導いて極楽浄土に生まれさせよう」と説いてある。こういうわけだから、阿弥陀仏とこの世界の極悪の衆生とは、しっかりと因縁で結ばれていることが知られる、

と述べている〔以上〕。慈恩大師[3]は、

末法[4]の一万年の世では、他の経典はことごとく滅び、ただ阿弥陀仏の教え一つだけが衆生を救うことといや益《ま》すであろう。釈尊はとくにこの『無量寿経』だけを世に百年間留めお

かれるのである。その時は、末法に入って一万年に満ち、一切の諸経がみな滅びてしまうのであるが、釈尊の恩は重く、この教えを百年間は留めておかれる、

といい〔以上〕、また懐感《えかん》禅師(5)も、

『般舟三昧経』に、跋陀和《ばつだわ》菩薩(6)が釈迦牟尼《しゃかむに》仏に、「未来の衆生はどうしたら十方の諸仏をまのあたり拝することができましょうか」と問うたところ、仏陀は、「阿弥陀仏を念ずれば、直ちに十方の一切の仏に見《まみ》えることができる」と答えられたと説いてある。このようにこの阿弥陀仏は、娑婆世界の人との縁がとくに深いのであるから、第一にこの阿弥陀仏に対して、一心に称名念仏すれば、三昧《さんまい》を成就しやすい、

と述べている。また、観音・勢至の両菩薩も、元来はこの世で菩薩の修行をし、転じてかの極楽浄土に生まれたのである。このような因縁に基づくならば、いまも同じく仏と人との感応がないはずはあるまい。

第二　兜率に対す

問　玄奘《げんじょう》三蔵(7)の言に、

西方の地、インドでは、僧俗はみな弥勒《みろく》菩薩を信仰しているが、これは弥勒の国である兜率天が人の住む四大洲と同じく欲界に属するので、修行がしやすいためである。それだから大乗・小乗の諸師もみなこの法を認めている。これに対して阿弥陀の浄土は、おそら

くは凡卑の汚れた者の修行では成就は困難ではあるまいか。従来の旧訳の経・論の説では、菩薩の中でも上位にある十地《じゅうじ》(8)の菩薩のうち、七地以上の段階の菩薩が、その分に応じて、阿弥陀仏などの報仏(9)の浄土を見ることができるとし、新訳の論の趣旨でも、三地の菩薩に至って初めて報仏の浄土を見うるであろうとしている。どうして下等な凡人の分際で、たやすく往生などができようか、

と見えている〔以上〕。これによればインドですら弥勒信仰の方が盛んなわけであるが、いまここでどうして極楽浄土を勧めるのか。

答　中国であれ辺地であれ、場所は異なっても顕密の教えの理論は同じことである。いまここに列挙した経論中の極楽を勧める証拠はまことに多い。どうしてこの仏の教えの明文にそむいて、インドの模様を伝えたという風説に従うことがあろうか。ましてインドの祇洹《ぎおん》精舎の無常院では、病人の面を西に向けさせて、仏の清浄な世界に赴くという想を起こさせることにしているではないか。これは詳しくは下の「臨終の行儀」の節に説明してあるとおりである。これによっても、仏の意がひたすら西方の極楽浄土を勧めることがはっきりわかる。西域の風俗とても、どうしてこれにそむいてよかろう。

また懐感禅師の『群疑論』には、極楽浄土と兜率天との間の優劣の比較を、十二条挙げている。それは、

第一に、教化の主が極楽では阿弥陀仏、兜率天では弥勒菩薩で、仏と菩薩の差があること。第二は浄土と穢土《えど》の差。第三に女性がいるといないと。第四、寿命の長短の差。第

五、内外の別の有無〔兜率天では内院と外院とがあって、内院に至ればそれまでの修行が退転しないですむが、外院では退転して逆戻りすることがある。西方極楽では退転ということは一切ない〕。第六、五衰の有無。第七に相好の有無。第八は五種の神通力の有無。第九が不善の心が起こるか起こらぬかの別。第十には滅罪の力の多少。すなわち、弥勒菩薩の名をとなえると千二百劫の罪が消えるが、阿弥陀仏の名をとなえれば実に八十億劫もの罪が消えてしまう。第十一に苦しみを受けることの有無。第十二には生まれる場所の差異。すなわち兜率天にあっては男女の膝もとや懐の中に生まれるが、西方極楽浄土では蓮華や宮殿の中に生まれる。この極楽と兜率天の優劣は以上のごとくであるが、しかしともに仏が讃え勧めている所であって、どちらをいいとも悪いともいうわけではない、というのである。慈恩大師もこれと同様に、この二処について十異を挙げている。そのうち、第八までは懐感禅師の列挙したものと結局同じことであるから、ここには改めて記さないが、第九には、極楽では仏が来迎して連れてゆくが、兜率天ではそのことがない、としている。ただしこの点は、懐感師は、来迎はどちらも同様であるといっている。それから第十には、極楽については経・論において、これを懇切に勧めている例がきわめて多いけれども、兜率天についてはそれほど多くもないし、また懇切丁寧というわけでもない、と述べている。

懐感師はまた、両方にそれぞれ往生を遂げる際の難易について、十五の一致点と、八つの相違点とを挙げている。その八つの相違点というのは、第一には本願の違いである。すなわち、阿弥陀仏にはすべてのものを引き取って救おうとする引摂《いんじょう》の本願があるが、弥勒菩薩にはこの願はない。この本願があるかないかでは、本願がないのは自分自身で水を泳ぎ渡るようなものであるし、本願がある場合は、舟に乗って渡るようなものではるかに容易である。第二には光明が異なる。すなわち、阿弥陀仏の光明は念仏を修する衆生を照らし、これを摂取して捨てることがないが、弥勒菩薩の方はそうではない。この光明があることは白昼に遊ぶがごとくに心安く、光がないのは暗夜に往来するように心細い。第三には守護の差がある。極楽の方は無数の化仏や、観音・勢至菩薩などが常に念仏の行者の所に来られるのである。『称讃浄土経』には、十方の十恒河沙数の諸仏が行者を救い取るとあり、また『十往生経』にも、仏は二十五菩薩[10]を遣わして常に行者を守護する、と説いている。兜率天ではこのようなことはない。守護があるのは、大勢一緒に行けば強賊の迫害も恐ろしくないようなものだが、守護がないのは、一人でけわしい道を行けばかならず暴漢に襲われるといった類で、危険極まりない。第四には、諸仏が広長舌の相を現わして讃えることの差で、極楽については十方の諸仏が舌を伸べてこれを証明するが、兜率天はそういうことがない。第五には諸菩薩の相違。すなわち、極楽では華聚《けじゅ》菩薩や山海慧菩薩が広大な誓願を立て、「もし衆生の一人でも西方浄土に往生できないで残っているのに、それを見捨てて自分が先に行ってしまうようなことがあれば、自分は、悟りを得て仏となることをやめよう」と誓っているのである。第六には罪を消すことの多少〔これは前に述べたとおりである〕。第七は重い悪行についての差。

西方極楽には五逆罪というような大悪を犯した者でも往生できるのであるが、兜率天ではそうはいかない。第八には教説の内容に違いがある。『無量寿経』には極楽往生を説いて、「地獄など、五種の悪道を一気に断ち切ってしまうから、悪道への道は自然にふさがって、ひたすら仏への道を昇りゆくこと窮まりない。極楽はこのように往きやすいのだが行きうる人がいないのだ」としている。兜率天についてはこのような教えはない。

差異というのは以上の八点であるが、そもそも極楽と兜率天の往生の難易についての十五の一致点というのも、別に往生が困難だといっているものはない。まして極楽往生の方がより容易なことを示す八つの相違点があるのだから、どうして極楽往生がむずかしいなどということがあろう。仏の道を学ぶ者は、この理や仏の教えを尋ね、難易の問題をよく考えて、永くその惑いを除き去ってほしいものである、というのである〔以上は略抄である。ただし、この十五の一致点については、直接にその『群疑論』を見るがよい〕。

問　しかし、玄奘三蔵の伝えているインドの状況については、やはり納得せずにはすまされない。

答　西域の修行方法については、私は詳しく知っているわけではないから、はっきりきめるわけにはいかないが、いま、試みにこう理解してみよう。

西域の修行者は多く小乗によっている〔西域諸国のうち、十五国では大乗を学び、十五国では大乗・小乗を兼学し、四十一国で小乗を学んでいる」。ところで兜率天に生まれることは大乗・小乗ともに認めているところであるが、その他の仏土に往くことは、大乗では認めているが小乗では認めないのである。そこで兜率天に生まれることだけは大乗・小乗ともに認めているのだから、それでみな兜率を信仰しているといったのだろう。いったい、流沙(タクラマカン沙漠)より東の地では大乗が盛んに行なわれているのであって、あの西域の、大・小乗が雑然と行なわれている状態と同じに考えてはならない。しかも、仏教のさまざまの教えは、かならずしも同時に盛んになったものではない。その中でもとくに念仏の教えは、主として末世の教えであって、仏法滅後の五濁・十悪に汚れた衆生を救うためのものである。だから玄奘三蔵が行ったような昔では、インドではまだ念仏の教えが盛んになっていなかったのではないか。そして玄奘は単にその姿を紹介したまでのことなのだろう。そうでないとすれば、玄奘三蔵の高弟である窺基《きき》禅師がわざわざ『西方要決』を著わし、十点の優劣を挙げて自他ともに広く阿弥陀浄土を勧めるというようなことが、どうしてあろうか。

問　『心地観経』に、

　私がいま、弟子を弥勒菩薩に託するならば、彼らは、弥勒菩薩がこの土に下って竜華樹《りゅうげじゅ》下に開く竜華会[11]において解脱を得るであろう、

と説いてある。これからすると、仏も弥勒菩薩の兜率天を勧めておられるのではないか。

答　それはそれで誤りではない。誰が『上生』や『心地』など、数種の経典に見えている

ところを否定しようか。しかしこれらの文も、極楽浄土を勧める顕密の経文が、千にもなろうというのにはとても及ばない。また、『大悲経』の第三巻には、

来世において仏法が滅び去ろうとする時に至れば、比丘・比丘尼にして、わが仏の教えを受けて出家を終えながらも、手に児女の腕を取ってともに遊び廻り、酒屋から酒屋へと渡り歩いて、仏法に身を置きながら婬行に奔《はし》る者がかならず出るであろう。〔中略〕さらに、本性としては出家した沙門であっても沙門の行ないを汚す者や、自分では沙門と称しているが形が沙門に似ているにすぎない者で、袈裟や衣を着ける者がかならずあるに相違ない。しかしこれらの者も、この現在の賢劫《げんごう》(12)の世においては、賢劫一千仏の第五仏である弥勒を始めとして、最後の盧遮那仏《るしゃなぶつ》(13)に至るまでの諸仏のもとにおいて、残る者なくことごとく涅槃《ねはん》に入るであろう。なぜならば、このような一切の沙門、それはただ一度仏の名をとなえ、ただ一回信心を起こした者に至るまで、その行為の功徳は結局は空しく終わることはないのだから、

と説かれている〔以上〕。さきの『心地観経』に見えている弥勒もこの意味であって、兜率天に住する弥勒菩薩が賢劫第五仏としてこの土に下生《げしょう》し、竜華会で説法する時のことをさしているのであり、だからその文にも竜華会といって兜率天という名は挙げていないのである。思うに、釈尊の入滅から弥勒菩薩がこの世に現われて竜華会を開くまでの期間は、実に五十七倶胝《くてい》六十百千年(14)である〔この数字は『新婆沙』の説による〕。この長い間の輪廻《りんね》に受ける劇烈な苦しみは、はたしてどれほどであろうか。どうして今生の終りに際してはすぐさ

ま極楽の蓮華に生まれることを願わずに、悠遠な生死流転の世界に留まってはるか後の竜華会の時を待つことがあろうぞ。しかも、もし極楽に生まれれば、昼夜を問わず思うままに兜率宮に往来できるし、さらに竜華会においては、新たに弥勒仏の説法の第一の相手になれるのである。これはたとえば富貴の身として故郷に錦を飾るごときものである。誰かこれを喜び願わぬ者があろう。

ところで、もし別に因縁があれば他の浄土を求めるのもよかろう。すべて心に願うままにするがよい。ただし、誤った考えに執着してはならぬ。それゆえ、懐感法師も、

兜率天をめざしてこれを求める者は、西方浄土を願う念仏修行の人をそしってはならないし、西方極楽浄土に往生を願う者は、兜率の修行をそしってはならない。各自がその性分や希望にしたがって、心のままに修学せよ。そして互いに良し悪しを争ってはならぬ。そのようなことをすれば、良い所に往生もできず、またも地獄などの三悪道を流転することとなろう、

といっているのである〔云々〕。

大文第四　正修念仏

正修《しょうじゅ》念仏には、これまた五部門があることは、世親《せしん》菩薩の『往生論』に説くがごとくである。すなわち、

　念仏についての五種の行を成就すれば、ついには安楽国土に生まれて、かの阿弥陀仏に見《まみ》えることができる。その五種とは、第一に礼拝《らいはい》、第二に讃嘆《さんだん》、第三に作願《さがん》、第四に観察、第五に回向《えこう》(1)の五つである、

といっている。その中で作願・回向の二つは、他の諸修行の際にも通じて用いるがよい。

初　礼拝

　まず礼拝とは、これは身・口《く》・意の三つのはたらきが相応じてなされる身体の動作である。ただ一心に仏に帰依し、両膝・両肘・頭の五体を地に投じて、はるかに西方の阿弥陀仏を礼拝するのである。この礼拝はその多少は問題ではないが、ただ誠心をもって行なわなければならない。その際に、あるいは『観仏三昧経』の次の文を念ずるがよい。

　私がいまこの一仏を礼拝するのは、そのまま一切の仏を礼拝することと同じである。も

し一仏のことを思うならば、直ちに一切の仏を見ることができる。その一切の仏のそれぞれの前には一人ずつの行者があり、その行者が仏の足に頭を着けて恭しく礼拝しているのは、すべて私の分身なのである、と〔私見を述べると、この一切の仏とは、阿弥陀仏の分身か、あるいは十方世界の一切の諸仏であろう〕。

また、次のように念ずるもよい。

能礼《のうらい》・所礼(2)の性は空寂にして
自身・他身の体は二なし
願わくは衆生とともに道を体解《たいげ》し
無上意(3)を発《おこ》して真際《しんさい》(4)に帰せん

と。

あるいは『心地観経』に見えている仏の六種の功徳《くどく》を思うがよい。この功徳とは、第一に、仏は無上の大功徳を生ずる田である。第二に、仏は無上の大恩徳をそなえている。第三に、仏は、足のないものから二足のもの、さては多くの足を持つものまで、すべての生物の中でもっとも尊い存在である。第四に、仏は優曇華《うどんげ》(5)のようにめぐり会うことの困難なものである。第五に、仏は三千大千世界にただ一人現われた方である。第六に、仏は在家・出家の功徳をすべて完全にそなえ、一切の道理の根拠である。仏は以上のような六種の功徳をそなえ、常に一切の衆生に利益を授けられる、というのであるが〔以上〕、この経文はあまりに簡略なので、いま、これに言葉を付け加えて礼拝の法とする必要がある。その礼法は、第一に、次のように念ずる。

一たび南無仏と称するも
みなすでに仏道を成《じょう》ず
ゆえに我帰命《きみょう》して
無上の功徳田を礼す

第二に、

慈眼《じげん》もて衆生を視ること
平等にして一子のごとし
ゆえに我帰命して
極大の慈悲の母を礼す

第三に、

十方の諸大士
弥陀尊を恭敬《くぎよう》す
ゆえに我帰命して
無上の両足尊《りようぞくそん》(6)を礼す

第四に、

一たび仏名を聞くを得るは
優曇華にも過ぎたり
ゆえに我帰命して
きわめて値遇しがたき者を礼す

第五に、

一百倶胝界に
二尊並び出でず
ゆえに我帰命して

希有《けう》の大法王を礼す

第六に、

仏法の衆徳海は
三世に同一体なり
ゆえに我帰命して
円融万徳の尊を礼す

と念ずるのである。

もし、より広く礼拝の行をしたいと望む者があれば、龍樹菩薩の『十二礼』によるがよい。また善導和尚《かしよう》(7)の六時の礼法というものもあるが、ここに詳しく述べるわけにはいかない。もし他の諸行をせず、ただこの礼拝をするだけでも往生することは可能である。それは『観虚空蔵菩薩仏名経《かんこくうぞうぼさつ》』に、

阿弥陀仏を至心に礼拝すれば、三悪道を離れて後、その国に生まれることができる、

と説いているとおりである。

第二　讃嘆

讃嘆とは、身・口・意の三業相応じてなされる言語の動作である。それは、以下に記す『十住婆沙』の第三巻にいうごときものである。すなわち、

阿弥陀仏の本願に、

「もし人がわれを念じ、わが名をとなえ、みずから進んで帰依するならば、その人はすなわち必定《ひつじょう》（不退転）の位に達し、阿耨《あのく》菩提を得るであろう」

というのがある。ゆえに、常に阿弥陀仏を思い念じ、偈をとなえてその徳を称讃するがよい。その偈は、以下のごとくである。

無量の光明慧《え》あり
身は真金山のごとし
我いま身・口・意をもって
合掌稽首して礼す

十方の現在仏
種々の因縁をもって

かの仏の功徳を嘆ず
我いま帰命して礼す

仏足の千輻輪《せんぷくりん》は
柔軟《にゅうなん》にして蓮華の色あり
見る者みな歓喜し
頭面《ずめん》に仏足を礼す

眉間《みけん》の白毫《びゃくごう》の光は
なお清浄の月のごとく
面光の色を増益《ぞうやく》す
頭面に仏足を礼す

かの仏の言説《ごんぜつ》するところ
諸罪根を破除す
美言は益《やく》するところ多し
我いま稽首して礼す

一切の賢聖衆《げんじようしゆ》(8)
およびもろもろの人天衆《にんでん》
ことごとくみなともに帰命す
このゆえに我もまた礼す

かの八道(9)の船に乗り
よく度《わた》りがたき海を度る
みずから度りまた彼を度す
我自在なる者を礼す

諸仏は無量劫に
その功徳を讃揚すとも
なおなお尽くすあたわず
清浄人に帰命す

我いままたかくのごとく
無量の徳を称讃す
この福因縁をもって

願わくは仏も常に我を念ぜよ
この福因縁をもって
獲《う》るところの上妙の徳を
願わくはもろもろの衆生類も
みなまたことごとくに得べし

以上のごとくであるが、これは『十住婆沙論』には三十二節の偈になっているのを、いまは省略して要点のみを掲げたのであって、詳しくは別著に記しておいた。

この他に、また『往生論』の偈とか、真言教の仏讃、(10)阿弥陀の別讃などもある。これらの文を、一度でも何度でも、また一行でも何行でもよいから、ただ誠心誠意となえるべきであって、数の多少は問わない。

もし他の行をせずにこの讃嘆行だけによる時も、また願うにまかせて必ず往生できることは、『法華』の偈に、

あるいは歓喜心をもって
歌唄《かばい》して仏徳を頌し
乃至一小音なるも

みなすでに仏道を成ずというがごとくである。このように、ただ一声でも仏道を成就することさえも可能なのであるから、まして常に仏を讃えるならば、往生などはいうまでもないことである。最後に真言（梵語）による讃仏は、その利益きわめて甚深であって、ここにはっきり示すことはできない。

第三　作願

この作願《さがん》以下の三門は、三業相応じて起こる心のはたらきである。綽《しゃく》禅師の(11)『安楽集』には、

『大経』に、「およそ浄土に往生しようと願うならば、かならず菩提心《ぼだいしん》を発することを根本とせねばならぬ」と説いている。菩提とは何かといえば、これはすなわち無上の仏道の名である。もし菩提心を起こして仏となろうと思う者があれば、この菩提心は広大で法界（宇宙全体）にあまねく行きわたり、また無限の未来の果てまでも続く長遠なものであるし、さらにこの心はあまねくそなわって小乗の障礙を離れるものであるから、ひとたびこの菩提心を起こせば、永遠の生死の流転を超越するであろう。また『浄土論』にいう、「発菩提心とは、まさしくこれは仏となろうと願う心である。仏となろうと願う心は、こ

れすなわち衆生を救おうとする心であり、衆生を救おうとする心は、すなわち衆生を受け入れて、仏のいる国土に生まれさせようとする心である」と。いまや浄土に生まれようと願うのであるから、まず第一にこの菩提心を起こすことが必要である、と述べている〔以上〕。まさに菩提心こそは、これ浄土の悟りの綱要であると知るべきである。であるから、いまから三条に分かってその意義を明確にしよう。行者はそれを、わずらわしいなどといってはならない。

その三条とは、第一は菩提心の行相《ぎょうそう》を明らかにすること、第二にその利益を明らかにすること、そして第三には料簡《りょうけん》（総括）である。

初　行相

菩提心の行相とは、一口にいえば仏となろうと願う心である。これはまた、上は菩提を求め、下は衆生を教化する心ともいう。さらに区別していうならばいわゆる四弘《しぐ》誓願であって、これに二種がある。一つは事物を縁とする四弘願で、これは衆生を縁として起こる慈悲、あるいはまた一切の事物を縁として起こる慈悲である。二つには理を縁とする四弘願で、これはとくに何を縁として起こるわけではない絶対普遍の慈悲である。

事物を縁とする四弘願とは、

一には「衆生無辺誓願度」（無数の衆生を救う誓願）である。この願を立てるにあたっては、一切衆生はことごとく仏性をそなえているから、われはこれらすべてを無余（完全）の涅槃《ねはん》に入らしめようと念ずるがよい。この心は、戒の中でいうならば、世の人を導きめぐむ饒益有情《にょうやくうじょう》戒にあたり、仏の三徳にあてれば衆生をめぐむ恩徳の心であり、三因仏性としては理智を助ける縁となる縁因仏性であり、仏の三身[12]からすれば仏が生身の姿を現わす応身《おうじん》の菩提を得る因となる。

二に「煩悩無辺誓願断」（無数の煩悩を断つ誓い）これは戒では、仏の定めた戒を守り悪を犯さない摂律儀《しょうりつぎ》戒であり、仏徳としては、煩悩をほろぼす断徳の心にあたる。仏性では理法そのものである正因仏性であり、三身においても理法自体をいう法身の菩提の因である。

三に「法門無尽誓願知」（無限の教法を知る誓い）これは戒では進んで善を行なう摂善法《しょうぜんぼう》戒、仏徳としては智徳の心にあたる。また仏性では智慧を現わす了因仏性であり、三身では修行の結果として現われる報身《ほうじん》の菩提の因である。

四には「無上菩提誓願証」（無上の悟りを得る誓い）これすなわち、仏果の菩提を願求《がんぐ》することである。いうならば、前の三つの行願を具足することによって、仏の三身すべての菩提を悟り得て、ひるがえって広く一切の衆生を救おうというものである。

以上が事物を縁とする四弘願であるが、次に理を縁とする願とは、一切の諸法（もの）は本来すべてを超越した寂静《じゃくじょう》であって、有るでもなく、無いでもなく、恒常でもなければ断絶もない。生まれもせず滅びもせず、不浄でもないし清浄でもない。一つの色、一つの香といえども、中道の真実の現われでないものはないのである。生死はそのまま涅槃であり、煩悩はそのまま菩提である。一つ一つの煩悩は、観点を変えればそのまま八万四千の諸波羅《はら》蜜《みつ》、すなわち悟りに通ずる修行にほかならない。であるから、愚昧の無明《むみょう》が理智の明に変ずるのも、氷が融けて水となるようなもので、けっしてかけ離れたものでもなければ、別の所から来て入れ替わるものでもないのである。ただ一念の心にあらゆるものが具足していることは、如意珠⑬のごとくであって、これを宝があるともいえないが宝がないともいえないといったぐあいである。ないといえば偽りであるし、あるといっても謬見《びゅうけん》となる。この境地は心で知ることも不可能であり、言葉で説明することもできない。衆生はこの不可思議な、とらわれない世界の中にありながら、思いめぐらしてかえってとらわれてしまうし、脱れることのあり得ないものの中にいながら、そこから逃れようと求める。それゆえにあまねく法界の一切の衆生について大慈悲心を起こし、この四つの大きな誓願を立てるのである。これを順理の発心《ほっしん》と称して、最上の菩提心である〔『止観』の第一巻を見よ〕。

また、『思益経《しやく》』には、

一切の法は法にあらずと知り、一切の衆生は衆生にあらずと知る、これを称して菩薩が無上菩提心を発《おこ》すというのである。

とするし、『荘厳《しょうごん》菩提心経』には、

菩提心とは、あるものでもなければ作り出すものでもなく、文字であらわせないものである。菩提はすなわち心であり、心はすなわち衆生である。このように理解し得る時は、これを菩薩が菩提を修すると名づける。菩提は過去・未来・現在のいずれでもない。そうすれば心も衆生もやはり過去・未来・現在のどれでもないのである。このように理解し得る者を、名づけて菩薩という。ところがこの菩提なるものの中において、実際にとらえ得るところのものは何もない。何もとらえ得ないからこそ、得たといえるのである。もし一切の法において、何も得るところがなければ、これを菩提を得たというのである。実際はこのとおりなのであるが、ただ修行を始めたばかりの人のために、菩提があるというだけのことだ。〔中略〕しかもこうした境地においては、心があることもなければ心を作るものもない。また菩提があるのでもなければ、菩提を作るものもない。さらに衆生もあるわけではないし、また衆生を作るものもない、

と説いている〔乃至云々〕。

この事と理との二種の四弘誓願には、おのおの二様の解釈がある。第一の解釈は、前の二願は四諦《したい》（四つの真理）の中で、衆生の、この世を一切苦とする苦諦、それは執着の心が原因であるとする集諦、この苦・集二諦の苦を除くものであり、後の二願は、執着の絶滅を期する滅諦と、その理に至るために正道を行なう道諦と、この道・滅二諦の楽を授けるものであるというのである。第二の解釈は、四弘願の中で最初の願は他という立場からするものであり、後の三願は自という立場からのものであるというのである。すなわち、衆生の二諦の苦を除き、これに二諦の楽を授けるということは、すべて最初の願に含まれている。この、衆生を救うという第一願を、完全に徹底しようと思うがゆえに、さらに自身の立場からして後の三願を立てるのである。これは『大般若経』に、

衆生を利益せんがために大菩提を求める者は、そのゆえに菩薩と名づける。しかもそれ

に執着することがないから、大乗の摩訶薩《まかさつ》(14)と名づけるのである、といっているのと同じである〔以上〕。

さらにいうならば、この四弘願の中で前の三つは原因でありまた個別であって、第四願は結果であり総合であるとすることができる。

さて、この四弘誓願を立てた後には、自他法界すべてに利益を与え、ともに極楽に生まれて仏道を成就しよう、というべきである。そして心中に、自分は衆生とともに極楽に生まれて、この四弘願を完全にし徹底させようと念ずるがよい。もし個人的な別の願があれば、四弘願の前にこれをとなえよ。もし心に不浄があればそれは正道を行なうことにはならず、もし心に広さが限られていれば大菩提とはいえず、もし至誠がなければ誓願の力も強くない。であるからかならず心は清浄にし、深く広く、誠心をもってしなくてはならぬ。他の者よりすぐれることや、名誉や利欲を目あてにしてはいけない。このようにして、仏眼(15)にくまなく照らされる無限の法界の一切の衆生・一切の煩悩・一切の法門・一切の仏徳について、この四種の願行を起こすのである。

問　どのような法（もの）の中に無上道（悟り）を求めるのであろうか。

答　これには利・鈍二つの区別があって、それは『大論』に、

黄色の石の中には金の性がひそみ、白い石の中には銀の性があるように、一切の世間の存在にはみな、涅槃の性がひそんでいる。そして、もろもろの仏や菩薩は、智慧・方便・

持戒・禅定《ぜんじょう》などの手段をもって導き、この涅槃の法性を衆生の身に体得させるのであるが、その際に、利根の者は直ちに、諸法はみなそのまま法性であると知る。これはたとえば神通力を持つ人は、瓦や石を変じてみな金にしてしまうことができるのに似ている。一方、鈍根の者は、いろいろ方便により、思案をめぐらしてから法性を得る。これはたとえていえば、鍛冶屋が石を打ち叩いて、その後に金を手に入れるようなものである、といっているとおりである〔以上〕。『大論』にはまた、

苦行や頭陀《ずだ》(16)を行ない、初・中・後の一夜三回にわたって心を励まして坐禅観想し、苦しみを経て道を得るのは声聞の教えである。諸法の相は束縛も解放もなく、そのまま真実であると観取して、心を清浄にするのはよりすぐれた菩薩の教えであって、文殊師利菩薩がこの世に現われた由来のとおりである、

といい、そこで次の『無行経』の喜根菩薩(17)の偈を引用している。

婬欲《いんよく》はすなわちこれ道なり
恚《い》痴《ち》もまたかくのごとし
かくのごとき三事の中に
無量の諸仏の道あり

もし人あって

婬・怒《ぬ》・痴と道とを分別せば
この人仏道を去ること
たとえば天と地とのごとし

と〔以上〕。このような偈が七十余もある。また同論には、
一切の法は確定した性がないから、求めたからといって得られない、すなわち不可得である。これが仏道であり、諸法の実相(18)である。そしてこの不可得であること自体が、これまた不可得なのである、

ともいっている〔略抄〕。
また、迦葉《かしよう》菩薩(19)が仏に述べた言葉に、

一切諸法の中
ことごとく安楽の性あり
ただ願わくは大世尊(20)
わがために分別して説きたまえ

というのがあるし、『般若経』には、
一切の生物は、すべて仏（如来）となる可能性を有するもの、すなわち如来蔵である。

それは普賢菩薩の本体があまねく行きわたっているからである、といい、また『法句経』には、

諸仏は貪瞋《どんしん》によりて
道場に処《お》る
塵労は諸仏の種
本来動くところなし

五蓋(21)と五欲とを
諸仏の種性(22)となす
常にこれをもって荘厳す
本来動くところなし

諸法は本よりこのかた
是なくまた非もなし
是非の性寂滅なれば
本来動くところなし

という偈がある〔以上の六つの文は、利根の人の菩提心を説いたものである〕。

問　煩悩と菩提とが、上に説かれているようにもし一体のものであるならば、心にまかせて煩悩を起こしてもよいのか。

答　このように解釈するのを、空理にとらわれる悪取空《あくしゆくう》の者というのだ。こういう輩はけっして仏弟子ではない。いま、反問しよう。汝がもし煩悩も菩提も同じなのだからといって、好んで煩悩による悪業をなすのならば、生死もすなわち涅槃なのであるから、喜んで生死の烈しい苦をも受けなければならない。どうして刹那の苦はこれを堪えがたいといって嫌いながら、永劫の苦の原因となる悪業はこれをほしいままにすることを喜ぶのか。

それであるから、煩悩と菩提とは、本体は同一であるが、時と作用が異なっているので汚染と清浄の差があることを知るべきである。それは水と氷、また種と果実のようなものであって、本体は同一だけれども、時によってはたらきが異なるのである。それゆえに、仏道を修する者は本来持っている仏性を顕わすが、修しない者はついにこれを顕わすことなく終わってしまう。それは『涅槃経』の三十二巻に、

善男子よ。もし人が種子を示して、この種子の中に果実があるか、ないか、と問うたならば、あるといえばあるし、ないといえばない、ときっぱり答えるがよい。なぜならば、種子を離れて果実が生ずるはずはないから、そこで果実はあるというのである。しかし、一方、まだ発芽もしていない種子であるから、それで果実はないという。それだから、あ

るともいい、ないともいうことになる。これは時節が異なっているだけであって、本体は同一なのである。衆生の仏性もこれと同様である。もし衆生において、衆生とは別に仏性があるといえばそれは正しくない。なぜならば、衆生はすなわち仏性であり、仏性はすなわち衆生だからである。ただ時が異なるから、浄・不浄の差があるのである。善男子よ。もし、この種子から果実ができるだろうか、それともできないだろうかと問う人があったならば、できもするし、またできもしない、とはっきり答えるがよい、と説いているとおりである〔以上〕。

問　凡夫は、修行に精勤するのは堪えられない。とすれば、広大な願を立てても無駄ではないか。

答　たとい修行に堪えられないとしても、慈悲の誓願はやはり立てることが必要である。その利益は無量だからであって、そのことはこの前後に説明してあるとおりである。調達《じょうだつ》[23]は六万の蔵に納められた経典を誦したというほどよく勤めたが、釈尊を害しようと企てて、地獄に堕ちるのを免れなかったし、慈童[24]はただ一度だけ、苦しむ者を救おうという悲願を起こしたから、たちまち兜率天に生まれることができた。だから、天に昇り地獄に堕ちるという差別も、心がらによってのことで、行によるものではないことがわかる。まして行といっても、一生の中に一回も南無仏ととなえたことがない者や、一食も衆生に施さなかった者などがどこにあろうか。そしてこのような微少な善根でも、これらをみな四弘の願行に取り入れ

るがよい。こうすることによって行と願とが相応して、偽りの願とはならないのである。『優婆塞戒経《うばそくかいきょう》』の第一巻に、

もし人が、その心に生死の苦、涅槃の安楽を観取することができなければ、たとい慧施・持戒・多聞の人であっても、結局は悟りに至るべき解脱分(25)の法を得ることはできないであろう。もし生死の苦を厭い、涅槃の功徳安楽を深く見きわめられれば、このような人は少施・小戒・小聞であっても、即座に解脱分の法を獲得できよう、

と説くがごとくである〔以上〕。

〔多・少というのは、無量の世にわたり、無量の財をもって無量の人に施し、無量の仏のもとで戒律を受持し、無量の世、無量の仏のもとで十二部経(26)を受持読誦《どくじゅ》することを多施戒聞と称し、一つかみの麦粉を一人の乞食に施し、一日一夜だけ八禁を受持し、四句偈一つを読誦することを少施戒聞というのである。これは経に詳しく説いてある〕

こういう次第で、行者の折に触れての用心からただ一つの善行に至るまで、それらはすべて空しく無意味に終わることはない。『大般若経』に、

もし諸菩薩が深《じん》般若波羅蜜多(27)の方便善巧(28)を行なえば、ちょっとした心の動きやちょっとした行動でも、空しく消え去って一切智を得るに役立たぬものなどはない、

とあるとおりである〔以上〕。

問　それではどういうふうに気を配ったらよかろうか。

答　『宝積経』の九十三巻にはこういっている。

　食物を必要とする者に食物を施すのは、一切智の力を具足せんがためである。飲物を必要とする者に飲物を施すのは、愛欲を断たんがためである。衣服を要する者に衣服を施すのは、罪を恥じる慚愧の衣を得るためである。このようにして、坐具を施すのは菩提樹下に坐して悟りを開くためであり、灯明を施すのは仏眼の明らかさを得るためであり、紙や墨を施すのは広大な智慧を得んがためであり、薬を施すのは衆生の煩悩の病いを除くためである。このような施しをすることはもとより、もし自分に施すべき財物がない時にも、心の中に施しの思いを起こさなくてはならない。無量無辺の一切の衆生に仏の道を開き示そうと思うならば、力ある者も力なき者も、上述のごとくに布施を行なえ。これが私のいうところの善行である、

と〔経文ははなはだ詳細なのでここには略抄した。詳しくは経の本文を見よ〕。

　このように、事に応じて常に心中に願を立てよ。願わくはこの衆生をして、すみやかに無上道を成就せしめんことを、願わくはわれはかくのごとくにして次第に四弘願の第一の願行を成就し、布施の行法を円満ならしめ、すみやかに菩提を証して広く衆生を救わんことを、と念ぜよ。これは四摂法《ししょうほう》[29]の一つの布施の場合であるが、他の三つ、すなわち、愛語を発し、利行《りぎょう》を施し、善事をともにする場合にも、これに準じて発願するとよい。

もし暫時でも心中の悪念を制伏し得た場合にも、次のように念ずるがよい。「願わくはわ

れかくのごとくにして次第に第二の願行を成就し、もろもろの悪業を断ち、すみやかに菩提を証して広く衆生を救わんことを」と。またもし、わずかな経文や道理を読誦し学習した時にも、次のように念ずべきである。「願わくはわれかくのごとくにして次第に第三の願行を成就し、諸仏法を学び、すみやかに菩提を証して広く衆生を救わんことを」と。一切のことについて、常に次のごとくに心を用いよ。「われはいまのこの身から出発して次第に修学し、ついに極楽に生まれたならば、自由自在に仏道を学んですみやかに菩提を証し、どこどこまでも衆生に利益を与えよう」と。もし常にこの念を抱き、力に応じて修行するならば、水の一滴は微小であっても次第に積もって大きな器をも満たすように、この心はよく大小すべての善行を集めて漏らすことなく、かならず菩提に至るであろう。『華厳経』の「入法界品」に、

たとえば金剛が大地が落ちこまないようにこれをしっかり支えていることができるごとく、菩提心も同様に、菩薩の一切の願行を支え持ち、これが凡夫の三界の世に落ちて消えてしまうことがないようにし得る、

といっているとおりである〔云々〕。

問　しかし、凡夫は平常不断にそのような心づかいをすることは困難であるが、それではそういう念を伴わない時の善根は、空しいものなのであろうか。

答　もし、至誠の心をもって、「自分は今日から、ただ一つの善行たりとも、自分一人の

身の煩悩にみちた果報のためにはせず、ことごとく極楽のため、菩提のためにしよう」と心にも念じ、口にもいうならば、この心を起こしてから後は、あらゆる善行は、これを自覚すると否とを問わず、すべて自然に菩提に向かってゆくのである。それは、一度溝を掘ってしまえば、あらゆる水が自然にその溝に流れこみ、転じて川に至り、ついに大海に注ぐようなもので、行者もこれに同じく、一度この心を起こした後は、もろもろの善根の水は自然に四弘願の溝に流入し、転じて極楽に生まれ、ついに菩提の一切智の海に会するのである。ましてこの心は一度起こしただけで終わってしまうものでもなく、折に触れてさきの願を思い起こしてはまた念ずるのであるから、その効果はなおさらのことである。詳しくは下の「回向」の節に説くごとくである。

問　凡夫は力がないので、財物や教えを施そうとしても、それができるはずの時でも施しにくかったり、あるいは実際に貧しくて施しができなかったりする。そういう時にはどういう方便を用いて自分の心を道理に合わせたらよいだろうか。

答　『宝積経』にいう。

このように布施を行なうにあたり、力なくして、施すに足る教えを学び得ず、また財物を施すこともできない時には、この菩薩は次のように考えるがよい。

「自分はいま、つとめて努力を重ね、折に触れて次第に貪欲や物惜しみの心を切り捨ててゆかねばならぬ。また、財を捨てて人に施すことを学び、常にわが施しの心を増し、広めてゆかねばならぬ」

と〔以上〕。また、『因果経』の偈には、

もし貧窮なる人ありて
財の布施すべきものなくば
他の施を修するを見る時
随喜の心を生ぜよ
随喜の福報は
施すと等しくして異なるなし

とあり、『十住毘婆沙』の偈にも、

我はいまこれ新学にして
善根いまだ成就せず
心にいまだ自在を得ず
願わくは後まさに相与うべし

と見える〔以上〕。行者はかくのごとくに心を用うべきである。

問　さきの事・理のうち、理を縁として菩提心を起こす場合にも、やはり因果の理を信じて仏道修行に励むべきであろうか。

答　道理としてかならずそうあらねばならぬ。『浄名経』に、

諸仏国もまた衆生も
空なりと観ずといえども
しかも常に浄土を修し
もろもろの群生を教化す

とあるとおりである。『中論』の偈にも、

空なりといえどもまた不断なり
有《う》なりといえども常にあらず
業の果報の失せざる
これを仏の所説と名づく

としているし、また『大論』にも、

もし諸法がみな空であるならば、衆生もないことになる。そうすれば救うべき者として、誰がいることになろうか。こう考える時は慈悲心が弱くなる。また逆に、衆生をあわれむべき者と思うと、諸法は空なりと観ずる力が弱まる。しかし、もし方便の力を得れば、この二つは等しい、偏《かたよ》らないものとなって、大慈悲心も諸法の実相を捉える妨げにならず、また諸法の実相を得ても大慈悲を妨げることはない。このような方便を生じた時には、すなわち菩薩の位に昇り、しかも不退転の地位に止まることができよう、といっている〔略抄〕。

問　もしそれを偏って理解した時には、その失はどのようなものだろうか。

答　『無上依経《むじょうえきょう》』の上巻に、空にとらわれた考えである空見を説明して、こういっている。

もし、我見に執着して、須弥山《しゅみせん》のように絶大な自信を持って動かない人があっても、私は驚き恐れもしないし、そしりもせぬ。しかし、悟りもしないのに悟ったと思っている増上慢の輩が空見に執着した時には、その執着が毛一筋を十六分したほどの微細なものであっても、私は許さない、

と。また『中論』第二巻の偈には、

大聖の空法を説くは
諸見を離れんがためのゆえなり

もしまた空ありと見るは
諸仏の化せざるところ

といっている。『仏蔵経』の「念僧品」には、ものの一方にとらわれる有所得[30]の執着を排して、こういう。

有所得の論者は、我（自我）・人（個人）・寿者（生命あるもの）・命者（生命を保たせるもの）があるなどと説いて、その立場から無所有の法、すなわち空の理を考え、解釈する。そして、断滅とか、常住とかいい、また、ものは作られると説いたり、いや自然にあるのだと説いたりする。わが清浄の法も、この種の邪見の因縁によって次第に滅び去るであろう。私が長い間生死の世界にあって、諸苦悩を受けながら成就した菩提も、その時にはこの諸悪人が破壊してしまうだろう、

と〔略抄〕。また同経の「浄戒品」には、

我見[31]・人見や衆生見[32]を持っている者は、多く邪見におちいる。これに対して断滅見の者は、速く仏道を得ることが多い。なぜならば、断滅と考える方が執着を捨てやすいからだ。であるから、このような者は、たといみずから鋭い刀で自分の舌を割こうとも、衆人の中で不浄の説法をしてはならぬと心得るべきである、

といっている〔有所得の執着を不浄といっているのである〕。『大論』には、有・無にそれぞれとらわれる二執の誤りを並べて説明して、

これはたとえば、人が狭い道を行くとして、片側は深い水があり、他の側には大火があって、どちらに寄っても死んでしまうようなものだ。有に執着しても、無に執着しても、
　どちらもともに道理を失ってしまう、
と説いている〔以上〕。それであるから、行者は常に諸法の本来空寂なることを観じ、また常に四弘の願行を修習せよ。この二は、たとえば空間と地面とがあるから宮舎を建てられるのであって、空間だけ、あるいは地面だけしかなければ結局建築はできないようなものである。これは、空・仮・中という三諦[33]が一体に融合しているからのことである。だから『中論』の偈にも、

　因縁より生ずるところの法は
　我すなわちこれ空なりと説く
　また名づけて仮名《けみょう》となす
　またこれ中道の義なり

といっているのである。詳しくはさらに『止観』を調べよ。

問　有に執着する見解は、その罪が重いことはわかったが、そうすると事を縁とする菩提心には、どうしてすぐれた点があるだろうか。

答 有に強く執着する時は、そこに誤りが生ずる。事を縁とするといっても、それはけっして堅く固執するのではない。そうでなければ有ということを知った者で道を得る者は誰もいないことになろう。これは空を知った者についても同じことがいえる。譬えていえば、火を使うにあたって、手を火に触れれば害を受けるが、触れなければ益があるようなもので、空といい、有といっても、火と同じくこれに執着するのがいけないのである。

二 利益

次に菩提心の利益について説明しよう。もし人が教説のままに菩提心を起こすならば、たとい他の修行はわずかでも、願いのままにかならず極楽に往生するであろう。それはいわゆる上品下生といった類がこれである。このように菩提心の利益は無量であるが、ここには略してその一端を示すに止める。

『止観』にこういっている。

『宝梁経』に、次のような文がある。

「比丘でありながら比丘の法を守らぬ者は、大千世界に唾を吐く所もなく、身の置き所はない。まして人の供養など受けられる道理がない。そこで六十人の比丘は悲泣して仏に、

『それでは私どもは、いま突然死んでも、人の供養は受けられないわけです』

と申すと、仏は、

『お前たちは、修行に欠けるところがあるのを恥じる心を起こした。よろしい、よろし

い』

といわれた。そこで一人の比丘が仏に、

『どういう比丘が人の供養を受けられるのでしょうか』

と問うと、仏は、

『比丘の数に入り、僧の業を修め、僧の利を得た者は、供養を受けられるだろう。この僧（比丘）の数というのは、小乗の聖者の修行過程にあるということ、すなわち四果の向《こう》[34]をさし、僧の業とは三十七品の修行方法[35]をいい、僧の利とは小乗の聖者の位を得るいわゆる四果をいうのである』

と答えられた。比丘が重ねて、

『もし大乗の心を起こせば、いかがでしょうか』

と申すと、仏は、

『もし大乗の心を起こして一切智を求めるならば、その者は、数に入らず、業を修めず、利を得なくても、供養を受けられる』

といわれた。比丘が驚いて、

『どうしてそんな人が供養を受けられるのでしょうか』

と問うと、仏は、

『こういう、大乗の心を起こした者は、たとい大地に敷きつめられるほど多くの衣を施され、須弥山のごとく莫大な食物をめぐまれても、結局は高大な功徳によってこの施主の大恩に報いることができるであろう。ゆえに供養を受ける資格があるのである』と答えられた」

以上の『宝梁経』の文によっても、小乗の最高の位も大乗の初心にすら及ばないことを知るべきである、

と〔以上は、信者の布施を越える大乗の利益を説いたものである〕。またさらに、

『如来密蔵経』に、

「もし人あって、縁覚となったような立派な父を害し、三宝の物を盗み、羅漢となったようなえらい母を犯し、偽りを述べて仏をそしり、二枚舌をもって賢聖の仲を裂き、悪口して聖人を罵り、求法者の心を壊乱する、また五逆罪の第一歩たる瞋、持戒の人の物を奪うような貪、偏見であるところの痴などの心を持っているとする。こういう者は当然、十悪[36]を犯した極悪人である。しかし、もしその人が、因縁の理法においては我も人も衆生も寿命もなく、生も滅も汚染も執着もなく、本性清浄であると如来が説いていることを知り、また一切のものについて、その本性が清浄であると知って、これを理解し深く信ずるならば、私はその者が地獄その他の諸悪道に落ちてゆくなどとはいわない。なぜならば、法には累積も愛着も苦悩もなく、一切の法は生ずることも止まることもない。因と縁とが和合して何かが生じても、生ずれば消えてゆく。心が生じても消えてゆくように、一切の煩悩もまた生じては消えるのである。つまり、悟りの境地にあっては、ものにはあるとか止まるとかいうことはなく、したがって集積するということもないのである。このように理解

すれば、罪を犯すということはなくなってしまう。もし犯罪があり、それが固定するということであっても、それが位置する場所はないのである。百年の闇室も灯火を点ずれば、その時には闇黒が、自分はこの室の主で久しくここにいたのだからといって立ち去るのを拒否するというわけにはいかない。灯火が点ぜられれば、闇黒は即座に消滅するのである」と説いている。これもまた同じ意味である。この『如来密蔵経』は、前の四菩提心を詳しく示している、ともいっている〔以上は同経の下巻にある文である。前の四菩提心とは、四教(37)の菩提心をさしているのである〕。

『華厳経』の「入法界品」には、こういっている。

たとえばヒマラヤにあるという善見という妙薬が一切の病いを滅ぼしてしまうように、菩提心も一切の衆生の煩悩の病いを滅ぼしてしまう。また譬えていえば、牛・馬・羊の乳を混ぜて一つの器に入れたものに、獅子の乳を投入すれば、他の乳のくせがみな消え去り、これを飲めばするすると喉を通ってつかえないようなもので、如来、すなわち獅子の菩提心の乳を無量劫の間に積もった諸業の煩悩の乳に加えれば、煩悩はことごとく消滅して、声聞や縁覚のような低い段階の悟りには止まらないであろう、

と。また『大般若経』にも、

もし諸菩薩が五欲によって多くのよからぬ心を起こしても、ただ一念、無上菩提にかなう心を起こせば、これらの邪心を挫き滅ぼすことができる、

とある〔以上三つの文は、菩提心の滅罪の利益を述べたものである〕。

またこの「入法界品」にはこうもいってある。

たとえば、人が何物にも害されない不壊《ふえ》の霊薬を手に入れると、一切の怨敵も手が出せないように、菩薩摩訶薩も、同じく菩提心という不壊の法薬を得る時は、一切の煩悩、諸魔という怨敵もこれを傷つけることはできない。またたとえば人が水中の宝珠を得て身に飾れば、深い水の中に入っても溺れないように、菩提心という水中の宝珠を得る時は、生死の海に入っても沈没しない。さらにたとえば金剛石が百千劫もの間水中にあっても変質・破損せず、何の変りもないように、菩提心も、同じく無量劫にわたって生死の海中にあっても、煩悩の諸業がこれを断ち、損ずることはできないのである、と。

また同経の法幢《ほうどう》菩薩の偈には、

もし智慧あるの人
一念道心を発せば
必ず無上の尊とならん
慎んで疑惑を生ずるなかれ

とうたっている〔以上は、菩提心を起こせば最後まで損ずることなく、かならず菩提に至るという利益を説いている〕。

また「入法界品」には、

たとえば閻浮檀金《えんぶだごん》[38]は如意宝珠を除いては一切の宝にまさるように、菩提心という閻浮檀金も、同じく一切智を除くすべての功徳にまさる宝である。また迦楞毘伽《かりょうびか》の鳥は、卵の殻の中にある時でさえ大勢力をそなえて他の鳥はこれに及ばないように、菩薩摩訶薩も、生死の殻の中で菩提心を起こせば、その功徳・勢力は声聞・縁覚の徒の及び得ないところである。また香り高い波利質多《はりした》樹の花の香を一日だけ衣にしませれば、その芳香は瞻蔔《せんぷく》や婆《ば》師《し》[39]の花の香を千年しみこませてもこれに及ばないように、菩提心の花で一日しませた功徳の香は十方世界の仏のもとに徹《とお》り、声聞・縁覚がその無漏智《むろち》[40]をもって諸功徳の香を百千劫にわたってしみこませても及び得ない。さらにたとえば金剛石は傷があって完全ではないものでさえ、一切の宝がなおこれに及ばぬごとく、菩提心も、多少の怠りがあってすらも、声聞・縁覚の諸功徳の宝はこれに及ばないのである、

と述べている〔この経にはこのような譬えが三百余もあるから、見るがよい〕。

同経の「賢首品」の偈に、

菩薩生死において
最初に発心せる時
一向に菩提を求むること
堅固にして動かすべからず

かの一念の功徳は
深広にして涯際なし
如来分別して説かば
劫を窮むるも尽くすことあたわじ

とある〔ここに発心といっているのは、凡人も聖者も共通のものである。詳しくは『弘決《ぐけつ》』に見える〕。

また同経の偈に、

一切衆生の心は
ことごとく分別して知るべく
一切刹《せつ》の微塵も
なおその数を算《かぞ》うべし
十方の虚空界の
一毛もなお量るべきも
菩薩の初発心は

究竟して測るべからず

とあり、また『出生菩提心経』の偈にも、

もしこの仏刹の諸衆生をして
信心および持戒に住せしめんには
かの最上の大福聚《ふくじゅ》のごときも
道心の十六分にも及ばず

もし諸仏刹の恒河沙なるに
みなことごとく寺を造ること福を求むるがゆえにし
またもろもろの塔を造ること須弥《しゅみ》のごとくなるも
道心の十六分にも及ばず

〔中略〕

かくのごとき人ら勝法を得ん
もしくは菩提を求めて衆生を利せんに

彼らは衆生の最勝なる者
これ比類なし　いわんや上あらんや
このゆえにこの諸法を聞くを得ば
智者は常に法を楽《ねが》う心を生じ
まさに無辺の大福聚を得て
速やかに無上道を証するを得べし

といっており、『宝積経』の偈には、

菩提心の功徳にして
もし色・方の分あらば
虚空界に周遍して
よく容受する者なけん

とある。菩提心には、このようなすぐれた利益がある。ゆえに迦葉《かしよう》菩薩の「礼仏偈」にも、

発心と畢竟《ひつきよう》とは二にして別なし

かくのごとき二心は前心を難しとす
自《みずか》らいまだ度するを得ざるにまず他を度す
このゆえに我は初発心を礼す

といっているし、また弥伽《みか》大士(41)は、善財童子が法を求めて訪れた時、童子がすでに菩提心を起こしたと聞くや直ちに高座を下り、大光明を放って三千世界を照らす妙相をあらわし、五体を地に投じて童子を礼讃したという〔以上は菩提心のすぐれた利益を総括したものである〕。

問　事を縁とする誓願にも、すぐれた利益があるだろうか。

答　理を縁とするもののようなわけにはいかないが、これにもすぐれた利益はある。どうしてかというと、『観無量寿経』に上品下生の人の業として、ただ無上の道心を起こす、といってあって、第一義（もっともすぐれた真理）を解《げ》す、とはいっていない。だからこれは事を縁とする菩提心であることがわかる。そうでなければ、第一義を悟るという上品中生の業と区別がつかないであろう〔第一点〕。

『往生論』に、菩提心を説明して単に次のようにいっている。

一切衆生の苦を抜くがゆえに。一切衆生をして大菩提を得さしめるがゆえに。衆生を摂取してかの仏国土に生まれしめるがゆえに、と、云々。これはみな、事を縁とする菩提心である。この事を縁とする菩提心に往生の力がないならば、『往生論』の著者世親が、理を縁とする菩提心を説かずにすませるはずはない。事を縁とする菩提心に往生の力がある証拠である〔第二点〕。

『大論』の第五巻の偈に、

もし初発心の時
まさに仏となるべしと誓願せば
すでに諸世間を過ぎて
まさに世の供養を受くべし

とあって、この『大論』もまた、仏となることを願うという、事を縁とする菩提心だけをいっている。すなわち、事の菩提心も結局、信者の布施を越える功徳を持つことが明らかである〔第三点〕。

『止観』に、『秘密蔵経』を引いた後に、

最初の菩提心すら、十悪の重罪を除きうる。まして第二・第三・第四の菩提心においてをや、

といっているが、ここにいう最初とは、三蔵教、すなわち小乗の、三界内の事を縁とする菩提心をさすものである。まして、一切衆生にことごとく仏性があることを深く信じ、自他と

もに仏道を成就せんことを願う大乗の立場からすれば、どうして罪の消えないことがあろう〔第四点〕。

『唯識論』に、

　菩提と生類の実在とにとらわれなくては、利益を施そうという慈悲の大願も起こす手段がない、

とあって〔以上〕、菩薩の悲願すら、やはり有に執着して起こすのである。事を縁とする誓願にもすぐれた利益があることがわかる〔第五点〕。

　その他は下の「回向」の節に説くごとくである。

問　いまの第四点の所で、衆生に本来仏性があると信ずる云々というのは、理を縁とするものではないか。

答　これは大乗の窮極の道理を信ずるものではあるが、かならずしも最高絶対の第一義空[42]に相応する智慧というわけにはいかない。

問　『十疑』に『雑集《ぞうじゅう》論』を引用して、

　極楽浄土に生まれようと願ってすぐに往生できる者もあり、また無垢《むく》仏の名を聞いて即座に阿耨《あのく》菩提を得る者もある。といってもこれはいわゆる別時、すなわち遠い未来の結果を、便宜上目前のこととして示した場合の因をさしているのであって、そこではまったく

修行というものがない、

といっており〔以上〕、慈恩大師も、

願と行とに前後の差があるから、別時の論によって説いているのであって、仏を念じても即座に往生はできないといっているわけではない、

と説いている〔以上〕。これらによれば、願のみあって行が伴わない場合は別時の意で、往生は遠い先のことであることが明らかである。とすれば、上品下生の人が、ただ菩提を求める願を立てただけでどうして即座に往生できようか。

答　声聞や縁覚の菩提でなく、仏の菩提を求める大菩提心の功力《くりき》は甚深であり、無量の罪を滅し、無量の福を生ずる。であるから浄土を求めればその願にしたがって直ちに往生ができる。いまここに別時の意として問題になっている菩提心は、ただ自分自身のために極楽を願い求めているだけのもので、四弘願の広大な菩提心ではない。だから結果が異なるのである。

問　大菩提心にこのように大きな力があるのならば、仏を志す菩薩はすべて、菩提心を起こした最初から、絶対に悪道に堕ちるはずがないではないか。その菩薩が、まだ下位にある間は以前の地位に退転することがあるのはどういうわけか。

答　菩薩がまだ不退転の位に至っていないうちは、煩悩の心も清浄の心も両方が混ざって起こるものである。前の一念で多くの罪を消滅させても、後の一念でまた多くの罪を作って

しまうこともあろう。また菩提心にも浅深強弱の差があるし、悪業にも先後軽重の別がある。だから菩薩も退転の位にある間は浮沈して定まらない。しかし、菩提心に滅罪の力がないわけでないのはもちろんのことである。以上、愚見を述べたが、読者は適宜取捨せられたい。

三　料簡

問　「入法界品」にこういっている。

たとえば金剛石は金の性から生ずるもので、その他の宝から生ずるものではないように、菩提心という宝も、大慈悲の衆生を救護するという性から生ずるものであって、他の善行から生ずるものではない、

と。また『荘厳論』の偈には、

恒《つね》に地獄に居《お》るといえども
大菩提に障《さわ》らず
もし自利の心を起こさば
これ大菩提の障りなり

とあり、『丈夫論』の偈にも、

悲心をもって一人に施すは
功徳の大なること地のごとし
己《おの》がために一切に施すは
報を得ること芥子《けし》のごとし
一の厄難の人を救うは
余の一切の施しにまさる
衆星光ありといえども
一の月明にしかず

とある〔以上〕。自利の行為は菩提心を起こす根拠とはならず、報を得ることも少ない。しかしそれならば、どうして自分一人が早く極楽に往生しようと願うのであるか。

答　だから前に、極楽を願う者はかならず四弘願を発し、その願にしたがって勤めよといったではないか。この四弘願を発することこそ、大慈悲心の行為ではないか。また、極楽を願い求めるのは自利の心からではない。そのわけは、いまこの娑婆世界は修行するにも諸難が多く、仏の教えは行きわたらず、人々はみな苦の海におし流されてしまう。初心の行者がどうして修行する余裕があろうか。だからいま、その人たちのために、菩薩の願行を完成して自由自在に一切の衆生に利益を与えようと思って、最初に極楽を求めるのであって、自利のためではないのである。これは『十住毘婆沙』に、

自分がまだ彼岸に渡る力もなくて渡れないでいるのに、他人を渡すことはできない。自分自身が泥に埋まっているような状態でどうして他人を救えよう。また自分が水に漂っているのに人の溺れるのを救うことはできないようなものである。それゆえに、自分が渡り終わってから人を渡すのが当然だと説くのである、

といい、また『法句』の偈に、

もしよく自《みずか》ら身を安んじて
善処に在らば
しかる後に余人を安んじ
自らと利あるところを同じゅうせよ

と説いているとおりである〔以上〕。ゆえに『十疑』にも、

浄土に生まれることを求めるのは、一切衆生の苦を除き救おうと思うからである。それだから、

「自分はいま無力である。もし悪い世間の煩悩の中に浸っていれば、環境の力が強いために自然にそれに縛られて悪道に沈み、とかくするうちに数劫を経過してしまうであろう。

このような輪廻は永遠の古《いにしえ》から休むことなく続いているのであって、これではいつになったら衆生の苦を救うことができようか。そこで浄土に生まれて諸仏に親近し、無生忍の菩薩の位を得てから、悪世の中にあって衆生の苦を救おうと望むのだ」

といろいろ考えるのである、

といっている〔以上〕。他の経論の文も、すべてこの『十疑』と同じことを述べている。であるから、念仏修善の行は原因であり、極楽往生はその報いであり、大菩提を得ることが結果であり、衆生を利益するのがその本意であると知るべきである。これはたとえば、世間において、木を植えれば花が咲き、花が咲くことによって実を結び、その実を得てこれを食べるといったようなものである。

問　念仏の行は、四弘願の行の中で、どの行に含まれるものであろうか。

答　念仏三昧(43)を修するのは第三の願行である。そしてこの修行によって煩悩を伏滅するに至ればそれはすなわち第二の願行であり、これが周囲の遠近に及んでよい因縁を結べば第一の願行となり、その功徳が積み重なれば第四の願が成就する。その他の諸善行もこの例に準じて知るべきである。いちいち説明の要はなかろう。

問　一心に仏を念ずるならば道理としてはそれだけで往生ができよう。それなのになぜ経・論ではかならず菩提を求める願を起こすように勧めているのか。

答　『大荘厳論』（実は『大智度論』）にこういっている。

仏の国のことは広大であって、ただ行の功徳だけでは成就できず、かならず願の力を必要とする。これはたとえば牛には力があるが、車を曳《ひ》くにはかならず御者が必要で、これによって初めて目的地に達することができるようなもので、仏の国土を浄める作業も、願に導かれて成就するのである。この願の力によってこそ、福徳も智慧も増長する、

と〔以上〕。また『十住毘婆沙論』にも、

一切の諸法は願を根本とする。願を離れては成就しない。このゆえにわれわれは願を起こすのである、

といい、さらに、

もし人《ひと》仏とならんと願い
心に阿弥陀を念ぜば
時に応じてために身を現ず
このゆえに我帰命す

とうたっている〔以上〕。仏になろうと願う大菩提心はこのような力を持つのであって、このゆえに行者はかならずこの願を起こさなければならないのである。

問　ではもし願を起こさなかったならば、結局往生はできないのだろうか。

答　この点については、諸師の見解は一致していない。一説としては、上中下九品(44)の往生を遂げる人はみな菩提心を起こすのであるが、その中で、中品の人は、本来は小乗の出身であるけれども、後に大乗の心を起こすので浄土に生まれることができる。ただし本来が小乗の者だからしばらく小乗の果を得るのである。そして下品の人は、大乗の心を失ってしまった者ではあるが、なおその余力を残しているので浄土に生まれることができるのだ、というのである〔慈恩大師の説もこれと同じである〕。

またある説では、中品・下品の往生は、ただ五戒・十善などの世間的な福分の力で浄土に生まれるものであり、上品はこの福分とともに、悟りの果を得る道である道分をもそなえて生まれるものであると説く。この道分というのがすなわち菩提心を起こす行をいうのである。

問　そのように菩提心と往生との関係について諸師の解釈が異なるのならば、浄土を欣求する心についても説が分かれるのだろうか。

答　大菩提心についてはこのように異説があるが、浄土を欣求する願については、往生する者は九品ともみなこの願を持っていなければならない。

問　浄土に生まれるための行が、願を伴うことによってその報いとして果たされるのであれば、もし人が悪事を働いても、地獄に堕ちることを願わないのであれば、その人は地獄の果報を得ずにすむのだろうか。

答　罪の報いは有限であり、浄土の報いは無限である。罪と浄土ではその果報がまったく性質を異にするものであるから、それぞれの原因を同一に論ずることはできない。『大論』の第八（実は第七）に、

罪や福徳はそれぞれについてきまった報いがあるけれども、ただ、願を伴うものは、小福を修しても願の力があるために大きな果報を得る。そして一切の衆生はみな楽を得ようと願うけれども、苦を願う者はない。したがって誰も地獄を願わない。それだから、福徳は願を伴うから無限の報いがあるが、罪は願を伴わないからその報いは有限なのである、といっているとおりである〔略抄〕。

問　どのような手段をもってすれば、世々に大菩提の願をますます増長させ、忘失せぬようにできるだろうか。

答　『十住婆沙』の第三巻（実は第四巻）の偈に、

乃至身命と
転輪聖王の位を失わんとも
ここにおいてなお

妄語して諂曲《てんごく》を行ずべからず
よく諸世間の
一切衆生の類をして
もろもろの菩薩衆において
恭敬《くぎよう》の心を生ぜしめよ
もし人あって
よくかくのごときの善法を行ぜば
世々に無上菩提の願を
増長するを得ん

といっている〔この文には、また菩提心を失う二十二種の例を挙げているから、見るがよろしい〕。

第四　観察

次には観察であるが、初心者の観想の行は、直ちに深奥に至ることは無理で、『十住毘婆

沙』にも、

新発意《しぼち》の菩薩㊺は、まず仏の色相（姿）を念ぜよ、

とあるし、また諸経でも、初心者のために仏の相好の功徳について多くを説いているのであるから、ここでは当然、仏の身体についての観想、すなわち色相観を行なわなければならない。

これは三種類に分けられる。第一は別相観、第二に総想観、第三が雑略観である。この三種は、各人が随意に好みに応じて用いてよろしい。

初　別相観

最初に、仏の個々の相好を見る別相観であるが、これがまた二つに分かれる。

第一は、仏の蓮華座を観ずるものである。『観経』に、次のように説いている。

かの無量寿仏（阿弥陀仏）を観じようと思うならば、想念を起こして、七宝を敷きつめた地上に蓮華の姿を想わなければならない。その蓮華の花びらの一つ一つには百宝の輝きがあり、八万四千の脈があること、天上の画《え》のごとくである。この脈からも八万四千の光を放ち、それらはすべて一々をはっきり認めることができる。この蓮華は小さいものでも縦横それぞれ二百五十由旬もあり、これらの蓮華にそれぞれ八万四千枚の花びらがある。その花びら一枚一枚の間にはそれぞれ百億の如意珠が飾りとして輝いている。この如意珠は一個ごとに千の光明を放ち、その光は天蓋のごとく、七宝の輝きを合わせてあまねく地

上をおおいつくす。釈迦《しやか》毘《び》楞伽《りようが》(46)の金色の宝珠をもってその蓮華の台が作られているが、その台は八万の金剛石や、甄叔迦宝《けんしゆくがほう》(47)・如意宝珠・真珠などの網をとりまぜて飾られている。その台の上におのずからにして四本の宝幢《ほうどう》が立っており、その一つ一つは百千万億の須弥《しゆみ》山《せん》のごとく高大にそびえ、幢上の宝幔《ほうまん》は焔魔天(48)の天宮にも似て、五百億の微妙の宝珠をちりばめて飾ってある。その宝珠の一個ごとに八万四千の光あり、一々の光は八万四千の異種の金色に輝き、一々の金光は宝土に遍満し、随処に変化してさまざまの姿をなす。すなわちあるいは金剛石の台となり、あるいは真珠の網となり、あるいは色とりどりの花の雲の姿をあらわし、十方に意のままに変化して仏のわざを助けている。

以上が華座想であるが、このような霊妙な蓮華は、元来、阿弥陀仏の前身である法蔵比丘(49)の願力によって生じたところのものである。ゆえにもしかの無量寿仏を念じようとするならば、まずこの華座の想念を起こさなければならぬ。この想をなす時には他の観想をまじえてはならない。そしてみな一々子細に観想して、一々の葉、一々の珠、一々の光、一々の台、一々の幢、すべてその姿を明確にすること、鏡中に自分の顔を見るがごとくにすべきである。この観想をなすことを正観とし、もし他の観想をまじえる時は邪観とする、

と「この蓮華座を観想する者は、五万劫にわたる生死の罪を消滅し、極楽世界に生まれること必定である」。

次には正しく仏の相好を観想するのである。すなわち、阿弥陀仏は蓮華台上に坐し、その

相好は明らかに輝いてその身を飾っている。以下、

第一に、頭の頂上の肉髻《にくけい》である。これを見ることができる者はないけれども、高くそびえて円周をなすこと、天蓋のごとくである。

もしさらに詳しく観じようと思えば、次のごとく観想するがよい。すなわち、肉髻の頂上に大光明あり、千の色彩をそなえ、その色は一つごとに八万四千の枝に分かれ、その枝の一つ一つの中には八万四千の化仏がある。化仏の頂上もまたこのような光を放ち、この光が相次いで上方無限の世界に至れば、その上方界には化菩薩があり、雲のごとくに群がり下りてきて諸仏をとり巻くのである〔『大集経』に、仏は父母・師僧・戒和上（和尚）を敬ってこの肉髻相を得た、といってある。この相に随喜の念を起こす者は、千億劫もの間の極重悪の罪業をも消滅して、三悪道に堕ちることがない〕。

第二に、仏の頭頂には八万四千本の頭髪がある。すべて上向きに生え、なびいて右廻りに渦巻いて、永く抜け落ちも乱れもしない。紺青色に密生し、香ぐわしく清潔で、細くて柔軟である。

さらに詳しく観想したければ、次のごとく観ぜよ。一々の毛髪には五色の光が渦巻いている。この髪を伸ばす時にはその長さは無量である〔釈尊の髪の長さのごときは、迦毘羅《かびら》城の庭の尼拘楼陀《にくろうだ》[50]の精舎から父王の宮殿に達し、城を七回めぐったという〕。無量の光を放ってあまねく照らし、紺瑠璃の色をなし、その色の中に仏があって、その数は数えがたい。髪を伸ばして以上のような姿を現じ終われば、毛髪はまた仏頂におさまり、右巻きに巻いて渦巻

の形に戻る〔『大集経』に、仏は衆生に対して悪事をなさなかったがゆえに、毛髪が紺青である相を得た、といっている〕。

第三に、その髪の生え際には五千の光があり、相交錯しているが、それぞれに分明である。みな上向きになびき、髪をとりかこみ、仏頂をめぐること五周、天の画師のえがくところのごとく、正円をなす。その細いことは一筋の糸のごとくで、糸の間には諸化仏を生じ、また化菩薩があって仏に随従する。世の一切の物の姿もこの中にあらわれている。

第四には、耳は厚く広く、長くて、円く盛り上がった形をなしている。

さらに詳しく観ずるには、耳からは七本の毛が螺旋《らせん》状に生え、五条の光を放つ。その光には千の色があり、色ごとに千の化仏があり、仏ごとに千の光を放って、十方無量の世界をあまねく照らすと観想するがよい〔この随好[51]を得るに至った理由は、なお考えなければならない。『観仏三昧経』[52]には、この好を観ずる者は八十億劫の生死の罪を滅ぼし、後の世に常に陀羅尼《だらに》の人とともに仏の眷属となる、といっている。以下それぞれの相好についての利益は、みなこの『観仏三昧経』によって注記する〕。

第五に、額は広く平らで、その形はまことに立派である〔この好を得た理由や、これを観想することの利益については、なお考うべきである〕。

第六に、顔の輪郭は円満で、つややかに柔和であり、端正でさわやかなこと秋の月のごとくである。二つの眉のくっきりと浄らかなことは天帝（帝釈天《たいしゃくてん》）の弓にも似、その色は紺瑠璃の光を持っていて、めでたいこと比類がない〔仏は来たって法を求める者を見て心に歓喜するゆえに、その顔貌も円満の相があるのである。この相を観ずる者は、億劫の生死の罪を除き、後の世に生まれる時はまのあたり諸仏を見ることを得る」。

第七に、眉間《みけん》の白毫《びゃくごう》は、右巻きに渦巻いており、柔軟なことは覩羅《とら》の綿のごとく、純白なこと白雪にもまさる。

また次のように詳しく観ずるもよい。白毫を伸ばせば真直ぐに伸びて長大な白瑠璃の筒のようになり、伸び終わればもとどおり右廻りの渦巻に戻って、水晶の珠のようになる〔丈六の仏の白毫は、長さ一丈五尺、渦巻は径一寸、周囲三寸である〕。そして十方に無量の光を放つこと万億の太陽のごとくで、とても見つめることはできない。ただし、その光の中にはさまざまの蓮華が現出しており、上方は無量無数の世界を越えて花と花とが相重なってい て、その全体は正円をなす。一々の花の上には一化仏が坐し、その相好うるわしく、眷属がこれを取り巻いている。この一々の化仏もまた無量の光を放ち、一々の光の中にまた無量の化仏がある。これらの諸仏は、行く者、止まる者、坐する者、臥す者それぞれ無数であり、あるいは大慈大悲を説き、あるいは三十七品の修行法を説き、あるいは六波羅蜜を説き、あるいは仏の特質を示す不共《ふぐう》の法を説いている。これらすべてを詳しく説明してゆけば、一切衆生はもとより、菩薩最高位の十地の菩薩に至るまで、誰もそのすべてを知ることはできないほどである〔『大集経』に、仏は他の徳を隠すことなく、これをほめ讃えるによってこの相を得た、としている。また『観仏経』には、仏は無量劫の昔から昼夜精進を重ね、身心怠りなく、頭の火を払うがごとく一心不乱に、六波羅蜜・三十七品・十力・四無畏・大慈大悲などのもろもろの功徳を勤修《ごんしゅ》して、この白毫の相を得た、といっている。この相を観得する者は、九十六億那由他の恒河沙の微塵数の劫にわたる生死の罪を除去するという〕。

第八に、仏の睫毛《まつげ》はさながら牛王《ごおう》のごとく、紺青できちんと揃っていて乱れがない。またさらに詳しく、睫毛は上下それぞれ五百本が生えており、優曇華《うどんげ》のように柔軟で快い。一本一本の毛端からは光が流れ出、その色は水晶のごとく、頭を一周してそこに微妙なさまざまの青蓮華を生じている。その一々の華台には梵天王[53]がおり、青い天蓋をかざしている、と観ずるもよい〔『大集経』に、至心に無上菩提を求めたゆえに牛王の睫毛の相を得たとし、『大経』には、怨みや憎しみの念を抱いた人に会ってもこれを苦とせず、善心を起こしたゆえであると説く〕。

第九に、仏の眼は青と白で、上下のまぶたが一緒にまばたく。白い所は白玉よりも白く、青い部分は青蓮華よりも青い。

あるいはさらに細かに、この仏の眼から光を放てばその光は四条に分かれ、十方無限の世界をあまねく照らす。青い光の中には青色の化仏が、白い光の中には白色の化仏があり、この青・白の化仏もまた各種の神通をあらわす、と観想してもよい〔『大集経』には、慈悲の心を修め集め、衆生を慈愛の眼でながめたから紺色の目の相を得た、としている。しばらくの間でもこの相を観得した者は、来世において、眼は常に清く明らかで病いなく、七劫の生死の罪を除き去るという〕。

第十には、仏の鼻は長く高く真直ぐで、鼻孔は見えない。その形は金を鋳て作った鏃《やじり》の脚のごとく、また鸚鵡《おうむ》の嘴のごとくである。内外ともに清浄で、少しの塵も留めない。二条の光明を放って十方をあまねく照らし、その光は変化して種々無量の仏のわざをあらわす〔この随好を観ずる者は、千劫の罪を滅ぼし、来世においては絶妙の香を楽しみ、常に持戒の功徳を身にそなえることができる〕。

第十一に、仏の唇の色は頻婆《びんば》(54)の実のように好ましい赤色で、上下の唇は秤《はかり》のごとくに釣合いがとれていて端麗である。

あるいはさらに、仏の口からは円形の光明を放つこと、百千の赤い真珠を連ねたごとく、鼻・白毫・髪の間を見え隠れして縫い、めぐりめぐってついに頂の円光の中に入る、と観想するもよい〔この唇の随好が何の業によって得られたかは、なお考うべきである〕。

第十二に、四十本の歯はきちんと並び、浄らかに密生し、根も深く堅固である。その白さは白雪にもまさり、常に光明を放ち、その光は紅白色で人の目に輝き映ずる〔『大経』に、二枚舌や悪口、怒りの心を遠ざけたがゆえに四十の歯が真白にきちんと揃う相を得た、といっている〕。

第十三に、四本の牙は純白で、清らかに光って鋭利なこと、新月のごとくである〔『大集経』に、身・口・意清浄なるゆえに、四本の牙が白い相を得た、とする。この仏の唇や口・歯の相を観ずる者は、二十劫の罪を滅ぼす〕。

第十四に、仏の舌の相は薄く浄らかで、広く長くて顔面をおおうことができ、耳や髪の際から、高さは天上の梵天にまで達する。その色は赤銅のごとくである。

あるいはさらに細かに次のように観ずるがよい。舌の上には五つの文様があって、それは印文のようである。笑う時に舌を動かせば五色の光が出て、仏をめぐること七周にしてまた仏頂から還り入ってもとにおさまる。その間の神変不可思議[55]の姿は無量無辺である〔『大集経』に、妄語など口に関する四つの罪を犯さないから広長舌の相を得た、と説く。この相を観ずる者は、百億八万四千劫の罪を除き、来世に八十億の仏に見《まみ》えることができる〕。

第十五に、舌下の両側には二つの宝珠があり、甘露が流れ出て舌根に滴っている。諸天や世の人、十地の菩薩にはこの舌根がなく、また甘露の味もない〔『大般若』には異説があり、なお考うべきである。『大経』には、飲食を人に施したためにこの最上味の相を得た、とする〕。

第十六に、仏の喉は瑠璃の筒のようで、蓮華が重なりあったごとき形である。出すところの音声は詞の響きがやわらかで美しく、誰にも等しく聞き取ることができる。その声は大きく震うこと天鼓のごとく、発するところの言は優婉で、伽陵頻《かりようびん》の声のようであり、自然に大千世界にあまねく行きわたる。もしその気になればどこまで声が届くか、それは無量無辺であろう。しかし仏の声はすべて広く衆生を利せんがためであるから、相手によって増減することはない〔『大経』には、他の欠点を責めず、正法をそしらないのでこの清浄な梵音声の相を得た、といい、『大集経』には、もろもろの衆生に対して、常におだやかにやさしく語ったゆえである、と説いている〕。

第十七に、仏の頸《くび》からは円光を発し、咽喉の上に三点の明瞭な点相があり、その点の一々からも光が出ている。その光はさきの円光をめぐり、七周して終わるが、その一周ごとの区切りがはっきり分かれていて、その一々の区切りの間にうるわしい蓮華があり、その華の上には七仏がある。その化仏一つ一つにそれぞれ七人の菩薩が侍者として従っており、菩薩はめいめいに如意珠を持つ。その如意珠は金光を放ち、さらに青・黄・赤・白や珠玉の色などすべての色がそなわっていて、さきの諸光の上下左右それぞれ六尺の所を取り囲み、仏の頸をめぐり、画に描いたように明瞭である〔『無上依経』に、衣服・飲食・車・寝具やさまざまの装飾品を喜んで施したために、身は金色に輝き、一丈の円光を持つ相を得た、とある〕。

第十八に、頸からはまた二条の光が出ている。その光は万色を含み、十方一切の世界をあまねく照らし、この光に会う者は辟支《びゃくし》仏となり、この光はもろもろの辟支仏の頸を照らす。この相が現ずる時、行者は十方一切の辟支仏たちが、各自の持つ鉢を空に投げて十八種の不思議な神変を行なうさまや、辟支仏の足下にそれぞれ文字があり、その文字が人生の転変を示す十二因縁[56]の理を説いているさまをくまなく見ることができるのである。

第十九に、仏には喉仏がなくてそこは円満であり、琥珀《こはく》色の光が十方を照らしている。この光に会う者は声聞の心を起こす。そしてこの声聞の者たちがこの光を見ると、その光は十条に分かれており、一条ごとに千の色があるから全部で十千の光明がある。その光明には化仏があって、化仏の一々に四人の比丘が侍者として従い、一々の比丘はみな苦・空・無常・無我の教えを説いている〔以上三種の観想は、より詳細な観想を欲する者が用うべきものである〕。

第二十に、仏の肩や項《うなじ》は円満でまことにみごとである〔『法華文句』に、常に施しを増長させていったからこの相を得た、としている〕。

第二十一に、仏の腋《わき》の下はことごとく充実していてくぼみがなく、そこから紅紫の光を放ってもろもろの仏事を行ない、衆生に利益を授けている〔『無上依経』に、衆生に対してすべて利益の事を行ない、悪を断ち善を進める四正勤《ししょうごん》を修し、心に畏れを抱かないゆえに、両肩が平らに整い、腋の下が円満であるという相を得た、といっている〕。

第二十二には、仏の両腕はくっきりと真直ぐに伸び、なだらかに円味を帯びて象の鼻のごとくであり、立てば膝に達する。

あるいはさらに詳しく次のように観ずるがよい。すなわち、掌には千輻輪の筋があり、その筋はそれぞれ百千の光を放ってあまねく十方を照らし、その光は変化して金水となる。その金水中にさらに一妙水(57)があり、水晶のような色をしていて、これを見れば、餓鬼は熱が去り、畜生は過去の宿命をさとり、狂象はそこに獅子王の姿を見、獅子は金翅鳥《こんじちょう》(58)を見、諸竜もまた金翅鳥の姿を見る。これらの畜生はそれぞれに自分よりまさるものの姿をそこに見るので、心に恐怖の念を生じて合掌してこれを敬い尊ぶ。こうして敬礼する功徳によって、いまの命が終わった時には天に生まれることができるのである〔『大集経』に、恐怖から救い護ったがゆえに腕がなだらかで、他の仕事を助けたから手が膝に届く相を得た、としている〕。

第二十三に、仏の指は円満で充実し、細く長くてきわめて愛らしい。指の端にはそれぞれ卍《まんじ》(59)の形があり、爪は清潔で光っていて、赤銅の華のようである〔『瑜伽』に、尊長に対してこれを敬い、礼拝し、合掌起立したゆえに指が細く長いという相を得た、としている」。

第二十四に、一本一本の指の間には、雁王《がんおう》のように膜がある。その膜は金色がからみあっていてその文様は綾のようであり、閻浮檀金にもまさること百千万億倍である。そしてその金色は明るく、眼の届く限りを越えてはるか遠方に及ぶ。この膜は指を張ると見えるが、指を閉じれば見えなくなる〔『大経』に、四摂法を修して衆生を摂取したのでこの相を得た、とする〕。

第二十五に、その手は柔軟なこと覩羅の綿のごとく、一切のものにまさっており、内側にはもとより、指を外側にもそらせて物を握ることができる〔『大経』に、父母や師や長者が病いに苦しんだ時、自分の手で洗い浄め、介抱し按摩したために、手が柔軟である相を得た、とある〕。

第二十六に、仏の顎や胸、および上半身の威容は、広大なこと獅子王のごとくである〔『瑜伽』に、衆生が法にかなう行為をする際にはその上首となって人々を助け、驕慢の心を除き、横暴の振舞いがなかったためにこの相を得た、といっている〕。

第二十七に、胸には卍があるが、これを実相印[60]と名づけ、大光明を放っている。

あるいはさらに、より細かに観想して、その光明の中には無数百千の花があり、一々の花の上に無量の化仏がある。これらの化仏にはそれぞれ千の光があって衆生を利益し、ついにはこれらの光はあまねく十方の諸仏の仏頂に入る。その時それら諸仏の胸からは百千の光を放ち、その一々の光が六波羅蜜を説き、一々の化仏はそれぞれ一人ずつ、端正微妙な姿の、弥勒菩薩にも似た化人を遣わして行者を慰める、と観ずるがよい〔この相の光を見る者は、十二億劫の生死の罪を除くという〕。

第二十八に、仏の心《むね》の相(61)は、紅の蓮華のようである。霊妙な紫金の光が入りまじって瑠璃の筒のごとく仏の胸にかかっている。その華は閉じも開きもせず、心臓のように真円で、万億の化仏が心の間に遊行し、また無量塵数の化仏が心の中にあって金剛台に坐して無量光を放つ。この一々の光の中にまた無量塵数の化仏があって、広長舌を出し、万億の光を放ってもろもろの仏事を行なっている〔この仏の心相を念ずる者は、十二億劫の生死の罪を除いて、世ごとに無量の菩薩に会うことができるという。詳しく観じようとする者は、この観想を修するがよい〕。

第二十九には、仏の肌はすべて純金色であり、清らかに光り輝くこと妙なる黄金台のごとくで、数々の宝で飾られている。この姿は衆人が見たいと願うところである〔『大経』に、衣服や寝具を施したのでこの相を得た、といっている〕。

第三十に、仏の身の光は、自然に三千世界を照らすもので、もしその気を起こせば無量無辺の世界をも照らすことができる。しかし、多くの生ある者にあわれみをかけるために、この光をおさめて、常には身の表面から一尋ほどの範囲を照らしているのである〔『大経』に、香華や灯明を人に施したからこの相を得た、といっている。この大光を観ずる者は、ただ心にその光を見たいと思っただけで、衆罪を除去する〕。

第三十一に、仏の身相は長く広く端厳である〔『大論』に、尊長を敬って送迎し、侍従したために身が真直ぐで広い相を得た、とする」。

第三十二に、仏の体相は、身幅と厚さが等しくて、周囲円満に充実していること、尼拘楼陀の樹のようである〔『大集経』に、常に衆生に勧めて三昧を修せしめたのでこの相を得た、とし、『報恩経』には、衆生の病む者を療治したゆえに身体方円の相を得た、とある〕。

第三十三に、仏の全体の容姿は、大きく豊かで端正である〔『瑜伽』に、病者に対してへりくだってよく世話をし良薬を与えたので、身体が曲がらずに真直ぐな相を得た、としている〕。

第三十四に、仏の陰蔵《おんぞう》（性器）はかくれて平らかなこと満月のごとく、金色の光を放って、日輪のごとくまた金剛石の器のごとくであり、内外ともに清浄である〔『大経』には、裸の者を見ては衣服を施したゆえにこの相を得た、とし、『大集経』には、他の過ちをおおいかくしたゆえである、といい、『大論』では多く懺悔を修し、邪婬を断ったがゆえである、としている。善導禅師は、仏の言として、もし色欲のさかんな者が仏の陰蔵の相を想念すれば、欲心は直ちにやみ、罪業消滅して無量の功徳を得ると説いている〕。

第三十五に、仏の両足、両の掌、項、両肩の七ヵ所は豊満である〔『大経』に、施しをする時、貴重な物も惜しまずに与え、自分の福になるかならぬかなどということは度外視したので、七ヵ所円満の相を得た、といっている〕。

第三十六に、仏の二本の脛は、円くて次第に細くなっていること、仙鹿王の脛のごとくである。膝の骨がからみあった関節の部分からは、いろいろな金色の光が出ている〔『瑜伽』

に、正法をそのまま受け取って広く他に説き伝え、また他の善を助けてよく給仕したゆえに鹿の脛の相を得た、といっている」。

第三十七に、仏の踵は広く長く豊かで、足の甲とよく釣り合うことは諸生物中、最高である。

第三十八に、仏の足の甲は長く高く、亀の背のようで、柔軟で形がよく、踵とよく釣り合っている〔『瑜伽』に、足裏が平満なこと、千輻輪の文様があること、指が細く長いこと、この三つの相を感得すれば、踵・足の甲の二相をも感得することができる。それは後の二相は前の三相のよりどころとなっているものだからである、と説いている〕。

第三十九に、仏の身は、その前後左右と頂上に、それぞれ八万四千本の毛が生えている。この毛は柔らかで潤いがあり、紺青色で、右巻きに渦巻いている。

あるいはさらに詳しく、一本一本の毛端には百千万塵数の蓮華があり、一々の蓮華に無量の化仏を生じており、この化仏の一々が諸偈頌《げじゅ》をとなえていて、その声は雨滴のように相次いで聞こえてくる、と観想するがよい〔『無上依経』に、もろもろのすぐれた善法を修するに、中級・下級の程度に止まることなく、常に向上したので、身の毛が上向きに生え、右巻きに渦巻く相を得たのである、とし、『優婆塞戒経』には、智者に親しんでその教えを聞き、論ずるを楽しみとし、聞き終わってはこれを修行するを喜び、また好んで道路を修理し、棘《いばら》や刺《とげ》を除いたがゆえである、といっている〕。

第四十に、仏の足下には千輻輪の文様を生じ、車の輪や轂《こしき》など、車の諸部分の姿が完備している〔『瑜伽』に、その父母にさまざまに供養し、諸生物のもろもろの苦悩を救い、そのために往来して活動した行為によって、この相を得た、としている。この千輻輪の相を見る時は、千劫の極悪の罪業を除去する〕。

第四十一に、仏の足裏は平満の相があり、きわめて安定していること、箱の底のごとくである。たとい地面に凸凹があっても、足の踏むにしたがってそこはみな平らになり、一様に足裏に触れない箇所はない〔『大経』に、戒を守って動ぜず、施しの心が変わらず、真実の語に安住したのでこの相を得た、といっている。その足は柔軟で、指は細長く、指の間には膜があり、また指を内側にも外側にも曲げて物を握ることができるなどの諸相や、その相を得た理由などは、前述の手の指の所に同じである〕。

第四十二に、さらに詳しく観想しようと願う者は、次のように観ずるがよい。すなわち、仏の足下と踵にはそれぞれ一つの花が咲き、その周囲をさまざまの光が取り巻いて十周している。この花が歩みにしたがってつらなり、その一々の花の上には五化仏があり、一々の化仏には五十五の菩薩が侍者として従う。この一々の菩薩の頭上には如意宝珠の光を生ずる。この相が現われる時、仏の毛孔には八万四千の細かな小光明が生じ、身の光をさらに飾って、きわめてうるわしいものとする。この光は一尋ばかりのものであるが、その相はさまざまであり、さらに他方の諸大菩薩がこの相を観想する時には、この光はそれに応じて大きなものになる、と〔以上〕。

以上列挙したこれらの相好は、その観想法・利益・取捨などの点で、諸経・論の説はかならずしも一致しない。しかしいまは、三十二相の簡単な説明は多く『大般若』により、相の詳細や随好・利益などについては『観仏経』によって記した。

また、仏の相好を観得する原因には、総体と個別の二因がある。総体の因、すなわち総因とは、『瑜伽』の四十九巻に、

菩薩七地《しちじ》の第三地たる清浄勝意楽地《しょうじょうしょういぎょうじ》[62]を始め、一切の菩薩の持つ菩提を得るための力には差別がなくみな同等で、一切の相および随好を感得することができる、

と説いている〔云々〕のがそれである。

個別の原因、すなわち別因は、『瑜伽論』ではこれに三種あるとしている。

第一は六十二因[63]というもので、これは詳しくは『瑜伽論』の本文に見えている。

第二は浄戒である。もし諸菩薩が仏の定めた浄戒を破った時は、その罰として下賤の人にも生まれてくることができなくなるのであって、まして仏の相を感得しようなどとはもってのほかである。だから仏の定めた戒を守らなくてはならない。

第三は四種の修善である。これは、一によく仏事を修すること、二にたくみに方便を用いること、三に生ある者を豊かにしてやること、四に自分の功徳を正しく他に向けること、の四つである〔以上〕。

この別因の中にもまた多くの差別があるけれども、いまはしばらく、相好の感得にあたって因と果が直接対応するものを採り上げた。また相好の前後の順序も経・論により一定しないが、いまは適宜調整して順序をつけておいた。さらに、相と好とを混合して並べ、これを

観想の法としているのは、これは『観仏経』のやり方である。

観想を普通一般の方法で行なう順観の法は、だいたい以上説いてきたとおりである。これに対して逆観というのがあって、これは順序を逆にして、足の方から仏頂に至る順序で観想してゆくものである。

『観仏三昧経』には、

眼を閉じて仏の姿を見ることができるのは想念の力によるものであって、仏がこの世に在るがごとくに、一々明瞭にその姿を認めよ。しかし、その相を観ずるに、一度に多くの相好を観じてはならない。相好の一つから始めて次に移り、一つをはっきり観想し終わってから次の一つを想念せよ。こうして順に、また逆にと、反覆十六回に及べ。このようにして心想をきわめて明瞭にしたうえで、心を落ち着けて想念を一点に集中せよ。こうして次第に舌を上げて歯ぐきに向け、舌を正しく置いて、十四日間を経過する時は、その後に身心ともに安らかなるを得るであろう、

と観想の方法を説いている。また善導和尚は、

観想十六遍の後は、心を落ち着けて白毫相を観ぜよ。他の相好を交えて心を乱してはならない、

といっている。

二　総相観

次は総合的に観想する総相観である。

これはまず、前述したような、多くの宝で飾られた広大な蓮華を観想し、次に阿弥陀仏がその蓮華台上に坐している姿を観想するのであるが、その阿弥陀仏は、身の色は百千万億の閻浮檀金のごとく輝き、身の高さは六十万億那由他の恒河沙数の由旬で、眉間の白毫は右廻りに渦巻いて五つの須弥山のように高く、その眼は四大海(64)の水のごとくに清らかに澄んでいる。身体の毛孔からは光明を放って須弥山のごとく、仏頂の円光は百億大千世界のように広大である。その光の中には無量恒河沙の化仏があり、一々の化仏は無数の菩薩を侍者としている。

このようにして仏には八万四千の相があり、その相の一々にはそれぞれ八万四千の随好があり、さらにその随好の一々には八万四千の光明があって、その光明の一つ一つがあまねく十方世界を照らし、念仏を修する衆生をことごとく摂取して捨てない。まさに知るべし、仏の一々の相中にはそれぞれ七百五倶胝六百万の光明をそなえてさかんに燃え輝き、その徳の高大なことは金山《こんせん》王の大海中に聳えるがごとく、無数の化仏や菩薩は光明中に充満して、おのおの神通の妙変を現わしながら、阿弥陀仏を取り巻く。阿弥陀仏はこのようにめでたい相好をそなえ、菩薩が群集する中にあって仏の正法を説くのである。ここに至って、行者には他の事物はすべて消え去り、須弥山・鉄囲《てっち》山(65)以下の大小の諸山も、大海江河・土地樹林も、すべてはことごとく現前せず、ただ目に溢れ映ずるものはこれ阿弥陀仏の相好のみであり、世界に満ち溢れるものはこれ閻浮檀金の光明のみである。たとえば世界壊劫《えこう》においては、大水害が起こって劫水《こうすい》(66)が世界にみなぎる時は、万物はその下に沈んであらわれず、ただ大水だけがひろびろと果てしなく広がっているのを見るように、かの阿弥陀仏の光明も高く一切世界の上をおおって、相好の光明の照り映えぬ所はない。その時に行者が心眼を開いてわが身をかえりみれば、自分もまたその光明の中にあって照らされていることを知るのである〔以上は『観経』『双観経』『般舟経』『大論』などの意による。この観想を成就した後は、望みにまかせて次の観想をなすのである〕。

あるいはまた、次のように観想するがよい。

かの阿弥陀仏は、応身・報身・法身の三身を一体にそなえており、その身の現われ方は一定しない。あるいは丈六であり、あるいは八尺であり、さらには広大な身を現わすが、現われる身体はみな金色であって、その利益もいずれも無量である。このことは一切の諸仏と同じである〔これは応化身である〕。

また、一々の相好は凡人も聖者もその際限を見得ず、梵天も仏の頂上を見得ず、目連も仏の声の届く限りを知ることができない。形なくして最高の体を持ち、飾らずしておのずから飾りをそなえている。十力・四無畏・三念住(67)・大慈悲など、仏の十八の性質をそなえ、八万四千の三昧、八万四千の波羅蜜、恒河沙塵数の教え、一切がことごとく完全である。この心も一切の諸仏と同じである〔これは報身である〕。

また阿弥陀仏は、微妙不可思議な清浄の法身にもろもろの相好を具し、一々の相好はそのままが実相である。実相はすなわち真実の理法の世界であるから、完全無欠で滅ずることがなく、生ずることも滅することもなく、去ることも来ることもなく、同一でもなく、異なるでもなく、断絶も常住もない。因縁によって生滅する有為の世界の功徳も、超絶的な不変の無為の世界の功徳も、この法身によって常に清浄である。この本体は一切の諸仏と同様である［これは法身である］。

このゆえに、三世十方の諸仏の三身も、遍満塵数無量の法門も、仏衆法海[68]円融の万徳も、すべて無尽の法界は弥陀の一身にそなわっており、時間・空間を越え、一致も差異もなく、実にあらず虚にあらず、また有にあらず無にあらず、ただ本性清浄であって、心にも言葉にも現わすすべはない。たとえば如意珠の中に、宝があるともないともいえないように、仏身の万徳もあるともないともいい得ない、それ自体のものである。

また仏は、陰《おん》・入・界[69]という、現実世界の姿に基づいて如来（仏）というのではない。諸衆生はみなこれをそなえているからである。さりとてこの現実世界の認識を離れて如来というのでもない。これを離れれば因縁の理法も消えてしまうからである。したがって仏は、この陰・入・界に即するでもなく離れるでもなく、寂静にしてただその名があるのみである。ゆえに知るべし、観想するところのもろもろの相好は、三身一体・諸仏同体・万徳円融の相好であり光明であることを。

色（現象）はすなわち空（本体）である。ゆえにこれを真如実相という。空はすなわち色である。ゆえにこれを相好光明という。一色も一香も、本体すなわち中道でないものはない。受（感触）・想（思念）・行（意欲）・識（識別）の心の四つの作用についても同様である。自分の持つ三悪道に堕ちる罪も、阿弥陀仏のそなえる万徳も、本来ともに空寂であり、一体無礙である。願わくはわれも仏たることを得て、聖法王とひとしからんことを〔以上は『観経』『心地観経』『金光明経』『念仏三昧経』『般若経』『止観』などの意による〕。

三　雑略観

この雑略観では、次のように観想する。阿弥陀仏の眉間には一つの白毫があり、右廻りに渦巻いて五須弥山のごとく高大である。この白毫中にまた八万四千の随好があり、一々の好には八万四千の光明がある。その光は微妙で衆宝の色をそなえており、総体としていえば七百五倶胝六百万の光明であって、十方に照り輝くこと、億千の日月にも等しい。その光明中には一切諸仏を現出し、無数の菩薩が群集して取り巻いており、また微妙の音声をもって諸法を説いている。またその一々の光明はあまねく十方世界を照らし、念仏を修する衆生を摂取して捨てることがなく、自分もまたその摂取される中に含まれているのである。そして、煩悩にさまたげられる凡眼には見えないけれども、仏の大慈悲の光は休みなく常にわが身を照らしているのだと観想するのである。

あるいは自分の心を振るい起こして、極楽国に生まれ、蓮華中に結跏趺坐[70]し、その蓮華の花が閉じていると観想するもよかろう。ついでその蓮華の花が開く時、仏の尊顔を仰ぎ見て白毫相を観ずるのである。その時は五百色の光がさしてきてわが身を照らし、そこに無量の化仏や菩薩が虚空に充満しているのを見、水鳥も樹林も、諸仏の出す音声も、みな妙法を説いている。このように想念して心を歓喜せしめ、諸衆生とともに、極楽浄土に往生せんことを願うのである〔以上は『観経』『華厳経』などの意による。詳しくは別巻に説いてある〕。もしもごく簡略な観想を望む者は、かの阿弥陀仏の眉間の白毫相が渦巻いて水晶の珠のごとくであり、その光明はあまねく照りわたってわれらを光に包む。願わくは衆生とともにかの浄土に生まれんことを、と念じてもよい。またもし相好を一々観想するに堪えないならば、あるいは一心に仏に帰依する帰命の想を起こし、あるいは仏が引き取ってくださるという引摂の想念により、あるいは極楽に往生するという想によって、それぞれ一心に仏名を称し、祈念するがよい〔以上は心に望むところはまちまちであるから、種々の観想を示したのである〕。

行住坐臥、語るも黙するも、何をしていようと常にこのような念を胸に抱き、飢えた時に食を思い、渇いた時に水を求めるように、一心に仏を念ぜよ。仏に対してあるいは頭を垂れ手を挙げ、あるいは声を挙げ名をとなえるなど、外見の形は異なっていようとも心に仏を思う念は常に存し、その念々は絶えず相次いで、寝ても覚めても忘れてはならない。

問　かの阿弥陀仏の真の姿を想うことは、これはとても凡夫の心には力及ばない。だからただ仏像を観想すればよいではないか。どうして広大な仏身を観ずることがあろうか。

答　『観経』にこういっている。

無量寿仏はその身の大きさは無限大であって、凡夫の心力の及ぶところではない。しかしかの阿弥陀仏にはその本願の力があるから、心に思う者はかならず観想を成就することができる。ただ仏像を想うだけでも無量の福が得られるのである。まして仏の完全な身相を観想するにおいては、その福徳ははかり知れない、と〔以上〕。この経文によって、初心者も心に望むにしたがって、仏の真身を観想し得ることが明らかである。

問　阿弥陀仏の一身は、すなわち一切諸仏の仏身であるといったが、それにはどういう証拠があるのか。

答　天台大師の言に、

阿弥陀仏を念ずることは、すなわち一切の諸仏を念ずることである。それだから『華厳経』にも、

一切諸仏の身は
すなわちこれ一仏の身なり
一心・一智慧なり
力・無畏もまた然り

といっているのだ、

とある〔以上〕し、また『観仏三昧経』にも、

もし一仏を思えば、直ちに一切の仏を見る、

といっている〔云々〕。

問　諸仏の身体や本性が同一であるならば、それと同じにこれらを念ずる者の功徳も差別がないのだろうか。

答　まったく同等で差別はない。だから『文殊般若経』の下巻にも、

一仏を念ずる功徳は無量無辺であって、無数の諸仏を念ずる功徳と同一である。不可思議の仏法においては、これらはみな等しくて区別はなく、すべて真如の理によって最上の悟りを得、ことごとく無量の功徳や弁舌の才をそなえることができる。このように一行三昧[71]に入る者は、ことごとく、恒河沙数の諸仏が法界において無差別である姿を知るのである、

といっている。

問　仏の諸相の中で、肉髻と梵音の功徳がもっともすぐれているとされるが、ここでは白毫の観想を多く勧めているのは、どういう証拠があってのことなのか。

答　その証ははなはだ多いけれども、その一、二を挙げるならば、まず『観経』には、

無量寿仏を観想する者は、まず相好の一つから始めよ。ただし、眉間の白毫を観ずる時には、きわめて明瞭にその相を観想せよ。眉間の白毫を見得た者には、八万四千の相好も自然に見えるに相違ない、

といっており、『観仏経』にも、

仏には無数の相好があり、その一々の相にまた八万四千の小相好がある。しかしこれらの相好の功徳も、白毫の功徳の一小部分にも及ばない。であるから今日、来世の多くの悪者たちのために、白毫相の大慈悲の光明が悪を消すという観想の法を説いたのである。もし邪見の極重悪人がこの観法の完備した相好の説明を聞いて、怒り恨む心を生じたとすれば、そんな理に合わぬことはない。しかしたとい怒りの心を起こしたとしても、白毫相の光はそれすらもおおい守るのである。しばらくでもこの白毫相の説明を聞けば、三劫の生死の罪を除き、後の世では諸仏の前に生まれるであろう。このような百千億種にも上る光明観想の微妙な境地は、説き尽くすことはできない。これらは白毫相を念ずる時に、自然に生じてくるに相違ない、

と説き、さらにまた、

粗雑な心で仏像を観想するだけでさえも、このように無量の功徳を得るのである。まして想念を仏の眉間の白毫相の光に集中して観想するにおいてをや、

ともいっているのである。そしてまた、

釈尊は行者の前に姿を現わして次のようにいわれた。

「お前は観仏三昧(72)の力を修得したから、私は涅槃相(73)の力をもってお前に肉身を示し、明らかに観じさせてやろう。お前はいま坐禅しているが、多くを観想することはできないだろうし、お前の後の世の人は、多く諸悪事を働くことだろう。しかし、その時にはただ眉間の白毫相を観想せよ。この白毫観を修する時に現われる境地は、前に説いたとおりである」と、

と述べている〔以上は略抄である。「前に説いたとおり」というのは、仏のさまざまの境界を見ることをいっているのである。その他の諸利益は、下の「別時念仏」や「念仏の利益」の章の所で知るがよろしい〕。

問　白毫相一つだけを観想するのも三昧といってよいのか。

答　そのとおり。だから『観仏経』第九巻にも、

もし心を集中して一毛孔を観想するならば、その人を念仏三昧の修行者と呼ぶのである。そして仏を念ずるから十方の諸仏は常にその前に立って、行者のために正法を説く。だからその人は、そこで三世の仏となる可能性を得たとしてよいのである。一毛孔を観じてすらかようであるから、まして完全な仏の肉身を観想する功徳は、いうまでもないことである、

といっている。

問　どうして浄土の飾られた模様を観想しないのか。
答　ここでは詳しく観想を修することができない者のために、ただ簡略な観想を勧めただけである。もし浄土の荘厳を観想しようと思うならば、『観経』を読むがよろしい。まして、すでに「欣求浄土」の章で、浄土の十種の楽を説明してある。それがすなわち浄土の荘厳である。
問　なぜ観音・勢至の両菩薩を観想しないのか。
答　省略して述べなかったのである。仏を念じてから後に、両菩薩を観想するなり、あるいはその名号をとなえるがよろしい。その多少は随意である。

第五　回向

回向についていえば、次の五つの意義をすべてそなえているものが真の回向である。第一には、過去・現在・未来の三世の一切の善根をすべて集める〔これは『華厳経』の意による〕。第二には、一切智を求める心と相応ずる。第三は、この善根を世の一切の衆生とともにする。第四は、仏の無上菩提にこれを向ける。第五には、施す人、施しを受ける人、施しの物、これらはすべてその本性をとらえ得ない不可得のものだということを見定めて、諸法の実相、すなわち空と和合させることである〔これは『大論』の意による〕。

これらの意により、次のように心にも念じ、口に出してもいうがよろしい。すなわち、修するところの功徳および三世の一切の善根を〔その一〕、自他すべての一切衆生に向け、これを平等に利益し〔その二〕、罪を滅ぼし善をなして、ともに極楽に生まれて普賢菩薩の行願を急速に成就し、自他ひとしく無上菩提を得て未来永劫にわたって衆生を利益し〔その三〕、その功徳を広く法界にめぐらして施し〔その四〕、大菩提に向けるのである〔その五〕、と。

問　三世の善根を回向するというけれども、未来の善根はまだ実際には存在しないものである。これをどうして他に向けるというのか。

答　『華厳経』に、三種回向(74)の中の第三、実際回向における菩薩の行の姿を説明して、

三世の善根をもって、しかもこれに執着することなく、その姿もとらえ得ないままに、これをことごとく回向する、

といっている。これについて慧苑《えおん》の『刊定記《かんじょうき》』に二様の解釈が見えている。その第一は、未来の善根はいまはまだ存在しないけれども、いまもし発願すれば、その願の余香が功徳の種となり、さらにこれを保つ力があるからそのまま伝わっていって、未来において修する善行の功徳をおのずから衆生と菩提とに向けるのであり、先になってあらためて回向する必要はない、というのである。

また第二の解釈は、この経に説いてあるところによれば、菩薩がただ一瞬の修善をして

も、それは諸法の真実の本性をそなえているものであるから、時間を越えて永遠の九世[75]にあまねく存在するのであって、これを未来においても回向できるのである、とするものである。

問　回向の五義の第二を、一切智に応ずる心というのはなぜか。

答　『大論』に、

阿《あ》耨《のく》菩《ぼ》提《だい》という意は、これ一切智に応ずる心である。応ずるとは、一心に、自分はどうしてでも仏にならなくてはならない、と願うことをいう、

といっている。

問　第三・第四については、なぜかならず一切衆生とともにしなければならないとか、無上菩提に回向するとかいうのか。

答　『六波羅蜜経』に、

わずかな施しでもその功徳が多いのはどうしてか。それは方便の力をもって少量の布施の功徳をめぐらし、一切の衆生とともに、ひとしく無上の悟りを得ようと発願するからである。その願によって功徳は無限のものになることは、小さな雲が次第に法界の空にあまねく拡がってゆくようなものである、

といっている〔たとい一本の花、一個の果実を施すだけでも同様である。『大論』にも同じ

ことが説かれている〕。

また『宝積経』巻四十六には、

菩薩摩訶薩は、自分のいままでのすぐれた諸善根をすべて無上菩提に向け、その功徳によってこれらの善根がどこまでも尽きずに続くようにする。そのありさまは、たとえばわずかの水でもこれを大海に投じて水がまざってしまえば、たとい劫焼[76]の大火の際でもその水は尽きることなく続くようなものである、

といい、『大荘厳論』の偈にも、

施しを行ずるに妙色と財とを求めず
また天人の趣《しゅ》を感ぜんことを願わず
もっぱら無上勝菩提を求めば
施しは微なりともすなわち無量の福を感ぜん

といってある〔以上〕。こういうわけで、諸善根をことごとく仏の道に向けよというのである。また、『大論』には、

たとえば、貪欲なけちん坊が、因縁がなければただの一銭も施すことなく、これをせっせとためこんで、ただただその額が増してゆくことを望むように、菩薩も、善行の功徳はその多少にかかわらず、これを他事には向けず、ひたすら大切に蓄積して、すべて一切智

に向けるのである、と説いている〔以上〕。

問　それならば、ただ善根を菩提に向けてさえいればよいので、どうしてそのうえに極楽往生などということを説くのか。

答　菩提と極楽は、同じく行因の結果ではあるが、菩提はいわば果実であり、極楽は花である。果実を求める人が花を願わないことがあろうか。それだから九品の浄土を求める行業としては、どれもみな、功徳を回向して極楽浄土に生まれることを願い求めると説明しているのである。

問　発願と回向とでは、どういう差別があるのか。

答　誓いを立てて、求める目的を果たそうとするのを願と名づけ、行為の功徳をめぐらして目的達成に向けることを回向というのである。

問　一切智と無上菩提とは、同じことであるのに、どうして第二では一切智、第四では無上菩提といって、二つに分けて区別しているのか。

答　これは『大論』で回向を説明するのに、この二つに分けて説いているので、いまもそれに従ったのである。改めて『大論』の文を調べてみなさい。

問　次に、第五について、なぜ施しの人や物など現にあるものを、空と観ずるのか。

答『大論』に、物の姿に執着するような程度の低い菩薩の修する福徳は、たとえば草に起こった火が消しやすいのと同じく、その功徳は消失しやすい。しかし、本来空という実相を体得したすぐれた菩薩が、大慈悲をもって行ずる諸行は、水中にあってなお燃える火は消す方法がないと同じく、これを破ることはできない、といっている。

問　それならば、ただ空であって得るところはないのだ、といえばよい。どうしてそれを、法界にめぐらし施すなどと何かがありそうないい方をするのか。

答　道理としてはまったくそのとおりであろう。しかし、いまここでは、この国の風俗に従って法界という言葉を使ったのである。そして、それはそれで理が通らないわけではない。そのわけは、法界とはすなわち諸法円満の第一義空のことだからである。そこで、修めた善をめぐらしてその第一義空と相応させることを、法界にめぐらし施すといったのである。

問　最後に、大菩提に回向するととなえるのは、どういう意味か。

答　これは、一切智と相応させることである。これもまたこの国土の風に従って、これを最後に置いたのである。一切智というのはすなわち菩提のことであって、さきの『大論』の文のとおりである。

問　執着の心を持って回向したのでは、利益はないのだろうか。

答　すでに何度も論じたように、執着の有無は優劣の差があるけれども、執着の心があってもやはり大きな利益はある。『大論』巻七に、

　小さな因でも大きな果が得られ、小さい縁にも大きな報いが来ることもある。仏道を求めて偈一つをとなえ、南無仏と一回称し、一つまみの香をたいただけでも、かならず仏となることができるようなものである。まして、諸法の実相は不生不滅であり、しかも不生でも不滅でもないという真理を聞き知って行をなすにおいては、因縁も行業も空しく失せることなく、大きな果報をもたらすに相違ない、

といっているとおりである〔以上〕。この『大論』の文は、その意まことに深妙であって、髻中の明珠(77)のような無上の宝である。かくしてわれらの成仏は疑いないことを知るのである。

帰命す龍樹尊　わが心願を証成《しょうじょう》せよ

往生要集　巻上末　終

往生要集　巻中本

天台首楞厳院沙門源信撰

大文第五　助念の方法

念仏を助ける方法というのは、目が一つの網では鳥を捕えることはできず、網の目は多くなければならないが、それと同様に、いろいろの手段で観想・念仏を助けることによって、往生の大事を成就するのである。ここに七条を挙げてその方法を略示しよう。その七条とは、第一に念仏の場所と供物・用具。第二に修行の姿。第三に怠惰を制すること。第四に悪を止め善をなすこと。第五に衆罪を懺悔すること、第六に悪魔の業を退治すること。第七に総括である。

第一　方処供具（方角・場所・供物・用具）

念仏にあたっては、心身ともに清浄にしたうえで一ヵ所静かな場所を選定し、自分の力に応じて香華《こうげ》や供物をととのえよ。もし香華が不足する時には、ただもっぱら仏の功徳と威力を念ぜよ。まのあたり仏像に対して念仏するならば、灯明の用意が必要である。また、もしはるかに西方浄土を観想して念仏をとなえるならば、あるいは闇室を用いてもよい〔懐感《えかん》禅師は闇室を用いることを認めている〕。

香華を供えるにあたっては、『観仏三昧経』の供養の文義によって立願すべきである。その時は、得るところの福は無量無辺であり、煩悩はおのずから減少して、菩薩の六種の修行である六度(1)も、自然と完全に果たされるであろう〔『観仏三昧経』の文とは、普通一般に用いられているものと変りはないから、ここに改めて記さない〕。

もし数珠《じゅず》を用いるならば、浄土を求めようとするにはむくろじ(2)の数珠を用いよ。また、功徳を多くしようと思えば、菩提樹の実や、さらには水晶、蓮の実などのものを用いるのである〔これについては『念珠功徳経』に見えている〕。

第二　修行の相貌

修行の姿については、『摂論《しょうろん》』などの説によって、次の四修《ししゅ》の相を用いる。

一、長時修《じょうじしゅ》。

これは『要決』に、

最初に発心してから菩提を得るに至るまで、常に往生の因である念仏を修して終始怠ることがない、

といっているものであり、善導禅師も、

念仏は寿命が終わるまでを期限として、誓って中止するな、

と説いている。

二、慇重修《おんじゅうしゅ》。

これは心に常に極楽の阿弥陀仏と、その教えと、これを聞く僧とを思い浮かべて、ひたすらこれを尊重する念を起こすものである。

『要決』には、

行住坐臥、常に西方に背を向けず、涙・唾・大小便は西方に向けるな、

とあり、善導師は、

顔を西方に向ける者が最上である。樹の梢《こずえ》が傾き倒れる時には、かならず枝先の曲がった方向に倒れるようなものであるから、自分の向かう方角が大切である。どうしてもやむをえない障礙があって西方に向くわけにいかない者は、ただ西方に向かう想念を起こすだけでもよろしい、

といっている。

三、無間修《むけんしゅ》。

間断なく修するこの無間修は、『要決』に、

常に念仏を修して往生の心を起こし、あらゆる時間に心はいつも往生についての手段を思いめぐらせ。たとえていうならば、他国に連れ去られた者が、身は下賤に落ち、つぶさに艱難辛苦を受けると、たちまち故郷の父母を思い、郷里に走り帰ろうとしても旅仕度がまだととのわないから、なおも他郷にあって日夜思いをこらす。その苦は忍びがたいものがあって暫時も父母を思う心を捨てることがない。それが計画成就してやっと故郷に帰り着くことができると、父母に親近して思うままに歓び楽しむことであろう。念仏の行者もこれに似たようなものである。かつては煩悩によって善心を破り、福徳智慧もみな散り失せてしまい、長い間、生死の苦界に沈んで身の行ないを正すこともできずにいる。そして常に魔王とともにあってその手先となり、六道の迷いの世界に追い使われ、身心ともに苦しみ傷ついた。それがいまありがたい縁にめぐまれて、慈悲深い阿弥陀仏がその誓願どおりに衆生を救い出されるということを聞いて、日夜奮発し発心して往生を願うことになったのである。それであるから精励して怠ることなく、仏恩を思い、罪報の尽きるまでを期限として心に常に往生を念じ、その手段を思いめぐらさなくてはならぬ、

と説かれており、善導師も、

絶えず念仏を続けて、他のことで中断するな。また貪欲の念や怒りの心を起こして中断してもならない。罪を犯したらばすぐ懺悔し、その間に一瞬も、一時も、一日も間を置くことなく、常に心身を清浄に保て、

といっている。

私見をつけ加えれば、昼夜六時、あるいは朝昼晩の三時、または朝晩の二時に、一定の方法によって精勤修練することが必要である。それ以外の時間や場所では、作法や方式は問わないが、とにかく心にも口にも、常に念仏を止めることなく続けるがよい。

四、無余修。

他の行を交えない無余修については、『要決』に、

ひたすら極楽を求めて阿弥陀仏を礼拝祈念せよ。ただしその他の諸行をいろいろ交えてはならない。行なうところはただ毎日、念仏・読経を定時に勤め、他の行を修する余裕を残さないようにすべきである、

といい、善導師も、

もっぱら阿弥陀仏の名号をとなえ、阿弥陀仏および一切の聖衆らをひたすら念じ、想い、礼拝讃仰して、他の行を交えるな、

といっている〔以上〕。

問　念仏以外の業は、どういう過失があるのか。

答　『宝積経』巻九十二に、

もし菩薩あり、世俗の業を喜び、いろいろの仕事を営むならば、これは往生にふさわしからぬものであって、自分は、この者はまだ生死の世界に止まる者だとする、

といっており、同経の偈にも、

戯論・諍論の処には
多くもろもろの煩悩を起こす
智者はまさに遠離して
まさに去ること百由旬なるべし

とある〔云々〕。その他の方法は『止観』に詳述してあるごとくである。

問　それでは在家の人は、念仏の行を全うすることはできないではないか。

答　世俗の人が俗務を棄てがたい時には、ただ常に想いを西方に集中して、誠心誠意阿弥陀仏を念ずること、『木槵経《もくがん》』に見える瑠璃王の行ないのようにするがよろしい。また迦才の『浄土論』には、

たとえば竜が行く時には雲が自然にこれに随うように、心がもし西方に行くならば、業もまたこれに随って行くものである、

といっている〔云々〕。

問　修行には全部で四種の姿があることはわかったが、その修行に際しての心得はどういう点だろうか。

答　『観経』に、

もし衆生にしてかの極楽に往生しようと願う者は、三種の心を起こせば直ちに往生ができる。その三種とは、一に至誠心、二に深く信ずる深心、三に一切の功徳を向けて往生を願う回向発願心である、

といっている。善導師はこれを説明して、

第一に至誠心というのは、仏に対する礼拝・讃嘆・観想の三つの業は、かならず真実のものでなくてはならぬから、この至誠の心が必要なのである。第二の深心は、わが身は煩悩に満ちた凡夫であり、善根はいたって少なく、三界に流転を続けて現世の迷いを離れることができない身であると十分にさとり、しかもいま、阿弥陀仏の広大な誓願によれば、その名号をとなえることわずか十回、さらにはただの一回だけでもかならず往生を遂げられることを確信して、ただ一点も疑念を抱かないことをいうのである。第三の回向発願心とは、なすところの一切の善根をすべて向けて往生を願うゆえにこう称するのである。以上の三心をそなえる時は、かならず往生できるであろうが、しかし、もし三つの中の一つでも不足すれば、往生はできない、

と説いている〔以上は略抄である。経の文は上品上生についてのものであるが、善導師の解釈では、この三心は九品のすべてに通ずる道理である。他の諸師の解釈はここで詳しく述べるわけにはいかない〕。

『鼓音声経《くおんじょうきょう》』にも、

もし深く信じてあれこれと疑いを起こさなければ、その者はかならず阿弥陀仏の浄土に往生できる、

といい、『涅槃経』にも、

最高至上の阿耨菩提を得るのには、信心がその因となる。この菩提を得る因としてはまた無数のものがあるけれども、その中で信心を採り上げて説けば、すべての因をことごとく包含してしまうのである、

と説いている〔以上〕。すなわち、道を修するには信心を第一とすることが明らかである。

また善導和尚は、

観想に入る時や睡る時には、次のような願を立てるがよい。すなわち、坐っていても立ちながらでもよいが、一心に合掌して正しく西に向かい、

阿弥陀仏、観音勢至諸菩薩、清浄大海衆(3)、

と十遍となえ終わり、そこで仏菩薩や極楽世界の姿を拝したいという願を起こすのである。そうすれば、観想に入った時、また睡った時に心のままに姿を見ることができる。ただし、誠心を欠いた場合にはこの限りではない、

といっている。

問　念仏の行者が常に往生を思い企てるというのは、その姿は何に似ているだろうか。

答　前に引いた『要決』に、本国に帰ろうと思う者の譬えがあったが、これがその姿であ

る。また『安楽集』にも、

たとえば、人がひろびろと果てしない野原で自分に怨みを抱く賊に出合ったとする。賊は剣を抜き、勇みたって突進してきて、その人を殺そうとする時に、人は直ちに逃げ走るが、行くてにどうしても渡らなければならない河を発見し、その河にたどりつく間に、走りながらこんなことを考える。河の岸に着いたら、衣服を脱いで水中に沈んで渡ろうか、それとも衣服を着たまま水に浮かんで渡ろうか。衣服を脱いで渡る方が安全だが、それには脱ぐ暇がないだろう。もし服を着たまま河に浮かべば、またこの首が危いかも知れない、などとあれこれ思いめぐらす。その時には心にはただ河を渡る方法があるだけで、他の思いがまざる余地はない。念仏の行者もこれと同様で、阿弥陀仏を念ずる時には、さきの人が河を渡る手段だけを考えるように、仏を思う念々相次いで起こって、他の思いがまざることはないのである。そしてあるいは仏の法身を念じ、あるいは仏の神通力を念じ、あるいは仏の智慧を念じ、あるいは仏の白毫相を念じ、あるいは仏の相好を念じ、あるいは仏の本願を念ずる。称名の時も同様である。こうして専心不断に念じ続けるならば、かならず仏前に生まれることができよう、

と見えている〔以上〕。元暁《がんぎょう》師(4)のいうところもこれに同じである。

問　念仏三昧とは、ただ心に念ずるだけのものなのか、それとも口に出してとなえるべきものだろうか。

答　これは『止観』の第二に説くとおりである。すなわち、
　あるいは口にとなえ心に念ずることを同時に行ない、あるいはまず念じ、後にとなえ、あるいは先にとなえて後に念ずる等、いずれでもよい。要はとなえるにせよ念ずるにせよ、相次いで休む時なく、声々念々、ただ阿弥陀仏を目ざすのみである、
といい、また懐感禅師の言に、

『観経』に、

「人の、死に臨みその苦にせまられて仏を念ずるだけの心の余裕がない時には、善友は阿弥陀仏の名をとなえよ、と教え、その人はこうして一心に仏名をとなえ続けて、その声を絶やさないようにする」

といっている。これはまことに、苦悩が身に迫って仏を観想することができなくても、念仏の声さえ絶たなければ、仏を思う誠心はそこで達成されているということではないか。いまここに、声を出して専心念仏の業を学ぶにあたっても同じことである。念仏の声を絶たなければ、ついに三昧境を得て阿弥陀仏や聖衆の姿を、まのあたりに明らかに拝することができるであろう。こういう次第で、『大集』の「日蔵分」にも、

「大念は大仏を見、小念は小仏を見る」

といっている。大念とは大声に仏名をとなえること、小念とは小声で仏名をとなえることをいう。この言はすなわち仏の尊い聖教《しょうぎょう》であって、何の迷うところがあろう。現在ただいまの念仏の修行者たちは、ただただ声を励まして念仏することが必要であり、そうすれ

ば三昧境に入ることも容易であろう。小声で仏名をとなえるのは、とかく心が他に散ることが多いものである。これは実際に修行している行者は知っていることであるが、他の人にはわからない、といっている。

第三　対治懈怠

怠惰を制するとは、修行者も常に奮い立って励んでばかりいるわけにはいかず、心がぼんやりする時もあれば、気がくじける時もある。そういう時には、いろいろ結構なことに事寄せて、自分の心を勧め励ますがよい。

すなわち、あるいはこの三悪道の世の苦しみと、浄土の功徳とを比べてみる。そして次のように思うがよい。自分は悪道に堕ちてからすでに多くの劫を経過してきたが、その間、何の利益もない苦しい勤めも乗り越えてきていまに及んでいるのである。それに比べれば、わずかの行を修するだけで菩提に至るという大利を得るとは、何と幸いなことであろう。とてもくじけてはいられない、と〔悪道の苦しみや浄土の姿の詳細は、前に述べたとおりである〕。

あるいは浄土に往生を遂げた衆生について、次のような思いを起こすがよい。十方世界の多くの衆生が、この一瞬一瞬の間にも、次々と極楽に往生を遂げているのだ。彼らはまことに一個の丈夫であるが、自分もまた同じく丈夫である。みずから卑下して心がくじけることがあってはならない、と〔往生の人については、下の「念仏の利益」や「問答料簡」の章に説くごとくである〕。

あるいは仏の霊妙不可思議の功徳に頼るのもよい。この仏の功徳について、以下その大要を記そう。

第一に、阿弥陀仏の四十八の本願を思い、これを念ずるがよろしい。また、『無量清浄覚経』には、

阿弥陀仏と観世音・大勢至菩薩とは大願の船に乗り、生死の海を越えてこの娑婆世界に至り、衆生を呼び寄せてこの船に乗せ、西方に送り届けるのである。もし衆生が招きに応じて大願の船に乗れば、誰でもみなこの娑婆を去ることができる、

といっている。これはまことに浄土にたやすく行ける道である。『心地観経』の偈にも、

衆生は生死の海に没在《もつざい》し
五趣(5)に輪回《りんね》して出ずる期なし
善逝(6)(如来)は恒《つね》に妙なる法船を為《つく》り
よく愛流(7)を截《き》りて彼岸に超えしめん

とある。そこで、自分はいつかはこの仏の悲願の船に乗って、この娑婆を去りたいものだと

念ずるがよい。

第二に、名号の功徳である。これについては『維摩経』に、

諸仏の身体は、そのすぐれた相好や素性、戒・定・慧《え》・解脱・知見の五つの功徳、十力・四無所畏などの十八不共《ふぐう》の法、大慈大悲、威儀正しい行ないや、その寿命、説法教化し、衆生を済度し、仏国土を浄め、諸法を保つなどの諸功徳において、すべてみな同等である。このゆえにこれを無上正等覚と名づけ、また如来と名づけ、さらに仏陀と名づけるのである。阿難(8)よ、もし私がこの仏の三称の意義を説くとしたらば、その説は広大無辺で、お前が無限の寿命を持つとしても教えを受け尽くすことはできまい。また、三千大千世界に満ち満ちている衆生が、みな阿難のように博聞多識で一切を記憶する力を持ったとして、その多くの人々が無限の寿命を費やすとしても、この教えを受け終わることはできないだろう、

と説いているとおりである。また『要決』にも、

『維摩経』に、仏の各種の名称のうち、初めの三号を仏陀がもし詳しく説けば、阿難が無限の時を経てもこれを受け取ることはできないであろうといってあり、『成実論《じょうじつ》』において仏の諸号を解釈するにあたっては、如来の十号(9)の中で、前の九号はそれぞれ仏の個別の特質によって説き、その前九号の名称・功徳を総合したものとして、第十号の仏世尊という名を挙げている。初めの三号を説くさえ、劫というような無限の時間を経ても足らず、博識無比の阿難の理解力をもってしてもこれを尽くすことができない。その三号にさらに

六号を加えて仏の名が作られているのであって、そのすぐれた徳はまったく完全なものである。したがってその名を念ずることは大善というべきである、といっている〔以上は『要決』の文である〕。そして『華厳経』の偈には、

もしもろもろの衆生ありて
いまだ菩提心を発《おこ》さざるも
一たび仏名を聞くを得ば
決定《けつじょう》して菩提を成《じょう》ず

とある。であるから、次のように念ずるがよい。自分はいますでに仏の尊号を聞くことができた。このうえはかならず仏となること、十方の諸仏のごとくでなければならぬ、と。

第三に、仏の相好の功徳である。『六波羅蜜経』に、

諸世間のあらゆる三世一切の衆生、仏道を学ぶ者、学び終えた者、また独覚の辟支仏《びゃくしぶつ》など、このような人々の持つ無量無辺の功徳も、これを如来の毛一本の功徳に比べれば、その百千万分の一にも及ばない。それはこのような毛一本一本の毛端もすべて如来の無量の功徳から生じているからである。この毛端の持つ一切の功徳を集めて髪一筋の功徳を成すが、そのような仏髪は八万四千本もあり、その一本一本にそれぞれ上述の功徳がそなわっている。このような功徳が一緒に集まって一つの随好の功徳を成し、一切の随好の功徳が

集まって一相の功徳を成す。そしてあらゆる相の功徳を集めて百千倍としたものが、眉間の白毫相の功徳となる。この白毫相は円くて右巻きに渦巻いており、水晶のように浄らかで純白であり、暗闇の中でも明星のように輝く。これを伸ばせば上は色界最上天の阿迦膩《あかに》吒《た》天(10)に至り、巻けばもとの白毫の形となって眉間におさまる。この白毫相の功徳が百千倍で肉髻《にくけい》の相の功徳となるが、この肉髻相の千倍の功徳も、なお仏の清らかな音声《おんじょう》相の功徳には及ばない、

と説いている。また『宝積経』にもこのような比較が多数見えているから、調べるがよろしい。

また『大集念仏三昧経』第五巻には、

かくのごとき世界および十方無量無辺の諸世界のあらゆる衆生が、かりにみな一時に成仏したとして、その無数の諸仏が無量劫を経る間、こぞってこの仏の毛一本の功徳を讃嘆しようとも、讃嘆し尽くすことはない、

と仏の相好の功徳の広大を述べている〔以上〕。『華厳経』の偈にも、

清浄の慈門は刹塵《せつじん》(11)の数にして
ともに如来の一妙相を生ず
一々の諸相然《しか》らざるものなし
このゆえに見る者厭足《おんそく》なし

とある。であるから、自分はどうしても仏の無辺の功徳の姿を見なければならぬ、と念ずるがよい。

第四には光明威神の功徳である。これは『平等覚経』に、

無量清浄仏〔これは阿弥陀仏のことである〕は、その光明の尊いこと第一等、無比のものがあって、諸仏の光明はみなこれには及ばない。仏のあるものは、その仏頂の光明が七尺を照らし、あるものは一里を照らす。ある仏は五里、またある仏は二十里、四十里、八十里とか、ついには百万の仏国を照らすもの、二百万の仏国の八方上下を照らす仏もある。しかし無数の諸仏の仏頂の光は所詮この程度のものであるが、無量清浄仏の仏頂の光明は、実に千万の仏国土を炎々と照らすのである、

といっている〔以上大意。私見では、『観経』に阿弥陀仏の円光は百億大千世界のごとくであるとし、この経では仏頂の光は千万の仏国を照らすといっているが、両経の説く心は同じである〕。『双観経』の義も同様である。すなわち、

無量寿仏の威神の光明は最高第一のもので、諸仏の光明の及びがたいところである。その光明は百仏の世界を照らすとも、あるいは千仏の世界を照らすともいうが、要約すれば、東方では恒河沙数の仏国を照らすのであり、他の南・西・北の諸方でも、また東西南北のそれぞれ中間をいう四維の方角でも、さらに上下の方向でもすべてこれと同様である。このように光明絶大であるから、無量寿仏のことを、無量光仏・無辺光仏・無礙《むげ》光

仏・無対光仏〔玄一師[12]は、これに等しいものがないからこう呼ぶ、という〕・炎王光仏〔玄一師は、もっともすぐれて自在なるゆえ、という〕・清浄光仏〔玄一師は、貪・瞋・痴の三垢《く》を滅するがゆえ、とし、憬興《きょうごう》師[13]は、貪る心のない善根から生ずるゆえ、とする〕・歓喜光仏〔玄一師は、この仏に遇えば心に悦喜するゆえ、とし、憬興師は、瞋《いか》りの心のない善根から生ずるゆえ、とする〕・智慧光仏〔玄一師は、智慧の発するもとであるから、とし、憬興師は、痴愚の心のない善根から生ずるゆえ、とする〕・不断光仏〔玄一師は、常に続くから、という〕・難思光仏・無称光仏〔玄一師は、どんなにその徳を称嘆しても尽きないゆえ、という。ここに注しなかった他の仏名の意義も、すぐわかる類であるから、煩を避けて記さない〕・超日月光仏などと号するのである。もし三悪道にあって勤苦する時、この光明を見れば、それで苦悩は去り、この世で寿命が尽きた後はみな解脱が得られる。ただ自分がいまその光明をたたえるだけではなく、一切諸仏も同じくこれをたたえるのである。もし衆生にして、無量寿仏の光明の威力や功徳を聞き、日夜不断に至心をもってこれをたたえ説くならば、心に願うままに無量寿仏の極楽国に生まれることができよう。私が無量寿仏の光明の、霊威巍々《ぎぎ》と高く聳えて絶妙なることを説く時は、昼夜不断に説き続けて一劫の時を経ても、なお説き尽くせない、

とある〔以上大意。『平等覚経』は光明の中でもとくに仏頂の光についていい、『観経』は無量寿仏の光明全体をいっている〕。

『譬喩《ひゆ》経』第三巻には、釈迦牟尼仏の光明の相を説明して、次のようにいっている。

仏滅後百年にして、阿育王[14]という王があった。その国内の人民は仏の遺した経典をとなえていたが、王は心にその教えを信ぜず、仏に何の人に越える徳があろうか、それなのにみなが一心にこれを信じ、経文をとなえているのはなぜだろうかと、思いもし、口にも出していっていた。

そこで王は大臣に、

「わが国内で、実際に仏を見た者がいるだろうか」

と問うと、大臣は、

「波斯匿《はしのく》王[15]の妹が出家して比丘尼になっておりまして、年来西の方に住んでおりますが、仏を見たといっております」

と答えた。そこで王は自身、比丘尼の所へ出かけてゆき、

「あなたは仏を見たのですか、どうですか」

と尋ねると、

「本当に見ました」

と答えた。王が、

「仏は何か特別なところがありましたか」

と問うと、比丘尼は、

「仏の功徳は高大ではかりがたく、とても私のような愚賤の者がいちいち申し上げることはできませんが、ざっと一つだけお話すれば、仏がまったく特別な方であることがおわか

りになりましょう。私が八歳の時でしたが、釈尊が王宮に入ってこられましたので、すぐにその前に進んで礼拝しました。ところがその時に、私の頭にさしていた金の簪《かんざし》が地面に落ちましたので、さがしましたが見つかりません。どうして見つからないのだろうと不思議に思いましたが、そのわけは、仏が立ち去られてからもその足跡には千輻輪の模様があり、それが光明を発して光り輝き、七日たってやっと光が消えました。その光り輝いている時には、金の簪も地面も同じ色に光っていたので見えなかったのです。それで光が消えてからやっと簪が見つかりました。このことで仏が特別なお方であることがわかります」

と語った。王はこの話を聞いて歓喜し、明らかに悟ることができたのである、と述べている〔略抄〕。『華厳経』の偈にも、

一々の毛孔光明を生じ
虚空に普遍して大音を発す
もろもろの幽冥も照らさざる所なく
地獄の衆苦もことごとく滅せしむ

とある。このゆえに、願わくは仏光われを照らして、生死の業苦を滅ぼしたまえ、と念ずるがよい。

第五には無能害の功徳である。『宝積経』巻三十七にいう。

世界滅尽の際の大風災である風劫[16]が起こる時、世には僧伽多《そうぎやた》と名づける大風が吹き荒れる。この風は、この三千世界や須弥山・鉄囲山《てっちせん》をはじめ、四大洲・八万小洲の大山・大海を百由旬ないし無量百千由旬の高さに吹き飛ばして粉々の塵に砕いてしまい、また焰魔天や遍浄天[17]に至るまで、あらゆる天宮の宮殿も吹き破って消滅させてしまう。ところがこの大風も、如来の衣を吹く時は毛一筋の端すら動かすことはできない。まして衣の片はし、さらには衣全体を吹き動かすなどはなおさらのこと、できるものではない、

と〔以上〕。『十住論』にも、

諸仏の不可思議な力については、喩えでもって知ることができる。たとえば、一切の十方世界の衆生に、みななにがしかの勢力があるとして、ここに一魔があってそれなりの勢力を持ち、その悪魔が十方世界の衆生一人一人にそれぞれ悪魔同様の力を持たせて、相ともに仏を害しようと企てたとしても、なお仏の毛一本をも動かすことはできないのである。まして仏を害するなぞは、できようはずがない、

といい、その偈に、

もし諸世間中に
仏を害するあらんと欲するも
この事みな成らず

不殺《ふせつ》[18]の法を成ずるをもってなり

とある。ゆえに、願わくはわれもかならず金剛不壊《ふえ》の身を得よう、と念ずるがよい。

第六に、飛行《ひぎょう》自在の功徳である。『十住論』に、

仏は大空において、足を挙げるも下ろすも、行住坐臥すべて自由自在である。大声聞の神通自在の力を得た者は、一日に五十三億二百九十六万六千もの三千大千世界を通り過ぎることができるが、この声聞が百年間に経過する所を、仏は一瞬のうちに過ぎてしまう。さらに声聞が、恒河沙の一粒を一恒河と数え、その数だけの恒河の砂粒の数にも昇る大劫[19]の期間を費やして過ぎる距離さえも、仏は一瞬にして過ぎてしまう。もし宝蓮華を踏んで去ろうと思えば、即座に成就する。このように飛行自在で、一切障礙はない、

と説き、『観仏経』には、

仏が大空に足を挙げて行く時は、その足下の千輻輪の相からは八万四千の蓮華を降らせるが、この多くの蓮華にもまた無数の仏があって、これも大空を歩行する、

とある〔以上略抄〕。また、

仏が空を踏んで行く時、千輻輪の相が地面に現出し、快い妙香を発する紅蓮華が自然に湧き出て如来の足を受ける。畜生道のあらゆる生物も、如来の足がこれに触れれば七夜に満つる間種々の快楽を享受し、命が尽きた後には、善報をもって楽世界に往生するであろう、

ともいう〔『宝積経』〕。

もし広さ四十里にもわたる大磐石を、色界最高の色究竟天《しきくきょう》[20]から落としたとすると、石は一万八千三百八十三年を経過してこの地面に達するであろう。天の高大なことは、石が真直ぐに落下してもこれだけの時間がかかることからもわかるが、これから推しても、この大空を飛行する声聞の飛行や、さらにはそれと比較にもならぬほど自在な如来の飛行は、まことに不可思議なものであることが知られよう。『華厳経』の慧林《えりん》菩薩の「讃仏偈」にも、

自在の神通力は
無量にして思議しがたし
来ることなくまた去ることなく
法を説いて衆生を度す

とある。ゆえに、願わくは自分も神通力を得て、諸仏土に遊戯したいものだとの念を起こすがよい。

第七に神通無礙《むげ》の功徳である。『十住論』に、

仏は恒河沙数の世界を砕いて粉微塵にし、これをまたもとどおりに合わせることができる。また無量無辺無数の世界を変じて、すべて金や銀にしてしまうこともできるし、恒河沙数の世界の大海の水を変じて、ことごとく乳や蘇とすることもできる、

とし〔以上〕、『浄名経』には、菩薩の不思議な解脱の力を説いて、

陶工が粘土の輪を扱うように、三千大千世界をあっさりと切り取り、これを右の掌に置いて、恒河沙数の世界の外に投げ飛ばしても、その中にいる衆生は自分がどこにいるのか気づかないし、またこれを取り戻してもとの所に置いても、人にはるか遠くに行ってきたというような感じをまったく抱かせない。そして遠くへ往復してきた世界の姿も、もとのとおりで変わらない。また下の方、恒河沙数の諸仏の世界を通り越してその下の一仏土を取り、これを恒河沙無数の世界を過ぎて上の方に持ち上げるのに、針先で一枚の枯葉を持ち上げるほどに簡単になしとげ、しかもその世界を乱すこともない。須弥山を芥子粒の中に納めることも、四大海を毛孔一つに入れてしまうことも同じく容易なことであり、その中にある衆生は、このことに気づかない。ただ、将来悟りを得るはずの者だけがこれを知るのである、

といっている〔以上〕。菩薩ですらこのような力を持っているのであるから、まして仏の力の不思議はいうまでもない。ゆえに、『度諸仏境界経』にもその力を、

十方世界を毛孔一つに納めることができる。〔中略〕また一粒の微塵の中に、無量無数不可説数の世界を現出することもできるが、その中の一切の衆生は窮屈な思いをすることがない。また無量無数不可説数の劫の間の威儀や果報を、一瞬のうちに現出することもできれば、逆に、一瞬の威儀果報を無量無数不可説数の劫にわたって現出することもできる。そしてこのような行為も、とくに心を用いたり考えたりしてするわけではなく、簡単

にできることなのである、

と説いている〔云々〕。『華厳経』の真実幢《しんじつどう》菩薩の偈に、

　一切の諸如来は
　神通力自在なり
　ことごとく三世の中において
　これを求むるも得べからず

とある。そこで、自分はいま、仏の神通力のためにあやつられて、どの仏土にあるのか、どの毛孔に納められているのか、まったくわからないが、いつの日にか、これがさとれるようになりたいものだ、との念を起こすがよい。

第八に、随類化現《けげん》(21)の功徳である。『十住論』にいう、

仏は一瞬のうちに十方の無量無辺恒河沙数の世界において、無数の仏身に変化し、その変化した一々の化仏もまた、さまざまの仏のわざを行なうことができる、

と〔以上四つのことは、境界を自在に変える仏の神境通の力をいったものである〕。

また、『度諸仏境界経』には、

如来の現われる形は、とくに心を用いてすることでも、深く考えてすることでもない。衆生のそれぞれの性質に応じて、自然に見えるところが異なるだけである。たとえば十五

夜には、この閻浮提《えんぶだい》の世界の人はめいめいが月が自分の上にあるのを見るけれども、月の方では別に各人の上に現われようと思って出てくるわけではない、というようなものである、

といい、『華厳』の偈には、

如来の広大の身は
法界を究竟《くきょう》し
この坐を離れずして
しかも一切処に遍《あまね》し

とあり、また

智慧甚深《じんじん》なる功徳海もて
あまねく十方の無量国に現じ
もろもろの衆生の見るべき所に随って
光明遍照して法輪を転ず

ともいっている。そこで、願わくは自分も法界にあまねく行きわたっている仏身を見なけれ

ばならない、との念を起こすがよい。

第九には、天眼明徹の功徳である。『十住論』には、

大力の声聞はその天眼をもって小千の国土(22)を見、またその中の衆生の生時・死時を知り得る。小力の辟支仏（独覚）は、十の小千国土を見、その中の衆生の生時・死時を知る。中力の辟支仏は百の小千国土を見、その中の衆生の生時・死時を見る。大力の辟支仏は三千の大千国土を見、その中の衆生の生死するところを見る。そして諸仏世尊は、無量無辺の想像を絶した数の世界を見、またその中の衆生の生時・死時を見るのである、

とあり〔以上〕、『華厳経』の偈にも、

仏眼は広大にして辺際なく
あまねく十方の諸国土を見る
その中の衆生は量るべからざれども
大神通を現じてことごとく調伏《じょうぶく》(23)す

といっている。ゆえに、いま阿弥陀如来は、はるかに私の行動を見ておられるであろう、との念を起こすがよい。

第十には聞声《もんしょう》自在の功徳である。『十住論』にいう、

たとい恒河沙数の三千大千世界の衆生が一時に言葉を発し、また同時に百千種の音楽を

奏したとしても、それが遠かろうと近かろうと、仏は意のままにこれを聞くことができるし、もしその中でとくに一つの音声だけを聞こうと思えば、これまた心のままに聞くことができて、その他の音は聞こえない。また、無限の世界を経てきたもっとも細い声でもすべて聞くことができるし、これを衆生に聞かせようと思えば聞かせることもできる、とあり〔略抄〕、『華厳』の文殊の偈には、

一切世間の中の
あらゆる諸音声も
仏智はみな随って了し
また分別あることなし

という〔以上〕。ゆえに、いま阿弥陀如来は、きっと私の言葉を聞いておられるに相違ない、との念を起こすがよい。

第十一に、知他心智の功徳である。『十住論』に、仏は無量無辺の世界に存在する衆生の心や、その心の浄・不浄の原由を知り、また無色界の衆生の心も知ることができる、と見え〔略抄〕、『華厳』の文殊の偈には、

一切衆生の心は
あまねく三世にあれど
如来は一念において
一切ことごとく明達す

といっている。ゆえに、いま、阿弥陀如来は、かならず私の心の動きを知っておられるであろう、との念を起こすがよい。

第十二は、宿住随念智[24]の功徳である。『十住論』に、

仏がもし自身および一切の衆生の無量無辺の前世の姿を思い出そうとすると、一切のことがことごとくわかり、知らないところはない。それが恒河沙数の劫を経過したことであっても、この人がどこに生まれたか、姓名は、貴賤の別は、飲食物は何か、資産、生活の苦楽、何をなし、どんな果報を受けるか、心はどのように動いているか、元来どこから来たものであるか、などということを即座に知ることができる、

といい、その偈に、

宿命智は無量にして
天眼もて無辺を見る
一切の人天中

よくその限りを知るなし

とある。そこで、願わくは仏よ、わが宿業[25]を清浄ならしめたまえ、と念ずるがよい。

第十三に、智慧無礙の功徳である。『宝積経』巻三十七には、

人がもし恒河沙数の世界のあらゆる草木を採り、これを焼いて墨を作って、これを他方の恒河沙数の世界の大海に投げ入れ、百千年もの間墨をすって、そのことごとくを墨汁としたとする。それでも仏はその墨汁の大海中から一滴ずつを取って区別し、これはもとどの世界のどんな草木、どの根、どの茎、どの枝、どの小枝・花・果実・葉であったかをはっきり知ることができる。また、人が一本の毛の端を一滴の水で濡らし、それを仏の所に持ってきて、

「とくに一滴の水を持ってまいりましたから、これを差し上げます。もし後で私がこの水が入用になった時には、かならずお返しください」

といったとする。すると、如来はその一滴の水を取って、恒河の中に入れる。そして、その水滴は流れめぐる河水にもまれて他の水とまざりあい、注いで大海に入る。その後、満百年を経過してから、さきの人が仏に、

「前に差し上げた一滴の水をお返しください」

と請うと、その時仏は一筋の毛の端を大海中に入れ、もとの一滴の水で濡らしてその人に返すのである、

と述べている〔略抄〕。また『六波羅蜜経』には、

この四大洲や諸大山を白紙とし、八大海の水を墨とし、すべての草木を筆として、人間界・天上界のすべての者が一劫の間書写し続けたとする。そのような大量の内容も、これを釈尊十大弟子のうち、智慧第一である舎利《しゃり》弗《ほっ》の得た智慧に比べれば、その十六分の一にも及ばない。そしてまた、この三千大千世界の衆生の持つ智慧が、それぞれに舎利弗と同等で差のないものであると仮定しても、菩薩が布施波羅蜜を達成して得た智慧は、その総量を越すこと百倍である。またこの三千大千世界のあらゆる衆生がすべてこの布施波羅蜜の智慧をそなえたとしても、ただ一人の菩薩が浄戒波羅蜜を達成して得た智慧には及ばない。六波羅蜜について順次このように比べていって、最後の般若波羅蜜に至るまで、みな同様である。そしてこの三千大千世界のあらゆる衆生がみな六波羅蜜の智慧をそなえたとしても、十地のうち、初地㉖の位にある菩薩一人の智慧には及ばず、こうして次々と十地の菩薩に至るまですべて同様である。さてまたこの十地の菩薩の智慧も、慈氏一生補処《ふしょ》菩薩、すなわち弥勒菩薩の智慧に比べれば百千分の一にも及ばず、三千大千世界の一切衆生の持つ智慧がみなこの弥勒菩薩と同等であるとして、これらの菩薩たちが道場に坐し、怨敵悪魔を降伏してまさに悟りを成就しようとする時の智慧でさえも、仏の智慧に対してはその百千万分の一にも及ばないのである、

と説き、『宝積経』には、

たとい十方無量無辺の一切の世界のあらゆる衆生が、ことごとく繋《け》属《ぞく》一生補処の菩薩、

すなわち弥勒菩薩の智慧をそなえ得たとしても、これを如来十力《りき》の第一である、道理・非理を知る処・不処智[27]の力に比べれば、その百千万分の一にも及ばない。〔中略〕十力について順次同様にしていって、ついには極小の数値であるウバニシャダ分[28]の一にも当たらず、さらには数えることもたとえることもできない微少のものにすぎないのである、

といっている。『華厳経』の偈に、

如来甚深の智は
あまねく法界に入り
よく三世に随って転じ
世のために明道となる

といい、同じく『華厳経』の普明智菩薩の「讃仏偈」では、

一切の諸法中
法門は辺あることなし
一切智を成就して
深法の海に入る

とうたっている〔以上〕。そこで、いま、阿弥陀仏は私の身・口・意の動作をあきらかに見ておられることであろう。願わくは世尊のように慧眼《えげん》[29]の第一浄を得んことを、との念を起こすがよろしい。

第十四に能調伏心の功徳である。これは『十住論』に、

諸仏は、心を動かさず冥想するいわゆる定《じょう》に入っている時も、また定に入っていない時でも、心を一つの対象に向けておこうとすれば、時間の長短を問わず、意のままに心をそこに留めておくことができる。また一つの対象から他の対象に移し留めることも思いのままである。もし仏が平生の心でいる時にも、それを人に知らせまいと思えば、人は仏の心を知ることはできない。たとい一切衆生が他の心を知る智慧を持つこと大梵王[30]や大声聞・辟支仏のごとくであって、その智慧を完成し、他人の心を知ることができても、さらに仏の平常心を知ることは、仏がこれを許さなければ知り得ないのである、

といっている。ゆえに、願わくはわれをして仏の悟りの境地を得さしめたまえ、と念ずるがよい。

第十五は常在安慧の功徳である。同じく『十住論』に、

諸仏の心は常に安らかであって、常に不動の念を持っている。なぜならば、仏はまずよく知ってから行動するのであり、心の対象となっているものに応じて、何の障礙もなく自在に動き、一切の煩悩を断ち、動揺を超越しているからである。これは仏が阿難に対して、

「仏はこの夜、最高の阿耨菩提《あのくぼだい》の悟りを得て、一切の世間の天・魔・梵天・沙門・婆羅門に苦を絶つ道を教えさとし、それが完了してから完全な涅槃に入った。その間において、仏はさまざまの感覚の起こり、持続し、生滅する姿を知り、またさまざまの姿・触覚・知覚・思念の起りや持続、生滅を知った。そして悪魔が七年間、昼夜休むことなく常に仏につきまとったけれども、ついに仏の欠点を見つけることはできず、また仏の心が安らかで明智に輝いていない時を発見することもできなかった」

と説かれたとおりである、

といっている。その偈にも、

その念は大海のごとく
湛然《たんねん》として安穏に在り
世間に法として
よく擾乱《じょうらん》するものあることなし

とある。それで、願わくは仏よ、私の雑然と動揺する知覚や観想の心を除き滅ぼしたまえ、と念ずるがよい。

第十六は悲念衆生の功徳である。『大般若経』にいう、

この十方世界には、ただ一つの生物も如来の大慈悲の光がこれを照らし得ないものはな

い、

と。『宝積経』には、

たとい恒河沙数の諸仏の世界を越えた向うに、仏の教化に浴しないただ一人の人があったとしても、その時は如来は自身その所に赴き、その人のために法の要点を説いて、これを悟りに入らせる、

といい、同じく『大般若経』の偈に、

一の衆生を利せんがために
無辺劫の海に住して
それをして調伏を得せしむ
大悲の心はかくのごとし

とあり、『華厳経』の「文殊讃仏偈」にも、

一々の地獄中に
無量劫を経るは
衆生を度せんがためのゆえに
よくこの苦を忍ぶなり

とあり、『大経』の偈には、

一切衆生の異なる苦を受くるは
ことごとくこれ如来一人の苦なり
〔中略〕
衆生は仏のよく救うことを知らず
ゆえに如来および法・僧をそしる

と見えている。『大論』に、

仏は仏眼を開いて、一日一夜にそれぞれ三度ずつ、一切衆生の中で誰か救いを要する者はいないかを観察し、救いが時機を失することのないようにする、

といい、またある論にも、

稚魚は、母がその身を案じて世話してやらなければ体を損じてしまうが、そのように衆生もまた、仏が衆生の身を思ってやらなければ、その善根はたちまち破れてしまう、

と見えている。『荘厳論』の偈には、

菩薩は衆生を念《おも》いて

これを愛すること骨髄に徹し
恒時《ごうじ》に利益せんと欲すること
なお一子のごときがゆえなり

とあり、これらの意に基づき、ある懺悔の偈には、

父母に子ありて
はじめて生まれてすなわち盲聾《もうろう》なり
慈悲の心慇重《おんじゅう》なれば
捨てずして養活す

子は父母を見ざれども
父母は常に子を見るがごとく
諸仏の衆生を視ること
なお羅睺羅《らごら》(31)のごとし

衆生は見ずといえども
実には諸仏の前に在り

といっているのである〔以上〕。ゆえに、「阿弥陀如来よ、常に私を照らし、私の善根を護り、私の機縁を観察して、もし往生の機縁が熟したならば、時を失せずすぐに迎え取ってくださるように」と念ずるがよい。

第十七は無礙《むげ》弁説の功徳である。これは『十住論』に、

もし三千大千世界のあらゆる四大洲に満ち満ちている微塵数の衆生が、みな舎利弗や辟支仏のような智慧・弁舌の才を身にそなえ、その寿命も上述の微塵数の劫というような長いものであるとして、そういう人たちがその寿命が尽きるまでの間、身・受・心・法の四念処㉜によって如来を問いつめても、如来は逆に、その四念処の理をもって衆生の問いに答え、言葉や意義も重複せず、さわやかな弁舌も尽きることがないであろう、

といい、さらに、

仏の説くところはすべて利益があって、結局むだな空言はない。これもまた実にたぐいまれなことである。〔中略〕もしすべての衆生の智慧や力が辟支仏のように大きくても、これらの衆生が仏の意を受けずにただ一人の人を救おうとしたところで、それができるはずはない。またこのような衆生が説法したとしても、無色界にわずかに残っている煩悩の、そのまた極微の部分すらも断ち切ることは不可能である。これに対して、もし仏が衆生を救おうとして説法するならば、外道・邪見や諸竜・夜叉、さらにはその他仏の言語を解し得ない者に至るまで、ことごとく理解させるし、そのうえに、これらの者も転じて無

数の衆生を教化することができる。〔中略〕このゆえに仏を最上の導師と名づけるのである、

と説いている。その偈には、

四の問答(33)の中において
超絶して倫匹《りんぴつ》なし
衆生のもろもろの問難は
一切みな得やすきなり

もし三時の中において
もろもろの所説あるは
言必ず虚設《こせつ》ならず
常に大果報あり

とあり〔以上〕、『華厳経』の偈には、

諸仏の広大なる音《こえ》は
法界に聞こえざることなし

菩薩はよく了知して
　よく音声海に入る

と見え、『浄名経』の偈にも、

仏一音をもって法を演説するに
衆生は類にしたがっておのおの解するを得て
　みな世尊とその語を同じゅうすとおもう
　これすなわち神力不共《ふぐう》(34)の法なり

とある。また『譬喩経』第三巻に、

阿育王は、かつてはその心に仏を信じていなかった。ところがある時、海辺に羯随《かつずい》（迦陵頻伽）という名の鳥がいて、その声はいたって哀切温和であって、仏の音声の万分の一程度にはいかにもよく似ていた。阿育王はその鳥の声を聞いて歓喜し、直ちに悟りを求める道心を起こした。同様に宮中のおよそ七千人の女官もまた、道心を起こした。そして王はこれから仏・法・僧の三尊を信ずるに至ったのである。仏の声にわずかに似た鳥の声でさえも、人を悟りに導くことかくのごときものがある。まして仏の、最高の真実を示す清浄な妙音の力においてをや、といっている〔大意を取って略抄〕。そこで、自分もいつの日にか、仏の弁説を聞けることであろうか、早くそうなりたいものだ、と念ずるがよろしい。
第十八には観仏法身の功徳である。これは文殊師利菩薩の言葉のとおりである。すなわち、
私が如来を観ずるところでは、如来はそのまま真如の姿をあらわしている。動くこともなければ働くこともない。分別するでもなければ分別と異なるものでもない。一定の方向や場所についているのでもなければ離れているのでもなく、有にあらず無にあらず、常でもなく断でもなく、三世にあるのでもなければ離れているのでもなく、生なく滅なく、去らず来たらず、浄も不浄も、二も不二もない。これは心にも言葉にも及びがたい境地である。もしこれらの真如の姿として如来をとらえ、観想するならば、これこそ真によく見るといい、また如来を敬い、これに親しむというものである。これは実にもろもろの生あるものを利益し、楽しましめるものである、
と〔これは『大般若経』である〕。
『占察経《せんさつ》』の下巻に、地蔵菩薩の言として、
一実境界(35)とは、衆生の心の本体は、本来不生不滅であり、また本来清浄であって、何の障礙もないこと大空のごとくであるということである。これは分別ということを離れているから、平等普遍で行きわたらぬ所はなく、十方に満ち満ちて、究極においてただ一つであり、二でもなく、またその中での区分もない。また変異することもなく、増減もない。

それは一切衆生の心も、一切の声聞や辟支仏の心も、一切の菩薩の心も、一切の諸仏の心も、みな同様に不生不滅であり、煩悩も苦患《くげん》もない真如の相だからである。なぜならば、心を持つすべてのものが、その心に起こす分別なるものは、実はまぼろしのようなもので、はっきりした真実のものではないのである。〔中略〕あらゆる世界について心の形状というものを考えてみると、きちんと区画のきまった一つの部分としてとらえられるものは何もないのである。ただ衆生が、悟りを得ない無明の闇の中で、いろいろの因縁にからまれて勝手に迷いの境界をえがき、そこに執着する心を起こすのである。その心は本来ないものだということが自分ではわからないから、誤って自分にはその心があるといい、その心を認め得たと思い、自分とか、自分の場所とかについてあれこれ考えるのである。けれども本当はそのような心を認めたという思念はあり得ない。この誤った心は結局本体のないものであり、見ることができないものだからである、

といっている〔以下、詳しく説かれている。この道理を信じ、理解することが、菩薩の最初の根本的な修行である〕。この一実境界というのがすなわち如来の法身である。『華厳経』の一切慧菩薩の偈に、

法性[36]はもと空寂にして
取ることなくまた見ることなし
性空なるはすなわちこれ仏なり

思量するを得べからず
とある〔以上〕。そこで、自分はいつになったら本来の性を発現することができるだろうか、と念ずるがよい。
第十九には総観仏徳の功徳である。これは普賢菩薩がいっているとおりである。すなわち、
如来の功徳は、十方一切の諸仏が、とてもとても言葉ではいいあらわせないほど多くの仏国において、極微塵数劫(37)という長い期間にわたり、相次いで演説しても尽くすことはできない、
と〔以上〕。また阿弥陀仏の不可思議な威力は極まりないものがあり、『双観経』に、
無量寿仏の威力は極まりないから、十方世界の無量無辺の不可思議の力を持つ諸仏如来も、これを嘆賞しないものはない、
といっているとおりである。龍樹の偈には、

世尊のもろもろの功徳は
度量するを得べからず
人の尺寸をもって空を量るに
尽くすべからざるがごとし

とあり、同じく弥陀を讃える偈に、

諸仏の無量劫に
その功徳を讃揚すとも
なお尽くすことあたわず
清浄の人に帰命す

といっている。ゆえに、願わくは自分も仏となり、正しい教えの王と同等になり得るように、と念ずるがよい。

第二十は欣求教文《ごんぐきょうもん》の功徳である。これは『般舟経《はんじゅ》』に、

この諸仏現前する般舟三昧は、これにめぐり合うことはむずかしい。たといこの三昧を求めて百億劫の時を経、ただその名を聞くだけでよいからと思っても、それを聞くことはできない。だからこれを学び得る者、さらにはこれを行じ、人に教えることができる者など、あろうはずがない、

とその困難を説いており、偈には、

我みずから往世の時を識念するに

その数六万歳を具足するまで
常に法師に随って捨離せざるに
初めよりこの三昧を聞くを得ず

仏あり、号して具至誠《ぐしじょう》と曰《い》う
時に智ある比丘あり、名は和隣
かの仏世尊の泥洹《ないおん》(38)の後
比丘常にこの三昧を持《たも》つ

我時に王君子の種《しゅ》たり
夢中にこの三昧を聞くに逮《およ》ぶ
和隣比丘この経を有《たも》てり
王まさに従ってこの定《じょう》の意を受けよと

夢より覚めおわってすなわち往いて求むるに
すなわち比丘の三昧を持つを見る
すなわち鬚髪を除いて沙門となり
学ぶこと八千歳にして一時聞くのみ

その数八万歳を具足するまで
この比丘を供養し奉事《ぶじ》するも
時に魔の因縁しばしば興起して
初めより未だかつて一反だに聞くを得ず

このゆえに比丘・比丘尼
および清《しょう》信士・清信女(39)
この経法を持つを汝らに嘱《しょく》す
この三昧を聞かば疾《と》く受けて行ぜよ
常にこの法を習持する師を敬い
一劫を具足すとも懈《おこた》るを得ることなかれ

〔中略〕
たとい億千那術(40)劫に
この三昧を求むるも聞くことを得がたし
たとい世界の恒沙のごとき

中に満てる珍宝もて布施せんも
もしこの一偈の説を受くることありて
敬い誦せば功徳は彼に過ぎん

といっている。『双観経』にも、

たとい大火が三千大千世界に充満するようなことがあっても、かならずこれをやりすごしてこの経の教えを聞き、歓喜し、信じ、受持し、読誦《どくじゅ》して教説のとおりに修行しなければならない。その理由は、多くの菩薩がこの経を聞こうと思っても聞くことができずにいるからである。もし衆生にしてこの経を聞く者があれば、その者は無上の悟りを得てそれから退歩することはない。であるから、これを一心に信じ、受持読誦して、教えのとおりに修行しなければならないのである、

とある〔以上〕。ゆえに、数千の猛火をくぐり、億劫の時を経ようとも、法を求めなければならない。自分はすでに深遠な三昧に出会うことができたのである。どうしてここで退いて勤修を怠ることができようか、との念を起こすがよろしい。

以上、修行者はこれらの諸事を、多少にかかわらず、意にまかせて思い起こして念ぜよ。もしそれができなければ、経典を開いて経文に接し、道理を理解して経文をとなえ、あるいは恋慕の心を起こし、あるいは礼拝する必要がある。これらは近くは心を励ます手段ともなり、遠くは仏を見る因縁を結ぶことにもなろう。およそ身・口・意の三業、行・住・坐・臥

の四儀のすべてにおいて、仏の境界を忘れてはならない。

問　如来の上のようなさまざまの功徳を信じ、思い起こして念ずる時は、どういうすぐれた利益があるのか。

答　『度諸仏境界経』に、

もし十方世界の微塵数の諸仏や声聞衆に、百味の飲食や精妙な天衣などを毎日怠りなく施して恒河沙数の劫を経、その仏の滅後は一々の仏のために、十方世界の一々の世界に微塵数の塔を建て、多くの宝で飾り、種々の供養を行なうこと一日三度に及び、これを毎日怠りなく恒河沙数の劫を重ね、さらに無数無量の衆生にも教えていろいろの供養をさせたとしても、もしただ一人の人がこの如来の智慧や功徳、不可思議な境界を信ずるならば、その人が得る功徳はさきの無数劫の供養にまさること無限である、

といっている〔大意〕。また『華厳』の偈にも、

如来の自在力は
無量劫にも遇いがたきも
もし一念の信を生ぜば
速やかに無上道を証せん

とある。その他については、下の「念仏の利益」の章に説くとおりである。

問　凡夫に過ぎない行者は、対象次第に気が移っていってしまう。常に念仏の心だけを起こしていることなどどうしてできよう。

答　そういうような、ひたすら仏を念ずることができない人は、あらゆることに関係づけて念仏の心を勧め起こすがよい。たとえば遊戯したり談笑したりしている時には、極楽界の宝池や宝林にあって天人や聖者とともにこのようにして楽しみたいものだと願い、もし心配や苦労がある時は、衆生とともに苦を逃れて極楽に生まれたいものだと願い、尊貴高徳の人に対した時には、極楽に生まれてこのようにして世尊にお仕えしたいと願わなければならない。また、卑賤の者を見ては、極楽に生まれて世の孤独な人たちを利し楽しませたいと願うべきであるし、すべて人間や畜類を見るごとに、常に、願わくはこれらの衆生とともに安楽国に往生せんことを、との念を起こすがよい。飲食の時には、極楽の自然に得られる霊妙な食物をとりたいものだと願わなければならぬ。衣服や寝具、行住坐臥の動作、気に合うこと気に入らぬことなど、あらゆる場合についてもすべてこれにならって知るがよろしい〔事に関係づけて願を起こすのは、『華厳経』などに見える例である〕。

第四　止悪修善

悪を止め、善を修するとは、『観仏三昧経』に、
この念仏三昧を成就する者があれば、それは次の五つの因縁によるものである。その五つは、一、戒を守って破らない。二、誤った邪見を起こさない。三、憍慢の心を起こさない。四、怒らない、またねたまない。五、頭の火を払う時のように、勇猛に精進する、の五である。この五事を行ない、諸仏の微妙な身相を正しく念じ、心をくじけさせないようにする。また、かならず大乗経典を読誦しなければならぬ。以上のような功徳をもって仏の力を念ずるから、すみやかに無数の諸仏を眼前に拝することができるのである、
と説いている〔以上〕。

問　この、大乗経典の読誦を含めて合計六種の行法には、どういう意義があるのか。

答　同じく『観仏三昧経』に、
戒を清浄にたもつゆえに、純金の鏡のように、仏の顔を明らかにくっきりと拝することができるのである、
といい、また『大論』には、
仏はすぐれた医師のごとく、法は良薬のごとく、僧は看病人のごとく、戒は薬を用いる

にあたっての禁忌のごときものだ、といっている〔以上〕。であるから、たとい法の薬を服用しても、戒という禁忌を守らなければ煩悩の病いは治せないということがわかる。それゆえに『般舟経』にも、

戒を破るということは、それが髪の毛ほどの小さなことでもけっしてしてはならぬ、と説いているのである〔以上は戒についてのことである〕。

次に、『観仏経』にいう、

もし、邪念や高慢の心を起こす人があったらば、この人は増上慢であり、仏法を破滅させ、衆生に多く不善の心を起こさせ、教団の和合を乱し、異を立てて衆生を惑わす者だと知るべきである。これは悪魔の同類であり、このような悪人は仏を念じたところで教法の妙味はわからない。この者が来世に生まれる所は、憍慢の報いとして、その身はかならず卑小で下賤の家に生まれ、貧乏や困窮、無数の悪業が身につきまとうであろう。このような種々雑多の悪事は、めいめいが自分で防いで、末長く起こらないようにしなければならない、

と〔以上は邪見と憍慢についてのことである〕。

次に、『六波羅蜜経』には、

無量劫にわたって種々の善行を修するとも、心を安んじて忍耐する力と智慧の眼とがなかったならば、その功徳もただ一度の怒りの火に焼き尽くされて、残るところはあるまい、

といい、また『遺教《ゆいきょう》経』にも、

功徳を奪い取る賊としては、怒りにまさるものはない、

とある。またある所での説には、

大利を損ずるものは、怒りに過ぎるものはない。ただ一度の怒りの念も、その因縁によって、億劫の長きにわたる修善の功徳をことごとく焼きほろぼしてしまう。だから十分気をつけて常に怒りの念を捨て、遠ざけるようにせよ、

とし、『大集』の「月蔵分」には怒らぬことの功徳を説いて、

常に賢聖と相会して、念仏三昧にひたることができる、

といっている〔以上は怒りについてのことである〕。

次に、『双観経』に、

この世での恨みの心が、互いにほんのわずか憎みあい、ねたみあう程度に過ぎなくても、それが来世では一転して烈しいものになり、大きな怨みとなるに至る、

とある〔云々〕。また他人をねたみ、傷つけることは、その罪は重大であって、『宝積経』巻九十一に、

仏が鹿野園におられた時、六十人の菩薩があった。彼らは前世の罪業のたたりが重かったので、能力劣弱な者たちであったが、仏足に頭をつけて礼拝するに、悲しみのあまり涙を流して起ち上がることができなかった。その時、仏はこれらの菩薩に、

「お前たち、立つがよい。もう号泣して身を焼く苦悩を生じてはならない。お前たちは

昔、倶留孫仏《くるそん》(41)の教えを受けて出家し、修行したのであったが、その際に、やれ仏の教えを多く聞いたの、やれ戒律を守っているの、頭陀《ずだ》の行にあたって欲が少ないのと、みずから誇る心にとらわれていた。その時、一人の説法上手の比丘があって、親しい友を多く持ち、名声もあり、生活も豊かであったが、お前たちはこれに対して嫉妬の心を起こし、でたらめや悪口をいいふらして、その親友や他の人々の、二比丘に随順する心を失わせ、彼らの種々の善根を断ち切ってしまった。この悪業によって、六百万年の間、阿鼻地獄に生まれていたがその罪がまだ消えず、また四百万年の間、等活地獄に生まれ、さらに二百万年の間、黒縄地獄に生まれ、また六百万年の間、焦熱地獄に生まれたのである。そこから生まれ変わって人となることができたけれども、五百回生死を重ねる間、生まれながらの盲目であって、どの生にあっても正念を失い、善根を妨げ、容姿は醜くて、人に好かれなかった。そして常に辺地に生まれ、貧困で下劣であった。それから生まれ変わって、最後の五百年において仏の教えもほろびようとする時にも、また辺地の下劣の家に生まれ、窮乏し、飢えこごえて正念を失い、もし善を行なおうとしても、いろいろ故障が多くてむずかしいような境遇に置かれる。しかし、五百年経った後には悪業はすっかり消滅して、それから後に阿弥陀仏の極楽世界に生まれることができる。その時阿弥陀仏はお前たちのために、阿耨菩提を得るという予言を授けるであろう」

と告げられた。時に諸菩薩は仏の説くところを聞いて身の毛もよだつばかりに深く憂悶後悔の念を起こしたが、そこで涙を拭って、

「私は今日から永遠の未来に至るまで、もし菩薩の修行をしている人が法にそむくのを見た時に、そのあやまちを摘発し暴露したならば、それは私どもが如来を欺いたことになるのだと考えましょう。また今日から永遠の未来に至るまで、出家・在家の修行者が欲望や快楽を求め、遊戯歓楽にふけるのを見ても、けっしてそのあやまちを追及することなく、常に信頼と尊敬の念を起こして教えの師であると思いましょう。私はまた、今日から永遠の未来に至るまで、わが身の欲望を抑え得ずして下劣の念を起こすこと、旃陀羅《せんだら》や犬のごとくであったならば、これは如来を欺くものであると考えましょう。またもし戒を守り、教えを多く聞き、頭陀行に際して欲少なく、満足を知るというようなすべての功徳について、自分自身の善行に酔いしれるようなことがあれば、如来を欺くものと思いましょう。修した善根についてはみずから誇ることなく、犯した罪業については慚愧してこれを公表しましょう。もしそうしない時には、やはり如来を欺くものであると考えましょう」

と申し上げた。その時、仏はこれをほめたたえて、

「よろしい、よろしい、このようにはっきりした決心をもってすれば、一切の罪業はことごとく消滅し、無量の善根が増大してゆくに相違ない」

といわれた、

と、ねたみの罪の恐るべきことを説いている〔略抄〕。それであるから『大論』の偈にも、

自らの法に愛染《あいぜん》するがゆえに

他人の法を毀呰《きし》せば
持戒の行人といえども
地獄の苦をのがれざらん

といっているのである〔以上は嫉妬についてのことである〕。
次に、同じく『大論』の偈に、

馬《め》と井《せい》(42)との二比丘は
懈怠《けたい》して悪道に堕せり
仏を見法《ほう》を聞くといえども
なおまたみずから勉めざればなり

とある〔以上〕。また、精進しなければ行をなしとげることはむずかしい。それゆえに『華厳経』の偈にも、

鑽燧《さんすい》して火を求むるがごとし
未だ出でざるにしばしば息《やす》まば
火勢随って止滅す

懈怠する者もまた然り

といっているのである〔以上は精進についてのことである〕。

次に、大乗経典を読誦する功徳の無量であることは、『金剛般若論』の偈に、

福は菩提に趣《おもむ》かざれども
二(43)はよく菩提に趣く
実においては了因と名づけ
余においては生因と名づく

とあるとおりである〔以上で、『観仏経』に見えている六種の行法を説明し終わった。『観仏経』では嫉み・怒り・精進については詳しく説明していないので、他の経文によって『観仏経』の意を解説した〕。

この六種の法のほかに、『般舟経』にも十事を挙げているが、それにはこういってある。もし菩薩にしてこの般舟三昧を学ぶ者があれば、その心得として十事がある。一には、他人の豊かな生活を嫉妬するな。二には、すべて人を敬愛し、長老にはよく仕えて従順であれ。三には、かならず報恩を思え。四には、でたらめをいわず、法にそむくことは遠ざけよ。五には、常に乞食《こつじき》をして、特別な招待を受けるな。六には、精進せよ、そして経《きょう》

行《ぎょう》せよ(44)。七には、昼夜ともに、横になったり外出したりするな。八には、常に施しをしようと思え。そしてけっして物を惜しんだり、施しをくやんだりするな。九には、深く智慧の中に入り、しかもそれに執着するな。十には、立派な師を敬い、これに仕えること仏に対するがごとくせよ、

と〔略抄〕。

問　『般舟経』にはまた四四《しし》十六種の法(45)があり、『十住婆沙』第九には百四十余種の法が見えている。『念仏三昧経』にもいろいろの方法がある。また『華厳経』の「入法界品」の偈には、

もし信解《しんげ》し憍慢を離るることあらば
発心せばすなわち如来を見ることを得ん
もし諂誑《てんおう》(46)不浄の心あらば
億劫に尋ね求むとも値遇することなけん

といい、『観仏経』には、

昼夜六時に六法を勤行し、正坐して仏の教えを正しく心に留め、言葉を少なくすることを求めなければならない。経を読誦したり、広く教えを説法する以外は無意味な言葉を吐

くな。こうして常に諸仏を間断なく念じ続ければ、やがては一瞬時も仏を見ていない時はなくなる。これは心が専一で精密であるから、仏を離れることがないのである、

とあるし、また『遺日摩尼《ゆいにちまに》経』には、

沙門が迷いの牢獄に落ちこむ行為としては、多くのものがある。人に供養を求めたり、衣や鉢[47]を多く蓄えようとしたり、在家の人と親交を結んだり、常に愛欲を心に思ったり、好んで知友と交わるなどである、

と、慎むべきことを挙げている〔本文には多くの例があるが、ここでは略抄した〕。どうしてこれらの多くの法を説かないのか。

答　もし詳しくこれを挙げれば、あまりに多くのことがあるのでかえって行者に尻ごみする心を起こさせる結果になるだろう。それだから省略して、肝要な箇所だけを挙げたのである。もし十重戒や四十八軽戒《きょうかい》[48]を堅く守るならば、それだけでかならず念仏三昧を助長し達成する道理であり、またおのずと他の諸行も行ない得るに至るであろう。ましてやここに述べた六法、あるいは十法を身につけるならば、どんな行でもこれに含まれないことがあろうか。だから他の諸法は省略して述べなかったのである。

ところで荒っぽい強烈な煩悩のしわざは、人がすぐこれに気づいて注意するけれども、無意味な語というものはそのあやまちがはっきりとはあらわれず、しかも常に正道を妨げるものである。だからこれにはよく気をつけて改めるがよろしい。それには次の『大論』の文などによるがよかろう。すなわち、

失火によって、四方に火が一時に起こったようなものである。どうしてその中にあってのんびりと火事の対策以外のことを話していられようか。このことについて仏もこの『大品般若経』の中で、

「もし、声聞や辟支仏のことを説くとしても、それさえも無益なことなのであるから、まして他のことなど語っている余裕はない」

と説かれている、

とある〔以上〕。行者は常に、この娑婆世界にあっては、ここが火に包まれた火宅であるという考えを持ち、無益の語を止め、不断に仏を念じ続けよ。

問　『往生論』に、念仏の行法を説いて、

菩提に至る道に違う三種の法を遠ざけよ。その三種の法を遠ざけるとはどういうことであるか。第一には、智慧の力によって、自分の楽しみを求めないようにすること。これは自分自身に執着することを遠ざけるゆえである。第二には、慈悲の力によって、一切衆生の苦をなくすこと。これは衆生を安んずる心を持たないような境地を遠ざけるゆえである。第三には、方便の力によって、一切衆生の心をあわれむこと。これは自分自身を供養し尊敬する心を遠ざけるゆえである。以上を菩提に至る道に違う三種の法を遠ざけるというのである。菩薩がこのような三種の法を遠ざけるならば、逆に、菩提に至る道にかなう三種の法を満足することができる。その三種の法とは何かというと、第一には煩悩に染ま

らぬ清浄心である。これはわが身のためにいろいろの楽しみを求めないからである。第二には安らぎの清浄心である。これは一切衆生の苦をなくすからである。第三には楽しみの清浄心である。これは一切衆生に大菩提を得させ、衆生を摂取して極楽に往生させるからである。これを菩提に至る道にかなう三種の法を満足するものという、と述べているが〔以上〕、ここではなぜこの論によって説かないのか。

答　さきに挙げた四弘誓願の中に、この『往生論』の六法はすべてそなわっている。言葉は異なっていても、その意において欠ける点はないのである。

問　仏を念ずれば自然に罪が消滅するというのならば、かならずしも戒を堅く守らなくてもよいではないか。

答　もし仏を一心に念ずるというのならば、それはまったくそのとおりである。しかし、一日中仏を念じたといっても、よくその実際を検討してみると、本当に清浄心に基づいて念じたのはたった一、二度くらいのもので、他はみな濁り汚れた心で念仏をしているのである。野生の鹿を繋いでおくのはむずかしいが、家畜の犬は自然に人に馴れる類で、放っておいては本性を抑えることはできない。まして人が自分の心のままに勝手にふるまうとなれば、その犯す悪行はどれほどであろうか。それであるから、努力して戒を守ること、かならず宝珠を護るがごとくに厳重でなければならぬ。これを怠れば後に悔やんでも間に合うものではない。よくよくこの点を考えよ。

問　まことにいわれるとおりである。善行はこの世に生まれてからはじめて学ぶものであるから、よいことだと思っていてもとかく怠りがちであるし、邪心は永劫の間、これに慣れて身についているものであるから、これを避けようとしていてもやはり自然に起こってきてしまう、ということになると、どういう方法でこれを治したらよいだろうか。

答　それを治す方法は、一つとは限らない。『次第禅門』に、次のように説いているとおりである。すなわち、

第一に、意気沈滞して心が暗いという欠陥を治すには、応身の仏を観想するがよい。それには仏の三十二相の中でどれでも一相を選ぶか、あるいは最初に眉間の白毫相を選び、目を閉じて観想せよ。もし心が鈍って仏の姿がはっきりしないならば、一体の出来のよい端厳な仏像に向かって一心にその相をとらえ、これを縁として観想に入る必要がある。もしそれでもはっきりしなければ眼を開いてあらためて仏像を見、さらに眼を閉じ、このようにして相の一つを明瞭にとらえ、順々に諸相をくまなく観じて、心眼を明らかに開く時は、眠りに沈んだ暗い心をうち破ることができる。仏を念ずる功徳は、よく罪障を消除するのである。

第二に、悪念や邪見が起こる欠陥を治すには、報身の仏の功徳を念ずるがよい。この功徳を正しく念ずるにあたっては、仏の十力・四無所畏・十八不共《ふぐう》・一切種智[49]は全宇宙をくまなく照らし、静寂不動であって、あまねく仏の肉身を現じて一切を利益する功徳には無

量不可思議のものがあるということを対象とせよ。なぜならば、この念仏の功徳は善行を縁として生ずる心の働きであり、悪念が起こるのは悪行を縁として生ずる心の働きだからである。善は悪を破ることができるのであるから、報身仏を念ずるがよろしい。たとえば姿は醜く、智慧も少ない人が容姿端正な大智の人の中にある時は、自分を卑下し、恥じるように、悪心も善心の中にあれば恥じ入って自然に止まってしまう。仏の功徳を縁とすれば、一念一念の中に一切の罪障を滅ぼすのである。

第三に、各種の境界（対象）がおし迫ってきてこれに圧倒され束縛されるという欠陥を治すには、法身の仏を念ずるがよい。法身仏とはすなわち法性平等の姿であって、不生不滅であり、形も色もなく、空々寂々として無為そのものである。この空の中には境界はない。したがってどこに境界が迫ってくるような姿があらわれようか。境界が空であることを知るから、それが迫ってくるなどという障礙を退治することができる。もしこの場合に、仏の三十二相を念ずるならば、それは退治にはならない。なぜならば、この苦に悩む人はまだ仏の相を縁として観想しない前にすでに境界に悩まされているのであって、そこにさらに仏の相などという対象を加える時は、この執着の魔力のために心が狂乱してしまう。いま、空を観じて相を破棄すれば、もろもろの境界は取り除かれ、そこで一心に念仏すれば、その功徳は無量で直ちに重罪をも滅ぼしてしまうのである、

と説いている〔略抄〕。

個々の欠陥を治す方法は以上のとおりであるが、これにさらに総体的な治療法を三つつけ

加えておこう。
その第一は、煩悩の起りをはっきりつきとめ、心を目覚めさせ、ひきしめて、煩悩を責め立てること悪賊を払うがごとくし、身・口・意の三業の働きを護ること油の鉢を大切に捧げるがごとくすることである。これは『六波羅蜜経』に、
結跏趺坐《けっかふざ》して心正しく観察し、大慈悲心を家とし、智慧を鼓とし、悟りの杖で鼓を打って、もろもろの煩悩に告げよ。
「汝らよく知れ。もろもろの煩悩の賊は妄想から生ずるものである。わが仏の家に善いことがあろうとも、それは汝の所為ではなく、汝らには少しも関係はない。汝はすみやかに退出せよ。もし出てゆかないならば、汝の命を奪うぞ」
と。このように告げ終わる時、煩悩の諸賊は次々と自然に退散するであろう。次に自分で家の防護を固めて、放縦の心が起こらないようにするがよい、
といっているとおりである。また『菩薩処胎経』の偈に、

かの犯罪人の
鉢に満てる油を擎《ささ》げ持つに
もし油の一渧《たい》をも棄てなば
罪大辟《だいへき》に交じり入るとせば
左右に伎楽をなせども

死をおそれて顧み視ざるがごとく
菩薩の浄観を修するや
意を執ること金剛のごとく
毀誉および悩乱にも
心意は傾き動かず
空は本来浄にして
彼此中間《ひしちゆうげん》もなしと解《さと》る

といっている。

第二には、四句の分類法(50)を適用して、すべての煩悩の根源を推しはかることである。すなわち、この煩悩は、心から生ずるものか、縁(対象)から生ずるものか、心と縁が一緒になった時に生ずるものか、あるいはその両方とも無関係に生ずるものか、という四通りの考え方である。

もし心から生ずるものならば、煩悩の起こるのには縁、すなわち対象となるものは必要でないことになる。すると亀の毛とか、兎の角などというありもしない物に対しても、貪る心や怒りの心が生ずることにもなるわけで、理に合わない。

それでは煩悩が対象だけから生ずるものとするならば、心の働きは不要になり、眠っていて心の働きを失った人にも煩悩を起こさせることになってしまう。

次に心と縁が一緒になった時に生ずるとすると、両者が一緒になる前の、別々の時には心も縁もそれぞれ煩悩を持たないのだから、それが一緒になったからといって、どうして煩悩が生じようか。たとえば二粒の砂を合わせても油を生じないようなものである。あるいはまた、心と縁とが一緒になって、ともに働きあって生ずるとするならば、それでは両者が一緒になればかならず煩悩が起こることになって、煩悩の起きない時というものがあり得なくなってしまうではないか。

さらに、この両者とは無関係に煩悩が起こるとすれば、心を離れ、対象を離れてどうして煩悩が起きようか。大空はこの二つとは無関係であるが、その大空が常に煩悩を起こすことになってしまう。

このようにいろいろ観察してゆくと、煩悩というものは実際には生じてこないはずのもので、どこから来るというわけでもなく、どこへ去るというのでもない。内のものでも、外のものでも、またその中間のものでもない。どこにもその存する場所はないのであって、すべて幻のようなものである。これはただ煩悩の心だけのことではなく、観想の心についても同様である。このようにおしつめてゆけば、迷いの心も自然と消えるであろう。それだから『心地観経』の偈に、

かくのごとき心法はもとより有にあらず

凡夫は迷を執して無にあらずという
もしよく心の体性は空なりと観ぜば
惑障生ぜずしてすなわち解脱せん

とし〔云々〕、また『中論』の第一の偈にも、

諸法は自より生ぜず
また他よりも生ぜず
共《ぐ》にあらず無因にあらず
このゆえに無生なりと知る

といっているのである。この偈によって、多くのことについてこの四句の法を用いて考えるがよい。

第三には、次のように念ずるがよい。

「いま、わが迷いの心に存する八万四千の煩悩と、かの阿弥陀仏のそなえている八万四千の波羅蜜とは、本来いずれも空寂であり、一体で区別のないものである。ゆえに貪欲もそのまま道であり、怒りも愚かさも同様にまた道である。それは氷と水とがその本性は異なるものでないのに似ている。それであるから経にも、

煩悩・菩提の体は二なく
生死・涅槃も異処にあらず

といっているのである〔云々〕。しかし、私にはまだ智慧の火がないから、煩悩の氷を融かして功徳の水とすることができない。願わくは仏よ、われをあわれみ、その教えのごとくに観想と智慧の力をわれに授けて、それをもって解脱するを得せしめたまえ」と念じ終わって、声を挙げて仏を念じてその救護を求めよ。『止観』に、

人が重いものを曳《ひ》いてゆくのに、自分の力だけでは進まない時、傍の人の助けを借りれば軽々と行くことができるように、修行者も、心弱くして障礙を排除できない時には、仏の名をとなえてその加護を請うならば、悪縁もこれを破ることができない、

といっているとおりである〔以上〕。

もし煩悩が心を覆いつくして、以上述べてきた個別的・総体的な治療法のどれをも受けつけない時には、その煩悩の根源を知って、心の師となって心を導くことが必要である。心を師として心に引きずられてはならない。

問　もし破戒の者は三昧を成就しがたいというのならば、なぜ『観仏経』に、

この観仏三昧は、一切衆生の罪を犯した者の薬であり、戒を破った者の護りである、

と説いてあるのか。

答　破戒の後に、前の罪を消滅させるために一心に仏を念ずるのであって、それだから薬といっているのである。もし常に罪を犯し、戒を破るのであれば、三昧は成就できない。

第五　懺悔衆罪

もろもろの罪を懺悔するとは、もし煩悩にその心をまどわされて戒を破る者は、その日の中に懺悔を修するがよい。『大経』巻十九に、

　もし罪をおおい隠す者があれば、その罪はますます大きくなる。包み隠さずに懺悔すれば、罪はたちどころに消滅する、

とあるとおりである。また『大論』には、

　身・口・意にかかわる悪を懺悔しないで仏を見ようと思っても、できるはずがない、

といっている〔以上〕。

　この懺悔の方法も一つには限らないが、自分の欲するままの方法で修するがよい。その方法は、あるいは五体を地に投じ、全身に汗を流して一心に阿弥陀仏に帰依し、その眉間の白毫相を念じて罪を告白し、涙を流して次のように念ずるがよい。

　過去において、阿弥陀仏は空王仏[51]の眉間の白毫相を礼拝してその罪を消滅し、いまは仏となることができたのである。自分がいま阿弥陀仏を礼拝すれば、またかならずそのよう

になるであろう、

と。そして罪の種類に応じて、仏の慈悲の光を嘆願すべきである。すなわち、

檀（布施）の光を放って慳蔽《けんぺい》[52]の罪を滅ぼしたまえ
戒の光を放って破戒の罪を滅ぼしたまえ
忍辱《にんにく》の光を放って瞋恚《しんに》の罪を滅ぼしたまえ
精進の光を放って怠惰の罪を滅ぼしたまえ
禅定の光を放って散乱心の罪を滅ぼしたまえ
智慧の光を放って痴愚の罪を滅ぼしたまえ

と。このようにして一日もしくは七日に至るならば、百千劫の間の煩悩の重い罪業を除くであろう。あるいはほんのわずかの間でも坐禅して、心を静め、集中させ、仏の白毫相を念じ、心を明らかに、錯乱の念なく正しく持して、これを白毫に集中して止まなければ、九十六億那由他劫の生死の罪を除き去る。あるいは一心に阿弥陀仏の神呪（真言）を念ずること、一度で四重罪・五逆罪を滅ぼすことができ、七度では根本の罪を滅ぼすことができる〔これは『儀軌』に出ていることである〕。

あるいはまた『心地観経』には、理の懺悔を説いてこういっている。

一切のもろもろの罪性はみな如《によ》なり
顚倒の因縁より妄心起こる

かくのごとき罪相は本来空にして
三世の中に得る所なし

内にあらず外にあらず中間にあらず
性相如々(53)にしてともに不動なり
真如の妙理は名言《みょうごん》を絶す
ただ聖智のみあってよく通達す

有にあらず無にあらず有無にもあらず
有無ならざるにもあらずして名相を離れ
法界に周遍して生滅なし
諸仏は本来同一体なり

ただ願わくは諸仏加護を垂れて
よく一切の顛倒の心を滅せよ
願わくは我早く真性の源を悟り
速やかに如来の無上道を証せん

問　正しく仏を観想すればそれでもう罪を滅ぼすことができるのに、なぜその上に理の懺悔を修するのか。

答　誰がこれらの諸法を一々修せよといったか。ただ心の欲するに従って、どれかを修すればよいのである。まして、衆罪の本性は空であり、実体としてあるものではないということを観得するのは、それがすなわち真実の念仏三昧の境地である。『華厳』の偈に、

現在は和合にあらず
未来もまた然り
一切の法の無相なるは
これすなわち仏の真体なり

といっているとおりである。また『仏蔵経』の「念仏品」には、

実体として捉えられるものはないと見ることを名づけて念仏といい、また諸法の実相を見ることを名づけて念仏という。なんの分別も加えず、執着もせず、捨てもしない。これが真の念仏である、

と説いている〔以上〕。他のいろいろの、空とか無相とかいう観想も、これに準じて念仏三昧にとりこめばよかろう。

問　このような各種の懺悔には、どんなすぐれた功徳があるのか。

答　『心地観経』の偈に、

在家はよく煩悩の因を招き
出家もまた清浄の戒を破る
もしよく法のごとく懺悔せば
所有の煩悩もことごとくみな除かん

〔中略〕

懺悔はよく三界の獄を出で
懺悔はよく菩提の華を開き
懺悔はよく仏の大円鏡[54]を見
懺悔はよく宝所[55]に至らん

といっている。

問　この各種のうち、どれがもっともすぐれているだろうか。

答　もし一人の人だけについていうならば、その人の性向・能力に応ずるものがいちばんよろしい。もし原則論としていうならば、理の懺悔がもっともすぐれている。だから『如来秘密蔵経』の下巻にも、仏が迦葉《かしよう》にいわれたこととして、

もしほんの少しの不善でも、それを捨てず、固執するならば、私はそれはすべて罪であると説く。迦葉よ、無間地獄に堕ちるような五逆罪でも、もし人がそれを固執して邪見を起こすようなことがないならば、私はそれを罪であるとは説かない。まして他の小さな不善の行ないなどは、固執さえしなければ罪などとはいえない。迦葉よ、私は不善の法をもって菩提を得たのではない。しかしまた、善法をもって菩提を得たのでもない。〔中略〕煩悩は因縁から起こると理解することを、菩提を得るというのである。迦葉よ、それでは煩悩は因縁から起こると理解するとは、どういうことをさすのであろうか。これは、自性がなく、すなわちそれ自体がなくて起こるものとは、つまり無生である、生じないのであると理解することである。このように理解するのを、菩提を得るというのである、

と見え、また『決定毘尼経《けつじようびにきよう》』には、

大乗の教えを受けて発心し修行するのに、朝の中に戒を犯すことがあっても、その日の昼において一切智を求める心を失わなければ、そういう菩薩は戒身(56)をそこなわない。もし昼の間に戒を犯すことがあっても、夕方に一切智を求める心を持っていれば、その菩薩は戒身をそこなわない。〔中略〕もし後夜に戒を犯すことがあっても、朝に一切智を求める心があれば、その菩薩は戒身をそこなわない。こういうわけだから、菩薩乗の人は、許さ

れること、禁ぜられることを定めている戒律をよく守るのであるし、もしそれを犯すことがあっても、度を失ってむやみに心配や後悔の念を起こして、自分の心を悩ます必要はないのである。しかし声聞乗にあっては、戒を犯すことがあればそれは声聞戒を破壊したものとされる、

と説いている〔云々〕。ここにいう一切智を求める心とは、他の所で説いていることに当てれば、第一義空に相応する心である。または仏の種智を求める心といってもよい。

問　もし懺悔を修して衆罪を消滅することができるならば、なぜ『大論』巻四十六に、

仏が出家に対して定めた戒は、その規定は細密で厳重なように見えるが、犯しても懺悔すればすぐ清浄になる。しかし、出家・在家を問わず守るべき十善戒を犯せば、懺悔したとても三悪道に堕ちる罪は消えない、

といい、また『十輪経』に、

十の重罪を次々に犯すと、一切の諸仏もこれを救わない、

と説いているのか。

答　『観経』には、十返の念仏は五逆罪を消すことができるといい、『観仏経』では、仏の一相を念ずれば十悪・五逆の罪を滅し得るとし、『大経』には、阿闍世《あじゃせ》[57]王が父を殺した罪を懺悔によって除いたといい、『般若経』には、経を読誦し解説すれば三界の衆生を殺害した罪を消滅して悪道に堕ちないと説き、『華厳経』には、普賢菩薩の願をとなえれば一度で十

悪・五逆の罪を消すことができるといっている。これらによって、大乗の真実の説では消えない罪はないのだということが明らかである。しかし、この『大論』の文は、あるいは重い罪を転じて軽い罪を受けるとして、それではまったく罪を受けないわけではないから罪は除かれないと表現したのか、あるいは聴く者の程度に応じて説いた方便の説なのであろう。また懐感禅師は『十輪経』を解釈して、如来の真意は罪を恐れさせようとしたのである、と説いている〔云々〕。その他は下の「問答料簡」の章の「念仏相」の節に説くとおりである。

以上はみな、別時の懺悔である。しかし行者は常に三事を修すべきであって、この三事とは『大論』に、

菩薩はかならず昼夜の六時に、懺悔・随喜・勧請《かんじょう》の三事を修する必要がある、

といっているものである〔略抄〕。前章の念仏の五法のうち、第一の礼拝の次にこれを修するがよい。『十住婆沙』の懺悔の偈にいう、

十方の無量の仏は
知る所尽くさざるなし
我今ことごとく前において
もろもろの黒悪を発露す

三三合して九種は

三の煩悩より起こる
今身もしくは前身の
この罪をことごとく懺悔す

三悪道の中において
もしまさに受くべき業報あらば
願わくは今身において償い
悪道に入りて受けざらん

と〔「三三合して九種」とは、身・口・意三業の果は、それぞれ現世と、次の世と、さらにその後の世において受けるものがあることをいう。三の煩悩より起こるとは、三界の貪・瞋・痴の三種の煩悩である〕。

勧請の偈には、

十方の一切の仏の
現在に成仏する者に
われ請う　法輪を転じて
諸衆生を安楽にせんことを

十方の一切の仏の
もし寿命を捨てんと欲せば
われ今頭面《ずめん》に礼し
勧請して久住《くじゅう》せしめん

とあり、随喜の偈には、

所有の布施の福も
持戒修禅の行も
身・口・意より生ず
去来今の所有の
三乗(58)を習行する人と
三乗を具足する者と
一切の凡夫との福を
みな随って歓喜せん

といっている〔以上〕。また常行三昧《じょうぎょうざんまい》や法華三昧(59)、真言の教えなどにもみなそれぞれに懺悔

の文があるから、随意に用いるがよい。もし簡略を望むならば、『弥勒菩薩本願経』の一つの偈によるがよろしい。その経には、

仏は阿難に、

「弥勒菩薩がもと道を求めた時には、別に耳・鼻・頭・目・手足・身体・生命や、珍宝・城邑・妻子・国土などを人に施すことによって、仏道を成就したわけではない。ただ善業や簡単な修行をして無上真実の道を完成することができたのである」

といわれた。そこで阿難が仏に、

「弥勒菩薩はどんな善根によって仏道を成就し得たのでしょうか」

と問うと、仏は、

「弥勒菩薩は昼夜おのおの三度、衣服・身体を正し、手の指を組み、右膝を地に着けて十方に向かい、

われ一切の過を悔い
もろもろの道徳を勧め明かし
諸仏を帰命し礼す
無上の慧を得せしめよ

という偈をとなえたのである」

と答えられた。そして仏は阿難に、
「弥勒菩薩はこの善根によって、無上真実の道を得たのである」
といわれた、
とある〔以上〕。
問　この懺悔や勧請などのことを修すれば、どれほどの福が得られようか。
答　『十住論』の偈に、

もし一時の中において
福徳の形あらば
恒河沙世界も
すなわちおのずから容受せざらん

といっている。

第六　対治魔事

悪魔のしわざを退治するとは、次のごときことである。

問　いろいろの悪魔のわざは、正道を妨げることができる。病気を起こしたり、観想・念仏の力を失わせたり、邪法を覚えさせたりする。つまり、有に執着するとか、無に執着するとか、心の明暗、邪念や乱心、悲しみや喜び、苦や楽、禍や福、悪や善、憎悪や恋着、心が固かったり軟弱だったりといった類のことが、度を過ぎたり、不足だったりするのである。これはいずれも悪魔のしわざですべて正道を妨げるものである。これをどうして退治したらよいだろうか。

答　その方法は数多いが、いまはただ念仏という一方法だけによるがよい。この念仏にも、現象的な事《じ》と、理念的な理《り》との二つがある。第一の事の念仏とは、言葉と行と相応じて一心に仏を念ずる時は、もろもろの悪魔もこれを妨げ、破ることはできないのである。

問　どうして破れないのか。

答　仏が心にかけて護るからであり、また念仏そのものの威力のゆえに破れないのである。『大般若』に悪魔のわざを退治するのに、事・理それぞれについて二つの法を挙げているとおりで、その中に、

一には、いわれたとおりにすべてをよく行なうこと、二には諸仏によってよく守られること、

といってあるし、また『般舟経』には、

もし夜叉や鬼神が人の精神統一を乱し、人の記憶を奪うことができても、この菩薩の心に打撃を与えようとすれば、それはどうしても不可能なことである、と見えている〔云々〕。その他は下の「念仏の利益」の章にいうとおりである。

第二に理の念仏とは、『止観』第八に、

魔界における真如と、仏界における真如とは、一如であって二如ではなく、平等で、その相は一つであると知り、魔を憂いとしたり仏を欣びとしたりすることなく、これをともに真実として安置する。〔中略〕魔界はそのままに仏界である。ところが衆生はこれを知らず、仏界にあって迷いを起こして勝手に魔界を作り出し、菩提の中にありながら煩悩を起こす、仏はそれだからこれをあわれみ、魔界にあってそれがそのまま仏界であり、煩悩においてそれがそのまま菩提であることを衆生に悟らせようとする。このゆえに仏は慈悲心を起こすのである、

といっているとおりのものである〔以上〕。そこで、次のように念ずるがよい。

魔界も仏界も、自界・他界も、ひとしく空であり、無相である。この諸法の無相はすなわち仏の真体である。魔界はそのまま仏身であり、それはまたそのままわが身である。道理に二つはないからである。ところがもろもろの衆生は妄想の夢から覚めず、一実の相を理解せずに、是とか非とかの差別の心を起こして五道に輪廻《りんね》している。願わくは衆生に絶対平等の真理の智慧を与えられんことを、

と。このように深く普遍の大慈悲心を起こすべきであり、さらには、仏の絶妙な身体を観想

するにあたっても三空門(60)を行じて、これに執着しないようにするがよい。熱した黄金の丸はその色は美しいけれども手を触れてはならないようなものである。観想に際してすらこのようにすべきものであるから、まして他のことについて執着や慢心を起こしてよかろうか。このように観念する時は、悪魔もこれを破ることができない。それゆえに『大般若経』にも、悪魔退治の方法を説いて、

　第一に、諸法はすべて究極においては空であると観想すること。第二には、一切の生あるものを捨てないこと、

といっているのであり、また『大論』にも、

　眼・耳などの六根と、色・声などの六境とを合わせた十二入《にゅう》(61)は、すべて悪魔の張った網であって、偽りの、実在しないものである。そしてこれについてまた眼識・耳識など六種の識を生ずるのも、やはり悪魔の網であって偽りである。それでは何が真実かといえば、それは絶対平等の不二の法だけである。眼もなく色もなく、さらには意もなく法もない世界、これを実というのである。仏は衆生を十二入から離れさせるために、常にいろいろの因縁によってこの不二の法を説くのである、

といっているのである〔以上〕。

問　どうして空を観ずる時には、悪魔がその力をふるえないのだろうか。

答　『大論』にこういっている。

一切のものにおいて、すべて執着しない。執着しないから誤りを犯さない。誤りを犯さないから悪魔がつけ入るすきがない。それは、たとえば人の身体に傷がない時には、毒で汚れた屑の中に臥しても毒は体内に入らないが、もし小さな傷でもあれば、毒が入って死んでしまうようなものである、

と。また『大集経』の「月蔵分」の中には、他化《たけ》天魔王が菩提心を起こし、未来に成仏できるという予言を受けて願を立てた時の言葉として、

われらは、現在および未来の諸仏の弟子、および第一義の真実にかなう生活をしている者を護って、これに衣食を供し、供養しよう。もしわが教えに従わず、修行者を悩ます魔がある時には、直ちにその一類をさまざまな病いにかからせて、その神通力を失わせよう、

といっている〔大意〕。これによって、悪魔といっても、本当の悪魔は行者に手が出せないし、かりに魔の姿をしている権魔《ごんま》の方は行者を護るものであることがはっきりする。前に挙げた二種の悪魔退治の方法については、いずれも証拠があるので、諸師の解釈をここにあらためて引用することは止めよう。

第七　総結行要

行法の要点の総括とは、次のようなことである。

問　上の諸節においては多くのことが述べられているが、どの業が往生の要点であるかが、まだわからない。

答　大菩提心と、身・口・意の三業を正しく護ることと、深く信じ、至誠をもって念仏すること、これで願のままにかならず往生ができる。ましてその他のいろいろのめでたい行をも兼ねそなえるならば、往生は疑いない。

問　何ゆえにこれらを往生の行の要点とするのか。

答　菩提心の意義については、前に詳しく説明したとおりである。三業の起こす重悪は正道を妨げるものであるから、これを正しく護る必要がある。また往生のための修行は念仏が根本であるが、その念仏の心はかならず理にかなったものでなくてはならない。だから、深信・至誠・常念の三事を伴うのである。

この中の常念には三つの益があること、迦才師のいうとおりである。それは、第一には、諸悪念が大小ともに、最後まで生ずる余裕がないと同時に、また罪障を消滅することができる。第二に、善根を増し、また仏を見るに至る因縁の種を蒔《ま》くことができる。第三にはこの習慣がしみつき、熟して、臨終の時にあたって正念があらわれる、というものである〔以上〕。また、すべて行為は願によって進められる。だから願のままに往生するといったのである。

以上、総括していうならば、三業を護るというのは悪を制止する止善であり、仏を念じてその名をとなえるのは進んで善を行なう行善である。そして菩提心と願とが、この止行二善を助けるのである。それゆえにこれらの行法を往生のための要点とする。そのことは経や論にも見えているけれども、ここに詳しく述べることはできない。

往生要集　巻中本　終

往生要集　巻中末

天台首楞厳院沙門源信撰

大文第六　別時念仏

別時念仏には二つある。はじめに尋常の別行を明らかにし、次に臨時の行儀を明らかにしよう。

第一　尋常の別行

日々の行法においては、常に心を励まして精進をつづけるというわけにはゆかない。それゆえ、まさに時を限って別時の行を修すべきである。あるいは一、二、三日ないしは七日、あるいは十日ないしは九十日、その願にしたがってこれを修すべきである。その一日ないしは七日とは、善導和尚の『観念門』に、次のようにいっている。

『般舟三昧経』に、念仏三昧の法を明らかにして、次のようにいっている。

仏陀は跋陀和《ばつだわ》に告げていわれた。

「この行法をたもてば三昧を得、現在の諸仏はことごとくその前に立たれる。比丘・比丘尼・優婆塞・優婆夷らが完全にその戒をたもち、ひとり一処にあって西方に想いをこらすならば、阿弥陀仏はいま現にそこにおられるのだから、聞くところにしたがってまさに念《おも》うべきである。それはここを去ること十万億の仏刹で、その国を極楽と名づける、と。一日一夜、もしくは七日七夜、一心にこれを念ずるならば、七日を過ぎて後にこれを見るであろう。それはたとえば夢の中でものを見るように、昼夜・内外の別はわからないけれども、闇の中で一切が蔽われて見えないのとはちがうのだ。跋陀和よ、比丘らが常にこのように念ずる時は、諸仏の境界のうち、もろもろの大山・須弥山などにある幽冥の処はことごとく開かれて遮られるところがないであろう。それは比丘らが超人的な眼をもって見、超人的な耳をもって聞き、超人的な足をもってその仏刹に到るのではない。この世の生を終わってかの国に生まれるのでもない。すなわちこの座においてこれを見るのだ」と。仏陀はいわれた。

「比丘らはこの間の国土において阿弥陀仏を念じ、専念するがゆえにこれを見ることができた。いまいかなる法をもってこの国に生まれることができるのかと問うならば、阿弥陀仏は答えて、この国に来たり生まれようとするならば、常にわが名を念じて休まぬようにせよ、そうすれば来たり生まれることができる、といわれるであろう」

と。仏陀はいわれた。

「専念するがゆえに往生することができるのだから、まさに仏身には三十二相・八十種好があって、光りかがやき、比類なく端正で、菩薩僧中にあって説法し、色身を損うことがない、と念うべきである。なぜかといえば、仏の色身を念ずるがゆえにこの三昧を得るのだから」と、

と「この文は、この経の「行品」の中にある。もし目覚めて仏を見ることがなければ、夢の中にこれを見るのである」。

三昧の道場に入ろうとする時は、一に仏教の方法によって、まず道場をととのえ、尊像を安置し、香湯をそそいで掃き浄むべきである。もし仏堂がなければ、清浄な室でもい い。これを掃き浄めて香油をそそぎ、法のごとくに一体の仏像をとって西壁に安置せよ。行者らは、月の一日から八日まで、あるいは八日から十五日まで、あるいは十五日から二十三日まで、あるいは二十三日から三十日まで、月別に四時にするといい。行者らは、みずから家業の軽重をはかり、この四時の中で一日ないしは七日、浄行の道に入る。衣服も履物もみな清潔なものを用い、七日の間は一日一食、正午以後は食事をせず、柔らかい餅や粗末な飯をとり、ときどきの飲料や果実も質素にして量を節すべきである。道場の中においては、昼夜に心をととのえ、たえず阿弥陀仏を専念し、心と声とがはなればなれにならぬようにせよ。ただ坐りあるいは立って、七日のうちは眠ってはならぬ。また、時によって礼仏・誦経することも無用で、数珠を手にしてもならぬ。ただ合掌して念仏し、念々

に仏を見る想をなせ。仏陀はいわれた。

「阿弥陀仏の真金の色身は光りかがやき、端正で比べるものがない。それがいまわが心眼の前にあると想念せよ」

と。正しく念仏する時は、もし立つならば立ったままで念ずること一万、二万、坐るならば坐ったままで念ずること一万、二万、とすべきで、道場の内においては頭を交えて私語してはならない。昼夜、あるいは三時・六時に、諸仏、一切の賢聖、天地の一切の神々に表白して、生まれてからこのかた、身・口・意の業をもって造ったもろもろの罪をありのままに懺悔し、終わったならばまた法によって念仏せよ。そこに見られたものは、たやすくこれを口にしてはならない。善はみずからそれとさとり、悪はこれを懺悔せよ。酒肉五辛は手にとらず口に喫わずと誓い、発願して、もしこのことばに違う時は、身も口もともに悪瘡を生ずるように願うべきである。また、『阿弥陀経』を誦すること十万遍の願を立て、日別の念仏は一万遍、誦経は十五遍でもあるいは二十遍、三十遍でも力の多少に任せ、浄土に生まれんことを誓い、仏の摂受を願うべきである。

また、もろもろの行者に申す、今生に日夜たえずもっぱら阿弥陀仏を念じ、もっぱら『弥陀経』を誦《よ》み、浄土の聖衆と荘厳とを称揚礼讃して、浄土に生まれることを願う者、三昧の道場には入らないが、日ごとに阿弥陀仏を念ずること一万遍、生命を終わるまでこれをつづける者は、すなわち阿弥陀仏の加護を蒙《こうむ》って罪障を除くことができ、また阿弥陀仏が聖衆とともに常に来たってこれを護るから、年歯も延び、長く安楽に過ごすことができる。その一々の因縁は『譬喩経』『惟無三昧経』『浄度三昧経』などに説いているとおりである。

また『観仏経』には、「もし比丘・比丘尼、その他の男女が四つの根本罪(1)、十悪・五逆などの罪を犯し、大乗を謗るような行為があった時は、もしよく懺悔して、日夜六時、身も心も息《やす》まず、五体を地に投じて、大山の崩れるように号泣し涙を流し、合掌して仏に向かい、仏の眉間の白毫相の光を念ずること一日より七日に及べば、前の四種の罪が軽くなるであろう。白毫の光を観ようにも暗くして見えない場合には、まさに塔中に入って、仏像の眉間の白毫を観じ、一日から三日、合掌し啼泣すべきである」といっている、と〔以上は『観念門』の略抄〕。

『大般若経』の五百六十八巻には七日の行を明らかにして、

もし善男子・善女人らが心に疑惑なく、七日の間、沐浴して身を浄め、新しく清潔な衣をまとって花や香を供養し、一心に前に説いたような如来の功徳と大威神とを正しく念ずれば、その時、如来は慈悲をもってこれを護り、身を現わしてみせてその願を満たされる。もし花や香などに欠けることがあっても、ただ一心に功徳と威神とを念ぜよ。まさに生命が終わろうとする時、かならず仏を見ることができるであろう、

といっている〔以上〕。

この「前に説いたような功徳等」というのは、如来は大いなる慈悲をもって説法し、遮られるところがなく、三昧の一念に限りなく多くの身を現わすことができ、超人的な眼や耳を

もって他の心や智慧を洞察して失うところがない。煩悩を離れて、一切の法に自在平等であるというような功徳と威神とである。

『大集賢護経』にもまた七日の行があるが、これは次の「念仏の利益」の章で触れるであろう。

また迦才の『浄土論』には、

道綽禅師は、経文を検討して、ただよく念仏して一心不乱に、百万遍以上におよぶ者は、かならず往生することができるといわれた。この百万遍というのは『小阿弥陀経』の七日念仏の段から得られたものである。だから『大集経』『薬師経』『小阿弥陀経』などはみな七日の念仏を勧めるので、その意味は明らかである、

といっている〔以上は迦才〕。

十日の行は『鼓音声経』『平等覚経』などに見えるが、これは次の「念仏の利益」の章を見てほしい。

九十日の行は『止観』の第二にいうもので、それは次のように説かれている。

常行三昧については、まず方法を明らかにし、次に勧修を明らかにする。その方法とは、身の開遮(2)、口の説默、意の止観の三つであるが、この法は『般舟三昧経』に出ている。訳して仏立《ぶつりゅう》というが、この仏立に三つの意味がある。一は仏の威力、二は三昧の力、三は行者の本来の功徳の力で、それによってよく三昧の中において十方現在の仏がその前にあって立つのを見ることができる。それは明眼の人が清夜に星を見るようなもので、十

方の仏を見ることもまたこのように多いから、仏立三昧と名づけられる。『十住毘婆沙』の偈に、

　この三昧の住処に
　少・中・多の差別あり
　かくのごときの種々相
　またまさに論議すべし

というが、住処とは、初禅から第二・第三・第四などの禅定の間に、この勢力を発してよく三昧を生ずることができるから名づけられたことである。初禅は少、第二禅は中、第三・第四禅は多である。あるいは少時住するから、少と名づくとも、あるいは世界を見ること少なく、仏を見ること少ないがゆえに少と名づくといってもいい。中・多もまた同様に考えられる。

身の開遮というのは、身には常行、すなわち常に歩行することが許される。この法を行ずる時は、悪しき友や痴《し》れ人、親属や郷里を避けてつねに独り止まり、他人に望み求めるところがあってはならぬ。また常に独り乞食して、特別な招きを受けてはならない。道場をかざり、もろもろの供具・香餚《こうごう》・甘果をそなえて、その身を浄め、道場の出入りには衣服を改める。ただもっぱら歩きめぐって、九十日を一期とせよ。明師の内外の律に善くし

て、よく妨げを除くことができる人に就き、三昧の処においては世尊を視るようにこれを敬い、嫌ったり恚《いか》ったり、その短長を見たりしてはならぬ。まさにわが肌肉を割《さ》いても師に供養すべきである。その他のことはいうまでもない。師に仕えることは、召使が主人に仕えるようにすべきで、もし師にたいして悪意を抱くようなことがあれば、この三昧を求めてもついに得がたいであろう。外護は母が子を養う時のように、同行はともに嶮を渉る時のようにすべきである。そしてわが筋骨が枯れ朽ちても、この三昧を学んで得るまでは休息しないと誓願すべきである。大信を起こせばこれを壊《こぼ》つものはなく、大精進を起こせばこれに及ぶものはない。また、所入の智もよくこれに及ぶものはないであろう。常に善き師とともに事に従い、三月の間は瞬時も世間の想欲を念うことはならぬ。三月の間は瞬時も横臥しあるいは道場を離れてはならぬ。三月の間は行を休んではならぬ。食事と用便の場合を除く。人のために経を説いても、衣食を望んではならぬ。『婆沙』の偈には、

善知識に親近し
精進して懈怠なく
智慧はなはだ堅牢に
信力妄りに動ずるなかれ

といっている。

口の説黙とは、九十日、常に行じて休息することなく、九十日、口に常に阿弥陀仏の名をとなえて休息することなく、九十日、心に常に阿弥陀仏を念じて休息することなく、あるいは唱念ともに運び、あるいは先に念じて後にとなえ、あるいは先にとなえて後に念じ、唱念相ついで休息する時があってはならぬということである。もし阿弥陀仏の名をとなえるならば、これは十方の仏の名をとなえる功徳と等しい。ただもっぱら阿弥陀仏をもって法門の主とするのであるから、要約して歩々、声々、念々、ただ阿弥陀仏にありといってもいい。

意の止観とは、西方の阿弥陀仏が、ここを去ること十万億の仏刹の宝地・宝池・宝樹・宝堂の中にあり、もろもろの菩薩の中央に、坐して経を説かれていることを念ずることである。三月の間、常に仏を念ずるのである。念ずるというのは、仏の三十二相を念ずることで、足下の千輻輪の相から一々にさかのぼって、さまざまの相、ないしは無見頂(3)の相を念じ、またまさにその頂相から順に観じて千輻輪に至り、われにもまたこの相を得させたまえと念ずるのである。

また、われはまさに心にしたがって仏を得べきか、身にしたがって仏を得べきか、と念ずべきである。仏は心をもって得られるものではなく、身をもって得られるものでもない。心をもって仏の色は得られず、色をもって仏の心は得られない。なぜかといえば、心といえば仏に心なく、色といえば仏に色はない。ゆえに色・心をもってしては三菩提(4)を得られない。仏は色はすでに尽き、ないしは識もすでに尽きている(5)。仏陀の説かれる「尽」

は、痴人は知らず、智者のみがこれをさとるものである。身・口をもって仏は得られず、智慧をもってしても仏は得られない。なぜかといえば、智慧は求めて得られるものではなく、自ら我を求めてもついに得られず、また見られるものでもないからである。一切の法は、本より有るところなく、本を壊ち本を絶するものである〔その一〕。

夢に七宝を見て歓び楽しんでも、覚めてから想い出そうとすると、それがどこにあったかわからない時のように仏を念ずべきである。また舎衛《しゃえ》国に須門という女性がいることを聞いて心に喜び、これと契った夢を見たが、覚めてから念うと、彼女が来たのでもなく自分が行ったのでもないのに、歓楽のさまだけはそのままに思いうかべられたという。まさにこのように仏を念ずべきである。また人が大沢を歩み疲れて飢渇し、夢に美食を得たが、覚めてみればなお空腹で、自ら一切のものはみな夢のようなものだと念う、まさにそのように仏を念ずべきである。繰り返し仏を念じて休息してはならぬ。このように念ずることによって、まさに阿弥陀仏の国に生まれるであろう。これを如相念と名づける。人が宝をもって瑠璃の上に置くと影がその中に現われ、また比丘が骨相を観ずると骨が種々の光を生ずるようなものである。これは誰か持ち来たった者があるのではなく、またこの骨があるのでもない、これは意《こころ》が作り出したものに他ならぬ。鏡の中の像は外から来たものではなく、中から生まれたものでもない。鏡が浄いゆえに自らその形が見えるようなものである。行人の色が清浄ならばあらゆるものが清浄である。仏を見ようとおもえばすぐにこれを見ることができ、見ればすなわち問い、問えばすなわち答えて、経を聞いて大いに歓喜する〔その二〕。

また、自ら念ずべきである。仏はどこから来るのか、われもまた到りつくところはない、と。わが念ずるところすなわち見るのである。心が仏となり、心自ら心を見、仏の心を見るのである。この仏の心は、わが心が仏を見るのである。心は自ら心を知らず、心は自ら心を見ない。心に想いのあるのを痴といい、心に想いのないのが泥洹《ないおん》（さとり）である。この法は示すべきものなく、みな念の所為である。たとい念があってもまた無所有にして空であるとさとるよりほかはない〔その三〕。

偈にいう、

心は心を知らず
心ありて心を見ず
心想を起こせばすなわち痴
想なきはすなわち泥洹なり
諸仏は心に従って解脱を得
心無垢なれば清浄と名づく
五道は鮮潔にして色を受けず
これを解することあるものは大道を成ず

と。これを仏印と名づける。貪るところなく、着するところなく、求むるところなく、想うところもない。所有も尽き所欲も尽きて、したがって生ずるところも滅すべきところもなく、壊敗するところもない。これが道の要であり、道の本である。この印は、二乗もこれを壊つことはできない。まして魔などはなおさらである、といわれている〔云々〕。『婆沙』には、「新発意《しんぼち》の菩薩は、まず仏の色相・相体・相業・相果・相用(6)を念じて下の勢力を得、次に仏の四十不共法(7)を念じて心に中の勢力を得、次に実相の仏を念じて上の勢力を得、そして色・法の二身にとらわれぬようになる」といい、偈にも、

色身に貪着せず
法身にも着せず
善く知る　一切の法は
永寂にして虚空のごとしと

といっている。

勧修とは、もし人が誰もわが師となるものがないほどに広大な智慧をそなえ、いながらにしてことごとく諸仏を見、ことごとく所説を聞き、ことごとくよく受持することができるようにと欲するならば、常に三昧を行ぜよ、ということである。常行三昧はもろもろの功徳の中でももっともすぐれたものである。この三昧は諸仏の母、仏の眼、仏の父、無生

大悲の母[8]であり、一切のもろもろの如来はこの二法[9]から生ずる。大千の地および草木を砕いて塵とし、一塵を一仏刹として、その世界に満ちている宝をもって布施するならば、その福ははなはだ多いであろうが、この三昧を聞いて驚かず畏れないには及ばない。いわんや信じて受持し、読誦して人のために説き、牛の乳をつくる時のように心静かに思いをこめて修習し、よくこの三昧を成ずるならば、なおさらのことである。だから無量無辺なのである。『婆沙』にも、「劫火[10]・官賊・怨毒・竜獣・衆病が、この人を侵そうとしてもその余地がない。この人は常に天竜八部、諸仏がみなともに護念し称讃しており、みなともに見《まみ》えんとしてその所に来るからである」といっている。

　もしこの三昧の、上のような四番の功徳を聞いてみな随喜するならば、三世の諸仏・菩薩もみな随喜し、また上の四番の功徳に勝るものがあろう。もしこのような法を修めなければ無量の重宝を失い、人天はそのために憂え悲しむであろう。それは鼻に病いのある人が栴檀を手にしてもその香がわからず、田家の子が摩尼珠（宝の珠）をもって一頭の牛に替えてしまうようなものだともいわれる、

と〔なお、四番の功徳については『弘決』に「また四番の果報あり、一に不驚、二に信受、三に定心修、四に能成就なり」といっている〕。

第二　臨終の行儀

臨終の行儀については、まず行事を明らかにし、次に勧念を明らかにしよう。

初　行事

はじめに行事というのは、『四分律鈔』の「瞻病送終《せんびょうそうしゅう》」篇に『中国本伝』を引いて、次のようにいっている。

祇園《ぎおん》精舎の西北の角、日光の没するところに無常院をつくり、もし病者があればその中に安置する。すべて煩悩を生ずる者は、本房の内の衣鉢衆具を見て、これに執着し、厭い背く心をなくするから、制して別処に行かせるのである。堂を無常と名づける。来る者はきわめて多く、還る者は一、二にすぎない。日没の姿に即して専心に法を念ずることを求めるために、その堂の中に一の立像を置き、金箔をこれに塗り、面《おもて》を西方に向ける。その像の右手は挙げ、左手の中には五綵《ごさい》の幡を繋ぎ、幡の脚は垂れて地に曳くようにする。病者は像の後に安置し、左手に幡の脚を執らせて、仏に従って浄土に往く想をなさしめる。看病の者は香を焚き花を散らして病者の周囲をととのえ、もし屎尿《しにょう》・吐唾《とだ》などがあれば随時これを取り除く、

と。一説には仏像を東に向け、病者をその前に置くともいう。

私の考えでは、もし別処がない時は、ただ病者の面を西に向けさせ、香を焚き花を散らして、いろいろに念仏を勧進せよ。あるいは端厳な仏像を見させるべきである。

善導和尚はいう、

行者らは、病いであると否とを問わず、命を終わろうとする時は、一に上に説いた念仏三昧の法によって身と心を正しくととのえ、面を廻《めぐ》らして西に向かい、心はまたもっぱら集注して阿弥陀仏を観想し、心と口と相応して念仏の声を絶やすことなく、決定《けつじょう》して往生の想と、華台《けだい》の聖衆が来たって迎接するの想を起こすべきである。病人がもしこのような姿をまのあたりに見たならば、看病人に向かってこれを説き、看病人はその聞いたとおりにこれを記録せよ。また、病人がもし自ら語ることができない時は、看病人はかならずいろいろにその見るところを問い、もし罪相を説いたならば、傍の人たちはそのために念仏し、ともどもに懺悔してかならず罪の消えるようにせよ。そしてもしその罪が消え、華台の聖衆が現われたならば、これも前に準じて抄記せよ。

また、行者らの眷属や六親が来たって看病する時は、酒肉五辛などを食ってはならない。もしそのような人があったらかならず病人の辺に行ってはならない。すなわち正念を失い、鬼神交乱して、病人は狂死し、三悪道に堕ちるからである。願わくは行者ら、よく自ら慎んで仏教を奉持し、ともどもに見仏の因縁を作るようにしたいものである、と〔以上〕。この往生の想、迎接の想を起こすということは、理としてもまさにそうあるべきことであろう。『大論』にも、心の不思議な働きを説いて次のようにいっている。

地の相を取ることが多いから、水を履《ふ》んでも地を履むがごとく、水の相を取ることが多いから、地に入っても水に入るがごとくであり、火の相を取ることが多いから、身から煙や炎を出すのである、と〔云々〕。まことに、求めるところの事においてその相を取る時は、よくその事を助けてこれを成就することができるということが知られるわけであり、それはただ臨終の時ばかりではなく、平常の場合にあっても同様である。道綽和尚もいっている。

　十念相続ということはむずかしいことではないようにみえるが、しかしもろもろの凡夫は、心は陽炎のごとく、識は猿よりも劇しく、六塵（その対象）に向かって馳せめぐり、少しも停まることがない。各自よろしく信心を起こして、かねて自ら念仏につとめ、積習して性を成し、善根を堅固ならしむべきである。仏陀が大王[11]に告げていわれたように、人は善行を積めば、死ぬ時に悪念がなく、それは樹の先の傾き倒れる時にかならず曲がっている方向にしたがうようなものである。もしひとたび死の瞬間が訪れると、いろいろな苦しみが身に集まり、もし念仏の習性がそれまでに身についていないと、にわかに念仏を思い立っても、どうすることもできないであろう。各自はよろしく三人五人の同志とあらかじめ約束を結び、臨終の時にはたがいに諫めあって、ために弥陀の名号をとなえ、極楽に生まれることを願って、声々相つぎ、十念を成就させるようにすべきである、

と〔以上〕。ここにいう十念には、多くの解釈があるけれども、しかし、一心に十遍、南無阿弥陀仏と称念するのを十念という、という解釈が経文に順うものである。他は下の「問答料簡」の章に説くとおりである。

次　勧念

次に、臨終の勧念とは、親しき友、あるいは同行で志ある者は、仏教に順い、衆生を利せんがために、また自らの善根、結縁のために、病いに侵された当初から、病床に来問して勧進を加うべきである。ただその勧進の趣旨は人々の意にまかせてよろしいわけであるが、いまはしばらく私自身のためにその詞を結んでおくことにしよう。

仏子は、年来この世の希望を捨てて、ただ西方の業、念仏だけをつとめてきた。中でもその期するところは臨終の十念にあった。いまやすでに病床に臥し、恐れずにはいられない。よろしく目を閉じ合掌して一心に誓いを立つべきである。仏の相好以外の他の色を見てはならぬ。仏の法音以外の他の声を聞いてはならぬ。仏の正教以外の他のことを説いてはならぬ。往生のこと以外の他のことを思ってはならぬ。このようにして、もしこの命が終って後、宝蓮華の台上に坐し、阿弥陀仏の後に従って、聖衆に囲遶《いにょう》され、十万億の国土を過ぎる間も、またこのようにして、他の境界に心を向けてはならない。ただ極楽世界の七宝の池の中に至って、はじめてまさに目を挙げ、合掌して弥陀の尊容を見、甚深の法音を聞き、諸仏の功徳の香を聞き、法喜禅悦の味を嘗め、多くの聖衆を頂礼して、普賢の行願に悟入すべきである。

いま一心に聴き一心に念ずべき十の事がある。一々の念ごとに疑心を生じてはならない。

その一は、まずまさに大乗の実智を発して、生死の由来を知るべきである。『大円覚経』の偈にも、

一切の諸衆生の無始の幻・無明は
みな諸如来の円覚の心より建立す

といっている。まさに生死即涅槃、煩悩即菩提、[12]円融無礙にして無二無別なりと知るべきである。しかるに一念の妄心によって生死界に入って以来、無明の病いに盲《めしい》られて、久しく本覚[13]の道を忘れたのである。ただ、諸法は本来、常に自ら寂滅の相（涅槃のあらわれ）であるけれども、それが幻のように定性がないのは、心にしたがって転変するからである。だから仏子よ、まさに三宝を念じ、邪をひるがえして正に帰すべきである。そして仏は医王、法は良薬、僧は看病人である。無明の病いを除き、正見の眼を開き、本覚の道を示して、浄土に引接するのは、仏・法・僧に及ぶものはない。だから仏子よ、まずまさに大医王の想を生じて一心に仏を念ずべきである。

南無本師釈迦牟尼仏
南無薬師瑠璃光仏〔三念以上〕
南無三世十方一切諸仏
南無阿弥陀仏〔十念以上〕

次には妙良薬の想を生じて一心に法を念ずる。

南無三世仏母摩訶般若波羅蜜

南無平等大慧妙法蓮華経
南無八万十二一切正法
次に随逐護念の想を生じて一心に僧を念ずべきである。
南無観世音菩薩
南無大勢至菩薩
南無普賢菩薩
南無文殊師利菩薩
南無弥勒菩薩
南無地蔵菩薩
南無龍樹菩薩
南無三世十方一切聖衆
南無極楽界会一切三宝
南無三世十方一切三宝
〔三念以上、あるいは便宜同音に助念することもよく、あるいは鐘の声を聞かせて正念を増すことを助けてもいい。以下もこれに準ずる〕

その二は、法性（真如）は平等だといっても、また仮りの姿を離れたものではないということである。阿弥陀仏のいうように、諸法の性は一切空・無我であるとさとり、もっぱら浄き仏土を求めるならば、かならずこのような国を実現することができよう。ゆえに浄土に往生するためには、まずまさにこの世界を厭離すべきである。いま、この娑婆世界は、悪業の結果であり、多くの苦しみの本源である。生老病死は果てしなく輪転し、この世は獄に繋がれたようなもので、一として願わしいものはない。もしいまの時においてこれを厭い離れないならば、まさにいずれの生において輪廻を離れることができようか。しかるに阿弥陀仏には不思議の威力があり、もし一心にその名をとなえるならば、その一念一念の中に八十億劫の生死の重罪を滅することができる。だから、いままさに一心に阿弥陀仏を念じて、この苦界を離るべきであり、まさに「願わくは阿弥陀仏よ、決定してわれを救いたまえ。南無阿弥陀仏」との念を起こすべきである〔その十念以上の信心の勢いの尽きるのを見て、次のことを勧むべきである。あるいは加えて二菩薩の名をとなえること、以下もこれに準ずる〕。

その三は、まさに浄土を欣求すべきことである。西方の極楽は、大乗善根の世界で、苦しみなく悩みなき所である。ひとたび蓮のなかにやどると、永く生死を離れ、眼に阿弥陀仏の聖容を見、耳に深妙の尊い教えを聞いて、一切の快楽でそなわらぬものはない。もし人の臨終の時、十遍阿弥陀仏を念ずるならば、かならずかの安楽国に往生することができる。仏子よ、たまたま人として生まれ、また仏陀の教えを聞くことができた。それは一眼の亀が浮木の孔に遇ったようなものだ。もしいまの時において往生することを得ないならば、また三悪・八難の中に堕ちて、法を聞くことすらなお難くなるであろう。まして往生など、思いもよらぬことになろう。ゆえにまさに一心に阿弥陀仏を称念すべきであり、「願わくは阿弥陀仏よ、今日決定してわれを引接し、極楽に往生せしめたまえ。南無阿弥陀仏」との念を起こすべきである。

その四は、およそ浄土に往生しようと願うならば、そのための業を求めることが必要だということである。阿弥陀仏の本願にも、「もし私が成仏することを得るにしても、この世に生を享けた者でわが名号を聞き、想をわが国にかけてもろもろの善根を積み、至心に回向してわが国に生まれようとする者が、その願を果たさない間は、私も成仏することをしまい」といっている。仏子は一生の間、ひとえに西方の業を修めてきた。多くの修行を積んできたが、目的とするところはただ極楽に往生することにあった。いまは重ねて過去・現在・未来三際の一切の善根を集め、すべてこれを極楽に回向すべきであり、「願わくはわがもてる一切の善根の力によって、今日決定して極楽に往生せしめたまえ。南無阿弥陀仏」との念を起こすべきである。

その五は、本願にも「もし私が成仏することを得るにしても、この世に生を享けた者で菩提心を発《おこ》してもろもろの功徳を修め、至心に発願してわが国に生まれたいと願う者が臨終の時にあたって、もし大衆に囲遶されてその人の前に現われないならば、私は成仏することをしまい」といっている。仏子は久しい以前から菩提心を発し、もろもろの善根を極楽に回向してきた。いまは重ねて菩提心を発して阿弥陀仏を念じ、「願わくは私にも一切の衆生に喜びを与えるために、今日決定して極楽に往生せしめたまえ。南無阿弥陀仏」との念を起こすべきである。

その六、仏子はもとより往生浄土の修行を身につけてきた。いまはもっぱら阿弥陀如来を念じて、その修行をいっそう効果あらしむべきである。阿弥陀仏の功徳は無量無辺で、つぶさに説くことができない。いま現にきわめて多くの仏たちが、常に阿弥陀仏の功徳を讃め称えており、それはまたいかに称讃しても窮まり尽きるところがない。仏子もまた一心に阿弥陀仏の功徳を帰命すべきであり、まさに「われいま一念の中に、ことごとくもって阿弥陀如来の一切の万徳を帰命せん。南無阿弥陀仏」と念ずべきである。

その七、仏子はまさに阿弥陀仏の一つの色相を念じて、心をその一点に集中せしむべきである。すなわちその姿は閻浮檀金《えんぶだごん》のように金色にかがやき、金山王《こんせんおう》のようにけだかく、はかり知れない相好をもってその身を荘厳している。その中の眉間の白毫は五つの須弥山を合わせたように右に旋ってうずまき、七百五倶胝六百万の光明は燃えかがやいて億千の日月を見るがごとくである。これこそ汚れなき万徳の成就するところであり、大定・大智・大悲の流出したものである。しばらくの間でもこの相を憶念すれば、よく九十六億那由他恒河沙を微塵とした数ほどの劫の生死の重罪を滅することができる。だからいまはまさにその相を憶念して、決定して罪業を滅除すべきであり、「願わくは白毫相の光、わがもろもろの罪を滅したまえ。南無阿弥陀仏」との念を起こすべきである。

その八、かの白毫相の若干の光明は、常に十方世界の念仏の衆生を照らし、摂取して捨てることがない。まさに大悲の光明は決定して来たり照らすと知るべきである。『華厳』の偈にもいっている。

また光明を放つを見仏と名づく
かの光命終《みょうじゅう》の者を覚悟せしむ
念仏三昧には必ず仏を見
命終の後仏前に生ず

と。いまはまさに「願わくは阿弥陀仏、清浄の光を放ち、はるかにわが心を照らしてわが心を覚悟せしめ、境界と自体と当生との三種の愛欲⑭を転じて、念仏三昧を成就し、極楽に往生することを得しめたまえ。南無阿弥陀仏」との念を起こすべきである。

その九、阿弥陀如来は、ただ光をもってはるかに照らすだけではなく、自ら観音・勢至とともに、常に来たって行者を擁護するものである。まして父母は病める子に対してはとくにその心を傾け、不動の法性の山さえ動かして、生死の海、迷いの世界にまで入ってこられる。この時、仏は大光明を放ち、もろもろの聖衆とともに引接し擁護される。煩悩に隔てられて、まのあたりそれを見ることができないとしても、大悲の願を疑ってはならぬ。かならずこの室に入ってこられる。ゆえに仏子よ、まさに「願わくは仏、大光明を放ってかならず来迎し、極楽に往生せしめたまえ。南無阿弥陀仏」との念を起こすべきである〔以上の第七、第八、第九条のことは常に勧誘すべきもの、その他の条はときどきにこれを用いる〕。

もし病者の気力がしだいに衰えてきた時には、まさに「仏は観音・勢至その他多くの聖衆とともに来たって宝蓮華をかかげ、仏子を引摂しようとしておられる」というべきである。

その十、正《まさ》しく臨終の時には、まさに、仏子よ知るや否や、ただいまはすなわち最後の心であり、臨終の一念は百年の業に勝《まさ》っていることを。もしこの瞬間を過ぎると、次に生まれる処が定まるであろう。いまはまさにその時である。まさに一心に念仏してかならず西方の極楽、微妙浄土の八功徳池の中、七宝蓮台の上に往生すべきであり、まさに「如来の本誓は一毫の謬《あやま》りもない。願わくは仏、決定してわれを引摂したまえ。南無阿弥陀仏」との念を起こすべきである。あるいはしだいに簡略にして「願わくは仏、かならず引摂したまえ。南無阿弥陀仏」と念ずべきである。

このように、病者の気色を見てその場合場合にしたがうべきであるが、ただ一事をもって最後の念とすべきで、多くのことをもとめてはならない。言葉づかいや振舞いにはことに心を用い、病者の心を紊《みだ》すようなことがあってはならない。

問　『観仏三昧経』の説によると、

仏は阿難に告げていわれた、

「もし父母を殺害し、六親を罵り辱しめるような罪をつくる衆生があって、その命を終わる時は、銅の犬が大きく口を開いて十八の車の形をあらわす。その形は黄金の車のごとく、上に宝蓋があり、一切の火炎は化して美女となっている。罪人ははるかにこれを見て心に歓喜を生じ、その中に行きたいと思う。息を引き取る時、寒さがきびしくして声を失い、むしろよき火を得て車上に坐り、燃える火に自ら爆《あぶ》られようと思った時に、命が終わり、たちまちにしてその黄金の車の上に坐っている。そこで美女を顧みると、みな鉄の斧《おの》をとって罪人の身を切りきざむ」

と。また、

四重禁を犯し、虚しく信施を食い、誹謗邪見にして因果を識らず、般若を学ぶことを断ち、十方の仏を毀ち、僧祇物（寺の財産）を偸《ぬす》み、婬泆《いんいつ》無道にして浄戒の諸比丘尼・姉妹親戚を無理に犯し、慚愧を知らずして所親を毀辱し、もろもろの悪事をなした人の罪報は、臨終に息を引き取る時、坐臥定まらず、楚撻《そたつ》（むち）を被るがごとく、その心は荒《すさ》み乱れて狂痴の想を起こす。おのが居宅を見れば、男女大小の一切はみな不浄の物であり、屎尿の臭気はあふれて外に流れ出る。その時罪人はいう。

「何ゆえここにわが遊戯すべきよき城郭やよき山林なくして、このような不浄の物の間に私を置くのか」

と。罪人がそういい終わると、地獄の鬼が大なる鉄叉をもって阿鼻地獄やもろもろの刀林をささげ、宝の樹や清涼の池にその形を変える。火炎は化して金葉の蓮華となり、もろもろの鉄の嘴《くちばし》をもった虫は化して鴨や雁になる。地獄の泣き叫ぶ声は詠歌の音とも聞こえるのである。罪人はこれを聞いて、「このような好ましいところでこそ、私はその中で遊ぼう」と思い、直ちに火の蓮華の上に坐る、

と〔云々〕。どうして今日の蓮華の来迎が火の華ではないということを知ることができようか。

答　懐感和尚はこれを解釈していわれた。

四つの意味で火の車（華）ではないということがわかる。一は行について、二は相について、三は語について、四は仏について、火の華とは異なるのである。一に行についていえば、『観仏三昧経』には「罪人罪を造り、四重禁を犯し、ないし所親を毀辱す」と説くけれども、悔過の心を生ぜず、念仏を教える善き友にも遇わないがゆえに、見るところの華は地獄の相である。いまこの下品等の三人⑮は、また生まれて以来、罪を造ってきたが、命終の時に善知識に遇って至心に念仏し、念仏するがゆえに多劫の罪を滅し、勝れた功徳を造って、宝池の中の華の来迎を感得したのである。どうして前の華に同じということがあろうか。二に相というのは、経には「刀風その身を解くに、偃臥《えんが》定まらず、楚撻を被るがごとし、その心は荒越して狂痴の想を発す、おのが室宅を見るに、男女の大小、一切はみなこれ不浄の物なり、屎尿の臭き処にして外に盈流す」と説くけれども、いまこれは仏を念じて身心安穏に、悪しき想はすべて消え、ただ聖衆を見、異香の薫るを聞くのであるから、これも同じではない。三に語というのは、この経には「地獄の痛声は詠歌の音のごとし、罪人聞きおわりて、かくのごときよき処に、われまさに中に遊ばん」と説くが、『観経』の中には「讃めていわく、善男子、汝仏名をとなうるがゆえに諸罪消滅す、われ来たって汝を迎う、と」といっており、彼は詠歌の音であるが、これは滅罪を陳《の》べる語である。二音はすでに別のものであるから、同じではない。四に仏というのは、この経には「一切の火炎は化して玉女となる、罪人はるかに見て心に歓喜を生じ、われ中に往かんと欲すと、金車に坐しおわって玉女を顧瞻するに、みな鉄斧を捉ってその身を折截す」といいけれども、『観経』には「その時かの仏、すなわち化仏・化観世音・化大勢至を遣わして行者の前に至らしむ」といっている。この四つの意味で、蓮華の来迎は『観仏三昧経』の説と同じではないことが知られるのである、と〔以上〕。看病の人は、よくこの相をわきまえ、しばしば病者の身のまわりのことを問い、前の行儀によっていろいろに教化すべきである。

往生要集　巻中末　終

往生要集　巻下本

天台首楞厳院沙門源信撰

大文第七　念仏の利益

念仏の利益を明らかにするには、大きく分けて七つのことが考えられる。一には滅罪生善、二には冥得護持、三には現身見仏、四には当来の勝利、五には弥陀の別益、六には例を引いて勧信すること、七には悪趣の利益である。これを明らかにした経文は、それぞれに数が多いので、いまは略して要文を挙げよう。

第一　滅罪生善

第一に滅罪生善とは、『観仏経』の第二にいう、

一時の中を分けて少分となし、その少分の中でしばらくの間でも、よく仏の白毫を念

じ、心明らかに、迷い乱れる想なく、晴れ晴れと落ち着いて、注意して息《やす》まずに白毫を念ずる者は、相好を見ると見ないとにかかわらず、このような人たちは九十六億那由他の恒河沙を微塵に砕いたほどの数多くの劫にわたる生死の罪を除却するであろう。もしまた白毫のことを聞いただけで心に驚き疑うことなく、歓喜して信受する人がある時は、この人もまた八十億劫の生死の罪を除くことができよう、
と。またいう、
　仏が世を去って後、三昧正受して、仏の歩みを想う者も、また千劫の極重の悪業を除くことができる、
と〔仏の行歩の相は、上の大文第五、「助念の方法」の章に説いたとおりである〕。
またいう、
　仏は阿難に告げていわれた。
「汝は今日から如来の言葉をよく保持して、広く弟子たちに告げよ。仏が世を去った後には、よき形像を造って、相好をととのえ、また無量の化仏の色像と通身の色（光背）を作り、また仏跡を画いて、微妙の糸および頗梨《はり》の珠をもって白毫のところに置き、もろもろの衆生がこの相を見ることができるようにせよ。ただこの相を見て心に歓喜を生ずるだけで、この人は百億那由他恒河沙の劫の生死の罪を除却するであろう」
と〔『優塡王作仏形像経』にいう、「仏の形像を作る功徳は無量であり、世々の生まれる所には悪道に堕ちず、後にはみな無量寿仏の国に生まれることができ、菩薩となってやがて成仏

することができよう」と。略抄〕。

またいう、

老女が仏を見ながら邪見にして信じなかった時でも、なおよく八十万億劫の生死の罪を除却することができた。いわんやまた善意をもって恭敬し礼拝する者にあってはなおさらである、

と〔須達《すだつ》の家の老女(1)のことである。その因縁は経文に詳しく説いている〕。

またいう、

もろもろの凡夫や比丘・比丘尼等四部の弟子の中に、方等経(2)を謗《そし》り、五逆罪を作り、四重禁を犯し、僧祇物を偸《ぬす》み、比丘尼を婬し、八戒斎を破るなど、もろもろの悪事、種々の邪見をなした者でも、もしよく至心に一日一夜、念をかけて、あたかも仏が前にいますがごとく、仏如来の一つの相好を観ずる時は、諸悪も罪障もみなことごとく滅尽するであろう、

と。またいう、

もし仏世尊に帰依する者、もしくは仏の名をとなえる者があれば、百千劫の煩悩や重障は除かれる。いわんや心を正しくして念仏三昧を修する者においてはなおさらである、

と。『宝積経』の第五にいう、

種々色（斑色）とよばれる宝珠は、大海の中にあると、流れのはげしい川水がどんなにたくさん入りこんできても、その珠の火力をもって水を銷滅《しょうめつ》させ、水を溢れさせることが

ないという。このように、如来・応・等正覚[3]も、菩提を証しおわると、その智の火力をもって、よく衆生の煩悩を銷滅させるのである。〔中略〕もしまた人が、毎日如来の名号をとなえ功徳を説くならば、これらの衆生は、よく黒闇を離れて、しだいにもろもろの煩悩を焼き消すことができるであろう。このように、南無仏と称念すれば、口にとなえられた言葉はけっして空しくはならないであろう。このような働きを大炬《だいく》をもって煩悩を焼くというのである、

と。『遺日摩《ゆいにちま》尼《に》経』にいう、

菩薩はまた数千巨億万劫のあいだ、愛欲の中にあって罪のために覆われていても、もし仏経を聞いて一度でも善を念ずるならば、罪はそのまま消え失せるであろう、

と〔以上の諸文は滅罪についてである〕。

『大悲経』の第二にいう、

もし三千大千世界の中に満ちている須陀洹《すだおん》・斯陀含《しだごん》・阿那含《あなごん》・阿羅漢《あらかん》の四種の聖者を、もし善男子・善女人があって一劫、あるいは滅一劫[4]のあいだ、種々の心にかなった一切の楽具をもって恭敬し尊重し、へりくだって供養するとしても、諸仏の所においてただ一たび合掌し、称名する人の福徳に比べると、百分の一にも及ばず、百千億分の一にも及ばず、迦羅分[5]の一にも及ばない。何となれば、仏如来はもろもろの福田の中で最無上のものだからである。それゆえ、仏に布施することは、大功徳を成すことである、

と〔略抄。三千界に満ちている辟支仏をもって比較した場合でも、また同様である〕。

『普曜経《ふよう》』の偈にいう、

一切衆生縁覚を成ぜんに
もし億数劫に
飲食・衣服・床・臥具
擣香・雑香および名華を供養することあらんも
もし一心に十指を叉《まじ》え
専心に自ら一如来に帰し
口に自ら南無仏と発言することあらば
この功徳の福を最上となす

と。『般舟経』に念仏三昧を説く偈にいう、

たとい一切をしてみな仏となし
聖智清浄　慧第一たらしめ
みな億劫にその数を過ぐるまで
一偈の功徳を講説し
泥洹に至るまで福を誦詠し

無数億劫にことごとく嘆誦するも
その功徳を究尽することあたわず
この三昧の一偈のことにおいては
一切の仏国　所有の地
四方・四隅および上下の
中に満つる珍宝をもって布施し
もって仏天・中天を供養せんも
もしこの三昧を聞く者あらば
その福祐を得ること彼より過ぎたり
安諦に諷誦し講説せん者は
譬えを引くとも功徳喩《たと》うべからず

と〔一仏刹を破して塵となし、一々の塵を取ってまた砕いて一仏刹の塵数と同じようにし、この一塵を一仏刹として、若干の仏刹の中に満ちている珍宝を諸仏に供養する、ということを譬えとしているのである。以上生善〕。

『度諸仏境界経』にいう、

もしもろもろの衆生が如来によって諸行を生ずるならば、無数劫の地獄・畜生・餓鬼・閻魔王の生を断ずることができる。もし衆生が一念でも心を決して如来によるならば、得るところの功徳は限りなく、はかりつくすことができない。百千万億那由他の諸大菩薩がことごとく不可思議解脱定[6]を得てこれを計っても、なおその極限を知ることができない、

と。『観仏経』にいう、

仏は阿難に告げていわれた。

「わが涅槃の後、諸天・世人がもしわが名をとなえ、また南無諸仏ととなえるならば、獲るところの福徳は無量無辺である。いわんやまた念をかけて諸仏を念ずる者でもろもろの障礙を滅除しないということがあろうか」と、

と〔以上は滅罪生善。その他は上に述べた「正修念仏」の章のとおりである〕。

第二　冥得護持

冥得護持、知らぬうちに仏神の加護を得るとは『護《ご》身呪《しんじゅ》経』にいう、

三十六部の神王[7]には万億恒沙の鬼神が眷属となって、三帰（仏・法・僧に帰依する）を誓った者を護っている、

と。『般舟経』にいう、

劫尽壊焼[8]（世界の終末）の時、この三昧を保持する菩薩は、たといこの火の中に堕ちても、火はそのために消えるであろう。たとえば大甖《がめ》の水が小さな火を消すようなものである。仏は跋陀和《ばつだわ》に告げていわれた。

「わが語るところに不思議はない。この三昧を保持する菩薩は、もしくは帝王もしくは賊、もしくは火もしくは水、もしくは竜もしくは蛇、もしくは夜叉・鬼神もしくは猛獣、〔中略〕もしくは人の禅定を破り、人の念を奪うものが、たといこの菩薩を破ろうとしても、ついに破ることはできないのだ」

と。仏はいわれた。

「わが語るところに不思議はない。宿命あるものを除いて、他によくこれを破るものはないのだ」と、

と。偈にいう、

鬼神・乾陀《けんだ》ともに擁護し
諸天・人民またかくのごとし
ならびに阿《あ》須《す》倫《りん》・摩《ま》睺勒《ごうろく》も
この三昧を行ぜばかくのごとくなるを得
諸天ことごとくともにその徳を頌し
天人竜神甄陀羅《けんだら》も
諸仏も嗟嘆して願のごとくならしむ
諷誦説経して人のためにするがゆえに
国々相伐ちて民荒乱し

飢饉しきりに至りて壊苦窮まるも
ついにその命を中夭せず
よくこの経を誦して人を化せる者は
勇猛にもろもろの魔事を降伏し
心に畏るるところなく毛竪《た》たず
その功徳行は議《はか》るべからず
この三昧を行ぜばかくのごとくなるを得ん

と〔『十住婆沙』に、これらの文を引用した後に「ただ業報のかならずまさに受くべきものを除く」といっている〕。

『十二仏名経』の偈にいう、

もし人仏名を持すれば
衆魔および波旬(9)
行住坐臥の処に
その便を得ることあたわず

と。

第三　現身見仏

現身に仏を見るとは、『文殊般若経』の下巻にいう、

仏はいわれた。

「もし善男子・善女人、一行三昧に入ろうと思うならば、まさに人気のない静かな処でもろもろの心の乱れを捨て、相貌にとらわれず、心を一仏にかけてもっぱら名字をとなえ、仏のいます方向に身を正して正しく向かい、絶ゆることなくその仏を念じつづけよ。その時、念中によく過去・未来・現在の諸仏を見ることができるであろう」と、

と。善導禅師はこれを解釈していう、

衆生は罪障が重いから、観想は成就しがたい。このゆえに仏陀は憐れみを垂れて、ただもっぱら名字をとなえよと勧めるのである、

と。『般舟経』にいう、

この菩薩はこの三昧を保持する威神（不思議な力）をもって、夢の中に以前には聞かなかったところの経巻を自得する。その経巻のことごとくを見、ことごとく経の声を聞くであろう。もし昼の中に見なければ、夜夢の中にことごとく仏を見ることができるであろう。仏は跋陀和に告げていわれた。

「一劫もしくは一劫を過ぎても、この三昧を保持する菩薩の功徳を説きつくすことはでき

ない。いわんやよくこの三昧を求めて得た者についてはなおさらである」と、と。また同じ経の偈にいう、

阿弥陀国の菩薩
無央数百千の仏を見るがごとく
この三昧を得る菩薩も然り
まさに無央百千の仏を見るべし

〔中略〕

それこの三昧を誦受するあらば
すでに面《まのあた》り百千の仏を見るとなす
たとい最後の大恐懼も
この三昧を持すれば畏るるところなし

と。『念仏三昧経』第九の偈にいう、

もしことごとく一切の仏

現在・未来および十方を見んと欲し
あるいはまた妙法輪を転ぜんことを求めば
またまずこの三昧を修習せよ

と。『十二仏名経』の偈にいう、

もし人よく至心にして
七日仏名を誦すれば
清浄の眼を得て
よく無量の仏を見ん

と。

第四　当来の勝利

当来の勝利、来世でうけるすぐれた利益というのは、『華厳』の偈にいう、

もし如来の少功徳を念じ

乃至一念に心に専仰せば
もろもろの悪道の怖れことごとく永く除き
智眼ここにおいてよく深く悟る

と〔智眼天王の頌〕。『般舟経』の偈にいう、

その人終《つい》に地獄に堕せず
餓鬼道および畜生を離れ
世々の所生に宿命を識る
この三昧を学ばばかくのごとくなるを得ん

と。『観仏経』にいう、

もしひとたび仏身に上のような功徳・相好・光明があることを聞いた衆生は、億々千劫のあいだ悪道に堕ちず、邪見雑穢の処に生まれず、常に正見を得、勤修してやまないであろう。ただ仏名を聞くだけですら、このような福を獲ることができる。ましてや念を観仏三昧にかける者においてはなおさらである、

と〔以上〕。『安楽集』にいう、

『大集経』にいう、「諸仏は世に出でて四種の法をもって衆生をすくわれる。その四種の

法とは、一には口に十二部経を説くことであり、これは法施をもって衆生をすくうものである。二には諸仏には無量の光明・相好があり、一切の衆生はただよく心をかけて観察すれば、利益を獲ないということはない。これは身業をもって衆生をすくうものである。三には無量の徳用、神通の道力、種々の神変がある。これは神通の力をもって衆生をすくうものである。四には諸仏如来には無量の名号がある。そのすべて、もしくは特定の名号を心にかけて称念する衆生は、みな罪障を除き利益を獲て、仏の前に生まれることができる。これは名号をもって、衆生をすくうものである」と〔云々〕。『正法念経』にこの文があるという人もある、

と〔云々〕。『十二仏名経』の偈にいう、

もし人仏名を持して怯弱《こうにゃく》の心を生ぜず
智慧に諂曲なくば常に諸仏の前にあり
もし人仏名を持せば七宝華の中に生じ
その華は千億葉にして威光相具足せん

と〔以上の諸文は、永く悪趣を離れて浄土に往生することを明らかにするものである〕。

『観仏経』にいう、

もしよく至心に心を内にかけ、端坐正受して仏の色身を観ずるならば、この人の心は仏

心のごとく、仏と異なるところがない。煩悩があるといっても、諸悪のためにおおわれず、未来世において大法の雨を降らすと知るべきである、

と。『大集念仏三昧経』の第七にいう、

このような念仏三昧は、すなわち一切の諸法を総括すると知るべきである。だから、それはかの声聞・縁覚など、二乗の境界ではない。しばらくでもこの法を聞く人は、来世にかならず成仏することは疑いない、

と。同じ経の第九にいう、

ただよく耳にこの三昧の名を聞けば、たとい自ら読誦、受持、修習することなく、また他のために講説せず、広く分別して解釈することをしなくとも、それらの善男子・善女人はみな、しだいに阿耨菩提を成就することができる、

と。同じ経の偈にいう、

もしもろもろの妙相を円満し
もろもろの妙上の荘厳を具足せんと欲し
また清浄の家に転生せんことを求めば
必ずまずこの三昧を受持せよ

と。またある経にいう、

もし仏の福田においてよく少分の善を植えるならば、初めに勝善趣（人天界）を獲、後にかならず涅槃を得るであろう、

と。『大般若経』にいう、

仏を敬い憶うによってかならず生死を出でて涅槃に至るのであるが、いまはこれに触れない。ないしは仏を供養するために一華を虚空に散ずるだけでも生死を出でて涅槃に至ることができるのであるが、これについてもいまは触れない。もし善男子・善女人らより、下はひとたび「南無仏陀、大慈悲者」ととなえる者に至るまで、これらの人たちは生死の際を窮めるまで善根が尽きることなく、天人の中にあって常に富楽を受け、ないし最後には般涅槃（さとり）を得るであろう、

と〔略抄。『大悲経』の第二も同じ〕。『宝積経』にいう、

もし如来の所において微善でも起こした衆生は、死に至るまでその功徳が壊たれることはない、

と。またいう、

もしすぐれた意楽《ねがい》を発した菩薩が、わがもとにおいて父にたいするがごとき想を起こすならば、その人はまさに如来の数に入ることを得て、私と異なるところがなくなるであろう、

と。『十二仏名経』の偈にいう、

もし人仏名を持すれば
世々に所生の処
神通をもって虚空に遊び
よく無辺の刹に至り
面《まのあた》り諸仏を見て
よく甚深の義を問い
〔中略〕
ために微妙の法を説き
かの菩提の記を授く

と。

『法華経』の偈にいう、

もし人散乱の心をもって
塔廟（仏の遺骨を安置した所）の中に入り
一たび南無仏と称うれば
みなすでに仏道を成ず

と。『大悲経』の第三にいう、

仏は阿難に告げていわれた。「もし仏名を聞く衆生があるならば、私はこの人はかならず般涅槃に入ることができるであろうと説くであろう」と、

と。『華厳経』の法幢菩薩の偈にいう、

もしもろもろの衆生ありて
未だ菩提心を発せざるも
一たび仏名を聞くことを得ば
決定して菩提を成ぜん

と〈以上の諸文は、菩提を得ることを明かすものである〉。

ただ名号を聞くことですら、このように勝れた利益がある。ましてしばらくでも相好功徳を観念し、あるいはまた一華・一香を供養する時、さらに一生勤修するような場合には、その功徳はけっして虚しくはないであろう。すなわち仏法に遇い、仏号を聞くということは、けっして少々の縁ではないことが知られるわけである。ゆえに『華厳経』の真実慧菩薩の偈にいう、

むしろ地獄の苦を受くるも
諸仏の名を聞くことを得ん
無量の楽を受くるも
仏の名を聞かざることなからん

と〔以上の四門は、総じて諸仏を念ずることの利益を明かす。その中で『観仏経』は釈迦をもって首《はじめ》となし、『般舟経』は多く阿弥陀をもって首となすけれども、本質的にはともに一切の諸仏に通ずるものである。『念仏経』は三世の諸仏に通じている〕。

問　『観仏経』には「この人の心は仏の心のごとく、仏と異なるところがない」といい、『観経』には、

仏は阿難に告げていわれた、

「諸仏はすなわち法界身（法身）であって、一切衆生の心想の中に入りこむ。それゆえ汝らが心に仏を想う時は、この心がそのまま三十二相、八十随形好[10]である。この心が仏となるのであり、この心がすなわち仏なのである。諸仏の正遍智海は心想より生ずるものである」と、

といっている〔以上〕。この意味はどういうことか。

答　『往生論』の智光[11]の疏にこの文を解釈していう、

衆生が心に仏を想う時は、仏の身相はみな衆生の心中に顕現するであろう。たとえば水が清い時はそのまま色像が現われて、水と像とは一にもあらず異にもあらずというようなものである。ゆえに仏の相好身はすなわちこれ心想というのである。この心が仏になるとは、心がよく仏となるということで、この心これ仏なりとは、心の外に仏はないということである。たとえば火は木から出て木を離れることができない。木を離れることがないからよく焼けるのである。木が火のために焼かれる時は木がそのまま火であるようなものである、

と〔以上〕。他の解釈もあるが、学者はさらに勘考せよ。私の考えでは、『大集経』の「日蔵分」に、

行者はこのように念ぜよ。これらの諸仏はどこから来るということもなく、去ってどこへ行くということもない。ただわが心の作りなしたものである。三界の中においては、この身は因縁であり、ただ心の作り出したものである。私が覚観[12]に随って多を欲すれば多を見、少を欲すれば少を見る。諸仏如来はそのままわが心である。何となれば、心に随って見るゆえに心はすなわちわが身であり、わが身はすなわち虚空である。私は覚観によって無量の仏を見る。私は覚心をもって仏を見、仏を知る。心は心を見ず、心は心を知らない。私は観ずる、法界は性に牢固不変のものはなく、一切の諸仏はみな覚観の因縁より生ずる。ゆえに法性はそのまま虚空であり、虚空の性はまた空である。

といっているが〔以上〕、この文意は『観経』と同じだと思う。智光師の解釈もまたこれと

異なるものではない。

問　心が仏となるということを知れば、どのような勝れた利益があるか。

答　もしこの理を観ずる時は、よく三世一切の仏法をさとり、ないし、一たび聞くだけで三途の苦難を解脱することができる。『華厳経』の如来林菩薩の偈にいうとおりである。

もし人三世《さんぜ》一切の
仏を知らんことを求めば
まさにかくのごとく観ずべし
心もろもろの如来を造る

と。

『華厳伝』にいう、

文明元年（六八四）、京師に王某という人がいた。かつて戒行なく、善業を修めないままに病いにかかって死に、二人に引かれて地獄の門前に至ったところ、一人の僧に出会った。僧は自分は地蔵菩薩であるといって、王氏に教えてこの一偈を誦せしめ、この偈を誦得すると、よく地獄に堕ちる罪を除くことができるといった。そこで王氏は地獄の門を入って閻羅王に会ったが、王はこの人にどのような功徳を積んだかを訊ねたので、

「私はただ一つの四句の偈を受持するだけです」といって、この偈を誦したところ、王はついに彼を放免した。彼がこの偈を誦した時には、その声の及ぶ所にいた苦を受けた人たちもみな解脱することができた。王氏は三日の後に蘇《よみがえ》り、この偈を憶持してもろもろの沙門に向かってこれを説いた。偈文をよく調べてみると、まさにこれが『華厳経』第十二巻の「夜摩天宮無量諸菩薩雲集説法品」にあることがわかった。王氏は自ら空観寺の僧定法師に向かって、そのとおりだといった、と〔略抄〕。

第五　弥陀の別益

阿弥陀仏を念ずる特別の利益とは、行者をしてその心を揺るぎなきものにさせるために、別してこれを明らかにするのである〔滅罪生善・冥得護念・現身見仏・将来の勝利の順にこれを明かす〕。

『観経』に像想観を説いていう、

この観を修する者は、無量億劫の生死の罪を除いて、現身の中に念仏三昧を得るであろう、

と。またいう、

ただ仏の像を想うだけで無量の福を得ることができる。まして仏の具足する身相を観ず

る者においてはなおさらである、

と。『阿弥陀思惟《しゆい》経』にいう、

もし転輪王が千万年の中に四天下に満ちるであろう七宝をもって十方の諸仏に布施するにしても、比丘・比丘尼、あるいは優婆塞・優婆夷らが一弾指（ほんのわずか）の間でも坐禅し、平等の心をもって一切衆生を憐れみ、阿弥陀仏を念ずる功徳には及ばない、

と〔以上は滅罪生善〕。

『称讃浄土経』にいう、

あるいは善男子、あるいは善女人が無量寿の極楽世界、清浄仏土の功徳荘厳において、もしくはすでに発願し、もしくはまさに発願しようとし、もしくはいま発願するならば、かならずこのように十方面に住する十殑伽沙《ごうがしゃ》（恒沙）の諸仏世尊の摂受するところとなるであろう。教えのように修行する者は、すべてかならず阿耨菩提において退転することなく、すべてかならず無量寿仏の極楽世界に生ずるであろう、

と。『観経』にいう、

光明はあまねく十方世界を照らし、念仏の衆生を摂取して捨てることがない、

と。またいう、

無量寿仏の化身は無数であり、観世音・大勢至とともに、常にこの行人の所に来られる、

と。『十往生経』にいう、

釈尊は阿弥陀仏の功徳、国土の荘厳などを説き、おわって次のようにいわれた。

「清信士・清信女（優婆塞・優婆夷、在家の信者）がこの経を読誦し、この経を流布し、この経を恭敬し、この経を謗らず、この経を信楽し、この経を供養するならば、これらの人々は、この信敬によって、私が今日から常に前の二十五菩薩をしてこの人を護持せしめ、常にこの人をして病いなく悩みなく、悪鬼・悪神もこれを害せず、これを悩まさず、そのような不都合が便を得ないようにさせるであろう〔ないし、行住坐臥、いたるところ、みなことごとく安穏ならしめるであろう〕」と、

と〔云々〕。唐土の諸師は、二十五菩薩は、阿弥陀仏を念じて往生を願う者を擁護するものだといっている。これまたこの経の趣意と異なるものではない〔二十五とは、観世音菩薩・大勢至菩薩・薬王菩薩・薬上菩薩・普賢菩薩・法自在菩薩・師子吼菩薩・陀羅尼菩薩・虚空蔵菩薩・徳蔵菩薩・宝蔵菩薩・金蔵菩薩・金剛蔵菩薩・光明王菩薩・山海慧菩薩・華厳王菩薩・衆宝王菩薩・月光王菩薩・日照王菩薩・三昧王菩薩・定自在王菩薩・大自在王菩薩・白象王菩薩・大威徳王菩薩・無辺身菩薩である〕。

『双観経』の阿弥陀仏の本願にいう、

諸天・人民がわが名号を聞いて五体を地に投じ、首を傾けて礼をなし、歓喜信楽して菩薩行を修するならば、諸天や世人でこれを敬わぬ者はなくなるであろう。もしそうでなければ、私は成仏すまい、

と〔以上は冥得護持〕。

『大集経』の「賢護分」にいう、

善男子・善女人が端坐繫念して、専心にかの阿弥陀如来・応供・等正覚を想い、かくのごとき相好、かくのごとき威儀、かくのごとき大衆、かくのごとき説法を、聞くがごとくに繫念し、一心に相続して次第乱れず、あるいは一日を経、あるいはまた一夜、というように、このようにして、あるいは七日七夜に至るまで、先に聞いたとおりに具足して念ずるならば、この人はかならず阿弥陀如来・応供・等正覚を見るであろう。もし昼に見ることができなければ、夜分、あるいは夢の中に阿弥陀仏はかならず現われるであろう、

と〔以上〕。『観経』にいう、

眉間の白毫を見る者は、八万四千の相好も、自然に見ることになるであろう。無量寿仏を見る者は、そのままに十方無量の諸仏を見る。無量の諸仏を見ることを得るがゆえに、諸仏は面《まのあた》りに現われて成仏の約束を与えるのである。これをあまねく一切の色相を観ずるという、

と〔以上は見仏〕。

『鼓音声王経』にいう、

十日十夜、六時に専念し、五体を地に投じてかの仏を礼敬し、正念を堅固にしてことごとく心の乱れを除き、もしくはよく心に念じて念々に絶えることがなければ、十日の中にかならずかの阿弥陀仏を見、ならびに十方世界の如来とその住処を見ることができるであ

ろう。ただ、重障と鈍根の人は除かれるが、それはいま少しの間見ることができないので、一切の諸善をみなことごとく回向して安楽世界に往生することができるように願うならば、命が終わろうとする時、阿弥陀仏はもろもろの大衆とともにその人の前に現われ、これを慰め、その善をたたえるであろう。この人はその時大きな喜びを生じ、この因縁をもって願のごとく往生をとげることができるであろう、

と。『平等覚経』にいう、

仏はいわれた。

「かならずまさに斎戒し、一心を清浄にして、昼夜常に無量清浄仏の国に生まれんことを念ずべきである。十日十夜絶えることがなければ、私はみなこれをあわれみ、ことごとく無量清浄仏の国に生まれしむるであろう」と、

と〔ないし、一日一夜もまたかくのごとくである。あるいはこの文を下の「往生の諸行」の章の中においてもいい〕。

『双観経』の偈にいう、

その仏の本願力
名を聞きて往生せんと欲せば
みなことごとくかの国に到り
自ら不退転を致さん

と。『観経』にいう、

下品上生の人は、命を終わろうとする時、合掌叉手して南無阿弥陀仏ととなえる。仏名をとなえるがゆえに五十億劫の生死の罪を除き、化仏の後に従って宝池の中に生まれるであろう。

下品中生の人は、命を終わろうとする時、地獄の猛火が一時に襲ってくるが、阿弥陀仏の十力威徳、光明神力、戒・定・慧・解脱・知見の五分法身について聞けば、八十億劫の生死の罪を除き、地獄の猛火は化して清涼の風となり、もろもろの天華を吹きくだす。華上にはみな化仏菩薩があってこの人を迎接し、往生をとげしむるであろう。

下品下生の人は、命を終わろうとする時、苦に迫られて仏を念ずることができないが、善き友の教えにしたがってただ至心に声を絶やさず、十念を具足して南無無量寿仏ととなえるならば、仏名をとなえるがゆえに、念々の中に八十億劫の生死の罪を除き、一念ほどのわずかの間に往生をとげるであろう、

と。『双観経』のかの仏の本願にいう、

諸仏世界の衆生のたぐいが、わが名号を聞いて菩薩の無生法忍、もろもろの深総持（陀羅尼の功徳）を得ないならば、私は成仏すまい。他方国土のもろもろの菩薩衆がわが名字を聞いてそのまま不退転の位に至ることができなければ、私は成仏すまい、

と。『観経』にいう、

もし念仏する者は、この人は人の中の分陀利華（白蓮華）であると知るべきである。観世音菩薩や大勢至菩薩がその善き友となり、まさに道場に坐して諸仏の家に生まれるであろう、

と〔以上は将来の勝利。他は上の「別時念仏」の章に説いたとおりである〕。

第六　引例勧信

例を引いて信を勧めるというのは、『観仏経』の第三に、次のような話が載っている。

仏陀はもろもろの弟子たちに告げていわれた。

「毘婆尸《びばし》仏[13]の像法の時に一人の長者があった。名を月徳といい、五百人の子があったが、同時に重い病いにかかった。父は子の前に行って涙を流し、合掌して子らにいった。『汝らは邪見で正しい法を信じなかった。いま、無常の刀が汝らの身を断ち切ろうとしている。何をたのみとすればよいであろうか。毘婆尸と名づける仏がおられる。汝らはこの仏の名をとなうべきである』と。子らはそのことを聞いて、その父を敬っていたので、南無仏ととなえた。父はまた子らに告げていった。『汝らは法をとなえよ。また僧をとなえよ』と。いまだ三たびとなえないうちにその子の命は終わったが、仏をとなえたので四天王の所に生まれた。天上の寿命が尽きた時、前の邪見の業によって大地獄に堕ちた。獄卒の羅刹は熱した鉄叉をもってその眼をつきさすような苦しみを与えたが、その時、父長者

の教えを思い出して念仏したので、また人として生まれることになった。
尸棄《しき》仏(14)がこの世に現われた時、ただ仏の名を聞くだけで、仏の形を見ることがなかった。ないし、迦葉《かしよう》仏(15)の時もまたただその名を聞くだけであった。六人の仏の名を聞いた因縁によって、私と同じ世に生まれあわせたのである。これらの比丘は、前世の時に悪心をもって仏の正法を謗った者だが、父に教えられて南無仏ととなえたので、生々に常に諸仏の名を聞くことができ、ないし、この世では私の出世に遇ってもろもろの障りを除き、阿羅漢となったのである」

と。仏陀はまた告げていわれた。

「燃灯仏(16)の末法の時に、一人の羅漢があり、それに千人の弟子がいた。羅漢の説くところを聞いて心に怒り、恨みを生ずる者があった。それぞれに寿命の長短にしたがってその命を終えようとした時、羅漢は教えて南無諸仏ととなえさせた。仏の名をとなえおわった弟子たちは、忉利天に生まれることができ、〔中略〕未来世において仏となり、南無光照と名づけられるであろう」

と。

第七巻には、文殊が自ら過去の宝威徳仏に値遇し礼拝したことを説いて、次のようにいっている。

その時釈尊は讃めていわれた。

「善哉善哉、文殊師利は、むかし一たび仏を礼拝したことがあるので、この無数の諸仏に遇うことができたのである。まして未来のわが弟子たちでつとめて仏を観ずる者はなおさらである」

と。仏は阿難に告げていわれた。

「汝は文殊師利の語を保持して、あまねく大衆と未来世の衆生に告げるがよい。もしよく礼拝する者、もしよく念仏する者、もしよく観仏する者は、まさに文殊師利と等しくして異なるところがないと知るべきである。もしいつの世にか身を捨てて出家するならば、文殊師利等の諸大菩薩がその和上となるであろう」と、

と。また、

時に十方の諸仏が来たって結跏趺坐していた。東方の善徳仏は大衆に告げていった。

「私の過去無量世の時のことを想起すると、宝威徳上王と名づける仏が世に現われていた。時に一人の比丘があり、九人の弟子とともに仏塔に詣で、仏像を礼拝したが、一つのおごそかにひいでた宝像を見、礼しおわってなおよくこれを仰ぎ、偈を作ってその徳を讃嘆した。のちに命を終わると、ことごとく東方の宝威徳上王仏の国に生まれ、大蓮華の中に結跏趺坐していたが、また忽然と化生した。それ以後、常に仏に遇うことを得、諸仏の所において梵行を浄修し、念仏三昧を得た。三昧を得た時、仏はために授記せられ、十方面においておのおの成仏することができた。東方の善徳仏というのはすなわち私のことであるが、東南方の無憂徳仏、南方の栴檀徳仏、西南方の宝施仏、西方の無量明仏、西北方の華徳仏、北方の相徳仏、東北方の三乗行仏、上方の広衆徳仏、下方の明徳仏と十人の仏

は、過去に塔を礼し、像を観じ、一偈をもって讃嘆したので、いま十方におのおの成仏することができたのである」

と。このことを説いた後、釈尊の安否をたずね、挨拶をおわると、大光明を放ってそれぞれの本国へ還っていった、

と。また、

　四人の仏が空から下って釈尊の床に坐し、讃えていった。

「善哉善哉、釈迦仏はよく未来世の濁悪の衆生のために、三世の仏の白毫の光相を説き、もろもろの衆生の罪咎を除くことができるようにした。何となれば、昔のことを考えると、私が空王仏の所で出家し、道を学んでいた時、同学に四人の比丘があった。仏の正法を習っても煩悩が心を覆って、よく仏法の宝蔵を堅持することができず、不善の業が多くて、まさに悪道に堕ちようとした。時に空中に声あり、比丘に語っていった、『空王如来はまた涅槃に入り、汝らの犯したところは救う者がないわけであるが、汝らがいま塔に入って像を観ずるならば、仏在世の時と等しく異なるところがないであろう』と。私は空の声にしたがって塔に入り、像の眉間の白毫を観じて『如来在世の光明の色身は、どうしてこれと異なることがあろう。仏の大人相（三十二相）、願わくはわが罪を除きたまえ』と念じた。おわって大山が崩れるように五体を地に投じ、諸罪を懺悔した。それから以後は八十億阿僧祇劫にも悪道に堕ちず、生々に常に十方の諸仏を見、諸仏の所で甚深の念仏三昧を受持することができ、三昧を得おわると諸仏が面《まのあた》りに現われて記莂《きべつ》[17]を授けられた。

東方妙喜国の阿閦《あしゅく》仏は第一の比丘であり、南方歓喜国の宝相仏は第二の比丘であり、西方極楽国の無量寿仏は第三の比丘であり、北方蓮華荘厳国の微妙声仏は第四の比丘である」と。時に四人の如来はおのおの右手をのべて阿難の頂を摩し、三たび、

「汝はよく仏の言葉を保持して、広く未来のもろもろの衆生のために説け」

と説き、おわるとおのおの光明を放って本国に還っていった、

と。また、

財首菩薩が仏に申していった。

「世尊よ、私の過去無量世のことを考えると、釈迦牟尼と名づけられた仏世尊がおられ、その仏の滅後に金幢という一人の王子がいた。憍慢邪見で正法を信じなかった。友人に定《じよう》自在《じざい》と名づける比丘がいたが、王子に告げていった、『世にもろもろの宝をもって飾った仏像がある。しばらく塔に入って仏の形像を観ぜられよ』と。王子は善き友の言にしたがって塔に入り、像を観じ像の相好を見て比丘にいった、『仏像ですらこのように端厳であるとすれば、仏の真身はいかばかりであろう』と。比丘は告げていった、『汝はいま像を見た。もし礼拝することができなければ、まさに南無仏ととなうべきである』と。この時、王子は合掌恭敬して南無仏ととなえ、宮殿に還ってからも心にかけて塔中の像を念じていた。すると、その夜明け方に夢に仏像を見た。仏像を見たので心に大きな喜びを生じ、邪見を捨てて三宝に帰依するようになって、その生涯を終えた。前に塔に入って南無仏ととなえた因縁功徳によって、九百万億那由他の仏に遇い、甚深の念仏三昧を得た。三

味力のゆえに諸仏は眼前に現われて記莂を授けられた。それ以来、百万阿僧祇劫にも悪道に堕ちず、ないし今日では甚深の首楞厳三昧[18]を獲得するに至った。その時の王子がいまの私、すなわち財首である」と、

と。また、

仏はいわれた。

「私は現在の諸菩薩とともに、かつて過去の栴檀窟仏の所において、この諸仏の色身、変化の観仏三昧海を聞いた。その因縁功徳の力によって、九百万億阿僧祇劫の生死の罪を超越し、この賢劫、いまの世においてしだいに成仏した。〔中略〕このように、十方の無量の諸仏も、みなこの法によって三菩提を成就したのである」と、

と。『迦葉経』にいう、

　昔、過去久遠阿僧祇劫に、名を光明という仏が現われたが、その光明仏が涅槃に入って後、大精進という名の菩薩がいた。年ははじめて十六歳、婆羅門の出身で、たぐいなく端正であった。一人の比丘が白畳の上に仏の形像を画いてこれを精進に与えた。精進は像を見て心に大いに喜び、

「如来の形像ですら、このように妙好である。まして仏身はいかばかりであろうか。願わくは私も未来にはこのような妙身を成就したいものだ」

といったが、さらに考えて、在家のままではそれはむずかしいだろうと思い、父母にその心中を訴えて出家の許しをもとめた。父母はこれに答えて、

「私はいま年老い、汝は一人子である。汝がもし出家するならば、われらはきっと死ぬだろう」

といったが、子は「もし許されなければ、今日から私は飲食もすまい、寝ることもすまい、ものもいうまい」という誓いを立て、食をとらぬこと六日に及んだ。父母や友人、八万四千の婇女《さいにょ》らは同時に悲泣して大精進を礼し、ついに出家を許した。出家の後は像を持って山に入り、草を取って座を作り、画像の前に結跏趺坐して、一心に諦観をつづけた。

「この画像は如来と異なるものではない。像は覚でもなければ知でもない。一切の諸法もまたかくのごとく、相《そう》なく、相を離れ、体性空寂である」と。このように観じて日夜を経、五通を成就し、四無量を具足し、無礙弁(19)を得、普光三昧(20)を得て、大光明を身につけるようになった。浄天眼をもって東方の阿僧祇の仏を見、浄天耳をもって仏の説くところを聞き、ことごとくこれを聞きとることができた。七ヵ月の間、智をもって食となし、世供をとらなかったので、一切の諸天は散華してこれを供養した。山を出て村落に来たり、人のために法を説くようになると、二万の衆生は菩提心を発し、無量阿僧祇の人は声聞・縁覚と同じ功徳を受け、父母・親眷はみな不退の無上菩提に入るに至った。

仏は迦葉に告げていわれた。

「昔の大精進は、いまのわが身である。かの像を観ずることによって、いま成仏することができたのである。もしよくこのような観を学ぶ人があれば、その人は将来かならずまさに無上道を成就することができよう」と、

と。『譬喩経』の第二にいう、

昔、一人の比丘がいた。その母を済度しようと思い立った時には、母はすでになくなっていた。そこで道眼（修行によって得た勝れた眼）をもって天上・人中・畜生・餓鬼の中にその母をもとめたけれども見えず、地獄の中にいることがわかった。比丘は悩み悲しみ、広く方便をもとめてその苦しみを免れさせようとした。時に辺境の王で、父を害して国を奪った者があったが、比丘はこの王の命は余すところ七日しかなく、罪を受けるところは比丘の母と同じであることを知って、夜の静かな時に王の寝所に到り、壁を穿って半身を現わした。王は怖れて刀を抜いて頭を切った。頭は地に落ちたけれども、比丘の頭はもとのままである。このようなことを幾度か繰り返すうちに、化頭は地に満ちたが、比丘はなおそのままに動かなかった。王は心にこれは尋常ではないとさとって、叩頭して過ちを謝した。比丘はいった。

「怖れることはない。済度のためである。汝は父を害して国を奪ったのではないか」

と。王は答えた。

「実にそのとおりである。願わくは助けられよ」

と。比丘はいった。

「大功徳を積んでも恐らくは及ばないであろう。王はまさに南無仏ととなうべきである。七日の間絶えることなくこれをとなえたならば、その罪を免れることができるであろう」

と。また重ねて王に告げていった。

「慎んでこの法を忘れぬように」

と。比丘はそのまま飛び去ったが、王はそれから手を合わせて一心に南無仏ととなえて昼夜に怠らず、七日の後に命を終わった。その魂は地獄の門に向かって南無仏ととなえたので、地獄の中の人もその音声を聞いてみな一時に南無仏ととなえ、地獄の苦しみは薄らいだ。比丘はそこで法を説き、比丘の母や王、地獄の中の人たちはみなその苦しみから救われて大いに精進を重ね、ついに須陀洹道（さとり）を得た、

と〔以上の諸文は略抄〕。

『優婆塞戒経』にいう、

善男子よ、私も昔は邪見に堕ち、煩悩におおわれていた時があった。名は広利といった。妻は立派な女で、精進を怠らず、迷いを離れ、十善をもって人を導いていた。私はその時、殺生や狩猟を好み、酒肉を貪り、懶惰懈怠で、精進することができなかった。妻は時に私に語って、

「狩猟や殺生を止め、酒肉を断ち、勤めて精進を重ねたならば、地獄の苦しみを脱して天宮に生まれ、一処にいることができるであろうに」

といったが、その時はなお殺生の心が止まず、酒肉の美味を捨てることができず、精進の心は怠りがちで進まず、天宮に生まれる望みもなく、地獄の業を受けていた。私はその時、聚落の中に住んでいたが、寺院に近かったので、しばしば鐘の音を聞くことがあった。妻は私に語って、

「いろいろのことができないならば、鐘の音を聞いた時に三たび弾指して一たび仏をとなえ、身を修めつつしんで憍慢の心を起こさないでください。たとい夜半でもこの法を忘れないでください」

といった。私はこのことを妻のことばどおりに行なって、十二年の間これをつづけてきた。妻は死後忉利天に生まれたが、それから三年にして私もまた命を終わった。閻魔の庁に至った時、私を裁いて罪に入れ、地獄の門に向かわせた。まさに門を入ろうとした時、三声の鐘の音が聞こえたので、私は立ち停まって心に歓喜を生じ、愛楽して厭わず、如法に三たび弾指し、長声に仏をとなえた。声は慈悲に満ち、音は朗らかにひびきわたったので、閻魔は聞いて心に愧じ、

「これは真の菩薩である。どうして裁きを誤ったのだろう」

といって、即時に送りかえして天上に行かせた。私は天上に行きつくと、五体を地に投じてわが妻を礼敬し、そうしていった。

「大師よ、幸いに大恩をうけていま私は救われた。ないし菩提に至るまで、教えに違うことはないであろう」と、
と〔以上〕。また、震旦では、東晋以来、唐朝に至るまで、阿弥陀仏を念じて浄土に往生した人は道俗男女合わせて五十余人、『浄土論』ならびに『瑞応伝』に出ている〔僧二十三人、尼六人、沙弥二人、在家の男女合わせて二十四人〕。わが国の往生者もその数が知られており、詳しくは慶滋氏の『日本往生記』(21)に見えている。まして朝市に徳を隠し、山林に名

を避けて独り修し独りゆく者に至っては、誰もその数を知ることはできないであろう。

問　下々品の人と五百の釈子とは、臨終に同じく念仏しているのに、どうして極楽に昇る者と地獄に沈む者との別が出てくるのか。

答　『群疑論』にこの点を解釈していう、

五百の釈子はただ父の教えによって一たびは念仏するが、しかし菩提心を発して浄土に生まれることを求め、慇懃に慚愧するということがない。また彼は至心に念仏したのではなく、またただ一念だけで十念を具足するということがないからである、

と〔略抄〕。

第七　悪趣の利益

悪道に堕ちた者が受ける利益というのは、『大悲経』の第二にいう、

もし人がただ心に仏を念じ、一たび敬信を生ずるならば、私はいう、「この人はまさに涅槃の果を得、涅槃の際を尽くすであろう」と。阿難よ、人中の念仏の功徳についてはしばらくこれをおき、もし畜生があって、仏世尊にたいしてよく念を起こすならば、私はまたいう、「その善根の福報は、まさに涅槃を得るであろう」と、

と。

問　それはどういうことか。

答　同経の第三に、仏陀が阿難に告げていわれたことばがある。

　昔、大商人の首領があり、もろもろの商人をひきいて大海を渡った時、その船がにわかに大きな鯨のために呑まれようとしたことがあった。その時、首領や商人は驚いて身の毛もよだち、悲泣していった。

「ああいたましいことよ、この世界はかくも楽しくかくもめずらしいもの、世間の人身はかくも得がたいものであるのに、われらはいままさに父母と別れ、姉妹妻子・親戚朋友とも離れて、ふたたび会うことができない。また、仏・法・衆僧に会うこともできない」と。悲しみ哭《な》くことはきわめて大きかった。その時、商人の首領は、右肩を偏袒《はだぬぎ》し、右膝を地につけて船上にとどまり、一心に仏を念じて合掌礼拝し、高声にとなえていった。

「南無諸仏、大無畏を得たる者、大慈悲なる者、一切の衆生を憐愍する者」

と。このように三たびとなえ、もろもろの商人もまた同時にこのように三たびとなえた。時に鯨は仏の名号、礼拝の音声を聞いて、大いなる愛敬を生じ、そのまま口を閉じたので、商人の首領やもろもろの商人はみな安穏に魚の難を免れることができた。時に鯨は仏の音声を聞いてから心に喜楽を生じ、さらに他の生き物をも食わなかったので、命を終わった時、人中に生まれることを得、その仏の所において法を聞いて出家し、善知識に近づいて、ついに阿羅漢のさとりを得た。阿難よ、かの魚を観よ、畜生道に生まれながら仏名を聞くことができ、仏名を聞きおわって、ついには涅槃を得た。まして人が仏名を聞き、正法を聴聞するならばなおさらのことである、と〔略抄〕。

また『菩薩処胎経』の「八斎品」にいう、

竜子は金翅鳥のために頌《じゅ》を説いていった。

殺はこれ不善の行
寿命を減じて中夭す
身は朝露の虫のごとし
光を見る時は命終わる
戒を持し仏語を奉ぜば
長寿天(22)に生ずることを得
累劫に福徳を積まば
畜生道に堕せじ
いま身は竜神たるも
戒徳清明に行じ
六畜の中に堕すといえども
必ず自ら済度せんことを望まん

と。この時、竜子がこの頌を説いた時、他の竜子や竜女の心意も開かれたので、命を終わった後には、みなまさに阿弥陀仏の国に生まれるであろう、と〔以上は八斎戒の竜子である〕。

他の悪趣に堕ちた場合でも、仏語を信ずれば浄土に生まれることはこれに準じて考えればよい。地獄に堕ちた者の利益は、前の国王の因縁、ならびに下の「麁心の妙果」の節に説くとおりであり、その他の者の利益は、下の念仏の功能の条にいうとおりである。

大文第八　念仏の証拠

問　一切の善業はおのおの利益があって、それぞれに往生が可能である。何ゆえにただ念仏の一門を勧めるのか。

答　いま念仏を勧めるのは、他の種々の妙行を否定するのではない。ただ男女貴賤の別なく、行住坐臥を簡《えら》ばず、時処諸縁を論ぜず、これを修して難からず、ないし臨終に往生を願求してその便宜を得るためには、念仏に及ぶものはないからである。ゆえに『木槵経《もくがんきょう》』にいう、

難陀国の波瑠璃《はるり》王が使を遣わして仏に申していった。

「ただ願わくは世尊、とくにあわれみを垂れてわれに要法を授けたまえ。日夜修行することがやさしく、未来世には衆苦をのがれることができるように」

と。仏は告げていわれた。

「大王よ、もし煩悩の障、報の障を消そうと思うならば、まさに百八の木槵子《むくろじ》（樹の名）の実を糸に貫いて数珠を作り、常に携えているがいい。行住坐臥を問わず、常に至心に、心を散らすことなく、仏・法・僧の名をとなえて、木槵子を一つ繰るのである。このようにして十・二十・百・千、ないしは百千万とこれを繰り、もしよく二十万遍を満たして、

身心に乱れがなく、もろもろの諂曲《てんごく》がないならば、死後は第三の炎魔天に生まれ、衣食はおのずからそなわり、常に安楽を得ることができるであろう。もしまたよく百万遍を満たす者は、まさに百八の煩悩を断って生死の流れに背き、涅槃の道におもむいて、無上の果を得ることができるであろう」と、
と〔略抄。懐感禅師もまた同じ〕。
そのうえ、もろもろの聖教の中、多くは念仏をもって往生の業としている。その文はたいへん多いので、略してその十を挙げよう。
一、『占察経』の下巻にいう、
もし人が他方の現在の浄国に生まれようと思うならば、まさにかの世界の仏の名字にしたがって専心に誦念すべきである。一心不乱に上のように観察するならば、かならずかの仏の浄国に生まれることができ、善根増長して、速やかに不退の位を得ることができるであろう、
と〔「上のように観察する」というのは、地蔵菩薩の法身、および諸仏の法身と己が自身とは、体性平等にして無二、不生不滅、常楽我浄、功徳円満す、これ帰依すべしと観ずることであり、また己が身は無常にして幻のごとし、これ厭うべしと観ずることである〕。
二、『双観経』の三輩[1]の業には浅深があるが、しかしみな通じて「一向に無量寿仏を専念せよ」といっている。
三、四十八願の中、念仏門において別に一願を発して、「ないし十念せんに、もし生ぜず

んば正覚を取らじ」といっている。

四、『観経』にいう、

極重の悪人には他の方便はない。ただ仏を称念すれば極楽に生まれることができる、

と。

五、同じ経にいう、

もし心から西方に生まれようと思うならば、まずまさに一つの丈六の像が池水の上にいますことを観ずべきである、

と。

六、同じ経にいう、

光明はあまねく十方の世界を照らし、念仏の衆生を摂取して捨てない、

と。

七、『阿弥陀経』にいう、

少善根・福徳の因縁をもってかの国に生まれることはできない。もし善男子・善女人が、阿弥陀仏のことを聞いて、よくその名号を保持し、もしくは一日、ないしもしくは七日、心を一つにして乱れなければ、その人の臨終の時には、阿弥陀仏がもろもろの聖衆とともにその前に現われ、死にさいしては心が顛倒することなく、そのまま往生することができる、

と。

八、『般舟経』にいう、

阿弥陀仏はいわれた。

「わが国に来たり生まれようとする者は、常に私を念じて怠らず、専念して休まぬようにせよ。そうすればわが国に来たり生まれることができるであろう」と、

と。

九、『鼓音声経』にいう、

もし比丘らの四衆がよく正しくかの仏の名号を受持すれば、その功徳によって、臨終の時、阿弥陀仏は大衆とともにその人の所に往ってその姿を見せ、見おわって極楽に生まれることができる、

と。

十、『往生論』にはかの仏の浄土、仏身の功徳を観念することをもって往生の業としている〔以上〕。

このうち、『観経』の下々品、『阿弥陀経』『鼓音声経』は、ただ名号を念ずることを往生の業としている。ましてその相好功徳を観念するならばなおさらである。

問　他の行にはどうして勧信の文がないのか。

答　その他の行法は、その法の種々の功能を明かしたついでに、その中におのずから往生のことを説いているので、直ちに往生の要を弁じて多く念仏せよといっているのではない。

まして仏が自らすでに「まさにわれを念ずべし」といわれているではないか。また仏の光明は余行の人を摂取するとはいっていない。これらの文で明らかである。重ねて疑いを起こすべきではない。

問　諸経に説くところは機根にしたがっていろいろである。何ゆえに狭い了見をもって一つの経文に固執するのか。

答　馬鳴《めみょう》菩薩《ぼさつ》の『大乗起信論』にいう、

また次に、衆生がはじめてこの法を学び、心弱く信心の成就しがたいのを懼《おそ》れて退こうと思う者は、まさに如来には勝れた方便があって信心を護られるのだということを知るべきである。というのは、専心に念仏する因縁をもって、願にしたがって他方の仏土に往生することができるので、経に、「もし人が西方の阿弥陀仏を専念し、所修の善業を回向して、かの世界に生まれることを願うならば、そのままに往生することができる」といっているとおりである、

と〔以上〕。経には多く念仏をもって往生の要としていることは明らかである。もしそうでなければ、四依《しえ》(2)の菩薩も真理をきわめつくしてはいないことになるであろう。

大文第九　往生の諸行

往生の諸行を明かすというのは、極楽を求めるのは、かならずしも念仏を専一にする者ばかりではないから、よろしく他の諸行をも明らかにして、おのおのその願いにゆだぬべきである。それについてもまた二つのことがある。はじめに個々の経文を明かし、次に諸業を総括することにしよう。

第一　諸経

『四十華厳経』の普賢願、『三千仏名経』『無字宝篋経《ほうきょうきょう》』『法華経』などの諸大乗経、『随求《ずいぐ》』『尊勝』『無垢浄光』『如意輪』『阿嚕力迦《あろりきか》』『不空羂索《けんさく》』『光明』『阿弥陀』および龍樹が感得した往生浄土等の呪、これらの顕密の諸大乗の中には、みな受持・読誦などをもって、往生極楽の業としている。

『大阿弥陀経』にいう、

まさに斎戒し、一心清浄にして昼夜に常に念じ、阿弥陀仏の国に生まれようとねがうべきである。十日十夜、絶えることがなければ、私はみなこれをあわれんで、ことごとく阿弥陀仏の国に往生させるであろう。たといよくそうすることができないまでも、自ら思惟し熟考せよ。身を度脱（迷いの世界からのがれること）しようと思うならば、念を絶ってはならぬ。愛を去り、家事を念じてはならぬ。婦女と床をともにしてはならぬ。自ら身心を端正にして愛欲を絶ち、一心に斎戒し清浄にして、もっぱら阿弥陀仏の国に生まれようと念じ、一日一夜、断絶することがなければ、死後はみなその国に往生し、七宝の浴池の蓮華の中に生まれかわるであろう、

と〔この経は、持戒を首位においている〕。

『十往生阿弥陀仏国経』にいう、

私はいま汝がために十の往生があることを説くであろう。十の往生というのは、一は身を観じ正しく念じて常に歓喜をいだき、飲食・衣服をもって仏と僧とに施せば、阿弥陀仏の国に往生するであろう。二は正しく念じ、世の妙薬をもって一人の病める比丘、および一切の衆生に施せば、阿弥陀仏の国に往生するであろう。三は正しく念じて一つの生命をも害せず、一切を慈悲でおおえば、阿弥陀仏の国に往生するであろう。四は正しく念じ、師に従って戒を受け、浄慧をもって梵行を修し、心に常に喜びをいだけば、阿弥陀仏の国に往生するであろう。五は正しく念じて父母に孝順し、師長を敬重して憍慢の心をいだかなければ、阿弥陀仏の国に往生するであろう。六は正しく念じ、僧坊に詣《いた》って塔寺を恭敬し、法を聞いて一義をさとれば、阿弥陀仏の国に往生するであろう。七は正しく念じて、一日一夜、八戒斎を受持し、一つも破らなければ、阿弥陀仏の国に往生するであろう。八

は正しく念じて、もしよく斎月斎日の間、遠く房舎を離れ、常に善き師のもとに詣れば、阿弥陀仏の国に往生するであろう。九は正しく念じて、常によく浄戒をたもち、禅定を勤修し、法を護って悪口せず、もしこのように行なえば、阿弥陀仏の国に往生するであろう。十は正しく念じて、もし無上道において誹謗の心を起こさず、精進して浄戒を持し、また無智の者に教えてこの経法を流布し、無量の衆を教化するならば、これらの人々はことごとくみな阿弥陀仏の国に往生することができるであろう、ということである、と。

『弥勒問経』にいう、

仏の説かれたように、阿弥陀仏の功徳・利益を願い、もしよく十念相続して不断に念仏する者は、すなわち往生することができるであろう。ではどのように念ずべきであろうか。仏は「およそ十念あり」といわれた。十というのは、一はもろもろの衆生にたいして常に慈しみの心を起こし、その行を毀《こぼ》たぬことである。もしその行を毀てば、ついに往生することはできない。二はもろもろの衆生にたいして常にあわれみの心を起こし、残害の心を除くことである。三は護法の心を起こして身命を惜しまず、一切の法にたいして誹謗せぬということである。四は忍辱の中で決定の心を起こすこと、五は深心清浄にして利に染まらぬことである。六は一切智の心を起こして日々に常に念じ、怠り忘れないことである。七はもろもろの衆生にたいして尊重の心を起こし、我慢の心を除いてへりくだってものをいうことである。八は世の談話にたいして執着せぬこと、九は覚りを得ようとする心に近づき、深く種々の善根の因縁を起こして、さわぎ乱れる心から遠ざかることである。十は正しく念じて仏を観じ、もろもろの疑いを除くことである、と。

『宝積経』の第九十二に、仏はまたこの十心をもって弥勒の問に答えているが、その中の第六心に「仏の種智を求めて一切の時に忘失することなき心」といわれている。その他の九種の心は、文は少し異なるけれども、趣意は前経と同じである。ただしその結びの文には「もし人がこの十種の心の中で、いずれかその一心を成就し、かの仏の世界に往生することをねがって、もし往生することを得ないならば、そのような道理はないであろう」といっている〔云々〕。かならずしも十心をすべてそなえることを往生の業としているのではないことが明らかである。

『観経』にいう、

かの国に生まれることをねがう者は、まさに三福（三種の功徳行）を修すべきである。一は父母に孝養し、師長に奉事し、慈心にして殺さず、十善業を修すること、二は三帰戒を受持し、もろもろの戒を具足して、威儀を犯さぬこと、三は菩提心を発して深く因果を信じ、大乗を読誦して行者を勧進することであり、このような三事を名づけて浄業という。仏は韋提希《いだいけ》(1)に告げていわれた。

「汝はいま知っているかどうか、この三種の業は、過去・未来・現在三世の諸仏の浄業の正因であることを」と、

と。またいう、

上品上生とは、もしかの国に生まれることを願う衆生があって、三種の心を起こせば、すなわち往生するであろう。三というのは、一は至誠心《しじょうしん》、二は深心《じんしん》、三は回向発願心《えこうほつがんしん》で、この三心をそなえる者はかならずかの国に生まれるであろう。またまさに往生を得べき三種の衆生がある。その三というのは、一は慈心にして殺さず、もろもろの戒行をそなえた者、二は大乗方等《だいじょうほうどう》の経典を読誦する者、三は六種の観想を修行し、回向発願してかの国に生まれることを願う者である。この功徳をそなえること一日ないしは七日にして往生をとげることができるであろう。

上品中生とは、かならずしも方等経典を受持するのではないけれども、よくその意味をさとり、第一義を聞いて心さわがず、深く因果を信じて大乗を誇ることがない。この功徳をもって回向し願い求めるならば、極楽国に生まれるであろう。

上品下生とは、また因果を信じ、大乗を謗らず、ただ無上の道心を発するものである。この功徳をもって回向し願い求めるならば、極楽に生まれるであろう。

中品上生とは、五戒を受持し、八戒斎をたもち、もろもろの戒を修行して五逆を造らず、もろもろの過悪なき衆生が、この善根を回向して願い求めるものであり、中品中生とは、もしくは一日一夜、八戒斎をたもち、もしくは一日一夜、沙弥戒をたもち、もしくは一日一夜、具足戒をたもって威儀欠くることなき衆生が、この功徳を回向して願い求めるもの、中品下生とは、善男子・善女人が父母に孝養し、世の仁慈を行ずるものである。

下品上生とは、もろもろの悪業を作る衆生は、方等経典を誹謗することはなかったとしても、このような愚人は多くもろもろの悪法を造って愧じることがない。臨終に十二部経の首題の名字を聞き、合掌して南無阿弥陀仏ととなえる。

下品中生とは、五戒・八戒および具足戒を毀犯する衆生、このような愚人は、命を終わろうとする時、地獄の衆火が一時にともに至るであろう。善知識が大慈悲をもってために阿弥陀仏の十力威徳を説き、かの仏の光明神力を讃え、また戒・定・慧・解脱・知見をほめるのに遇い、そのことばを聞きおわって、この人の八十億劫の生死の罪は除かれる。

下品下生とは、不善業をなし、五逆・十悪のもろもろの不善を積み重ねた衆生、このような愚人は、悪業のゆえをもって、まさに悪道に堕ちるであろう。命を終わろうとする時に臨んで、善知識に遇って念仏することはできないけれども、ただ至心に絶えまなく声をあげ、十念を満たすように南無無量寿仏ととなえる。仏名をとなえるがゆえに、念々の間に八十億劫の生死の罪を除くことができる、

と。『双観経』にいう三輩の業もまたこれと異なるものではない。また『観経』には十六観[2]をもって往生の因とし、『宝積経』には仏前の蓮華に化生するには四つの因縁があると説いている。その偈にいう、

華香をもって仏および支提（塔）に散じ
他を害せずして並びに像を造り
大菩提において深く信解すれば

蓮華に処《お》りて仏前に生ずるを得ん
と〔以上〕。他は煩わしいから掲げない。

第二　総結諸業

諸業を総括するというのは、慧遠《えおん》法師(3)は浄土の要因として四つを挙げている。一は観を修して往生すること、十六観のごときである。二は業を修して往生すること、三福業のごときであり、三は心を修して往生すること、これは至誠等の三心である。四は帰向して往生すること、浄土のことを聞いて帰向し、称念し、讃嘆するなどのことである。

いま、私の考えをいうと、諸経の行業は、総じていえば『梵網』の「戒品」を出るものではなく、個別にこれを論じても六波羅蜜を出ないけれども、細かにその相を明かすと、十三ある。一は財・法等の施、二は三帰・五戒・八戒・十戒等の多少の戒行、三は忍辱、四は精進、五は禅定、六は般若〔第一義を信ずること等がそれである〕、七は菩提心を発すこと、八は六念〔仏・法・僧・施・戒・天を念ずることを六念という。十六想観もまたこれと異なるものではない〕を修行すること、九は大乗を読誦すること、十は仏法を守護すること、十一は父母に孝順し、師長に奉事すること、十二は憍慢を起こさぬこと、十三は利欲に執着せぬことである。

『大集』の「月蔵分」の偈にいう、

樹果繁ければ速やかに自ら害《か》るるがごとく
竹蘆の実を結ぶもまたかくのごとし
騾の懐妊すれば自らの身を喪うがごとく
無智の利を求むるもまた然り
もし比丘ありて供養を得
利養を求めて堅着せば
世にさらにかくのごとき悪はなし
ゆえに解脱の道を得ざらしむ
かくのごとく利養を貪る者は
すでに道を得おわらんもまた失わん

また『仏蔵経』の迦葉仏の記に「釈迦牟尼仏は多くの供養を受けられたから、その法はまさに早く滅びるであろう」と予言している。如来ですらそのようにいわれたのである。まして凡夫の場合はなおさらである。大象は窓から出ようとして一尾のために妨げられたというが、行人も家を出ようとして名利のために縛られる。すなわち、出離最後の怨《あだ》は名利より大なるものはないことが知られるわけである。ただし浄名大士（維摩居士）は身は家にありながら心は家を出で、薬王菩薩は俗塵を避けて雪山にいた。いまの世の行人もまたまさにかくのごとくすべきで、自ら根性を計って進退を決すべきである。もしその心を制することができなければ、よろしくその地を避けるべきであろう。麻中の蓬《よもぎ》と、屠辺の厩《うまや》と、そのいずれを取るべきであろうか〔『仏蔵経』を見て是非を知るべきである〕。

往生要集　巻下本　終

往生要集　巻下末

天台首楞厳院沙門源信撰

大文第十　問答料簡

問答料簡とは、ほぼ次の十の事項について論ずるのである。一は極楽の依正《えしょう》、二は往生の階位、三は往生の多少、四は尋常の念相、五は臨終の念相、六は麁心の妙果、七は諸行の勝劣、八は信毀の因縁、九は助道の資縁、十は助道の人法である。

第一　極楽の依正

問　阿弥陀仏の極楽浄土は、法・報・応いずれの身、いかなる国土であるか。

答　天台大師は、応身仏・凡聖同居土《ぼんしょうどうごど》(1)であるといい、慧遠法師は、応身・応土であるといっているが、道綽法師は、これは報仏・報土である。古人は等しく相伝えてみな化土・化身（応土・応身）というが、これは大きな誤りである。『大乗同性経』によると、「浄土の中に成仏した者はことごとく報身であり、穢土の中に成仏した者が化身（応身）である」といい、また同じ経に、「阿弥陀如来、蓮華《れんげ》開敷星王《かいふしょうおう》如来・竜主如来・宝徳如来などの諸如来の清浄の仏刹に現に得道している者、まさに得道しようとしている者は、一切みな報身の仏である。如来の応身というのは、なお今日の踊歩健《ゆぶけん》如来・魔恐怖《まくふ》如来などのごときものである」ともいっている、

といっている〔以上『安楽集』〕。

問　かの仏が成道されてから、すでに久しいとするのかどうか。

答　諸経には多く十劫というが、『大阿弥陀経』には十小劫、『平等覚経』には十八劫、『称讃浄土経』には十大劫といって、その当否を知りがたい。ただし『双観経』の璟興師の疏には『平等経』を解釈して、十八劫というのは「小」の字の中の点を欠いたのであろうといっている。

問　未来の寿命はいくばくであるか。

答　『小経』には無量無辺阿僧祇劫であるといい、『観音授記経』には、

阿弥陀仏の寿命は、無量百千億劫にして、まさに終極があるであろう。仏涅槃の後、正

法が世にとどまるのは仏の寿命と等しいであろう。善男子よ、阿弥陀仏の正法が滅して後、中夜分を過ぎて陽光がさしはじめる時、観世音菩薩は、菩提樹の下において等正覚を成じ、普光功徳山王如来と名づけられる。その仏の国土には声聞や縁覚の名はなく、その仏の国土は衆宝普集荘厳と名づけられる。普光功徳如来が涅槃に入り、正法が滅した後には、大勢至菩薩がその国において成仏し、善住功徳宝王如来と名づけられる。国土・光明・寿命、ないしは法のとどまることなど、阿弥陀仏の場合と異なるものではない、といっている。

問　『同性経』には「報身」といい、『授記経』には「入滅」という。この二経の相違を諸師はいかに説明するか。

答　道綽禅師は『授記経』を説明して「これは報身の隠没の相をあらわしたもので、滅度ではない」といい、迦才[2]は『同性経』を説明して「浄土の中の成仏を判じて『報』とされるのは、これは受用の事身のことで、実の報身ではない」といっている。

問　どちらが正しいのか。

答　迦才はいう、

衆生の起行にすでに千差があるのだから、往生してから見る国土にもまた万別がある道理である。もしこのように解すれば、もろもろの経・論の中にあるいは判じて「報」となし、あるいは判じて「化」としても、みなさまたげはないわけである。ただし、諸仏の修行は、つぶさに報・化の二土を感ずることだということを知るべきである。だから『摂論』には「加行[3]は化を感じ、正体[4]は報を感ず」といっている。報土にせよ、化土にせよ、みな衆生の往生を成就しようとするものである。すなわち、国土はいたずらに設けず、行は空しく修するのではないから、ただ仏語を信じ、経によって専念すればすなわち往生することができる。また報と化とを忖度する要もないのである、

と。この解釈がよい。よろしく称念を専らにすべきで、わずらわしく分別する要はない。

問　かの仏の相好は、何ゆえに同じではないのか。

答　『観仏経』に諸仏の相好を説いて、「人の相に同ずるがゆえに三十二と説き、諸天に勝るがゆえに八十好と説く。諸菩薩のためには八万四千のもろもろの妙相好と説く」といっている〔以上〕。かの仏についても、これに準じて考えよ。

問　『双観経』には「かの仏の道樹（菩提樹）の高さは四百万里」といい、『宝積経』には「道樹の高さ十六億由旬」といい、『十往生経』には「道樹の高さ四十万由旬、樹下に師子座あり、高さ五百由旬」といい、『観経』には「仏の身量（高さ）は六十万億那由他恒河沙由旬」〔云々〕といっている。樹と座と仏身と、どうしてたがいに相応しないのか。

答　これには解釈の相違があって、一様ではない。あるいは「仏の境界に大小があって

も、たがいにさまたげることはない」と解する人もいるし、「応仏によせて樹の量を説き、真仏によせて身の量を説いたのだ」という人もある。他にもいろいろな解釈があって、詳しく述べることは不可能である。

問　『華厳経』には「娑婆世界の一劫は、極楽国の一日一夜に等しい」〔云々〕といっている。これによって、上品中生の人が一夜を経て華が開くのは、まさにこの娑婆世界の半劫にあたり、ないし下品下生の十二劫は、娑婆世界では恒沙塵数劫にあたることが知られる。何ゆえこれが極楽と名づけられるのか。

答　たとい恒劫を経過するまで蓮華が開かなくとも、すでにかすかな苦しみもない。どうしてこれが極楽ではないだろうか。『双観経』にいうように「その胎生のものが処《お》るところの宮殿は、あるいは百由旬、あるいは五百由旬、おのおのその中において忉利天にあるようなもろもろの快楽を受ける」〔以上〕。

ある師は「胎生はこれ中品と下品とである」といい、ある師は「九品の中にはふくまれない」といい、異説はあるけれども、快楽に異なるところはない。まして、かの九品の人たちが華中に経過する日時を判ずる諸師の説は一様ではない。懐感《えかん》・智憬《ちけい》等の諸師がかの国土の日夜の劫数であると認めたのは、たしかに難点であろう。

ある師は「仏はこの娑婆世界の日夜をもって浄土を説き、衆生に知らしめたのである」〔云々〕といっているが、この解釈の方が正しいと思う。しばらく四つの例を挙げて、この解釈の方が正しいことを示そう。

一は、かの仏の身量が若干由旬であるというのは、かの仏の指分（指の長さ）をかさねてかの由旬としたものではないということである。もしそうでなければ、須弥山のように長大の人が一毛の端をもってその指節とするようなことになるであろう。ゆえに、仏の指の長さをもって仏身の長短を説いているのではないことが知られるのである。どうしてかならず浄土の時刻をもって華の開く遅速を説くことがあろうか。

二は、『尊勝陀羅尼経』の説のように、忉利天上の善住天子は、空に声があって「汝はまさに七日にして死ぬであろう」と告げるのを聞いた。時に帝釈天は、仏の教勅をうけて、かの天子をして七日の間、尊勝陀羅尼の誦持を勤修させたので、七日を過ぎて後も寿命が延びることを得た〔大意〕。これは人中の日夜をもって説いたもので、もし天上の七日によるとなると、まさに人中では七百歳ということになるから、仏在世の八十年の間にこのことを確かめることはできないことになる。九品の日夜も、またこれと同じであろう。

三は、法護所訳の経に「胎生の人は五百歳を過ぎて仏を見ることを得」といい、『平等覚経』には「蓮華の中に化生して城中にあり、この間の五百歳にはよく出ずることを得ず」〔大意〕といっているが、憬興《きょうごう》等の諸師は、この文をもってこの方、娑婆世界の五百歳であるといっている。かの胎生の年数がすでにこの間、娑婆世界の年数によって説かれているのに、九品の時刻だけをどうして別に考えなくてはならないのであろうか。

四は、もしかの界、浄土によって九品を説くならば、上品中生の一宿、上品下生の一日夜は、すなわちこの界、娑婆世界の半劫、一劫にあたる。もしそのような考えが許されるならば、一方で胎生疑心の者すらなお娑婆の五百歳を経て速やかに仏を見ることができるというのに、上品信行の人はどうして半劫、一劫を経てようやく蓮華を開くことになるのか。このような理由で、後の解釈の方が正しいというのである。

問　もしこの世界の日夜、時刻をもってかの浄土の相を説く時は、かの上々の品は、かの国に生まれおわってそのまま無生法忍を悟ることができないことになるであろう。何となれば、この世界の少時の修行は勝となり、かの浄土の多時の善根は劣となるからである。もしそうならば、上々品の人は、この世界において一日から七日に至るまで、三福業を具足したのに、なお無生法忍を証することができなかったのだから、どうしてかの浄土に生まれて、法を聞いてすぐに悟ることができよう。ゆえに、かの国土の長遠の時刻を経て、無生忍を悟るのだということを知るのである。されば、浄土に約して即悟（ただちに悟る）といっても、娑婆世界のこととしては実に億千年ということになる。あるいは上々の人はかならずこれは方便後心(5)の行を満たしたものというべきであろうか。もしそうでなければ、諸文は矛盾することになる。

答　かの国の多善は劣で、この界の少善は勝だということが理解できない。

問　『双観経』にいう、

ここに広く徳本を植え、恩を布《し》き恵みを施して、道禁を犯すことなく、忍辱精進、一心智慧の六波羅蜜をもってたがいに教化し、善を立て意を正して、一日一夜、斎戒清浄ならば、無量寿仏の国にあって百年、善をなすに勝るものである。何となれば、かの仏の国土は、無為自然にみなもろもろの善を積んで、ごくわずかの悪もないからである。この娑婆世界において十日十夜、善をなすことは、他方諸仏の国の中で千年善をなすに勝っている、

と〔以上〕。これがその勝劣である。

答　二つの世界の善根を比較すれば、そのとおりであろう。しかし仏に遇うという縁は勝れたものであるから、速やかに悟るといっても誤りではない。あるいはこの経はただ修行の難易を明らかにしたもので、善根の勝劣を明らかにしたものではないともいえる。たとえば貧しい人が一銭を施すのは称美すべきであるが、多くのことを弁ずることはできず、富める者が千金を投ずるのは何も称《ほ》むべきことではないが、多くのことを弁ずることができるようなものである。二つの世界の修行も、またかくのごときものである。『金剛般若経』にも、

仏が世にある時の信解は、いまだ勝れているというわけにはゆかぬ。滅後の信解の方が勝れている、

といっている。他の解釈もあるが、委曲を尽くすことはできない。

問　娑婆の行因にしたがって極楽の階位に別があるように、所感の福報にもまた別がある

のか。

答　大体は別がないけれども、細かく分けていえば別がある。『陀羅尼集経』の第二に、

もし香華衣食等を供養しなかった人は、かの浄土に生まれても、香華衣食等の種々の供養の報を得られない、

といっている〔この文は、かの仏の本願に相違している。さらによくこれを考えてみよ〕。また玄一師と令因師(6)はともに「実に約して論ずればまた勝劣があるが、その状は相似ているので好醜なしというのだ」といっている。

問　極楽世界は、この娑婆世界を去ることどれくらいのところにあるのか。

答　経には「これより西方、十万億の仏土を過ぎて、極楽世界がある」といっている。ある経には「これより西方、この世界を去り、百千倶胝《くてい》那庾他《なゆた》の仏土を過ぎて、仏の世界がある。これを極楽と名づける」ともいっている。

問　二つの経は何ゆえそのいうところが同じではないのか。

答　『浄土論』の智光の疏の意によると、

倶胝とは億のことである。那庾多とは、この世間の「垓《がい》」という数にあたる。俗に、十千を万といい、十万を億といい、十億を兆といい、十兆を経といい、十経を垓という。垓というのは大数である。百千倶胝はすなわち十万億である。億には四つの位があり、一は

十万、二は百万、三は千万、四は万々である。いま億というのはこの万々である。この意味をあらわすために那由多といったのである、と〔以上〕。この解釈によって考えるといいであろう。

問　かの仏の教化するところは、ただ極楽ばかりであるとすべきであろうか。また他にそのところがあるとすべきであろうか。

答　『大論』には「阿弥陀仏にもまた厳浄と不厳浄との世界があることは、釈迦牟尼仏の国の場合と同様である」といっている。

問　厳浄・不厳浄とは何か。

答　極楽世界とはすなわち浄土のことである。しかし、その穢土というのはどこのことかわからない。ただ道綽らの諸師は、『鼓音声経』に説くところの国土がその穢土だと考えている。すなわちかの経にいう、

阿弥陀仏は声聞とともにいた。その国を清泰《しょうたい》と名づける。聖王の住むところで、その城の広さは十千由旬、中に刹利《せつり》（王族出身）の人々が充満している。阿弥陀如来・応・正遍知の父を月上転輪聖王と名づけ、その母を殊勝妙顔といい、子を月明《がつみょう》と名づけ、奉事の弟子を無垢称と名づけ、智慧の弟子を名づけて攬光《らんこう》といい、神足の精勤（しもべ）を名づけて大化という。その時の魔王を名づけて無勝といい、提婆達多《だいばだった》を名づけて寂静といった。

阿弥陀仏は、大比丘六万人とともにいた、

と〔以上〕。

問　かの仏の教化するところは、ただ極楽・清泰の二国だけであるというのか。

答　経文は縁にしたがってしばらくその一端を挙げたものにすぎない。その実のところは不可思議というよりほかはない。『華厳経』の偈にもいっているとおりである。

菩薩はもろもろの願海を修行するに
あまねく衆生の心の欲するところに随う
衆生の心行は広くして無辺なれば
菩薩の国土も十方に遍《あまね》し

と。またいう、

如来の出現は十方に遍く
一々の塵中に無量の土あり
その中の境界もまた無量にして
ことごとく無辺無尽の劫に住す

と。

問　如来の教化は孤立したものではなく、必ず機縁に対応したものである。何ゆえ十方に遍しといえるのか。

答　広劫に修行して、無量の衆を成就してこられたのであるから、かの機縁もまた十方世界に遍しというので、これも『華厳』の偈にいうとおりである。

往昔勤修すること多劫海にして
よく衆生の深重の障を転ず
ゆえによく身を分かちて十方に遍く
ことごとく菩提樹王の下に現わす

と。

第二　往生の階位

問　『瑜伽論』には、「三地の菩薩がまさに浄土に生まれるのだ」といっている。いま地前の凡夫や声聞にもこれを勧めるのは、どういう意味か。

答　浄土にも差別があるから、その点は差支えない。懐感師もいっているように、もろもろの経・論の文に浄土に生まれることを説くのはおのおのその理由があるが、浄土そのものにすでに麁妙《そみよう》勝劣があるのだから、そこに生まれる人にもまた上下階降の別があっていい。道宣律師(7)もまた「三地の菩薩にして、はじめて報仏の浄土を見る」といっている。

問　たとい報土ではなくとも、惑業の重い者がどうして浄土に生まれることができるのか。

答　天台大師はいっている。

無量寿仏の国は、果報は殊勝であるが、臨終の時に懺悔し念仏すれば、業障を転じて、そのまま往生することができる。惑染（煩悩）を身につけていても、願力が心を保持するから、また浄土にいることができる、

と。

問　もし凡夫もまた往生することができるというならば、『弥勒問経』に「仏を念ずるのは凡愚の念ではない。結使（煩悩）の念をまじえないで、阿弥陀仏の国に生まれることができる」〔以上〕といっているのをどう説明するのか。

答　『西方要決』にこれを解釈して、次のようにいっている。

娑婆の苦を知って永く煩悩の世界を離れるのは、薄浅ではない。およそ未来に仏となり、心を専らにして広く法界の衆生を救おうとねがう、この勝れた理解があるゆえに、愚ではない。正しく仏を念ずる時は、煩悩はおさえられる。ゆえに煩悩の念をまじえずというのである、

と〔略抄〕。というのは、凡夫の行人も、この徳をそなえているということである。

問　かの国の衆生はみな不退転であるという。明らかにこれは凡夫の生まれる所ではないことが知られるではないか。

答　ここに不退というのは、かならずしもこれは聖の徳ではない。『要決』に次のようにいうとおりである。

いま不退を明かすに、四種ある。『十住毘婆沙』にいうように、一は位不退、浄土に生まれる因縁がそなわっているから、万劫を経ても、また悪律儀の行に退堕して生死に流転することがない。二は行不退、すでに初地を得ているから、利他の行も不退である。三は念不退、八地以上は、無功用《むくよう》に心に自在を得るからである。四は処不退、経文上の証《あかし》はないけれども、道理の上からいえることである。何となれば、天中に果を得る者がすなわち不退を得るがごとく、浄土の場合もまた同様である。命長くして病いなく、勝れた友と手をとりあい、純正にして邪なく、ただ浄らかで汚れなく、常に聖き世尊につかえている。この五つの縁によって、その処には退くことがないのである、

と〔以上略抄〕。

問　九品の階位については、解釈の相異があって一様ではない。たとえば、慧遠法師は「上々生は四・五・六地、上中生は初・二・三地、上下生は地前の三十心なり」といい、力法師[8]は「上々は行向、上中は十解（十住）、上下は十信」といい、窺基師は「上々は十回向、上中は解行、上下は十信」という。ある人は「上々は十信、上中は十信の後心、上下は十信の初位」といい、ある人は「上々は十住の初心、および以前によく三心を発し、よく三行を修する者であり、上中・上下はただ十信以前の菩提心を発して善を修する凡夫を取り、起行の浅深をもって二品に分けるのだ」という。

これらの諸師の判ずるところが一様でないのは、無生忍の位が一様でないからである。『仁王経』には、無生忍は七・八・九地にありといい、諸論には初地にあり、あるいは忍位[9]なりという。『本業瓔珞経』には十住にありといい、『華厳経』には十信にありという。『占察経』には「一行三昧を修して、相似の無生法忍を得たる者」と説いている。ゆえに、諸師はおのおのその一をとってその義を立てているのである。

中品の三生については、慧遠は「中上はこれ前の三果[10]、中々はこれ七方便[11]、中下はこれ解脱分の善をうえたる人」といい、力法師も同じである。窺基は「中上は四善根、中々は三賢、中下は方便前の人」という。ある人は「忍・頂・煖《なん》」の順序になるといい、ある人は「三生は並びにこれ解脱分の善根をうえた人だ」という〔以上の六つの位には、また他の解釈もある。懐感禅師の論や竜興の記を見て知るべきである」。下品の三生には別の階位がなく、ただ煩悩に縛られた造悪の人である。

明らかに往生の人はその位に限界がある。どうしてそれでもなおこれがわれらの分だといえるのか。

答　上品の人の階位はたとい深くとも、下品の三生はどうしてわれらの分ではないということがあろうか。いわんや上の最後の解釈は、すでに十信以前の凡夫をもって上品の三としているではないか。また『観経』の善導禅師の「玄義」には、大小乗の方便以前の凡夫をもって九品の位を判じ、諸師が判ずるように深高なるものとすることを許さない。また経・論は、多くその文によって意味を判ずるものである。いまの経に説くところの上三品の業も、どうして深位の行だという解釈だけを固執する必要があるのか。

問　もしそうだとすれば、浄土に生まれても早く無生法忍を悟ることはできなくなるではないか。

答　天台には、二つの無生忍の位がある。もし別教[12]の人ならば、歴劫に修行して無生忍を悟り、もし円教[13]の人ならば、ないしは悪趣にある身でもまた頓証、速やかに悟る者がある。穢土にしてなおそうであるから、まして浄土においてはなおさらである。かの浄土の諸事は、他の処に例をとって考えてはならない。どこに一切の凡夫がいまだその位に至らずしてついに退堕なき処があるか、どこに一切の凡夫がことごとく五神通を得て妙用無礙なりといわれる処があるか。証果の遅速の例もまた同様である。

問　上品生の人の得益の早晩は、一向にそうだといえるのか。

答　経中にはしばらく一類のものを挙げたのである。ゆえに慧遠和尚の『観経義記』にも、

九品の人がかの国に生じて以後の得益の劫数は、勝れたものによって説いたものであるが、道理の上からはまたこれ以上のものもあるであろう、といっている〔大意〕。だから、ひろく九品を論ずる時は、あるいはまた少しこれよりも速いものがあるかもしれない。

問　『双観経』の中に、また弥勒等のごときもろもろの大菩薩があって、まさに極楽に生まれるであろうと説いている。ゆえに経中の九品の得益は劣れるものによって説いたものだということが知られるのに、どうして勝れたものによるというのか。

答　かの国に生まれてはじめて無生忍を悟る前後早晩について、これを勝れたものによるといったので、さらにかの上位の大士を論じているのではない。それにかの大士を九品の中に入れるか入れないかは、別に考うべきことである。

問　もし凡下の輩でもまた往生することができるというならば、どうして近代、かの国土

に往生を願う者が幾千万といるのに、一人として往生した者がないのか。
答　道綽和尚は、
信心が浅く、あるがごとくなきがごとくであるから。信心が純一でなく、決定せぬから。信心が相続せず、余念がまじわるから。この三つが相応しなくては往生することができない。もしこの三心をそなえて往生しないというのは道理ではない、
といい、善導和尚は、
もしよく上のごとく念々相続して、命を終わるまでこれをつづけようと思いさだめた者は、十人は十人ながら、百人は百人ながら往生することができる。もし専心に念ずることを捨てて雑業を修めようとする者は、百人の時はまれに一人か二人、千人の時は三人か五人が往生することができるだけであろう、
といっている「ここに「上のごとく」というのは、礼讃等の五念門、至誠等の三心、長時等の四修を指す」。
問　もしかならず命を終わるまでと思いさだめるというならば、どうして懐感和尚は「長時も短時も、多修も少修もみな往生することができる」といったのか。
答　修行の種類は一様ではないから、二師ともに誤っているとはいえない。しかし、命を終わるまでと思いさだめて勤修することを怠らず、修行を決定させることが根本である。

問 『菩薩処胎経』の第二にいう、

西の方、この閻浮提を去ること十二億那由他のところに、懈慢界《けまん》(14)がある。国土は快楽にあふれ、舞をまい楽を奏し、衣服は香や華でかざられている。七宝をちりばめた回転する床があって、目をあげて東を見ようとすると、床はしたがって東にまわり、北を見、西を見、南を見ようとする時も、また同様にその方向に回転する。発心して阿弥陀仏の国に生まれることを願う衆生も、みな深くこの懈慢の国土に執着して、すすんで阿弥陀仏の国に生まれることのできない者が億千万とおり、時に一人がよく阿弥陀仏の国に生まれることができるにすぎない、

と〔以上〕。この経から考えると、往生することは困難ではないか。

答 『群疑論』に、善導和尚の前の文を引いてこの論難を解き、また自ら助成していう、

この経の下の文に「何となれば、みな懈慢して、執心牢固ならざるによる」といっている。すなわち雑修の者は執心牢固ならざる人であるから懈慢国に生まれるのであり、もし雑修せず、もっぱらこの念仏の業を行ずる者は執心牢固であるから、かならず極楽国に生まれるであろう。〔中略〕また報の浄土に生まれる者はきわめて少なく、化の浄土に生まれる者は少なくない。だから経にもこれを区別して説いているので、実は相違はないのである、

と〔以上〕。

問　たとい三心を具せずとも、命を終わるまでと思いさだめずとも、かの一たび名を聞くすらなお成仏を得るという。ましてしばらくでも称念することがどうして空しいことであろうか。

答　しばらくは空しいことのように見えるが、終局的にはそらごとではない。『華厳』の偈に、経を聞く者の転生の時の利益を説いて、

もし人の聞くに堪えたるものは
大海および劫尽の
火中にありといえども
必ずこの経を聞くことを得ん

といっている〔大海とは竜界のことである〕。『釈』には「余業によってかの難処に生まれても、前の信によってこの根器となったのだ」といっている。『華厳』を信ずる者にしてすでにかくのごとくである。念仏を信ずる者にどうしてこの利益がないことがあろうか。かの一生悪業をなした者でも、臨終に善き友に遇い、わずかに十念すれば、そのまま往生することができる。これらの者の多くは前世に浄土を欣求し、かの仏を念じた者の宿善が内に熟して、いま開かれてきたものである。ゆえに『十疑』にも「臨終に善知識に遇って十念成就する者は、みな宿善の強さをもって善知識に遇うことを得、十念成就するのである」といって

いる。懐感師の考えもこれと同じである。

問　下々品の生も、もし宿善によるというのであれば、十念往生の本願は有名無実になるのではないか。

答　たとい宿善ありとしても、もし十念することがなければ、かならず無間地獄に堕ちて、窮まりなき苦しみを受けるであろう。臨終の十念を明かしたのは、それこそが往生の勝縁、すぐれた条件だからである。

第三　往生の多少

仏は弥勒に告げていわれた。

『双観経』にいう、

「この世界に、六十七億の不退の菩薩がおり、かの国に往生するであろう。一々の菩薩は、すでにかつて無数の諸仏を供養し、弥勒に次ぐ者のごとくである。もろもろの小行の菩薩や、少功徳を修した者も無数にあり、それらはみなまさに往生するであろう。他方の仏土においても同様である。かの遠照仏の国の百八十億の菩薩、宝蔵仏の国の九十億の菩薩、無量音仏の国の二百二十億の菩薩、甘露味仏の国の二百五十億の菩薩、竜勝仏の国の十四億の菩薩、勝力仏の国の万四千の菩薩、師子仏の国の五百の菩薩、離垢光仏の国の八十億の菩薩、徳首仏の国の六十億の菩薩、妙徳山仏の国の六十億の菩薩、人王仏の国の十億の菩薩、無上華仏の国の無数の不退の諸菩薩は、智慧勇猛にして、すでにかつて無量の諸仏を供養し、七日のうちに、よく百千億劫に大士が修する堅固の法を摂取している。無畏仏の国の七百九十億の大菩薩衆、もろもろの小菩薩、および比丘らも数えきれないが、みなまさに往生するであろう。ただにこの十四の仏国中の諸菩薩等のみが往生するのではなく、十方世界の無量の仏国においても、その往生する者はまたはなはだ多く、無数である。私がただ十方諸仏の名号と、かの国に生まれる菩薩・比丘のことを説くだけでも、昼夜一劫をつくしてなお終わることはないであろう」と、と〔以上略抄〕。このもろもろの仏土の中で、いま娑婆世界には少善を修してまさに往生すべきものがある。われらは幸いに釈尊の遺法に遇い、億劫時に一たび少善往生の流れに入ることができたのだから、まさに務めて勤修すべく、時を失ってはならぬ。

問　もし少善根でもまた往生できるというならば、何ゆえ経には「少善根、福徳の因縁をもって生をかの国に得ることはできない」というのか。

答　これには異説があるが、多くを挙げることができない。ただ私が考えるところでは、大小といっても固定したものではなく、相対的に名づけられるもので、大菩薩にたいしては少善といい、輪廻の業にたいしては大と名づけるのである。それゆえ、二つの経の意味に相違はないわけである。

第四　尋常の念相

尋常の念相（平常の念仏）というのは、多くの種類があるが、大きくこれを四つに分けることができる。一は定業、これは坐禅入定して仏を観ずることである。二は散業、これは行住坐臥、とくに心を調えることをせぬままに仏を念ずることである。三は有相業、これはあるいは相好を観じ、あるいは名号を念じて、ひとえに穢土を厭い、もっぱら浄土を求めることである。四は無相業、これは仏を称念し、浄土を欣求するけれども、しかも身・土、仏や浄土は究極において空であり、幻のごとく夢のごとく、そのままのすがたとしては空であり、空ではあるが存在するのであるから、有にもあらず空にもあらずと観じ、この無二の理を悟って真に第一義に入ることで、そのために無相業と名づけられる。これが最上の念仏三昧である。ゆえに『双観経』の阿弥陀仏の偈には、

諸法の性は
一切空・無我なりと通達し
専ら浄き仏土を求めば
必ずかくのごときの刹を成ぜん

といい、『止観』の常行三昧の中にも、上の別行の中に引用したような三段の文があったのである。

問　定業・散業の念仏は、ともに往生するのか。

答　心をこめて念仏すれば、往生しないということはない。ゆえに懐感師は念仏の差別を説いていわれた、

あるいは深くあるいは浅く、定に通じ散に通ずる。定はすなわち凡夫よりはじめて十地の菩薩に至るまでの行で、善財童子が功徳雲比丘の所で念仏三昧を受学したごときはそれである。これがすなわち甚深の法である。散はすなわち一切の衆生が行住坐臥の一切の時処にみな念仏することができ、他のもろもろの務めを妨げず、ないしは命を終わるまで、またその行を成ずるものである、

と〔以上〕。

問　有相・無相の業もともに往生することができるか。

答　道綽和尚はいわれた。

初学の者はいまだ、よく相対的な差別の相を破することはできないから、ただよくその相によって専念すれば往生しないということはない。これを疑うべきではない、

と。また懐感和尚はいわれた。

往生にはすでに品類があって一様ではないのであるから、修因にもまた浅深があっていろいろである。ただ無所得を修する者だけが往生することができ、有所得《うしょとく》(執われの心)をもってしては往生することを得ないなどといってはならない、

と。

問　もしそうならば何ゆえに『仏蔵経』に、

もし一人の比丘が他の比丘に教えて、「汝はまさに仏を念じ、法を念じ、僧を念じ、戒を念じ、天を念ずべきであり、一心に思惟して涅槃の安楽寂滅を観じ、ただ涅槃の畢竟清浄なることを愛すべきである」というがごとき者があれば、これを邪教と名づけ、悪しき友と名づけ、私を誹謗して外道を助ける者と名づける。かくのごとき悪人には、私は一杯の水をも受けることを許さない、

と説き、また、

むしろ五逆の重罪を犯しても、我見・衆生見・寿見・命見・陰入界見等の執われた考え方を成就させてはならぬ、

といっているのか〔以上略抄〕。

答　懐感師の釈には次のようにいっている。

ある聖教にはまた「むしろ我見を起こすこと須弥山のごとくであっても、芥子《けし》ばかりの

空見を起こしてはならぬ」といっている。このようにもろもろの大乗経に、有を訶し空を訶し、あるいは大を讃し小を讃して一様でないのは機を考えてのことである。またある経には「いまは阿弥陀如来・応・等正覚は、つぶさにかくのごとき三十二相・八十随形好をそなえ、身色光明は黄金を融かしたようだと念じ、このようにしてないしはかの如来を念ぜず、またかの如来の色に執われることもないようになれば、しだいに空三昧に入ることができるであろう」といい、また『観仏三昧経』には「如来にはまた法身・十力・無畏・三昧解脱のもろもろの神通のことがある。このような妙処は汝ら凡夫の覚りうる境界ではない。ただまさに心に深く随喜の想を起こすべきである。この想を起こして後はまさにまた念を繋《か》けて仏の功徳を念ずべきである」といっている。それゆえ初学の輩はかの色身を観じ、後学の徒は法身を念ずるのである。経に「このようにしてしだいに空三昧に入ることができるであろう」というのも、その意味である。まさによく経意を理会して、毀讃の心を生じてはならぬ。まことに大聖釈尊は巧みに根機に応じて教えを説かれたものであることを知るのである、

と〔以上。『観仏経』の第九に、仏の一毛を観じ、ないし具足の色身を観ずることを説いた後に、上に引いた十力・無畏・三昧等の文がある〕。

問　念仏の行は、九品の中のいずれの品にふくまれるのか。

答　もし説かれているように行ずるならば、理としては上々の品にあたる。このようにそ

の勝劣にしたがって、まさに九品を分かつべきである。しかし経に説くところの九品の行業は、その一端を示したもので、理としては実に無量だといわれるであろう。

問　もし定・散ともに往生することができるとするならば、また現身にともに仏を見ることができるとするのか。

答　経や論には多く三昧成就してすなわち仏を見ることができると説いているから、散業の場合は見ることができないことが明らかである。ただ特別な条件が加わった場合は別である。

問　有相・無相の観も、ともに仏を見ることができるのか。

答　無相の見仏は、理として疑うわけにはゆかない。有相の観でもまた仏を見ることがある。ゆえに『観経』等には色相を観ずることを勧めるのである。

問　もし有相の観もまた仏を見るというならば、何ゆえ『華厳経』の偈に、

凡夫の諸法を見るは
ただ相に随って転じ
法の無相を了せず

これをもって仏を見ず
見ることあればすなわち垢（煩悩）となる
これすなわち未だ見るとなさず
諸見を遠離すること
かくのごとくにしてすなわち仏を見る

と。また、

一切の法は
自性あることなしと了知し
かくのごとく法性を解すれば
すなわち盧舎那を見る

といい、『金剛経』には、

もし色をもって我を見
音声をもって我を求めば
この人は邪道を行じて

如来を見ることあたわず

といっているのか。

答　『要決』は次のように説いている。

釈尊の説教は多義、多方面にわたっているが、それぞれに時機に応じたもので、実は一にして差異なきものである。『般若経』はそれ自身一つの部門であり、『弥陀』等の経もまた一つの理をあらわしている。何となれば、一切の諸仏にはみな三身があり、法仏には形体もなく色声もない。まことに二乗および小菩薩が、三身異ならずと説くのを聞いて、すなわち同じく色声ありと思い、ただ化身の色相を見て、ついに法身もまたそうであろうと固執するに至るであろうゆえに、これは正しくないと説くのである。『弥陀経』等に、仏の名を念じ、相を観じて浄土に生まれんことを求めよと勧めるのは、ただ凡夫は障り重いものであるから、法身は幽微にしてとらえがたく、法体（真如そのものとしての法身）に立ち向かうことも困難であるから、しばらく仏を念じ、形を観じて礼讃せよと教えたのである、

と〔略抄〕。

問　凡夫の行者は、勤めて修習するとしても、心が純浄ではないから、どうしてたやすく仏を見ることができよう。

答　衆縁、いろいろな条件が合して見ることができるようになるので、ただ自力のみで見るのではない。『般舟経』には三つの条件を挙げており、上に九十日の行を説いたところに引用した『止観』の文のとおりである。

問　いくばくの因縁をもってかの国に生まれることができるのか。

答　経によって考えると、四つの因縁がある。一は自善根の因力、二は自願求の因力、三は弥陀本願の縁、四は衆聖助念の縁である〔釈迦の護助は『平等覚経』に、六方の仏の護念は『小経』に出で、山海慧菩薩等の護持は『十往生経』に出ている。云々〕。

第五　臨終の念相

問　下々品の人も臨終に十念すれば、そのままで往生することができるというが、その十念とは、どのように念ずることをいうのか。

答　道綽和尚はいう、

ただ阿弥陀仏を憶念し、その総体の相であろうと個別の相であろうと、所縁にしたがってこれを観じ、十念を経て他の念相のまじわることがないのを、名づけて十念という。また、十念相続とは、たまたま聖者阿弥陀仏の心にうかんだ一つの数の名にすぎず、ただよく念を積み、思いを凝らして、他事にかかわることがなければ、すなわち往生の因は完成するので、またわずらわしくその遍数を記さないのである。また、久行の人、すでに修行の進んだ人の念は多くこれによるべきであるが、始行、初心の人の念は数を記すこともまたよい。これも聖教によることである、と〔以上〕。ある人は「一心に南無阿弥陀仏と称念する、この六字をとなえるほどの間を名づけて一念というのだ」〔云々〕ともいっている。

問 『弥勒所問経』にいう十念往生は、その一々の念が深く広い。何ゆえいま十声の念仏で往生することができるというのか。

答 諸師の解釈は一様ではない、義寂法師(15)はいう、

これは専心に仏の名をとなえる時、自然にかくのごとき十念を具足すると説くのである。かならずしも一々特別に慈心等をそなえなくてはならぬというものではなく、またかの慈心等を数えて十とするのでもない。何ゆえ自然に具足するかというと、たとえば戒を受けようとして三帰をとなえる時、特別に離殺等のことを誓わずとも、しかもよくつぶさに離殺等の戒を得るがごときものである。まさに、この中の道理もまたそうだと知るべきである。また十念を具足して南無阿弥陀仏と称すべしというのは、よく慈心等の十念を具足して南無仏ととなえることである。もしよくこのようにすることができるならば、その称念するところにしたがって、一称であれ多称であれみな往生することができる、

と。懐感法師はいう、

これらはいずれも聖教、仏陀の教えであり、たがいに往生浄土の法門を説いて、みな浄業を成就させるものである。何を理由に彼をもって是となし、此《これ》を斥《しりぞ》けて非というのか。このような言はただ自ら経を解せず、またすなわちもろもろの学者を惑わすものである、と。

迦才法師はいう、

この十念は現在の時のものであり、『観経』の中の十念は臨終の時のものである、と〔以上〕。いうこころは懐感師と同じである。

問　『双観経』に「ないし一念すれば往生することができる」といっているのと、この十念とは矛盾するのではないか。

答　懐感師はいう、

極悪業の者でも十を満たせば往生することができる。他の者はないし一念でもまた往生するのである、と。

問　生まれてからこのかた、諸悪を作って一善をも修めなかった者が、命を終わろうとする時に臨んで、わずかに十声念ずるだけで、どうしてよく罪を滅して永く三界を出で、そのまま浄土に生まれることができるのか。

答　『那先比丘問仏経《なせんびくもんぶつ》』にいうとおりである。

時に弥蘭王[16]という王がいて、阿羅漢の那先比丘[17]に問うていった。

「人が世間にあって、百歳ものあいだ、悪をなしても、死に臨んで仏を念ずれば、死後天に生まれるというが、私はこの説を信じない。また一つの生命を殺せば、死後はそのまま泥梨《ないり》（地獄）に堕ちるというが、私はこの説もまた信じない」

と。比丘は王に問うていった。

「もし人が小さな石をもって水の中に置いたら、その石は浮かぶだろうか沈むだろうか」

王「石は沈む」

那先「もし百丈もある大きな石をもって船の上に置いたら、沈むかどうか」

王「沈まない」

那先「船中の百丈の大石は、船のために沈むことができない。人がもと悪をなしても、一時仏を念ずれば地獄に堕ちず、天上に生まれることができるということが、どうして信じられないのか。その小石が沈むのは、人が悪をなして経法を知らないから、死後は地獄に堕ちるのだということがどうして信じられないのか」

王「善哉善哉」

比丘はさらにいった。

「ここに二人の人が同時に死んだ。一人は第七の梵天[18]に生まれ、一人は罽賓《けいひん》[19]国に生まれるとしよう。この二人は生まれる処に遠近はあるけれども、死ぬ時は同時に行きつくことになるわけで、たとえば二羽の鳥が飛んできて、一は高い樹の上にとまり、一は低い樹の上にとまるようなもので、二羽が同時に飛び立つと、その影も同時に地に映るようなものである。また愚人は悪をなして罪を得ることが大きく、智人は悪をなしても罪を得ることが少ないのは、たとえば焼けた鉄が地にあるのを、一人は焼けていることを知り、一人は知らないで、二人ともこれを手にとるようなもので、知らぬ者はその手の爛れることが大きく、知る者は少し痛むだけである。悪をなした場合も同様で、愚者は自ら悔ゆることができないから、罪を得ることが大きく、智者は悪をなせば不当であることを知り、日々に自ら悔ゆるところがあるので、その罪も小さいのである」と、

と〔以上〕。十念にもろもろの罪を滅し、仏の悲願の船に乗って、しばらくの間に往生することができるというのも、また理としてしかるべきことである。

また『十疑』は、次のように解釈している。

いま、三種の道理をもって考えると、軽重は不定であり、時節の久近・多少にあるのでもない。三種の道理というのは、一は心にあり、二は縁にあり、三は決定にありということである。

心にありとは、罪をつくる時は、自らの虚妄顚倒の心から生ずるのであるが、仏を念ずる心は、善き友が阿弥陀仏の真実功徳の名号を説くのを聞く心から生ずる。一は虚、一は実である。とても比較にはならない。たとえば万年の暗室に、しばらくの間でも日光がさすと、闇はたちまちに消えさるようなもので、どうして久来の暗だからといって滅することを肯《がえ》んじないというようなことがあろうか。

縁にありというのは、罪をつくる時は、虚妄痴暗の心が虚妄の境界をつくりだす顚倒の心から生ずるが、念仏の心は、仏の清浄、真実の功徳の名号を聞いて、無上菩提をもとめる心から生ずる。一は真、一は偽であり、とても比較にはならない。たとえば、人に毒矢があたり、矢は深く、毒は無惨に肌を傷つけ骨を破っても、一たび滅除薬の鼓の声を聞くとたちまち毒矢が除かれるようなもので、どうして深い毒だからといって出ることを肯んじないというようなことがあろうか。

決定にありというのは、罪をつくる時は、有間の心、有後の心[20]をもってであるが、念仏の時は無間の心、無後の心をもって、ついにすなわち命を捨てるに至るまで、善心猛くするどいから、すなわち往生するのである。たとえば、十重二十重にいましめた索《つな》は、千人力の勇者でもこれを制することはできないが、一たび童子が剣を揮えば、たちまち両段するようなものであり、またたとえば、千年の積草も、大豆ほどの火をもって焚けば、しばらくにして燃えつきるようなものである。また、一生の間、十善業を修して、まさに天上に生まれることができるはずの人が、臨終の時に、一念決定の邪見を起こして、たちまち阿鼻地獄に堕ちるようなものである。悪業の虚妄ですら、猛くするどい時には、なお一生の善業を排して悪道に堕せしむることになる。まして臨終に猛くするどい心をもって仏を念ずる真実無間の善業が、どうして無始の悪業を排することができず、浄土に生まれることを得せしめないということがあろうか、

と〔以上〕。

また『安楽集』は、七喩をもってこの意味を明らかにしている。

一は少火の喩、前に述べたとおりである。二は足のたたない者も他の船に乗せてもらえば、風や帆の勢いによって一日に千里行くことができる。三は貧しい人が一つの瑞物を手に入れて王に貢し、王がよろこんで重く賞すれば、しばらくの間に富貴となって望みをみたす。四は能力の劣った者でも、もし輪王の行に従えば、虚空に乗って飛行自在である。五は十囲の索の喩、前に述べたとおりである。六は鴆鳥《ちんちょう》が水に入ると、魚や蚌（はまぐり）はその毒にたおれてみな死んでしまうが、犀《さい》の角がこれに触れると、死んだものはまた活きかえる。七は黄鵠が子安[21]を喚《よ》ぶと、子安は活きかえったという。どうして墓の下に千年を経たものはけっして蘇《よみがえ》ることはないということができようか。

一切の万法は、みな自力・他力、自摂・他摂があって、千開万閉、無量無辺である。どうして有礙の識をもってかの無礙の法を疑うことができようか。また、五不思議[22]の中で仏法はもっとも不可思議である。どうして三界の繫業を重しとし、かの小時の念法を疑って軽しとすることができようか、

と〔以上略抄〕。

いまこれに加えていうならば、一は栴檀の樹が芽を出す時は、よく四十由旬の伊蘭（花は美しいが悪臭の強い樹）の林の臭気を変えて、あまねくみな香しからしめることができる。二は獅子の筋をもって琴の弦として、一たび音声を奏でると、一切の他の弦はことごとくみな断たれてしまう。三は一斤の石汁《しゃくじゅう》（空想上の仙薬）は、よく千斤の銅を変じて金とする

ことができる。四は金剛石は堅いけれども、羚羊の角をもってこれをたたくと、灌然として氷のようにとける〔以上は滅罪の譬〕。五は雪山に忍辱という名の草があり、牛がもし食うとそれから醍醐が得られる。六は沙訶薬（ヒマラヤにあるという香薬）は、ただ見るだけで寿の無量を得、ないし念ずる者は宿命智を得る。七は孔雀は雷声を聞いて妊《みごも》ることができる。八は尸利沙《しりしゃ》（合歓樹）は昴星を見る時、実を結ぶ〔以上は生善の譬〕。九は住水宝をもってその身を飾れば、深い水の中に入っても溺れることがない。十は沙礫は小さくても水に浮かぶことはできないが、磐石は大きくても船に載せるとよく浮かぶ〔以上は惣譬〕。諸法の力用の不思議なことはかくのごとくである。念仏の功力もこれに準じて疑ってはならない。

問　臨終の心念にはいくばくの力があってよくこの大事を成就することができるのか。

答　その力は百年の修行にも勝《まさ》っている。ゆえに『大論』にいう、

　この心は、時間は少ないけれども、心力の猛くするどいことは、火のごとく毒のごときものがあり、少ないといってもよく大事を成就することができる。このまさに死のうとする時の心は、かならず勇健なものであるから、百年の行力にも勝るのである。この後の心を大心と名づけるのは、身や諸根を捨てることが迫っているからである。人が戦陣の中にあって身命を惜しまないのを名づけて勇健というがごときものである。阿羅漢のごときも、この身の執着を捨てるから阿羅漢道を得るのである、

と〔以上〕。これによって『安楽集』にも、
一切の衆生は、臨終にあたってまさにその息を引きとろうとする時、死の苦しみが来たり逼《せま》って、大なる怖畏を生じ、ないしすなわち往生することができる、というのである。

問　深い観念の力が罪を滅することはしかるべきことであるが、どうして仏号を称念して無量の罪を滅することができるのか。もしそうだというなら、月を指す指はよく闇を破することもできる道理ではないか。

答　道綽和尚の釈にいう。
諸法には万差があって、一概にいうことはできないが、自ら名の法に即するものと、自ら名の法に異なるものとがある。名の法に即するものとは、諸仏・菩薩の名号、禁呪（まじない）の音辞、経の章句等のごときものがそれである。禁呪の辞に「日出でて東方たちまち赤くたちまち黄なり」というのがあるが、たとい夕べにこれをとなえても、患《や》める者が癒《い》えるようなものである。また、もし人が犬に噛まれた時は、虎の骨を炙《あぶ》ってこれを熨《の》せば癒《なお》るが、時にその骨がなければ、よく掌をひろげてこれを摩《す》り、口に「虎来虎来」ととなえれば癒る。あるいはまた人が脚転筋（こむらがえり）を患った時は、木瓜《ぼけ》の杖を炙ってこれを熨せば癒るが、木瓜がなければ、手を炙ってこれを摩り、口に「木瓜」ととなえればまた癒るのである。名の法に異なるものとは、指をもって月を指すがごときものが

それである、

諸仏は願と行とをもってその名を得られたのであるから、ただよくその名を念ずれば、つぶさにもろもろの徳を包むことになり、大善を成就するのである、

と〔以上〕。『要決』には、

といっている〔以上。かの文には「浄名」と「成実」の文を引いているが、詳しくは上に述べた「助念の方法」の章を看よ〕。

問　もし下々品の者が五逆罪をつくっても、十たび仏を念ずるによって往生することができるというならば、どうして『仏蔵経』の第三には次のように説くのか。

大荘厳仏の滅後に四人の悪しき比丘がいた。第一義・無所有・畢竟空の法を捨てて、外道の尼揵子《にけんし》(23)の論を貪り楽しんだ。この人は死後、阿鼻地獄に堕ち、仰臥・伏臥・左脇臥・右脇臥のそれぞれに九百万億載、熱した鉄の上で焼かれ、ただれて死に、さらに灰地獄・大灰地獄・等活地獄・黒縄地獄に生まれて、みな上のように長い年月の間、苦しみを受け、黒縄地獄で死ぬと、また阿鼻地獄に生まれる。在家・出家の彼に親しかった者、ならびにもろもろの檀越およそ六百四万億人も、この四人の比丘とともに、ともに生まれともに死んで、大地獄にあってもろもろの焼煮の苦しみを受ける。劫が尽きると他方の地獄に転生し、成劫の時にはまたこの間の地獄に生まれる。久々にして地獄を免れて人中に生まれても、五百世の間は生まれながらにして盲であった。後、一切明王仏に遇って出家し、

十万億載、頭の燃えるのをはらうように勤修し精進したが、順忍[24]をも得ることができなかった。まして道果などはなおのことである。死後はまた阿鼻地獄に生まれ、後に九十九億の仏に遇っても、順忍を得ることがない。なぜかというと、仏が深い法を説くのに、この人は信じないで、破壊違逆し、賢聖持戒の比丘を破毀して、その過悪を出した破法の因縁があるのであるから、法としてまさにしかるべきことである、

と〔以上略抄。四人の比丘とは、苦岸比丘・薩和多比丘・将去比丘・跋難陀比丘である〕。十万億載、頭燃をはらうように勤修し精進しても、なお罪は消えないし、また地獄に生まれる。どうして念仏の一声・十声をもって、そのまま罪を滅して浄土に往生することができるというのか。

答　懐感師の釈にいう、

念仏は五つの縁によって罪を消すことができる。一は発大乗心の縁、二は願生浄土の縁である。小乗の人は十方の仏があることを信じないからである。三は阿弥陀仏の本願の縁、四は念仏功徳の縁である。かの比丘はただ四念処観をなすのみであるからである。五は仏の威力をもって加持[25]することの縁である。このゆえに罪を滅して浄土に生まれることができる。かの小乗の人はそうではないから、よく罪を消すことができないのである、

と〔略抄〕。

問　もしそうならば、どうして『双観経』には十念往生を説いて「ただ五逆と、正法を誹

謗する者を除く」といっているのか。

答　智憬等の諸師は、「もしただ五逆をつくるだけの者は、十念によるがゆえに往生し、もし五逆をつくりまた法を謗る者は、往生することができない」といい、ある人は「五逆の不定業(26)をつくる者は往生することができるけれども、五逆の定業(27)をつくった者は往生しない」という。このように十五家の釈があるが、懐感法師は、諸師の釈を用いず、自らの釈として、

もし五逆をつくらなかった人は、念の多少を論ぜず、一声・十声ともに浄土に生まれる。もし五逆をつくった人はかならず十という数を充たすべきである。一を欠いても生じないゆえに「除く」というのである、

といっている〔以上〕。

(28)いま試みに私の考えをいうと、余処にはあまねく往生の種類を明らかにし、本願にはただ定生の人だけを挙げているので、「そうでなければ正覚を取るまい」といったのであろう。余人の十念はかならず往生することができ、逆者の一念はかならず往生することができない。逆者の十念と余人の一念とはみな不定であるから、本願にはただ余人の十念を挙げ、余処では兼ねて逆者の十念と余人の一念とを取り上げたのである。これらの解釈はまだ決定的なものではないから、それぞれ別に考えがあっていいことである。

問　逆者の十念は何ゆえ不定なのか。

答　宿善の有無によって念力が別なのと、臨終と尋常とでは念の時が別だからである。

問　五逆は順生の業(29)で、報と時とはともに定まっている。どうしてこれを滅することができよう。

答　懐感師の釈にいう、

九部の不了教、すなわち小乗の方便のために説かれた教えの中には、業果を信じないもろもろの凡夫のために、方便をもって説いて「定報の業あり」といい、もろもろの大乗の了義教の中には、「一切の業はことごとくみな不定なり」と説いている。『涅槃経』の第十八巻に見られるように、耆婆《ぎば》（釈迦仏当時の名医）は阿闍世王のために、懺悔の法をもって罪を消すことができると説き、また「私は聞いている、仏陀の教えでは、一つの善心を修めると百種の悪を破ることができる。少しの毒薬でも衆生を害することになるように、少しの善でもよく大悪を破ることができる」ともいっている。また三十一の巻には「善男子、もろもろの衆生の中には、業縁、すなわち善悪の果を招く因縁としての行為を、心に軽んじて信じない者がある。その人をすくうために、このように説くのである。善男子よ、一切の作業には軽重があり、軽重の二業にもまたおのおの二つがある。一は決定、二は不決定である」といい、また「あるいは重い業で軽くすることができるものがあり、あるいは軽い業でも重くすることができるものがある。有智の人は、智慧の力をもってよく地獄極重の業を現世に軽く受けることができるけれども、愚痴の人は、現世の軽い業をも地獄で重く受けるようになる」ともいっている。阿闍世王は罪を懺悔しおわって地獄に入らず、鴦掘摩羅《おうくつまら》(30)は阿羅漢の位を得た。『瑜伽論』には「いまだ解脱を得ないものを決定の業と名づけ、すでに解脱を得たるものを不定業と名づける」と説いている。これらのもろもろの大乗の経や論には、五逆罪等をみな不定と名づけ、ことごとく消滅することができると説いている、

と〔重きを転じて軽く受ける相は、つぶさに『放鉢経』に出ている〕。

問　上に引用された文に「智者は重きを転じて軽く受ける」というが、下品生の人は、ただ十念しおわってそのまま浄土に生まれるのだとすると、どこで軽く受けるのか。

答　『双観経』にかの土の胎生のものを説いていう、

五百歳の間、三宝を見ず、供養してもろもろの善本を修することができない。しかるに、これを苦としながら、他に楽があるといっても、なおその処に行くことをねがわない、

と〔以上〕。これに準じて考えると、まさに七七日、六劫、十二劫の間、仏を見ず、法を聞かずというようなことをもって、軽く苦を受けるとすべきであろう。

問　もし臨終に一たび仏の名を念ずれば、よく八十億劫のもろもろの罪を滅することができるとするならば、尋常の行者もまたしかりとすべきであろうか。

答　臨終の心力は強く、よく無量の罪を滅することができるが、尋常の称名はそうではない。しかし、もし観念が成就した時には、また無量の罪を消すことができる。ただ名をとなえるだけでは、心の浅深にしたがって、その利益を得ることも一様ではないであろう。詳しくは前の「念仏の利益」の章に述べたとおりである。

問　どうして浅心の念仏にもまた利益があるということを知ることができるのか。

答　『首楞厳三昧経《しゆりようごんざんまい》』にいう、

滅除と名づけられる大薬王（くすり）がある。もし戦闘の時に用いて鼓に塗っておくと、箭《や》に射られ、刀や矛《ほこ》に傷つけられた者でも、鼓の声を聞くことができれば、箭は抜けて毒は除かれる。このように、菩薩が首楞厳三昧に住する時に、その名を聞く者があれば、貪・恚・痴の箭は自然に抜け出で、もろもろの邪見の毒はみなことごとく消滅して、一切の煩悩はまたふたたび起こることがない、

と〔以上。諸法の真如実相を観見し、凡夫の法と仏の法との不二を見る。これを名づけて首楞厳三昧を修習するという〕。菩薩ですらしかり、まして仏ではなおのことである。聞名ですらしかり、まして念ずるとなればなおのことである。まさに浅心の念も利益は虚しくはないと知るべきである。

第六　麁心の妙果

問　もし菩提のために仏にたいして善をなせば妙果を証得するというのは、理としてしかるべきことである。もし人天の果のために善根を修めるのはどうか。

答　煩悩にとらわれていようといまいと、仏にたいして善を修めるならば、遅速の差はあっても、かならず涅槃に至ることができる。ゆえに『大悲経』の第三にいう、

仏は阿難に告げていわれた。

「もし衆生があって、生死三有（迷いの世界）の愛果にとらわれ、仏の福田に善根をうえながら、この善根をもって般涅槃することがないようにと願うような時、阿難よ、この人がもし涅槃しないというならば、それは理のないことであろう。阿難よ、この人は涅槃を願い求めないというけれども、仏のもとでもろもろの善根をうえたのだから、私は、この人はかならず涅槃を得ると説くのである」と、

と。

問　所作の業は、願にしたがって果を受くべきである。どうして、この世の報を願って出世の果を得るというのか。

答　業果の理はかならずしも一様ではない。もろもろの善業をもって仏道に回向するの

は、これは作業であるから、心にしたがってその果を得るが、鶏や犬の真似をして天の楽しみを求めるのは悪見であるから、業によってその果を得るというわけにはゆかない。このゆえに、仏にたいしてもろもろの善根を修すれば、意楽《いぎよう》は異なるといっても、かならず涅槃に至るものである。ゆえにかの経では譬えを挙げて、次のようにいっている。

たとえば長者が時節によって種子を良田の中に下し、時にしたがって灌漑して、常によく護りそだてているとしよう。もしこの長者が別な時にかの田所に到り、「咄《とつ》、種子よ、汝は種となるな、芽を出すな、伸びるな」というようなことをいったとしても、かの種子はかならずまさに果を作り、実を結ばないことはないようなものである、

と〔大意略抄〕。

問　かれはいかなる時に般涅槃を得るというのか。

答　たとい久しく生死に輪廻するといっても、善根は亡びないから、かならず涅槃を得る。ゆえにかの経にいう、

仏は阿難に告げていわれた。

「たとえば釣師が魚をとろうとして、大きな池の中に釣餌をたれ、魚に呑み食わせるようなもので、魚は呑み食ってしまうと、池の中にいるといっても、まもなく釣りあげられて出てくるであろう〔中略〕。阿難よ、一切の衆生が諸仏のもとにおいて敬信の心を起こし、もろもろの善根をうえ、布施を修行し、ないし、発心して一念の信をも得るならば、

また余悪不善業のためにおおわれて、地獄・畜生・餓鬼に堕ちたとしても、〔中略〕諸仏世尊は、仏眼をもってこの衆生を観ると、発心が勝れているから、地獄からこれを救い出し、救い出しおわると、これを涅槃の岸に置くのである」と、

と。

問　この経の意味は、敬信をもってのゆえに、ついに涅槃を得るというのである。もしそうならば、ただ一たび聞くというのは、涅槃の因ではないといわなくてはならぬ。すでにしかりとするならば、何ゆえ『華厳』の偈には、

もしもろもろの衆生ありて
未だ菩提心を発せざるも
一たび仏の名を聞くことを得ば
決定して菩提を成ぜん

というのか。

答　諸法の因縁は不可思議である。たとえば、孔雀は雷震の声を聞けば妊ることができ、また尸利沙果は、はじめ形質がなかったが、昴星を見る時に実を結んで、長さ五寸にもなったようなものである。仏の名号によって仏因を結ぶのも、またかくのごときものである。こ

の微因によって、ついに大果があらわれるのである。かの尼拘陀樹《にくだ》の芥子粒ほどの種子から枝葉を生じ、あまねく五百両の車をおおうがごときものである。浅近の世法ですらなおこのように思議しがたいものがある。まして出世の甚深の因果はなおさらである。ただまさに仰いで信ずべく、疑いの念をもってはならない。

問　染心（煩悩の心）をもって縁を如来に結ぶ者もまた利益があるのか。

答　『宝積経』の第八に、密迹《みっしゃく》力士(31)が寂意菩薩に告げていったことばがある。

耆《ぎ》域《いき》医王（耆婆。四三八ページ参照）が諸薬を合わせ集め、薬草を取って童子の形をつくった。容姿端正で、美しいことは世にもまれであった。所作は安らかに落着きがあり、あらゆるものがそなわって、勝れていることは他に比類がなかった。往来周旋、住立安坐、臥寝経行、自在で欠けるところがなく、どのようなわざでもできた。あるいは大豪の国王・太子・大臣・百官・貴姓・長者らが耆域医王のもとに来たり、薬童子を視て、ともに歌いたわむれ、その顔色を見ると、病いはみな癒えて、安穏寂静に、無欲なることを得た。寂意よ、しばらくかの耆域医王の世間を療治するさまを観ぜよ。その他の医師はこれに及ぶことができなかった。かくのごとく、寂意よ、もし菩薩が法身を奉行すれば〔「陰種諸入なし」と信解し、観察することを名づけて「法身を奉行す」という〕、たとい衆生の婬・怒・痴心が盛んで、男女大小が欲想をもって求めあい、ともに相娯《たのし》むことがあっても、貪欲の煩悩はことごとくこれをおさえることができるであろう、と。法身を奉行する菩薩ですらしかりとすれば、法身を証得せる仏においてはなおのことではないか。

問　もし欲想をもって縁じてもこの利益があるとするならば、誹謗し悪《にく》み厭う場合にもまた利益があるのか。

答　すでに婬・怒・痴といっている。ただ欲想のみではないことは明らかである。また『如来秘蔵経』の下巻にいう、

むしろ如来にたいして不善の業を起こすことがあっても、外道・邪見の者の所で、施作し供養してはならぬ。なんとなれば、もし如来のもとで不善の業を起こしても、まさに悔いる心があって、ついにはかならず涅槃に至ることができるであろうが、外道の見にしたがえば、まさに地獄・餓鬼・畜生に堕ちるであろうからである、

と。

問　この文はすなわち因果の道理に違い、また衆生の妄心を増すことになる。どうして悪心をもって大涅槃の楽を得られようか。

答　悪心をもってのゆえに三悪道に堕ち、一たび如来を縁ずるをもってのゆえに、かならず涅槃に至るのである。このゆえに因果の道理に違うことはない。『大悲経』には「かの衆生が地獄に堕ちる時、仏にたいして信を生じ、追悔の心を生ずれば、それによって展転して

かならず涅槃に至る」と見えている。染心をもって如来を縁ずる利益すらなおかくのごとくである。まして浄心をもって一念一称する時はなおさらである。仏の大恩徳は、これをもって知るべきである。

問　諸文に説くところの菩提涅槃は、三乗の中においていずれの果とするのか。

答　初めは機にしたがって三乗の果を得るが、最後にはかならず無上の仏果に至る。『法華経』にいう、「十方仏土の中にはただ一乗の法のみあって、二もなくまた三もない。仏の方便の説は別であるが」と。また『大経』には、如来の決定の説の意味を明らかにして「一切の衆生にはことごとく仏性がある。如来は常住にして変わることがない」といい、また「一切の衆生はかならず阿耨菩提を得るがゆえに、私は一切の衆生にはことごとく仏性があると説く」、また「一切の衆生にはことごとくみな心があり、およそ心がある者はかならずまさに阿耨菩提を成ずることを得るであろう」といっている。

問　何ゆえに諸文に説くところが不同で、あるいは一たび仏の名を聞けばかならず菩提を成ずると説き、あるいはまさに勤修すること頭燃をはらうがごとくせよと説き、また『華厳』の偈には、

人の他の宝を数うるも

自ら半銭の分なきがごとし
法において修行せずんば
多聞もまたかくのごとし

というのか。
答　もし速やかに解脱しようと願うならば、勤めずしてはその分がないわけであるが、もし永劫の因を期するというのであれば、一たび聞くだけでも空しくはない。それゆえ、諸文に説くところは理として相違はないものである。

第七　諸行の勝劣

問　往生の業の中では念仏が最《さい》、もっとも勝れているというが、他の業の中でもまた最とするのか。
答　他の行法の中でも、またこれが最勝である。ゆえに『観仏三昧経』には六種の譬えを挙げており、その一にいう、
仏は阿難に告げていわれた。
「たとえば、長者が死の近づいたのを知って、もろもろの蔵の財物をその子に譲った。その子はこれを得て、意のままに遊び戯れていたが、たちまちある時に王難に遇い、無数の

賊が来たって蔵の物を競い取るにいたった。ただ一つの金があり、これがすなわち閻浮檀《えんぶだん》那紫金《なしこん》で、重さは十六両、金鋌《こんじょう》の長さもまた十六寸あり、この金の一両の価値は、他の宝物の百千万両にあたる。時に穢物をもって真金をつつみ、泥塊の中に置いてあったので、おおぜいの賊はこれを見ても金であることを知らずに践《ふ》みつけて去っていった。賊が去った後、財主は金を得て心に大いに歓んだことであったが、念仏三昧もまたかくのごときものであるから、まさにこれを秘蔵すべきである」と、

と。その二にいう、

たとえば、貧しい人が王の宝印を盗み、逃走して樹に上った。六頭の象に分乗した兵士が追ってくるのを見た貧人は、その宝印を呑んでしまった。兵士がやってきて樹を切りおすと、貧人は地に落ちて身体はこなごなになったが、ただ金印のみはそのままであった。念仏の心印が壊れないこともまたかくのごとくである、

と。その三にいう、

たとえば、長者が死の近づいたのを知って一人の女子に告げていった。「私はいま宝をもっている。宝の中でも勝れたものである。汝はこの宝を得て秘蔵し、堅くまもって王に知らしめてはならぬ」

と。女は父の教えを受けて摩尼珠《まにしゅ》およびもろもろの珍宝をもって糞穢の中に蔵したので、家の者もまた誰も知らなかった。世の飢饉にあうと、如意珠をもって意のままに百味の飲食を雨と降らせ、このように意のままに種々の宝を得た。念仏三昧の堅心不動なることも

またかくのごとくである、

と。その四にいう、

たとえば、大いに旱《ひでり》して雨が降らない時に、一人の仙人があって呪を誦《とな》えると、神通力のゆえに、天より甘雨を降らし、地より涌泉を出すがごときものである。念仏三昧を得た者は、この善呪の人のようなものである、

と。その五にいう、

たとえば、力士のしばしば王法を犯して獄に幽閉されていた者が逃げて海辺に到り、髻の明月の珠を解いて、それをもって船師を雇い、対岸に到れば安穏にして懼《おそ》れなきがごとくである。念仏を行ずる者は、大力士が心王の鎖を免れて、かの智慧の岸に到るがごときものである、

と。その六にいう、

たとえば、劫の尽きる時に、大地は燃えつきるが、ただ金剛山だけは摧《くだ》けないで、その本来の姿をとどめているようなものである。念仏三昧もまたかくのごとく、この定を行ずる者は過去仏の真如の海の中に住するのである、

と〔以上略抄〕。また『般舟経』の「問事品」に念仏三昧を説いていう、

常にまさに習得すべく、常にまさに守って、また他の法にしたがってはならぬ。もろもろの功徳の中で最尊第一のものである、

と〔以上〕。また不退転の位に至るに、難易の二道があり、易行道というのはすなわち念仏

である。ゆえに『十住婆沙』の第三にいう、

世間の道にも難易があり、陸道の歩行は苦しく、水道の乗船は楽であるが、菩提の道もまたかくのごとく、あるいは勤行精進する者があり、あるいは信方便の易行をもって速やかに不退の位に至る者がある。〔中略〕

阿弥陀等の仏
およびもろもろの大菩薩の
名を称え　一心に念ずるも
また不退転を得ん

と〔以上〕。文中には過去・現在の一百余仏と、弥勒・金剛蔵・浄名・無尽意・跋陀婆羅・文殊・妙音・師子吼・香象・常精進・観音・勢至等の一百余の大菩薩とを挙げて、その中で広く阿弥陀仏を讃めている。諸行の中においては、ただ念仏行のみが修しやすくして上位を証するものであるから、これが最勝の行であることを知るのである。また『宝積経』の九十二にいう、

もし菩薩があって多くいろいろな務めを営み、七宝の塔をつくって、あまねく三千大千世界を満たしたとしても、このような菩薩は私に歓喜の心を起こさせることはできない。またこれは私を供養し恭敬することでもない。もし菩薩があって六波羅蜜相応の法におい

て、ないしは一の四句の偈を受持し、読誦し修行して人のために演説するならば、この人はすなわち私を供養したことになる。何となれば、諸仏の菩提は多聞から生ずるので、衆務から生ずるものではないからである。〔中略〕もし一閻浮提、この世界の世事を営む菩薩は、一人の読誦し修行し演説する菩薩のもとにおいて、まさに親近し供養し承事（師事）すべきである。もしこの世界の読誦し修行し演説するもろもろの菩薩等は、一人の禅定を勤修する菩薩に、またまさに親近し供養し承事すべきである。このような善業は、如来の随喜し悦可するところである。もし智慧を勤修する菩薩に承事し供養すれば、まさに無量の福徳のあつまりを得るであろう。何となれば、智慧の業は、無上最勝で、一切の三界の所行にすぐれているからである、

と。『大集』「月蔵分」の偈にいう、

もし人百億諸仏の所に
多数歳に常に供養するも
もしよく七日蘭若[32]にありて
根《こころ》を摂めて定を得ん福は彼にまさる
〔中略〕
閑静無為は仏の境界なり
彼においてよく浄菩提を得

もし人かの住禅の者（入定の人）を謗らば
これを諸仏如来を毀謗すと名づく
もし人塔を破ること多百千
また百千の寺を焚焼するも
もし住禅の者を毀謗することあらば
その罪ははなはだ多く彼に過ぎたり
もし住禅の者を供養するに
飲食・衣服および湯薬をもってするあらば
この人は無量の罪を消滅し
また三悪道に堕せず
このゆえに我いまあまねく汝に告ぐ
仏道を成ぜんと欲せば常に禅にあれ
もし阿蘭若(33)に住することあたわずんば
まさにかの人を供養すべしと

と〔以上〕。一般の禅定ですらなおかくのごとくである。まして念仏三昧は最高の三昧であるから、なおさらである。

問　もし禅定の業が読誦・解義等に勝るものならば、何ゆえ『法華経』の「分別功徳品」に、八十万億那由他劫に修するところの前の五波羅蜜の功徳をもって、『法華経』を聞いて一念信解する功徳に比較すれば、百千万億分の一にすぎないとするのか。まして広く他のために説くとなれば、なおのことである。

答　これらの諸行にそれぞれ浅深があるのは、偏教と円教との差別があるからである。[34]もしその教の上で勝劣を論ずれば、勝劣は前のごとくであるが、もし諸教相対してこれを論ずれば、偏教の禅定は円教の読誦事業に及ばない。『大集』や『宝積』は一つの教の中だけで論ずるが、『法華』の比較は偏・円二教を対照させるものである。それゆえ、諸文の意味には相違はないのである。念仏三昧もまたかくのごとくで、偏教の三昧は、その教では勝れたりとするが、円人《えんにん》の三昧は、あまねく諸行に勝るものである。また定には二つあり、一は慧と相応せる定、これを最勝とするのである。二は暗禅、[35]これはいまだ勝れたりとすることはできない。念仏三昧はまさにその前者に属するものであろう。

第八　信毀の因縁

信毀の因縁とは『般舟経』にいう、

独り一仏のもとにおいて功徳を修めたのではなく、もしくは二、もしくは三、もしくは十仏のもとにおいてでもなく、ことごとく百仏のもとにおいてこの三昧を聞き、後の世においてもこの三昧を聞く者は、経巻を書学し誦持して、最後に一日一夜これを守れば、その福は計ることができない。自ら不退の位に至って、願うところのものを得るのである、と。

問　もしそうならば、聞く者はかならずまさに信ずるであろう。何ゆえに聞いても信・不信があるというのか。

答　『無量清《しょうじょう》浄覚経』にいう、

善男子・善女人が無量清浄仏の名を聞いて歓喜踊躍《ゆやく》し、身の毛もよだつほどの思いをなす者は、みなことごとく宿命があって、前世からすでに仏事を行なった者である。ある人々が疑って信じないのは、みな悪道の中から来たって、その罪がいまだ尽きない者で、これはいまだ解脱を得ない者である、

と〔略抄〕。また『大集経』の第七にいう、

もし衆生があって、すでに無量無辺の仏のもとにおいて、もろもろの徳本を殖《う》えた者は、すなわちこの如来の十力・四無所畏・不共の法・三十二相を聞くことができる。〔中略〕下劣の人は、かくのごとき正法を聞くことができず、たとい聞くことができても、いまだかならずしも信ずることができないであろう、

と〔以上〕。まさに、生死の因縁は不可思議であり、薄徳にして聞くことができたとしても、その縁を知ることは困難で、黒豆のあつまりの中に一粒の青豆が交じっているようなも

のである。ただ、彼が聞いても信解しないのは、それは薄徳の致すところというよりほかはない。

問 仏は昔、つぶさに諸度（もろもろの波羅蜜）を修してすらなお八万歳の間、この法を聞くことができなかったという。どうして薄徳の者がたやすく聴聞することができようか。たとい希有な場合を認めるとしても、なお道理に違うだろう。

答 これはむずかしい問題であるが、試みにいえば、衆生の善悪には四位の別がある。一は悪用偏増、ただ悪だけがひとえに増す状態で、この位には法を聞くことがない。『法華』に「増上慢の人は二百億劫の間、常に法を聞くことがない」といっているとおりである。二は善用偏増、この位は常に法を聞くこと十地・十住以上の大菩薩等のごとくである。三は善悪交際、凡を捨てて聖に入ろうとする時の状態で、この位の中には法を聞くことがはなはだ困難な一類の人があるが、たまたま聞けばすなわち悟るもので、常啼《じょうたい》菩薩や須達の老女（補注大文第七（1）参照）のごとき人である。あるいは魔のために遮られ、あるいは自らの惑のために障《さ》えられて、聞見することから隔てられても、久しからずして悟るものである。四は善悪容預、善も悪も弱くゆるやかな状態で、この位の善悪は同じく生死流転の法であるから、多くは法を聞きがたいが、悪が増すのではないから、一向に聞かぬというのではない。善悪交際の位とはちがうから、聞くにしても大きな利益はない。六道四生にうごめいているものの類がこれである。ゆえに上人の中にもまた聞くことの困難な者があり、凡愚の中にもまた聞く者があることになる。これはまだ決論というわけではなく、後賢の取捨にまちたい。

問　不信の者はいかなる罪報を得るのか。

答　『称揚諸仏功徳経』の下巻にいう、

かの阿弥陀仏の名号の功徳を讃嘆し、称揚することを信じないで、これを謗毀する者があれば、五劫の間、まさに地獄に堕ちてつぶさにもろもろの苦しみを受けるであろう、と。

問　もし深く信ずることがなくして疑念を生ずる者は、ついに往生することはないのか。

答　もしまったく信ぜず、かの業を修せず、願求しない者は、理として生ずることはないであろう。しかし、もし仏智を疑いながらも、なおかの土を願ってかの業を修める者は、また往生することができる。『双観経』には、次のようにいっている。

もし衆生があって、疑惑の心をもってもろもろの功徳を修し、かの国に生まれんことを願い、あるいは仏智・不思議智・不可称智・大乗広智・無等無倫最上勝智をさとらず、この五智を疑って信じないが、なお罪福の因果を信じ、善本を修習して、かの国に生まれんことを願う者は、かの宮殿に生まれて寿五百歳の間、常に仏を見ず、経法を聞かず、菩薩・声聞・聖衆を見ることがない。それゆえ、かの国土において、これを胎生という、と〔以上〕。仏の智慧を疑うことは、罪はまさに悪道にあたるが、願にしたがって往生するのは、これは仏の悲願の力である。『清浄覚経』には、この胎生をもって中輩下輩の人としている。諸師の所釈をここにいちいちあげることはできない。

問　仏智等というのは、その相はどのようなものか。

答　憬興師は『仏地経』の五法をもってこれにあてた。いまは五智に名づける。すなわち清浄法界を仏智と名づけ、大円鏡等の四を順次に不思議等の四にあてるのである。玄一師は、仏智は前と同じであるが、後の四智は、順序を逆にして成事智等の四に対応させている。ほかにも異なった解釈があるが、わずらわしく挙げることをしない。

第九　助道の資縁

問　凡夫の行人は、かならず衣食をととのえなくてはならぬ。これは小さなことのようであるが、よく大事に役立つものである。裸や空腹で心に不安がある時、どこに道法があるといえるか。

答　行者には二類があり、すなわち在家と出家とである。かの在家の人は、家業が自由で、食事や衣服のそなえもあるから、念仏を妨げるものはない。『木槵経』の瑠璃王の行（三八三ページ参照）のごときものである。かの出家の人にもまた三類がある。その上根の者は草座鹿皮・一菜一果に甘んずること、雪山大士のごとき人がこれである。その中根の者は、常に乞食と粗末な衣、その下根の者は檀越の信施によるが、ただ少しく得るところがあれば、それで満足する。詳しくは『止観』の第四にいうがごとくである。まして、もし仏陀の弟子としてもっぱら正道を修め、貪り求めるところのない者には、自然に衣食の縁はそなわるものである。『大論』に、

たとえば、比丘にして貪り求める者は、供養を得ないが、貪り求めるところのない者は、供養に欠けるところがない。心もまたかくのごとく、もし分別して外面の相に執する時は、真実の法は得られない、

といっているとおりである。また『大集』「月蔵分」の中に、欲界の六天・日月星宿・天竜八部のおのおのが仏の前において誓願を発していったことばが見えるが、それは、

もし仏の声聞の弟子にして法に住し法に順じ、三業相応して修行する者は、われらみなともに護持し養育して、所要を供給し、欠けることがないようにしよう。もしまた世尊の声聞の弟子にして貪り集めるところのない者は、護持し養育しよう、

また、

もしまた世尊の声聞の弟子にして貪り集める心が深く、ないし三業が法と相応せぬ者は、まさにこれを棄捨して、また養育しないであろう、

というものである。

問　凡夫はかならずしも三業相応するとはいえない。もしこれに欠けるところがあれば、よるべなき状態に陥らないか。

答　このような問難は、怠惰で道心なき者の発するところである。もしまことに菩提を求め、まことに浄土を欣《よろこ》ぶ者は、むしろ身命を捨てても、どうして禁戒を破ることがあろうか。まさに一生の勤労をもって永劫の妙果を期すべきである。まして、たとい戒を破ることがあっても、その分がないというのではないから、なおのことである。同じ経に仏陀がいわれているとおりである。すなわち、

もし衆生があってわがために出家し、鬚髪《しゆはつ》を剃って袈裟を着ける者は、たとい戒をたもたない者でも、彼らはことごとくすでに涅槃の印をおされた者である。もしまた出家して戒をたもたない者でも、非法をもってこれを悩乱し、罵り辱しめそしり、手に刀杖をもって打ちくだき、もしくは衣鉢を奪い、種々の資生の具を奪う者は、この人はすなわち三世の諸仏、真実の報身を壊《やぶ》り、すなわち一切の天人の眼目を抉るものである。この人は、諸仏のあらゆる正法と、三宝の種とを隠し亡ぼそうとするために、もろもろの天人をして利益を得ず、地獄に堕とさせ、三悪道を増長させ、盈満させるからである〔云々〕。

その時、また一切の天・竜、ないし一切の迦吒富単那《かたふたんな》（奇臭鬼）・人非人（緊那羅）はみなことごとく合掌して、次のようにいった。

「われらは仏の一切の声聞の弟子にたいして、ないしはもしまた禁戒をたもたぬ者でも、鬚髪を剃り、袈裟の片はしでもかけた者は、師長の想をなして護持し養育し、もろもろの

所要のものを与えて欠くことがないようにしよう。もし他の天・竜、ないしは迦吒富単那等がこれを悩乱させ、ないし悪心の眼をもって見るようなことがあれば、われらはことごとくともに、かの天・竜・富単那等のあらゆる相を、欠けて醜いものにし、また彼がわれらとともに住み、ともに食うことができないようにしよう。また処を同じくして戯笑することもできぬように、擯斥してこれを罰しよう」と、と〔以上大意〕。またいう、

その時世尊は、上首の弥勒、およびいまの世の一切の菩薩摩訶薩に告げていわれた。「もろもろの善男子よ、私が昔菩薩道を行じた時、かつて過去の諸仏如来にたいしてこの供養をなし、この善根をもって、わがために三菩提の因となした。いまはもろもろの衆生を憐愍するがゆえに、この報果をもって分かって三分となし、一分を留めて自ら受け、第二の分はわが滅後において、禅解脱三昧と堅固に相応する声聞に与えて、欠くところがないようにしよう。第三の分は、かの破戒ではあるが経典を読誦し、声聞に相応して、正法・像法の世に頭を剃り、袈裟を着ける者に与えて、欠くところがないようにしようと思う。弥勒よ、私はいま、三業相応のもろもろの声聞衆・比丘・比丘尼・優婆塞・優婆夷をもって汝の手に委ねる。乏少孤独にして終わらせてはならぬ。また正法・像法に禁戒を破り、袈裟を着ける者をもって汝の手に委ねる。彼らのもろもろの資具を乏少にして終わらせてはならぬ。また旋陀羅《せんだら》王らがともに相悩害して、身心に苦を受けしむるようなことがあってはならぬ。私はいま、またかのもろもろの施主をもって汝の手に委ねる」と、

そうである。ましてや大心を発して至誠に念仏する者はなおさらである。

と〔以上〕。破戒ですらなおそうである。まして持戒はなおのことである。声聞ですらなお

問　もし破戒の人もまた天・竜のために護念されるならば、何ゆえに『梵網経』には『五千の鬼神が破戒の比丘の跡を払う』といい、『涅槃経』には「国王・群臣および持戒の比丘は、まさに破戒の者を苦治し、駆遣し、呵嘖すべきである」というのか。

答　もし理のごとく苦治すれば、仏教に順うが、もし理にあらずして悩乱すれば、かえって聖旨に違うというので、相互に矛盾はない。「月蔵分」に、仏陀の言として、

国王・群臣は、出家者の大罪業である大殺生・大偸盗・大非梵行・大妄語、および他の不善をなすのを見たならば、このような者はただまさに法のごとく国土・城邑・村落より擯出して、寺にあることを聴《ゆる》してはならぬ。また僧の事業を同じくしてはならぬ。利養の分もことごとくともに同じくしてはならないが、鞭打ってはならぬ。もし鞭打てば理に合わぬことになる。また口をもって罵り辱しめてはならぬ。すべてその身に罰を加えてはならぬ。もしことさらに法に相違して罰を加える者は、この人はすなわち解脱から退落し、かならず阿鼻地獄に堕ちるであろう。まして仏のために出家して、つぶさに戒をたもつ者を鞭打つに至ってはなおのことである、

といっているとおりである〔略抄〕。

問　人間の擯治に差別があるのはしかるべきことであるが、人間でないものの行はなおいまだ明らかではない。『梵網経』には「一向に跡を払う」といい、『月蔵経』には「一向に供給す」という。どうしてこのように矛盾しているのか。

答　罪福の旨を知るためには、かならず人の所行をもって決すべきで、かならずしも人でないものの所行をもって決すべきではない。もしくはとどめ（制）、もしくはゆるす（開）、そのいずれにも大きな利益がある。あるいはまた人の意楽《いぎよう》（心）が同じではないように、人でないものの願いもまた同じではないといってもいい。学者のまさに決すべきことである。

問　因論生論(36)、それならば、かの犯戒の出家の人にたいして供養し、あるいはこれを悩乱すれば、いくばくの罪福を得るというのか。

答　『十輪経』の偈にいう、

恒河沙の仏の
解脱幢相《げだつどうそう》の衣を被るに
これにおいて悪心を起こさば
定めて無間獄に堕ちん

と〔袈裟を名づけて解脱幢の衣という〕。「月蔵分」にいう、もし彼を悩乱すれば、その罪は万億の仏身の血を出す罪よりも多い。もしこれを供養すれば、なお無量阿僧祇の大福徳のあつまりを得られる、

と〔大意〕。

問　もしそうならば、一向にまさにこれを供養すべきである。どうしてこれを苦治して大罪報を招くのか。

答　もしその力があってこれを苦治しなければ、それもまた罪過を得ることになる。これは仏法の大いなる怨《あだ》である。ゆえに『涅槃《ねはん》経』の第三にいう、

持法の比丘は、戒を破り、正法を壊《やぶ》る者を見たならば、すなわちまさに駆遣し、呵嘖し、挙処（罪を糾明）すべきである。もし善比丘が法を壊る者を見て、置いて、呵嘖し駆遣し、挙処しなければ、まさにこの人は仏法の中の怨《あだ》であり、もしよく駆遣し、呵嘖し、挙処すれば、これはわが弟子であり、真の声聞であると知るべきである。〔中略〕もろもろの国王および四部の衆（比丘・比丘尼ら）は、まさにもろもろの学人等を勧励して、増上の戒・定・智慧を得せしむべきである。もしこの三品の法を学ばず、懈怠し破戒して正法を毀つ者があれば、王者・大臣・四部の衆はまさにこれを苦治すべきである、

と。またいう、

もし比丘があって、禁戒をたもってはいるが、利養のために、破戒の者とともに起居往来し、ともに相親しみ、その事業を同じくする者は、これを破戒と名づける。〔中略〕も

し比丘があって、阿蘭若処にはいるが、諸根が劣り、暗鈍でぼんやりしていて、欲少なく乞食するだけの者が、説戒の日や自恣《じし》(37)・安居《あんご》の時にはもろもろの弟子たちに清浄に懺悔させるが、弟子ではない者が多く禁戒を犯すのを見ても、よく教えて清浄に懺悔させることができない。しかもともどもに説戒し自恣するものを名づけて愚痴僧という、

と〔以上略抄〕。明らかに、過ぎたるも及ばざるもみな仏勅に違うものであることが知られるわけで、その間の消息は、すべて真実の意を得るためである。

第十　助道の人法

助道の人法というのは、略して三つある。一は、内外の律に明るく、よく妨障を除く明師について、恭敬し、承習すべきである。ゆえに『大論』にいう、

また雨が降っては山頂にとどまらず、かならず低い処に流れつくようなものである。もし人が憍《おご》る心をもって自ら高しとする時は、法の水は入ってこない。もし善き師を恭敬すれば、功徳はこれに帰する、

と。二は、ともに険しきを渉り、ないしは臨終に至るまで、互いに相勧励すべき同行を得ることである。ゆえに『法華』にいう、

善知識は大因縁である、

と。また、

阿難はいう、

「善知識は半因縁である」

と。仏はいわれた、

「そうではない。これは全因縁である」と、

と。三は念仏相応の教文について、常にまさに受持し、披読し、習学すべきである。ゆえに『般舟経』の偈にいう、

この三昧経は真の仏語なり
もし遠方にこの経ありと聞かば
道法をもってのゆえに往いて聴受し
一心に諷誦して忘捨せざれ
たとい往き求めて聞くことを得ざらんも
その功徳の福は尽くすべからず
よくその徳義を称量するものなし
いかにいわんや聞きおわってすなわち受持せんをや

と。〔四十里より百里、千里をもって遠方というのである〕

問　念仏相応の教文とは、何をいうのか。

答　前に引いた西方の証拠のごときは、みなその文である。しかし、正しく西方の観行、ならびに九品の行果を明かすものとしては『観無量寿経』に如《し》くものはない〔一巻。畺良耶舎訳〕。阿弥陀仏の本願、ならびに極楽の細相を説いては『双観無量寿経』に如くものはない〔二巻。康僧鎧訳〕。諸仏の相好、ならびに観相の滅罪を明かすものとしては『観仏三昧経』に如くものはない〔十巻あるいは八巻。覚賢訳〕。色身・法身の相、ならびに三昧の勝利を明かすものとしては『般舟三昧経』〔三巻あるいは二巻。支婁迦《しるか》訳〕『念仏三昧経』〔六巻あるいは五巻。功徳直《くどくじき》と玄暢《げんちょう》との共訳〕に如くものはない。修行の方法を明かしては、上の三経、ならびに『十往生経』〔一巻〕『十住毘婆沙論』〔十四巻あるいは十二巻。龍樹造、羅什訳〕に如かず、日々の読誦は『小阿弥陀経』〔一巻五紙。羅什訳〕に如くものはない。偈を結んで総説することは『無量寿経優婆提舎願生偈《うばだいしゃがんしょうげ》』〔あるいは『浄土論』と名づけ、あるいは『往生論』と名づける。世親造、菩提留支訳。一巻〕に如かず、修行の方法は多く『摩訶止観』〔十巻〕、および善導和尚の『観念法門』ならびに『六時礼讃』〔各一巻〕にある。問答料簡は多く天台の『十疑』〔一巻〕、道綽和尚の『安楽集』〔二巻〕、慈恩の『西方要決』〔一巻〕、懐感和尚の『群疑論』〔七巻〕にあり、往生の人を記すことは多く迦才師の『浄土論』〔三巻〕ならびに『瑞応伝』〔一巻〕にある。その他にも多いけれども、要はこれに過ぎない。

問　行人は自らまさにかの諸文を学ぶべきである。何ゆえにいまわずらわしくこの書を著わすのか。

答　前にもいったように、私のような者は大部の書を披見しがたいので、いささかその要文を抄出したのである。

問　『大集経』にいう、

あるいは経法を抄写して文字を洗脱し、あるいは他法を損壊し、あるいは他経を闇蔵すれば、この業縁によって、いま盲の報を得る、

と〔云々〕。しかもいま経・論を抄出して、あるいは多文を略し、あるいは前後を乱すのは、まさにこれは生盲の因ではないか。どうして自ら害《そこな》うようなことをするのか。

答　天竺や震旦の論師・人師は、経・論の文を引く時、多くは略して意を取っている。ゆえに経旨を錯乱すれば、これは盲の因となるが、文字を省略するのは盲の因にはならないことが知られるわけである〔あるいはまた、かの十法行の中においても、初の書写行に文を脱するのは過であるが、開解などのために略抄するのは過ではない〕。ましていま抄出するところは多くは正文、あるいは諸師の出すところの文を引いたものである。また詳しい文を出すことができなかった時は、注にあるいは「中略」といい、あるいは「略抄」といい、あるいは「大意」といっておいた。これは学者が本文を勘《かんが》えやすいように願ってのことである。

問　引くところの正文は、まことに信を生ずべきものであるが、ただしばしば私の詞を加えているのは、人の謗りを招かないであろうか。

答　正文ではないというけれども、理を失ってはいない。もしなお謬《あやま》りがあれば、いやしくもこれに固執せず、見る人は取捨を加えて、正理に順うようにしてほしい。もしひとえに謗りを生じても、あえてこばまないつもりである。『華厳経』の偈にいう、

もし菩薩の
種々の行を修行するを見て
善・不善の心を起こすものあらば
菩薩はみな摂取す

と。まさに謗りを生ずることもまた結縁であると知るべきである。私がもし道を得たならば、願わくは彼を引摂しよう。彼がもし道を得たならば、願わくは私を引摂せよ。ないし菩提に至るまで、互いに師弟となろう。

問　因論生論、多日筆を染めて、身心を労してきた。その功がないことはないであろう。何ごとを期待しているのか。

答　このもろもろの功徳により、願わくは命の終わる時において、阿弥陀仏の無辺の功徳

身を見ることができるように、私と他の信者と、すでにかの仏を見ることができたならば、願わくは離垢の眼を得て、無上菩提を証せんことを、ということである。

往生要集　巻下末　終

永観二年甲申冬十一月、天台山延暦寺首楞厳院においてこの文を撰集し、明年夏四月、その功をおえた。ある僧の夢に、毘沙門天が二人の童子をひきいて来たり、告げていった。

「源信の撰んだ『往生要集』は、みな経・論の文である。ひとたびこれを見、これを聞く人は、無上菩提を得るであろう。よろしく一偈を加えて広く流布せしむべきである」

と。他日、この夢を語ったので、その偈をつくった。

すでに聖教および正理によって
衆生を勧進して極楽に生ぜしむ
乃至展転して一たびも聞かんものは
願わくはともに速やかに無上覚を証せん

遣唐消息

仏子源信、しばらく本山を離れて、西海道諸国の名山霊窟を頭陀《ずだ》した時、たまたま遠くから来られたあなたの上陸の日にあい、図らずもお目にかかることができました。これはまことに宿因だと思います。しかし、お互いにことばが通ぜず、帰朝を急がれている際でもありますので、あらためて書面を認めて心懐を述べることにいたしました。

仄《ほの》かに聞くところでは、貴国では仏教がさかんなよし、随喜にたえません。わが国に伝わった教えも、仏日がふたたびあがる勢いにあり、いまは極楽界を刻念し、『法華経』に帰依する者がさかんになっています。私も極楽を念ずる者の一人でありますが、なお本習が深いので、『往生要集』三巻を著わして、観念に備えています。

かの一天の下、一法の中にある者はみな仏陀の弟子であります。いずれを親、いずれを疎ということがありましょう。あえてこの書を御帰国の船に托するのは、そのゆえにほかなりません。ただ、わが国にあっても、なおその拙《つたな》いのを慙《は》じています。ましてこれを他国にも ち出したら、なおさらであろうと思いますが、しかし、私はもともと一つの誓願を発しております。それは、たとい誹謗する者があっても、たとい讃嘆する者があっても、みな私とともに極楽に往生する縁を結ぼうということであります。

また、わが先師故慈恵大僧正〔諱は良源〕は『観音讃』をつくり、大内記慶滋保胤は『十六相讃』および『日本往生伝』をつくり、前文章生源為憲は『法華経賦』をつくっております。同じくまたお贈りして、異域の同志の方々の御覧にいれたいと思います。

ああ、一生は過ぎやすく、両岸ははるかに遠く隔てられています。またお会いすることができるでしょうか。泣血するばかりであります。思うことを尽くしません。

〔寛和二年〕正月十五日

天台楞厳院某申状

大宋国某賓旅下

返　報

大宋国台州の弟子周文徳謹啓。仲春ようやく暖かに、和風霞散する交《ころ》となりました。御精進で、やすらかにおられましょうか。御近況を審《つまび》らかにしないので、不安に思っております。ただ私は入朝のはじめ、まずあなたのおられる方角に向かって礼拝し、昨冬は好便があったので委曲を申し上げました。その時大府の貫首（大蔵省から派遣された得業生？）豊島の才人に書状一通を托して差し上げましたが、御覧いただいたことと思います。その後も朝夕に心にかけておりましたが、また便を得ましたので重ねて申し上げます。

ただ、あなたがお撰びになった『往生要集』三巻は、捧持して天台の国清寺に詣り、すでにお納めしておきました。その時専当の法師からの受領書も受け取っております。ここに当地の道俗貴賤は随喜帰依して、結縁の男女の弟子五百余人がおのおの敬虔な心を起こし、浄財を投じて国清寺に施入し、たちまちに五十間の廊屋をつくり、柱を彩り壁に画いて内外をかざり、供養礼拝して瞻仰《せんごう》し、その落慶を讃えました。仏日は光を重ね、法灯はかがやきをまして、興隆仏法の洪基、往生極楽の因縁はただここにあると申せましょう。

いま、私は幸いに、衰弊の時にあいながら衣食の難を免れ、帝皇の恩沢、隔てなき詔勅を仰いで、一日の食をのばし、甑《こしき》を重ねて塵を積むような思いをしておりますけれども、どうして飢饉の惑を避けることができましょう。どうか御照覧ください。私は心のもどかしさにたえず、つつしんでお礼の手紙を差し上げる次第です。不宣謹言

大宋国弟子周文徳申状

二月十一日

謹上　天台楞厳院源信大師禅室　法座前

建長本奥書

いまこの『要集』は、もと横川から出て、流れて四海に伝わったものである。ただ、文字に増減があって、いずれを是、いずれを非とすることもできない。文義はともにすぐれていて、これを取捨するよりどころがない。広く諸本を考えると、ある古本に「もとからこの文には両本があった。遣唐本と留和本がこれである。いまの本は遣唐本である。祇園精舎無常院の文が二行余あるのが留和本である」と〔以上〕。ゆえに遣唐本は再治の本であることが明らかである。いまはこの遣唐本をもって開板鏤印する。この功徳をもって自利利他、私も衆生とともに同じく楽邦に会せんことを。

建長五年歳在癸丑四月にはじめて彫り、九月に功をおえた。

願主道妙

源信の生涯と思想

川崎庸之

1　学僧源信

学徳の第一

大江匡房《おおえのまさふさ》（一〇四一～一一一一）は、その作『続本朝往生伝』の中で、十世紀末から十一世紀の初頭、一条朝の人材に触れて、それぞれの分野で「天下の一物」と称せられた人の名を挙げているが、僧侶については、

有験《うげん》　勧修・勝算・深覚
真言　寛朝・慶円
能説　清範・静昭・院源・覚縁
学徳　源信・覚運・実因・慶祚・安海・清仲

の十五人を数えており、源信の名は「学徳」の第一に見出される。今この十五人を宗派別に整理すると、

天台　勧修・勝算・慶円・静昭・院源・源信・覚運・実因・慶祚・安海・清仲
真言　深覚・寛朝・覚縁
法相《ほっそう》　清範

となり、後に虎関師錬が評したように「台嶺の教法は此時を盛となす」とか「三井の道は此時を熾《さかん》となす」といわれるような事態がその一方に存したことがうかがわれる（『元亨釈書』）。源信はその中で「学徳」の第一に取り上げられたことになる。

一条朝の名僧としては、なおこの他に三論では奝然《ちょうねん》、法相では清範の師、真興の名を逸することができないし、天台でも性空《しょうくう》・増賀のような古徳が朝野の尊崇を蒐《あつ》めていた。真言ではまた、元杲《げんこう》・仁海らの名をそこに加うべきであろうが、いずれにしても、名僧知識と称《よ》ばれる人たちの輩出という点で、一条朝はたしかに一つの時期を画するものであった。

十五歳以前の出家

源信（九四二〜一〇一七）は、大和国葛城《かつらぎ》郡当麻《たいま》郷の人で、父は卜部《うらべ》正親、母は清原氏であるという。父は道心がなかったが、母は大道心あり、西方の業を修する人であったといわ

れ、源信の人となりには、この母の影響が大きかったと伝えられている。源信の三人の姉妹もまた出家して、浄土を欣求《ごんぐ》するにいたったというが、その一人が安養尼願証（九五三〜一〇三四）として知られる人である。

源信の出家の年時については、確かなことはわからない。七歳登山、十二歳出家という伝えがないわけではなく、十五歳得度が一つの基準であったこの当時としては、必ずしもありえないことではないが、確証はない。出家の動機についても、古伝はあるいは「偸《ひそ》かに父母の家を辞して」登山したといい、あるいはたんに「事の縁ありて」というだけで、その事情を詳らかにしない。大江匡房にしても、「童児のとき延暦寺に登り、慈恵僧正（良源）に師事す」というだけである。われわれとしても、ここでは匡房にしたがって、十五歳以前の出家ということで前に進むより他はないであろう。すなわち、ほぼ天暦の末年の出家とみるわけである。

天暦の末年というと、天台座主は延昌（八八〇〜九六四）の時代であったが、良源（九一二〜九八五）と師檀の契りが深かった藤原師輔が、横《よ》川《かわ》に法華三昧堂その他の堂宇の建立に着手したのが同八年（九五四）であり、首楞厳院《しゅりょうごんいん》中興の気運が昂《たか》まってきたときであった。良源その人は、翌年正月に予定された宸筆《しんぴつ》御八講の講師八人の中に選ばれ、恐らくはそれに備えてであろう、この年の末に、元興寺の義昭（九二〇〜九六九）を請《しょう》じて法華八講を行なっているが、これには師輔も登山して聴聞している。

師輔の子、尋禅（九四三〜九九〇）が良源の室に入って得度受戒したのは、天徳二年（九五八）のことであるが、さらにその三年後の応和元年（九六一）には、尋禅の兄、右少将高光（如覚）も出家して横川に入り、これは増賀（九一七～一〇〇三）に就いている。もっとも、その前年（九六〇）に師輔は薨《こう》じ、高光は翌年の秋、多武峯《とうのみね》に去ったが（増賀の多武峯入りも、それから間もないことと思われる）、師輔の死後も、伊尹・兼通・兼家らの諸子は、いずれも横川の興隆に力を尽くし、後にもみるように、恵心院などは他ならぬ兼家の建立にかかるものであった。

出家後の源信についても、最初の十数年の間は、とくに伝えられるところはなく、ただ「少年の時より才智輩に抽《ぬき》んで、問答決択《けっちゃく》の庭、其人を屈辱せざるはなし」（匡房）といわれるくらいのものであるが、勝算の伝に、源信に論破されてから、密教を専らにするようになったといっているのが本当だとすると（『元亨釈書』）、それはあるいはこの間のことであったかもしれない。また、応和三年、覚運とともに、良源から「一念三千」の深義を伝授されて歓喜したという所伝もあるが（『漢光類聚』）、それは、丹波国から智興という学僧が登山して、天台の円頓《えんとん》止観の要行といわれる「一念三千・一心三観」*についての疑義を質《ただ》したときに、大講堂に集まった三千の衆徒がおのおの異義を出した中で、源信と覚運とは、それぞれに自己の解するところを述べ、それにたいして良源が二人にその深義を伝授したというものである。

智興という人は、すぐ後に述べる応和の宗論に講師として請ぜられた一人であるから、この年にこのようなことがなかったとはいえないが、この高名な学僧を前にして、当時二十二歳になっていた源信はまだしも、十一歳になったばかりの覚運までを登場させてくるのは、何としても不自然の感を免れず、また、覚運を除いて源信だけを生かすというのも無理な話であるから、智興の登山そのことは事実としても、源信らの話はやはり後人の付会とみるより他はないであろう。

＊　一念三千とは、凡愚の起こす一念の心に三千の諸法を具するという天台の教旨を示したことば。一心三観とは、一心中に三観を修し、円融の三諦を観ずる天台の観法をいう。

応和の宗論

応和三年という年は、しかし、別の意味で源信の生涯にとっては忘れえぬ年であったと思われる。それは、この年八月、宮中では、南都・北嶺の俊秀各十人を清涼殿に請じて、『法華経』の講会《こうえ》を開き、五日間にわたる論義を行なわせている。これがいわゆる応和の宗論で、特定の修行者は成仏できないとする「定性二乗不成仏《じょうしょうにじょうふじょうぶつ》」の義を主張する東大寺の法蔵（九〇八～九六九）と、「皆成仏」の理を唱える良源との間に、白熱的な論争が交わされたことで知られている。

良源の伝記は、法蔵は良源の「広弁」の前に口を杜《と》じたといい、南都側の『応和宗論記』は、さらに興福寺の仲算（九三五～九七六）がこれを反論して、良源を黙せしめたといい、それぞれに自宗の主張する教義の勝利を謳《うた》っている。事実、そこでは良源が「草木の無情すら皆成仏す。況《いわん》や有情《うじょう》をや」として、『法華経』「方便品」の「若有聞法者、無一不成仏」の文を引用し、「若《も》し法を聞くものあらば、一として成仏せざるはなし」と訓《よ》んだのにたいして、仲算はこれを「無の一は成仏せず」と読み、これこそまさに「定性」をさすものだと応酬したというような話も伝えられていて（『碧山日録』）、論争そのものとしても、これ以上進展しようのないところに行き着いたという感を深くさせる。

空也の経供養

この応和の宗論と時を同じくして行なわれたのが、空也（九〇三～九七二）の金字『大般若経』供養で、宗論の第三日目に、賀茂の河原に仮堂を設《しつら》え、昼は経を講じ、夜は万灯会《まんどうえ》を行なったと記されている。空也の名がはじめて公式の記録にみえるのは天慶二年（九三九）のことで、「修行僧空也、坐禅練行事」という一行にも満たぬ短い記事であるが（『本朝世紀』）、練行の場所は、京都の雲林院《うりんいん》であったかと思われる。一方、慶滋保胤《よししげのやすたね》（?～一〇〇二）の『日本往生極楽記』によると「天慶以往、道場聚落、念仏三昧《さんまい》を修《しゅ》すること希有なり。何ぞ況や小人愚女、多く之を忌む。上人来りて後、自ら唱へ他をして之を唱へしむ。後、世を挙げて念仏を事と為す」とあり、空也の「坐禅練行」というのは念仏三昧であったことが知られるわけである。

空也が「阿弥陀聖《あみだひじり》」とか「市聖《いちのひじり》」と称ばれるようになったのは、この間のことであったと思われるが、空也はまた、仏像を造ったり、経文を写したりすることの功徳を否認する人ではなかった。その一つのあらわれが、応和三年の経供養《きょうくよう》になったわけであるが、『日本紀略』には「請僧六百口。内給所より銭十貫文を給ひ、左大臣（藤原実頼、故師輔の兄）以下天下の諸人、結縁《けちえん》するもの多し。昼は経を講じ、夜に至りて万灯会あり」とあり、宮中の助成や、左大臣以下の結縁があったことを伝えている。

それまで一個の「市聖」として終始してきた人の営みとしては、にわかに信じがたいほどの盛儀になっていることが知られるが、しかしその写経は、天暦四年（九五〇）以来、十四年の日子を費やし、「半銭の所施、一粒の所捨、漸々に合力、微々として成功」したものであり、供養の場所も、賀茂の河原に立てられた仮堂（これが後に西光寺＝六波羅蜜寺になる）であるというのであるから、それが尋常一様の貴族社会の経供養とはおのずからその趣きを異にするものであったことは間違いない。

これは、三善道統《みよしみちむね》（延喜の朝に有名な『意見封事』を書いた清行《きよゆき》の孫）という人が空也のために書いた願文《がんもん》についてみたものであるが（『本朝文粋』）、願文はまた、供養の夜「万灯会を設けて菩薩戒《ぼさつかい》を修し、専ら弥陀を念じて長く極楽に帰す」と、万灯会そのものの性格を明らかにしている。六百人もの僧がそこに請《しょう》ぜられたこと、宮中の助成や第一級の貴族の結縁があったことは、この種の法会《ほうえ》としては異例のことであるといわなくてはならないであろう。

空也と源信

それにしても、一方では宮中の宗論、一方では賀茂の河原の経供養、この二つの対照的な法会が、まったくその時を同じくして開かれたということは、それ自体一つの注目すべき事実であるといわなくてはならないが、ときに二十二歳の青年僧源信にとっても、これが無関心に見過ごされる性質のものではなかったと思われる。すなわち一は直接に彼の師である良源が、古来の教学上の論争にたいして彼なりの決着を与えようとするものであったし、一はいわば天台の先輩（空也は九四八年、叡山に登り、延昌座主に就いて受戒している）によって、新たな道が一つそこに指示されたことになるわけである。

源信がこれにたいして、直接にどのような反応を示したかはわからないが、鴨長明の『発心集』には「恵心僧都、空也上人に謁する事」という一節があり、「としたけ、とくたかくして、ただ人ともおぼえず。いとたふとく見え給ければ、後世《ごせ》の事申出し、極楽をねがふ心ふかく侍り、往生はとげ侍りなんや」と尋ねたという話を載せて、「穢土《えど》をいとひ、浄土をねがふ心ざしふかくば、などか往生をとげざらん」という空也の答に感動したことを述べている。後に『往生要集』を書いて、「厭離《おんり》穢土・欣求浄土」を先としたのも、そのときのことを思ってであるといっているが、それがいつのことであったかはわからない。

空也は、応和三年の経供養の後、なお十年近く生きているので、その間に源信を引見した事実があったことは考えてもいいと思うが、それ以上のことは確かめえない。ただ話としては、なまじな粉飾のない筋のとおったものだけに、捨てがたい趣きがあるといわれるであろう。

比叡坂本の勧学会

空也の経供養の願文を書いた三善道統は、ときに前文章得業生《もんじょうとくごうしょう》として、いわば若い文人たちの中心的な存在の一人であったが、同じ年には慶滋保胤や源為憲らも彼のもとに出入りして、詩を作りかわしていたことが知られている（『善秀才宅詩合』）。空也の行動は、事実として夙《はや》くからこれらの若い文人たちの注目の的になっていたらしく、少し後のことになるが、保胤などは、空也は「如来の使」としてこの世に遣わされたものだとまでいっている（『本朝文粋』）。

空也の経供養の反応は、まずこれらの若い文人たちの間にあらわれてきたもののようで、宗論や経供養の翌年（応和四年＝九六四）、大学寮北堂（文章道）の学生《がくしょう》らが叡山の西坂本ではじめた勧学会は、その一つのあらわれであったとみることができよう。それは「聞法《もんぼう》歓喜讃の心によりて法華経を講じ、経中の一句を以て其題と為し、詩を作り歌を詠《よ》む」集まりだといわれるが（『扶桑略記』）、為憲はまた、その著『三宝絵詞《さんぼうえことば》』の中に「比叡坂本勧学会」の一節を設けて、この会の由来とその特色を述べている。それによると、これは大学寮北堂の学生と叡山の僧とが「コノ世、後ノ世ニナガキ友トシテ、法ノ道文ノ道ヲタガヒニアヒススメナラハムト云テ」はじめたもので、毎年三月と九月の十五日を定日とし、十四日の夕、学生は白楽天の「百千万劫菩提《ぼだい》の種、八十三年功徳の林」という詩、僧侶は『法華経』の「志求仏道者、無量千万億、咸以恭敬心、皆来至仏所」という偈《げ》を誦《ず》しながら集まる。十五日の朝は『法華経』を講じ、夕は阿弥陀仏を念ずる。その後、夜を徹して詩を作り、仏を讃《ほ》め法を嘆《たた》えて、作った詩は寺に納めるのだという。

保胤は「凡《およ》そ此会を知るものは、謂ひて見仏聞法の張本と為し、此会を軽んずるものは、恐らくは風月詩酒の楽遊と為さん」といっており（『本朝文粋』）、たしかにそれが「風月詩酒の楽遊」とみなされる一面をもっていたことは事実であろうが、勧学会そのものの存在は、こうして新たに世人の注目を浴びるようになってきたわけである。空也の創始した六波羅蜜寺は、しばしば勧学会のための会堂として提供されたが（『六波羅蜜寺縁起』）、この寺そのものとしては、毎日妙法一乗を講じ、毎夜念仏三昧を修して、南北二京の名徳が日ごとに訪れ、たがいに講師となり聴衆となって仏事を行なう定めになっていたという（保胤）。また、この寺は、広く京都の市民に開放された堂宇として、一種の特色をもっていたことを付け加えておきたい。

源信が、この勧学会に参加したかどうかはわからない。ただ結果論的にいうと、恐らくは勧学会の創始者の一人であり、その中心的な存在であった慶滋保胤と源信との間には、少なくとも『往生要集』の撰述（九八五）以前から親密な交流が生じていたことはたしかであり、また具平《ともひら》親王（九六四〜一〇〇九）の詩注にも、保胤と源信とがともに「値遇慈尊*の業」を修し、親王もたまたまこれに与《あずか》ったということがみえるが、親王の年歯から考えて、これをいつまで溯《さかのぼ》らせることができるかは問題である。このことについてはなお後に触れることにしよう。

＊　慈尊は弥勒《みろく》菩薩。釈尊の滅後五十六億七千万年の後にこの国土に出世して、釈尊の説法に洩れた衆

生を済度するという。その法席に列することを目標にして仏事に励むこと。

六月会の広学竪義

応和の宗論の後、叡山では、良源が、門徒の修学を励ますために、住房の首楞厳院定心房に四季講をはじめ、門下の俊秀がたがいに講師となり聴衆となって、春は『華厳経』、夏は『涅槃経《ねはんぎょう》』、秋は『法華経』、冬は『大集経《だいじつきょう》』と『大品経《だいほんきょう》』（隔年）を講ずることにしている（『山門記』）。そして康保三年、良源は天台座主に任ぜられると間もなく、毎年最澄の忌日六月四日に行なわれる法華の大会（六月会）に、新たに広学竪義《りゅうぎ》を置くことを申請して聴《ゆる》されると（『西宮記』）、翌四年からは、その練習のために、四季講にも春秋二季の立義を加え、四季講を六、七年勤仕して後、立義を勤めて先達に移るというコースを定めた（『山門記』）。尋禅は「院内の学生《がくしょう》、山里に名を掲げ、嶺谷に誉《ほまれ》を飛ばす。一門の面目、尤《もっと》も斯《ここ》にあり」といったが（『門葉記』）、源信がその学生の一人であったことはたしかで、後に良源・尋禅が示寂した後は、源信自身これを相受けて「紹隆《しょうりゅう》潤色」することになるものである（『阿娑縛抄』）。

　六月会の広学竪義は、安和二年（九六九）からはじまったもののようであるが、源信がこれを勤めたのは天延元年（九七三）、三十二歳のときであった。いわば、良源の定めたコースを忠実に歩いてきたわけで、その間にはたして勧学会に参加するとか、空也（九七二寂）に謁するというような機会があったかどうか、ありえないことではないと思うものの、現在のところでは決め手がないというより他はない。

源信が広学竪義を勤めたときの探題は、三井寺の禅芸（九〇二〜九七九）で、当日は得否を判定することができず、二日目に精しく審査して、ついに「及科の芳名」を振ったと記されているが（『源信僧都伝』）、これは探題と竪義、どちらに難があったものか、別に「九得一略」という伝えがあるところをみると（『天台法華宗相承血脈図』『顕密宗系図』）、あるいは禅芸その人の方に弱点があったものかと思われ、もしそうだとすると、伝記の「山上院内、講経法会の莚、論義決択、智弁抜群」という言葉も生きてくることになり、そこには源信独自の論旨の展開があって禅芸を当惑させたのだという見方も成り立つかもしれない。

因明研究から出発

それから五年の後（貞元三・天元元年＝九七八）、源信は、この年の竪義の撰にあたった同門の厳久（九四四〜一〇〇八）の請に応じて『因明論疏四相違略注釈』三巻を書いている。因明とは論理の学問をいい、中でも「四相違」というのは一種の矛盾論で、「論義決択」の場には欠くことのできないものである。だから、この時期の学僧は、競ってその研究に従事したもので、近い例では法相宗の真興（九三四〜一〇〇四）に『四相違断纂私記』（九七二）、『四相違略私記』（九七五）の二著があり、源信の作はこれにつづくものであった（なお、源信にも別に『四相違断纂注釈』一巻があったというが、これはいつどのような事情の下で書かれたものかわからない）。能説の人で「天下の一物」といわれた法相の清範

（九六二～九九九）にまた『因明論疏義記』があったことも知られており、因明の研究は、ある意味でいわば、一つの時代の流行でもあったわけである。

なおいえば、因明の研究は、それまで法相系の学僧の独壇場であったのにたいして、源信があえてそこに新しい鍬を打ち込んだという関係があるのではないかと思われるが、この点は後考をまちたいと思う。いずれにしても、今日知られる限りでの源信の処女作が因明研究の書であったということは注目されなくてはならないと思う。

性空訪問

同じ年の秋、源信は、播磨の書写山に性空《しょうくう》（九一〇～一〇〇七）を訪れたもののようで、それは、具平親王の詩序に、

　近来、播州書写山中に、性空上人なるものあり。法華経を誦するを事と為し、寤寐《ごび》も休まず。天台の源公、其高行を聞き、遠く尋ねて相見す。緇素《しそ》（僧俗）結縁するもの、寔《まこと》に繁くして徒あり。予、諸の讃聖徳の詩を伝見し、身を顧みて甚だ障礙《しょうげ》多きを恨む。未だ頂《ちょう》礼《らい》を遂げざるによりて、今拙什を綴りて聊か結縁す

とあり、その詩の一節に注して「上人、春秋六十九にして猶光沢ありと云々」といっていることから考えたものであるが（『本朝麗藻』）、『性空上人伝記遺続集』に収める「秋日書写山

を尋ねて、性空上人の徳行を讃す」と題する大江為基の詩にも、「六十九年清浄身」の一句があって、それが性空六十九歳のとき（九七八）のことであったことが知られる。そして、この為基の詩に付せられた『遺続集』の注には、

私に云ふ、同時に参詣の道俗、源（恵心）・厳久・仁康、已上僧、沙弥真静・保胤・為基・為象・為忠、已上俗、各詩を作りて上人を讃す

とあって、具平親王の詩序にいわゆる「緇素結縁者」の実態を明かしている。ただ、この注は、つづいて「而るに年紀は不分明なり、或は相伝の義に云ふ、永延二年、講堂供養の翌年なり」といっているが、これは今もみてきたように、性空六十九歳の年と考えて誤りはないと思われる。

ここに源信と行をともにした人の中に、厳久がいるのは不思議ではないが、後に河原院の五時講（後出）で知られるようになった仁康の名がみえ、また、保胤・為基らが姿を見せていることが注目されるわけで、源信と保胤との出会を考える上にも、これは一つの見逃しえない事実になってくる。『書写山旧記』には、「恵心先徳讃上人詩」と「寂心上人讃上人詩」の二篇を並べて掲げているが、やはりこのときのものとみていいのではなかろうか。

恵心先徳讃上人詩

四十年来　一乗を持し
衣は猶忍辱《にんにく》　室は慈悲のごとし
菩提の行願　応《まさ》に清浄
世々生々　我師と為らん

寂心上人讃上人詩

三千界裏　頭陀《ずだ》の迹
五十年前　口誦の声
今日幸に教化を蒙るを容《ゆる》す
西方定めて相迎を獲《え》んことを識る

源信の性空訪問については、『今昔物語』や『古事談』その他にも、いろいろな話を伝えており、中にはにわかに信ずることのできないものもあるが、今は保胤や為基との出会を確かめることだけで満足しておきたい。

往生極楽の願い

『四相違略注釈』についで、今日知られる源信第二の著述は、天元四年（九八一）に成った『阿弥陀仏白毫《びゃくごう》観法』一巻である。これには「願はくは我臨終に心乱れず、弥陀白毫の光を見ることを得、即ち安楽刹《せつ》に往生することを得て、現前に此観行を成就せんことを」という願意が明らかにされており、往生極楽の意志を表示した最初の書として注目されるものである。この観法の内容とその意義については、後に『往生要集』の中で詳述されているから、ここでは省略するが、問題は、源信をそこまで導いた直接の動機は何かということであろう。

源信は、この年ちょうど四十歳になっており、かつて広学竪義に名を馳せた俊秀であっただけに、来し方行く末に思いを潜めることは深かったであろうし、すでに篤信の念仏者であった保胤（源信よりは十歳近く年長で、「四十以来、その志弥《いよい》よ劇し」といっていた）との交友から得たものも多かったと思われる。具平親王の「心公（保胤）に贈る古調の詩」の注記にみえる「公と天台の源公と、値遇慈尊の業を修す、予、適《たま》ま之に預る」という事実も、あるいはこの前後にかけて考えていいのかもしれない。

空也との相見の問題はともかく、保胤の「如来の使者」としてこの世に遣わされたものという言を聞いて、新たな思慕をかきたてられたことは考えられ、また彼の直接の師、良源に『註本覚讃』『九品《くほん》往生義略注』などの著があったことも彼を励ます一因になったであろう。その意味で後の「遺唐消息」に「我国東流の教、仏日再中。当今極楽界を刻念し、法華経に帰依するもの熾盛《しじょう》なり。仏子是に極楽を念ずるは其一なり」といい、「本習《ほんじゅう》」（つねづねの願い）の深さを語っているのも肯《うべな》われるわけであるが、『白毫観法』というのは、後にもみるように、いわば初歩的な行法として受け取られるものであるから、往生極楽の意志を表明した源信がまずこの書の撰述に着手したということは、理由のないことではなかったと考えられる（ちなみに、保胤は、この翌年、有名な『池亭記』を書いている）。『三国伝記』に収める「菅三品文時卿往生事」という話、源信が臨終に近い文時のもとに赴いて教化し、下品下生《げぼんげしよう》の意を説いて、文時に念仏往生を遂げさせたという伝えに、幾分かの真実が含まれているとするならば、文時の死は天元四年九月のことであり、『白毫観法』撰述後間もないときのことになるが、あるいはこのようなことも生じえたかもしれない。

　このような状況の下で、保胤は『日本往生極楽記』を編み、源信は『往生要集』を書くことになったわけである。保胤は、念仏の功徳を説き、往生の因縁を述べた経論で繙《ひもと》かぬものはないと自らいっているが、中でも唐の迦才《かさい》の『浄土論』や『瑞応伝』に載せられた往生人の伝記が特別にその関心を惹《ひ》き、更《あらた》めて国史や諸人の別伝を調べ、あるいは故老にたずねて、日本人の「異相往生者」の伝としてまとめられたものが、『日本往生極楽記』である。今日伝わる本は、保胤の出家（九八六）以後に加筆された部分を含んでいるが（加筆したのは兼明《かねあきら》親王、九一四～九八七）、大部分は永観年間（九八三～九八五）に成ったものと思われ、それがすぐ源信に呈示されて、『往生要集』（九八五）にも引照されるにいたったものである。

2　『往生要集』の構成

不浄・苦・無常

『往生要集』の地獄・極楽についての描写は、直接に訳文について見ていただきたいと思うが、ただその「厭離穢土」の章で扱われた源信の人間観について少し触れておきたいと思う。源信はそこで、「不浄・苦・無常」の三相を審らかに観察すべきことを勧め、この身は始終不浄であり、一々の振舞いは、行住坐臥ともに、すべて皆苦でないものはないという。かりにその苦を免れることができても、無常の一事はついに避けるところがないのだから、まことに厭離すべきものは人道だというのが、その根本の考え方であった。これは必ずしも源信特有の考え方であるとはいえないけれども、源信その人の思想は、やはりそこから出発したものであることを示す点で注目されるわけである。

源信は、この章の「総結厭相」のところでふたたび疾く厭離の心を生ずることを勧め、広略の観察法を説いているが、その中に、雪山《せっせん》大士が身を捨てて得たという『涅槃経』の偈《げ》が見出されるのが印象的である。

諸行無常
是正滅法

生滅滅已
寂滅為楽

承元本には、ここに祇園精舎《ぎおんしょうじゃ》の鐘の話が加わっているが、もしこの話が原本になかったものとすると（事実、この章そのものの構成からすると、この話はない方がむしろ自然である）、なぜ後からこれが挿入されたのかという問題が生じてくる。それが承元本の筆者であるか否かは別として、『往生要集』そのものが夙《はや》くから広く読まれ、写し伝えられてきたものだけに、このような挿話が入ってくる経路に特殊な興味がもたれるわけである。訳文では、この一節は省いてあるので、今参考のために、左にこれを掲げておく。

祇園寺の無常堂の四隅に、頗梨《はり》の鐘があって、その鐘の音には、ちょうどこの偈を説いているような響きがある。病める僧がその音を聞くと、たちまちに苦悩は消え、清涼の楽しみを得て、禅定《ぜんじょう》に入るがごとくにして、浄土に生まれる想をおこす、と。

人間は、極楽に往生することによって、はじめて仏陀の悟りにわけいることができる。厭離穢土の想は生じても、この娑婆世界での修道得果ははなはだ困難であり、たまたま発心《ほっしん》して修行するものがあっても、これを成就することがまた困難である。ただ極楽国土の衆生《しゅじょう》だけが、多くの条件に恵まれて、仏道を増進することができるのだという。

「ただ仰いで信ず」

「厭離穢土」「欣求浄土」の二章を承けて、第三章は、極楽の証拠を明らかにしようとする。人間は、極楽に生まれることによって、はじめて仏陀の悟りにわけいることができるのだとしても、いわゆる十方浄土のなかで、ただ極楽だけがそこに取り上げられているのはなぜかという問に答えようとするものである。源信がまず第一に挙げるのは天台大師智顗《ちぎ》の言で、もろもろの経・論の中には、ひとえに阿弥陀仏を信じ、西方の極楽世界を求めよと説いたものが多いこと、中でも『無量寿経』『観経』『往生論』等の数十余部の経・論には、懇切にその道を示して西方に生まれんことを勧めている、それゆえ、私はひとえにこれを念ずるのだという『浄土十疑論』の一節である。

源信は、これにつづいていう、「智者大師は十五遍も一切経を披閲した人である、この人のいうところを信じないわけにはゆかない」と。天台の学僧、源信としては、まずそこに第一の指針を見出そうとしたのは自然であるが、なおその他に迦才・智憬《ちけい》らの諸師が挙げている経・論を紹介し、さらに源信自身「私に加へて云ふ」として『法華経』の「薬王品」、『四十華厳経』の「普賢願」以下、「諸の顕密の教の中に専ら極楽を勧むる」ものを引いて、「故に偏《ひとえ》に願求するなり」といっている。

これだけ多くの経典上の証拠があるではないかというわけであるが、そうするとしかし、一方で「諸仏の浄土は実に差別なし」といわれていることも事実であり、更《あら》めて「何が故に如来は偏に西方を讃むるや」という疑問が出てくることになる。

それは衆生の心を専一にさせるためであるといわれたが、それにしてもなぜ極楽だけが勧められるかという問はそのままであり、「たとひ余の浄土を勧むとも、またこの難を避けがたいであろうという反論はなされたにしても、結局は「仏意測りがたし、ただ仰いで信ずべし」といわれるより他はなかった。たとえば人があるぎりぎりの状況におかれた場合、真にこれを乗り越えうる一つの道が示されるならば、「何の暇あってか縦横に余の術計を論ぜん」といわれることは肯われるにしても、そこに示される一つの道は、やはり「ただ仰いで信ず」べきものにほかならなかった。

この立場からすると、極楽の証拠はきわめて多いことになるので、玄奘三蔵が「西方の道俗はみな弥勒の業をなす」といい、弥陀の浄土は、「修行成じがたからん」といったという所伝にたいしても、

中国と辺州と、その処異なりといえども、顕密の教門はその理これ同じ。いま所引の証拠すでに多し。なんぞ仏教の明文に背いて、天竺の風聞に従ふべけんや*

ということができたのであり、さらに、西域の行法はよくわからないけれども、その行者は多く小乗の人だといい、大乗家としては「西域の雑行《ぞうぎょう》に同ずべからず」、そのうえ「諸教の興隆は必ずしも一時ならず」として、「就中、念仏の教は、多く末代経道滅後の濁悪《じょくあく》の衆生

を利する計なり」と揚言することができたのであった。

＊　源信は、ここで祇園精舎の無常院のことにふれている。

男女貴賤を問わず

第四章は、どのように念仏したならば、必ず極楽に生まれ、まのあたりに阿弥陀仏を見ることができるかという、本書にとっても一番肝心な章の一つであるが、源信は、世親の『往生論』にしたがって、礼拝《らいはい》・讃嘆《さんだん》・作願《さがん》・観察・回向《えこう》のいわゆる五念門の行を成就することであるといい、中でも作願と回向の二門は、他のもろもろの行業にも通じて用うべきものとしている。

まず何よりも誠心をもって阿弥陀仏を礼拝することが必要だというが、経文はそれを説くことがきわめて簡略だというので、ここでは源信自らが言を加えてつくった「礼法」六条を挙げ、さらに広い行を願うものは、龍樹の『十二礼』とか善導の『六時礼法』をみよといっている。つぎの讃嘆も「一遍にても多遍にても、一行も多行も、ただまさに至誠なるべし」といっている。

第三の作願門では、道綽《どうしやく》の『安楽集』を引いて、浄土に生まれようと願うものは、まず菩提心を発することが肝要だとして、菩提心こそ「浄土の菩提の綱要なり」といっている点が注目をひくが、ここでもまた「かならず清浄にして、深広なる誠の心を須《もち》ひよ」といっている。そして「凡夫《ぼんぶ》は勤修《ごんしゆ》するに堪へず、何ぞ虚《むな》しく弘願《ぐがん》を発せんや」という問にたいしては

「昇沈の差別は、心にありて行に非ず」といい、その用心を説いて、一たび発心することの意義を強調し、たとい無力・貧乏な凡夫にあっても、用心の道はつねに開かれているという。この一門は『往生要集』の中でも、もっとも言葉を尽くして詳述されている部分の一つで、詳しくは訳文について見ていただきたいと思うが、おのずからまた本書の特色の一端を示すものになっているといわれるであろう。

源信はまたそこで、菩提の願を発せざるものは、ついに往生しないかという問を設けているが、「諸師不同なり」と、その解釈はいろいろにわかれることを指摘するものの、実際に引照しているのは慧遠・慈恩・善導など、見方によってはいずれもみな何らかの意味で発心の可能性を保留する立場の人たちの意見であることが注目され、菩提心については異説があるにしても、浄土を欣《よろこ》ぶ願はいかなる人にあっても皆まさに具すべきものであるとしている。

そこに発心の可能性をみるからであろう。だから、その結びの問答も、「何等の法をもってか、世々に大菩提の願を増長し、忘失せざらん」という問にたいして、『十住毘婆沙論』の第三の偈が掲げられてきたわけであるが、「この論の中にはまた、二十二種の菩提心を失う法が示されているから、参照せよ」といっているのも、理由のないことではなかったと思われる。

白毫観の意義

つぎの観察門では、初心の人はまず仏の色相を念ずることが適当だとして、これを別相観・総相観・雑略観の三つに分けて説いているが、通読すると、源信は、とりわけそこでいわゆる白毫観に心を用いていることが注目され、そこにまた『往生要集』そのものの一つの特色が出てきているように思われる。

白毫観は、別相観の第七に説かれたところであるが、雑略観においては、さらにこれを敷《ふ》衍《えん》して、一種の感動的な文章に仕上げられている。「光明遍照《へんじょう》十方世界、念仏衆生摂取不捨」といわれる場合の「光明」は、この仏の眉間《みけん》にある白毫から発するものにほかならない。「われまたかの摂取の中にあり、煩悩に眼を障《さ》へられて見ることは能はずといへども、大悲は倦くことなく、常にわが身を照したまふ」たとえば、このように念じて心を欣ばせよという。

源信は、『観経』や『華厳経』等の意によってこの文をなしたといっているが、つづいて「具《つぶさ》には別巻にあり」というのは、恐らくは天元四年（九八一）に成った『白毫観法』を指すものであろうと思われ、『往生要集』の撰述に着手する以前から、この観法にはとくに深い関心をよせていたことがうかがわれる。さらにこの観法は、後出の「助念の方法」「別時念仏」「念仏の利益」等の諸章においてもふたたびこれを見出すことになるが、そこではとくに「懺悔《さんげ》衆罪《しゅざい》」「滅除罪業」の意味が籠められており、源信その人のこの観法によせる関心の深さを知ることができる。

「正修念仏《しょうじゅねんぶつ》」の章では、第三の作願門に説かれた菩提心の問題が重要であるが、これは第五の回向門（そこでも「真の回向」とは何かといった問題として扱われている）とともに、ひとり念仏のみならず、もろもろの行業においてもまさに通じて用うべきものとされるわけであるから、この章の中心はやはり第四の観察門にあるといわなくてはならず、したがってまたその中における白毫観法の意義がますます大きくなってくることを認めないわけにはゆかないと思う。

大菩提心

「一目の羅（鳥網）は、もって鳥を得ること能はず」というのは、最澄以来、天台宗の学僧たちには、深い意味のあることばになってきていたと思われるが、源信も第五章「助念の方法」を、このことばをもってはじめている。ここでは七つの方法が示されているが、その第二「修行の相貌」の項で取り上げられる「四修《ししゅ》の相」（長時《じょうじ》・慇重《おんじゅう》・無《む》間《けん》・無余の四修をいう）というのは、後に法然らにも受け継がれていったものであるが、源信はさらにその修行のときの用心として『観経』によって至誠心《しじょうしん》・深心《じんしん》・回《え》向発願心《こうほつがんしん》の三種の心を発すべきことを示し、善導の疏を引いて、ここでもまた法然らの先蹤をなしている。

源信は、つづいて『鼓音声経《くおんじょうきょう》』『涅槃経』等を引いて「明かに知りぬ、道を修するには信をもって首《はじめ》となすことを」といっており、更めてここに「信」の問題が出てきていることが知られるが、すでに法然を読んだ人の眼から見ると、若干の物足りなさを覚えるかもしれない。しかし、四修・三心・信と、そこに後世にも深い影響をもった重要な問題提起がなされていることは事実であり、その意味でこの一項は見逃せないものになってくる。

助念の方法として述べるところは多岐にわたるが、源信自身がそこで「往生の要」として要約するところは、「大菩提心と、三業《さんごう》を護ると、深く信じ誠を至して常に仏を念ずると」の三事であり、さらに「往生の業は、念仏をもって本となす。その念仏の心は、必ず須《すべか》らく理のごとくすべし。故に深く信ずると、誠を至すと、常に念ずるとの三事を具するなり」といって、「往生の要」と、その中での直接の「往生の業」とを区別して述べている点が注目されるであろう。

臨終の念仏

第六章「別時念仏」というのは、平常時においては、あるいは一日乃至は七日、あるいは十日乃至は九十日と、特定の日時を限って勤行《ごんぎょう》する念仏（尋常の別行）と、臨終にさいして修すべき念仏とを説いたもので、いわば『往生要集』の実修篇にあたる一章である。

はじめの尋常の別行については、一日乃至は七日の念仏は善導の『観念法門』、七日の行は『大般若経』や『大集賢護経《だいじゆうけんごきょう》』、あるいは迦才の『浄土論』、十日の行は『鼓音声経』と『平等覚経《びょうどうがくきょう》』と、それぞれの典拠をあげて、その方法を示しているが、最後の九十日の行とは、まさに天台の『止観』によって、四種三昧の一である常行三昧について述べたもので、『止観』の文章を一句余さず引用している。天台の学僧としての源信の立場が遺憾なくあらわれている箇所といえるであろう。

源信は、後の「問答料簡」の章においても、念仏に相応する教文を列挙しているが、その中で修行の方法を明かした中国の高僧の作としては、まず第一に『摩訶止観』十巻をあげ、つぎに善導の『観念法門』と『六時礼讃』を数えていることも参照せられよう。そういう点では、尋常の別行といってもなかなか難しいものなのである。

ところが、つぎの臨終の行儀を説く段になると、病めるもの、あるいはまさに生命を終わろうとするものにたいする懇切な配慮に人を動かすものがあり、ことにその「臨終勧念」(臨終の人に念仏を勧める）の条は、源信自身の心得のために書かれたものというだけに『往生要集』そのものの中でも一種独特な緊張に満ちた美しい文章になっているといわれるであろう。長文ではあり、訳文がどこまでその真を伝ええたか心もとないものがあるが、何といっても源信その人の直接の想いが籠もっている文章として見逃しえないものである。

「念仏に如かず」

第七章の「念仏の利益《りやく》」は、これを七門にわけて説いているが、第四門までは主として経典の引用に終始した観があり、いわばこの章の序論と目すべきものであるが、第五門「弥陀の別益」の条にいたって、「行者をして、その心を決定《けつじょう》せしめんがための故に、別してこれを明かすなり」と、この章の意図するところを明らかにしている。第六門の「引例勧信」はそれを承けたものであるが、そこで迦才の『浄土論』や『瑞応伝』とならんで、わが慶滋保胤の『日本往生極楽記』の名があげられていることが注目される。

別にいうように、保胤の記の成立は、『往生要集』の撰述とほとんど重なりあう時期のものであると考えられるだけに、この時期にはすでに源信と保胤との間には相当に立ち入った交流があったことが知られるわけで、あえていえば、保胤その人が迦才に目をとめるにいたった直接の動機も、あるいはむしろその関係に求められるのではないかと思われる。

第八章の「念仏の証拠」は、「一切の善業は各々利益あり、各々往生することを得べし、何故にただ念仏の一門を勧むるや」という問にはじまるもので、それは他の種々の妙行を遮《さえぎ》るものではないが、ただこれ「男女貴賤、行住坐臥を簡《えら》ばず、時処諸縁を論ぜず、これを修するに難からず、乃至は臨終に往生を願求《がんぐ》するも、その便宜を得ること、念仏に如《し》かず」とされるからだという。第九章に更めて「往生の諸行」が説かれ、「各々の楽欲《ぎょうよく》(願い)に任すべし」といわれたのも、そのためであった。

念仏相応の教文

源信は「問答料簡」の最後の条「助道の人法」(念仏を助ける人と教文)の中で「内外の律に善くして、明るく妨障を開除する」明師について恭敬承習し、「共に嶮を渉るがごとくせん、乃至は臨終まで互に相勧励」すべき同行を択《えら》び、そして念仏相応の教文をつねに受持披読、習学すべきだといっているが、その念仏相応の教文というのは、先に引照した「西方証拠」の文の中でも、正しく西方の観行、ならびに九品の行果を明かす――『観無量寿経』
弥陀の本願、ならびに極楽の細相を説く――『双観無量寿経』
諸仏の相好、ならびに観相による滅罪を明かす――『観仏三昧経』
色身・法身の相、ならびに三昧の勝利を明かす――『般舟三昧経《はんじゆざんまいきよう》』『念仏三昧経』
修行の方法を明かす――上の三経、ならびに『十往生経』『十住毘婆沙論』
日々の読誦《どくじゆ》――『小阿弥陀経』
偈を結んで総説す――『浄土論』（世親）
修行の方法――『摩訶止観』（天台）・『観念法門』ならびに『六時礼讃』（善導）
問答料簡――『十疑』（天台）・『安楽集』（道綽）・『西方要決』（慈恩）・『群疑論』（懐感）
往生人――『浄土論』ならびに『瑞応伝』（迦才）

と、とりわけここで、修行の方法を明かすものとして、天台の『止観』と善導の『観念法門』『六時礼讃』の三書が特記されていることは、先にもみたように、端的に天台の学僧としての源信の立場を示すもので、念仏の書としての『往生要集』の特色も、その点から考えてゆかなくてはならないと思う。

『往生要集』を全体としてみると、インド・中国の諸師の論疏の引照は実に多いが、日本の先達の書は寥々たるもので、わずかに智光の『往生論疏』、円仁の「常行三昧礼仏」の文といわれるもの、良源の『九品往生義』などを数えるにすぎない。浄土教の伝統の根が未だ浅かったからであるが、それだけにこの書と相前後して成った慶滋保胤の『日本往生極楽記』にたいする源信の関心には、とくに深いものがあったと思われる。

3 往生極楽への実践

安楽院の供養

源信は、『往生要集』撰述の後、「暫く本山を離れて、西海道の諸州、名嶽霊窟を頭陀」したというが、そのことを記すいわゆる「遣唐消息」は、その年時に問題があるとされてきた。しかし、同じ文中に「著作郎（大内記）慶滋保胤は……前進士（前文章生）為憲は……」というような語がみえるので、やはりこの消息は保胤出家以前のものとするのが自然で、結局、これまでもいわれてきたように、寛和二年正月のものとして差支えないのではないかと思われる（保胤の出家は四月）。ただ『源信僧都伝』は、これを永延の初（九八七）として、大宋国の商人朱仁聡、同船の唐僧斉隠の帰郷するのに出会い、『往生要集』その他を贈ったといっているが、この永延の初というのが何にもとづくものかわからないので、そこになお問題が残るといえばいわれるであろう。

源信は、この斉隠の帰帆に付して『往生要集』の他に、良源の『観音讃』、保胤の『十六相讃』と『日本往生極楽記』、為憲の『法華経賦』を贈っているが、このうち、保胤の往生伝以外は今日伝わらないので、その内容を詳らかにすることができない。しかし、これが先引の「当今極楽界を刻念し、法華経に帰依するもの熾盛なり」という言葉の裏付けとして特別に選ばれたものであったことは確かで、中でもこの時期の源信が、いかに保胤その人の仕事を高く評価していたかがうかがわれるわけである。

その保胤を出家者として更めて叡山に迎えた源信は、その年の夏、ともに飯室北谷の安楽院の供養に赴いたことが知られており、このとき「彼此道心あるもの集会して相共に議定し、初めて結縁の行法を企て」、同年十月から行法等を始修したと記録されているが、その縁起を作ったのが入道内記（保胤）で、ただその草案は「未だ一定せざるの間に、内記他行せられ、其草落失しおわんぬ」といわれている（「高山寺文書」）。

この記録は肝心の文書が断簡なので、たんに「結縁の行法」といっても、その内容がわからないのであるが、一方、寛和二年の夏というと、首楞厳院の二十五三昧根本結衆二十五人連署の発願文が、五月二十三日の日付をもっており（「二十五三昧式」）、保胤が彼らのために八箇条の「起請」を草したのが同じく九月十五日のことである。安楽院の結縁行法と楞厳院の二十五三昧と、これは二つの並行したものなのか、それとも二十五三昧衆の結成がこの安楽院供養にさいして行なわれたものかということは微妙な問題であるが、その両方に保胤の名が出てくること、また源信は二十五三昧の根本結縁衆の一人として、その発展を図っていることから考えると、この両者にはたやすく切り離しえないものがあるように思われる。

大体、この二十五三昧というのは、『往生要集』の趣旨をふまえた念仏者の実践的な試みとみなすべきものであるから、安楽院の行法は、かりにそれ自体は一応別個のものとして考えるにしても、源信や保胤の参加のうえで企てられたものである以上、少なくともその内容は二十五三昧とまったく異質のものとは考えられないと思うわけである。

二十五三昧衆の結成

ところで、右の根本結衆の発願文を載せている「二十五三昧式」は、源信の撰といわれるが、全集本が底本とした『先徳法語集』によっても明らかなように、諸本に多くの異同があり、最初の表白文などは、はじめから「後人の表白文なり」と断わっている。根本結衆の発願文にしても、同じく『先徳法語集』所録の「二十五三昧考異」には「諸本無し」と記されており、あるいは右の表白文とこの発願文とを除いたものが原型であったかとも考えられるが、そうするとしかし、この式文の制作年時を考える決め手が失われてしまう。ただ、式文の中で「転経《てんぎょう》念仏の功徳を以て六道の衆生に回向」することの意義を説いた部分は『往生要集』大文第一の抄出とみなされるものであり、式文制作の意図もまた、この点を明らかにして三昧衆の実践上の指針にしようとしたものであろうから、これはむしろ発願文を作った根本結衆自身の手になるものではなかったかとも考えられる。

もともとが『要集』の文章の抄出なのだから、これを源信の撰として伝えるのは不自然ではなく、さらに整備されたものを打ち出そうとして、その起草を保胤に依嘱したものが、九月十五日の「起請八箇条」として実を結んだのではなかったかと思われる。

これはあくまでも一つの臆測にすぎないが、二十五三昧衆の結成にさいして、この種の式文が用意されることはむしろ自然であり、何より『往生要集』そのものの教説が新たな実践に移されてゆく一つの範型を示すものとして、この式文はそれなりに注目すべき内容をもっているといわれるであろう。

保胤の起草した「起請八箇条」は、式文が『要集』の大文第一によって、転経念仏の功徳をもって六道の衆生に回向することの意義を捉えようとしていたのにたいして、これは大文第六「別時念仏」の章を下敷にして、より具体的に三昧衆の行事、日常の心の用い方から病者の看護、臨終の用意などを規定したもので、つぎの八箇条から成っている。

一　毎月十五日、念仏三昧を勤修すべき事
一　念仏結願の次、光明真言を誦して土砂を加持すべき事
一　心を調へ道を護り、人を択びて補闕《けっしゅう》すべき事
一　別処を建立して往生院と号し、結衆病ある時移住せしむべき事
一　結衆病の間、結番瞻視《せんし》すべき事
一　結衆の墓処を点定して花台廟と号し、二季に念仏を修すべき事
一　常に西方を念じ、深く功力《くりき》を積むべき事
一　結衆の没後は義を守り善を修すべき事

寛和二年九月十五日

源信がさらにこれに補訂を加えて、つぎの十二箇条にまとめたものが「横川首楞厳院二十五三昧起請」であるが、この起請の意義については、なお後に述べることにしたいと思う。

一　毎月十五日の夜を以て不断念仏を修すべき事
一　毎月十五日正中以後念仏、以前法華経を講ずべき事
一　十五日夜、結衆の中次第に仏聖に灯明を供し奉るべき事
一　光明真言を以て土砂を加持し、亡者の骸に置くべき事
一　結衆は相共に永く父母兄弟の思を成すべき事
一　結衆発願の後は各三業を護るべき事
一　結衆の中に病あるの時、用心を致すべき事
一　結衆の中に病人ある時、結番して遞《たがい》に守護問訊すべき事
一　房舎一宇を建立して往生院と号し、病者を移置くべき事
一　兼て勝地を占ひて安養廟と名づけ、率都婆一基を建立して、将《まさ》に一結の墓所と為すべき事
一　結衆の中、亡者ある時は、問葬念仏すべき事
一　起請に随はず懈怠《けたい》を致す人は衆中を擯出《ひんしゅつ》すべき事

永延二年六月十五日

詳しくは訳文についてみていただきたいと思うが、いずれにしてもここで、二十五三昧衆の結成が行なわれたことは注目すべき事実で、「二十五三昧根本結縁衆過去帳」についてみられるように、二十五人の根本結衆（発起衆とも）と十九人の根本（あるいは最初）結縁衆とから成り、花山法皇や先述の厳久（厳久はまた法皇の出家を勧めた人としても知られている）・源信らはその結縁衆の中に数えられている（保胤＝寂心の名はそこにみえない）。

根本結衆（発起衆）の中で著名な人としては覚超（九五二～一〇三四）があり、あるいはこの覚超あたりが呼びかけて「発起衆」が結成されたものかとも思われるが（覚超がこの種の集まりに熱心であったことについては後に述べる機会があると思う）、いずれにしても逸早く『往生要集』の教説に深い感銘を受けた学僧らの自発的な集まりであったことに違いはなく、源信は逆にこれに「結縁」する立場にあったことが注目されるわけである。

源満仲の出家

安楽院の供養から帰った源信は、同じ年の八月、覚運（九五三～一〇〇七）や院源（九五一～一〇二八）とともに摂津の多田に赴き、源満仲（九一二～九九七）を勧めて出家させたといわれている（『今昔物語』）。これは満仲の子、僧源賢の請によるものといわれるが、その点はいかがであろうか。

源賢は、源信の弟子として、後には『往生要集』を開板したというようなことも伝えられる人であるが、一方では「一山第一の暴悪児」と称せられたという伝えもあり（『小笠原系図』）、この時点ではたして父の出家を斡旋するというようなことがありえたかどうか、やや心もとない感がないでもない。それは後考をまつとしても、ともかくこの高名な武士の出家は事実であり、先の第一級の文人保胤の出家と相まって、更めて源信その人の存在を認識させる大きな事件であったといわれるであろう。

高名な武士といえば、余五将軍平維茂《これもち》もまた、壮年の時から源信に謁し、臨終にさいしては源信から迎接曼荼羅《ごうしょうまんだら》を贈られたと伝えられる人であるが、その帰依の時期は明らかでない。いずれにしても源信は、四十歳の半ばにさしかかるころには、すでに当時第一級の文士・武士等の間に広くその名を知られる存在になっていたことは確かである。

『要法文』

叡山の内部にあっては、先に兼家が建立した恵心院が、この年官寺に列せられ、年分度者三人を認められているが（『門葉記』）、源信その人がこの当時すでに恵心院にいたかどうかは明らかでない。時期からいえば、良源の後を承けた尋禅が座主として、一山、ことに横川の経営にあたっていたころで、翌永延元年にはその奏請によって、良源に慈恵大僧正の諡号《しごう》も宣下されている。

寛和二年の源信の仕事として、今一つ見落とすことができないのは、『要法文』三巻の著があることで、これはいわば仏教の基礎概念百項を選んで解説したものである。その奥書に

「海公の請によりて、聊《いささ》か此文を集む」とあり、海公というのは、匡房が天下の一物（学徳）の一人に数えた安海のことだと考えられているが、後年には源信の学問を「浅広」と評したという安海も（『元亨釈書』）、この時点ではまだ源信に兄事していたことが知られるわけである。安海は、明経道の天下の一物といわれた清原広澄（九三四〜一〇〇九）・善澄兄弟の弟だというから（『続古事談』）、年齢からいっても、源信とはあまり隔たりのなかった人であろうが、兄弟三人揃って天下の一物といわれたのも珍しい。

『要法文』は、その内容からいえば『往生要集』よりはむしろ第一の書『四相違略注釈』につながるものであるが、源信は、先引の奥書につづいて、

願はくは此功徳を以て安楽国に往生し、水鳥樹林の声、常に此法門を聞かん。乃至は慈*氏の下生に値遇して恒河《ごうが》の仏法を悟り、不二《ふに》の法門に入らん。若《も》し一文一句を習学するものあらば、仏に値《あ》ひ法を聞くこと、我等の如くして異ることなからんことを

といい、この著述そのものの功徳をもって往生極楽の縁にしようとしている点では、やはり『要集』の立場をつぐものとみることができよう。

源信は永延二年（九八八）、先述の保胤の草にかかる「二十五三昧起請」八箇条を補訂して、これを十二箇条に仕上げているが、新たにそこに加わってきたものの中で注目すべきは第二条「毎月十五日正中以後念仏、以前法華経を講ずべき事」で、念仏以前にまず聞法の必

要があることを説き、毎月十五日の不断念仏にあたっても、その前に「有智の禅僧を以て、法華経の理を説かしめ、将に見聞弱知の人をして、速かに開示悟入の位に踰《いた》らしめん」として、「以て随喜すべく以て聴聞すべし」といっている。そしてそれから約一箇月の後には「首楞厳院普賢講作法」一巻を製して、普賢菩薩の十種の行願を明かし、十分にこのことを窮めたうえで「将来の引摂《いんじょう》を誓期して、弥陀仏を頂礼せよ」といっている点が注目されるわけで、往生極楽を願う心に変りはないにしても、どこまでもそこに天台の学僧として、教理上の裏付けをもとめてゆこうとする人の立場がうかがわれるように思われる。

＊ 弥勒の出世をいう。

新造堂塔

また、永延二年というと、源信は一方では、首楞厳院の堂塔修理の功を竟《お》えたときで、『門葉記』に収める「新造堂塔記」は、恐らくは源信その人の筆になるものであろうと思われるが、それによると、これは円仁創始の如法経安置の堂塔の修理にかかるものであり、座主鎮朝のとき以来土木を廃していたのを、源信が主となり、摂津守大江為基の助成をえて修理、新造したものであった。つぎにその「新造堂塔記」の全文を掲げておく（『門葉記』四十一如法経一）。

新造堂塔記

慈覚大師、去る天長年中、初めて当院に入り、草庵を結びて室と為し、四種三昧を修す。蓋《けだ》し人跡を絶ち、端坐して終を待つものか。坐禅の隟《ひま》、石液を滴して以て墨と為し、草心を抽でて〔以て〕筆と為し、手づから妙法蓮華経一部を書写して、之を小塔に納め、一堂に安んず。故座主鎮朝和尚、院家撿校たしり時、忽ちに天輪を奉りて、禅宇を修営せり。それより以来、星月推移して、土木漸く廃す。

院僧源信、聖跡の影漂淪せるを傷み、檀越《だんおつ》摂州刺史江大夫為基に請ひて、力を勠《あわ》せて以て修理す。刺史、夷隆鏟峻《ママ》、増すに堂の基跡《ママ》を以てし、造るに新塔の形像を以てす。堂と云ひ塔と云ひ、功夫甫《はじ》めて就《な》る。刺史請ひて曰く、我に新写の法華経一千部あり、塔中に安置して、以て功徳の張本と為さん、堂（豈《あに》カ）容受せざらんやと。源信等又金色の尺迦・多宝二世尊の像、普賢《ふげん》・文殊《もんじゅ》・観音・弥勒《みろく》四菩薩の像を〔造〕立し奉る。僧明禅は普賢を造り、僧厳久・僧聖全等は弥勒を造り、源信は余尊を造る。但し観音は本より安置する所、今金色の飾を加ふ。即ち二重の壇を築き、壇上に白蓮華《びゃくれんげ》を置き、華上に新塔を起て、塔裏に旧塔を処《お》き、両塔の中間に二尊の像を安置し、四菩薩をして宝塔を囲繞《いにょう》せしめ、多宝を修餝《しゅうしょく》して、前《さき》の紹隆に倍せり。

当時撿校の座主権僧正大和尚（尋禅）、永く余僧余経の交錯、諸人雑人の闖入《ちんにゅう》を遏《とど》む。亦是故実なり。

抑《そもそも》我等、今願あり、願はくは此功徳を以て先づ華報を極楽に開き、遂に実果を寂光に拾ひ、乃至末代の衆生、一花一香を以て供養するもの、一音一偈を以て讃嘆するもの、但《た》だ一手を挙げ、或は復《ま》た小低頭するもの、是の如き等の輩をして皆仏道を成ぜしめんことを。経に云ふ、若し経巻所住の処には皆応に七宝塔を起て、一切の花香・瓔珞《ようらく》・幡蓋《ばんがい》・伎楽・歌〔頌《じゅ》〕を以て恭敬、尊重、讃嘆すべし、若し人ありて此塔を見ることを得て礼拝供養せば、当に知るべし、是等は皆近《ママ》菩薩なりと。仏語純一なり。我願捨諸《ママ》、南无《なむ》十方三宝、哀愍《あいみん》証誠、我等が弘願をして、大師の本懐に任せしめよ。重ねて結縁せんと欲して、一偈を以て讃して曰く、（讃略）

永延二年戊子

十月十七日庚午記之。

文中にみえる大江為基は先述、明禅は不詳であるが、あるいは二十五三昧根本結衆の一人である明善のことであろうか。聖全（九五〇～一〇一五）は、源信や厳久と同じく二十五三昧の結縁衆として名を列ねている人である。

定心房四季講

首楞厳院の新造堂塔供養の後、しばらくは源信の足跡はよくわからない。叡山としてはこの年、いったん聴許された清涼寺の戒壇を停止せしめたり、翌永祚元年（九八九）には、慈覚大師円仁の門徒が尋禅辞退の後を承けて天台座主に任ぜられた智証（円珍）門徒余慶（九一九～九九一）の就任を妨碍し、三月足らずでこれを辞任に追い込むなど、内外ともに面倒な問題を抱えていたときで、朝廷からも「獅子身中の虫」と極めつけられるような動きが、その内部に生じていたことは事実である。いわゆる「永祚の宣命」には「件の門徒（慈覚門徒）の法師等、愚拙にして王法の道理をも知らずして、重犯を成したれど、大師の門徒をあがめ給ふとして、特に厚免し給ふ」といい、また「此の如きの事は、所謂師子の毛中の虫の師子を食ふが如くに、門徒より出て門徒を亡《うしな》はんと構ふる者と誡め給ふべし」ともいっている（『座主宣命』）。

尋禅は、上表後、横川の別所に隠退して、妙香院を営み、正暦元年（九九〇）二月、これを御願寺とする聴許をえたが、その前日に遺言状を書いて、とくに定心房の四季講のことに言及し、「右講は、故大僧正（良源）、勧学の為に始修せらるる所なり。其後、院内の学生、山里に名を掲げ、嶺谷に誉を飛ばす。一門の面目、尤も斯にあり」として「学頭諸衆等、懈怠を致さず、永く興隆の志を遂ぐべし」といい、その料として四季講田を定め、その進退を「同法源信」に委ねている（『門葉記』）。源信は、こうして尋禅の後を承けて四季講の「紹隆潤色」にあたることになったわけで（先引、『阿娑縛抄』）、あるいはそこで「学頭」とよばれていたのはほかならぬ源信その人であったかもしれないと思われる。

尋禅は、源信よりも一歳年少であったが、父師輔と良源との関係（先述）から、夙くから顕要の地位を占め、良源の後を承けて座主に就任したのは寛和元年、ちょうど源信が『往生要集』の功を畢えようとしているころであった。それから五年あまり、座主の地位にあったわけであるが、一方では「よの中の一の験者」といわれ（『大鏡』）、また『金剛宝戒章』『摩訶止観略決』などの著述もあって、たんに貴族の御曹子というだけでは尽くされない一面をもっていた人のようである。

ただ『天台霞標』所載の『止観略決』の跋には「方今先妃（妣？）三回の亡日を迎へ、聊か此蓄懐を述べて、本有《ほんぬ》四徳の寂滅を回《え》し、早く彼追孝に資す……」という一節があり、この先妣が尋禅の生母雅子《がし》内親王（九一〇～九五四）をさすものとすると、尋禅にはすでに十四歳、出家以前にこの著があったことになり、にわかに信じがたいものが出てくるが、他に決め手がないのでしばらく疑いを存したままにしておきたい。

中国での声名

尋禅示寂の後、源信には定心房四季講の興隆という重責が双肩にかかってきたわけであるが、一方、源信はこのころまでに「天台の三大部」、ならびに『釈籤』『疏記』『輔行《ぶぎょう》』の各全部を新写し畢えたといい（『天台三大部』）、この時期の源信の一面をうかがわせるものがある。また『元亨釈書』によると、この年七月、宋の周文徳の来朝があったというが、もしこれを信ずべきものとすると、いわゆる「遺唐消息」の返報は、翌正暦二年二月のものとみることができ、源信はこのとき『往生要集』が天台の国清寺に齎《もたら》され、諸人の帰依結縁するもの多く、特別の瞻仰慶讃《せんぎょうきょうさん》の的になっていることを知らされたことになるわけである。

事実、このころには、源信の名は中国の仏教界にも知られるようになっていたことは確かで、この年の九月、宋僧行辿《ぎょうてん》が源信のもとに経巻を送ってきたのもそのあらわれの一つであるが、源信はまた、これに応えて『四相違略注釈』を贈り、慈恩門徒の批判をもとめたことが知られている（九九二）。源信の声名は、すでに国際的なものになっていたわけで、後述の宋僧源清の寄書なども、その意味では由来するところが深かったものといわれるであろう。

源信は、正暦二年三月、仁康主催の河原院の五時講を聴聞している。仁康は以前、源信が書写山に性空を訪れたときに同行した人の一人であり（先述）、後述の霊山院釈迦講の結縁者の中にもその名がみえているから、源信とは少なくとも三十年の長きにわたって親しかった人であることがわかるが、この年、丈六の釈迦仏を造って河原院に安置し、仮堂を作って初めて五時講を行なったもので、「時ノ明匠日ゴトニ請ニオモムク」といわれたのは、暹賀・厳久・明豪・静仲・静照・清範らの人々であり、聴聞には源信・覚運・真興・清海・寂心・寂照以下、「七大寺コゾリテ」集まったといわれるほどの盛儀であった（『続古事談』）。

「寺門分離」事件

先述の「永祚の宣命」で指摘された叡山の慈覚・智証両門徒の確執は、正暦二年、余慶が示寂し、勝算が智証門徒の一として重きをなすにいたって以来、また燃え上がってきたもののようで、同四年八月、ついにそれは爆発点に達し、ひいては寺門分離の問題にまで発展することになった。このとき、慈覚門徒を代表して、智証門徒、とくに勝算とその弟子成算を弾劾したのは院源で、その奏状が今日に伝えられている（『卅五文集』）。

勝算と同門の観修（九四五〜一〇〇八）は、これにたいして愁状を書き、陳弁するところがあったというが（『本朝世紀』）、慶祚（九五三〜一〇一九）は逸早く山門離脱の挙に出たもののようで、それまでに勝算の修学院、観修の観音院というような別所をもたなかった慶祚としては、あるいはそれ以外に道がなかったのかもしれない。

事実、勝算や観修は度々の加持祈禱の法験を謳われて、すでに綱位に列し、中でも観修は、新たに東三条院や道長の信任をえて、宮中からも厚遇されていたのにたいして、慶祚は折々の読経論義に請ぜられることはあっても、なお一介の阿闍梨《あじゃり》たるにとどまり、死にいたるまで綱位を受けなかった人であった。同じく天下の一物といわれても、「有験の僧」と「学徳」との間にはすでにこれだけの隔たりがあったわけであり、慶祚が寺門分離の「頭目」とみなされるにいたった背後には、実はこのような事情もあったことを考えておかなくてはならない。

寺門分離の問題は、当時の叡山にとっては由々しい事件であったには相違ないが、この段階では、それはなお文字どおり智証門徒の叡山からの分離にとどまり、後世のように、山門と寺門とが正面から対立、抗争するまでにはいたらなかったようで、それは長徳元年（九九五）、宋僧源清が『法華示珠指』等、五部の新書を叡山に送り、その答釈を求めてきたときには、観修は実因（慈覚門徒）とともに『示珠指』の破文を分担し、慶祚は『竜女成仏義』の破文を書いていることなどからも知られると思う。

そしてこの破文の実際の執筆が同三年以後のことであったらしいことも考え合わすべきで

ある。というのは、源信と覚運とがたがいに分担して書いた『観無量寿経疏顕要記破文』は、長徳三年四月二十五日の日付をもっており、慶祚の『竜女成仏義』の破文は、さらにそれより後れて、同五年正月五日、石蔵の大雲寺においてこれを記したとされている。

なお、源清が送ってきた新書というのは、

『法華示珠指』二巻　源清述
『竜女成仏義』一巻　同
『十六観経記』(『観無量寿経疏顕要記』)二巻　同
『仏国荘厳論』一巻　鴻羽抄出
「心印銘」一章　慶昭作

の五部で、破文の作者は、先掲の他、『仏国荘厳《しようごん》論』は静照、『心印銘』は安慶・聖救の共破となっている(『大唐国法華宗章疏目録』)。いま、源信の破文を通読すると、ときに「此釈に非ざるよりは誰か此疑を通ぜん、一朝の益、夕死を悔ざるものなり」とか「此釈功妙なり、誠に大師の本懐に契《かな》ふのみ」というような溢美の評もみられるけれども、全体としては論旨の矛盾・誤脱を衝いたものが多く、いかにも自信に満ちた答釈だということができよう。覚運のものも同様で、「此釈甚だ好雅なり、宗旨に合《かな》ふ」とか「此解巧妙、疏意に符順す」などといいながら、なおその足らざるところを指摘する態度を保っている。

「天台三大部」の講演

源信には、この破文を書く前に、正暦五年、『尊勝要文《ようもん》』の著があり、また「阿弥陀仏化導衆生の相」を描いた来迎図を制作していたというが、前者で「重罪薄福」のものを済度する尊勝陀羅尼誦持の意義を述べているのは、あるいはこの年から翌長徳元年にかけての疾疫の流行、死者の続出に応える意味をもつものであったかと思われ、来迎図の制作も、もしそれが事実ならば、やはりそれと無関係には考えられないであろう。これは京都の金戒光明寺に蔵する『山越阿弥陀三尊図』の賛にあり、『天台霞標』もまたこれを採っているが、周知のように、来迎図そのものは、やや時代が下ると考えられるものであるから、ここで賛だけを切り離して考えることには多少の無理があるようにも思われる。

源信の事績としては、それよりも先の「三大部」その他、長徳二年の書写につづいて、その秋からはじめたという「三大部」の講演（寛弘元年＝一〇〇四にいたる。もとよりその間には、『玄義』と『文句《もんぐ》』の間、『文句』と『止観』の間に若干の断絶があるが）を取り上げなくてはならないであろう。このことを伝える『天台三大部』板本の奥書は、源信の年齢などに誤記があって疑わしいところがあるが、講演の事実そのものはこれを認めてもいいと思われる。とすると、源信はそれから十年に近い歳月をこの講演に費やしていることが知られるわけで、『顕要記』の破文も、実はその間に成ったものである。

また、源信が横川の「諸ノ道心ヲ発セル聖人達ト同心ニシテ」『涅槃経』の書写をはじめたとき、西塔の実因がこれを聞いて結縁の経を書き、西塔の人たちもこれに同じたという話も（『今昔物語』）、あるいはこの前後のことであろうか（実因の示寂は長保二年＝一〇〇〇）。『今昔物語』にはこの経供養の日に、源信と実因とがたがいにその導師を譲り合ったという話も伝えられている。

『法華即身成仏要記』という書の奥書に「此書は、一条女院、恵心僧都に課して、法華即身成仏の肝要を注進せしむべきの旨、宣あるによって書進ぜらる」とあり、ここにいう一条女院が東三条院のことだとすると、この書の成立は長保三年（一〇〇一）以前ということになり、『顕要記破文』につぐものかとも考えられるが、ただ女院と源信との関係は、他にこれを徴すべきものがないので、しばらく保留しておきたいと思う。長保三年に成ったという『枕双紙』も、今日では種々の疑念をもたれるもので、私にもその内容に立ち入る用意がない。あるいは『妙行心要集』などの方が、序文に「今暮年に及んで倩《つらつ》ら曩日《のうじつ》（良源在世のころ）を憶ひ、涙落ち神摧《くじ》けて未だ報ゆる所を知らず、仍《よ》りて聊か旧聞を録して後賢に留贈す」といっているように、この時期のものとして相応《ふさわ》しいのではないかと思われるが、決め手はない。

花台院の迎講

長保三年といえば、源信はこの年六十歳になっているが、その三月、覚運とともに宮中大極殿の仁王講に参入したことは特記さるべきで、藤原行成も「件人等、宿願ありて都《す》べて出仕せず、御願やむごとなきによりて、綸旨慇懃《いんぎん》、仍りて今日共に参入す」とその日記（『権記』）に書いている。二人ともこのときまでに内供奉十禅師に列せられてはいたが（その時期は不明）、全然出仕しなかったというので、この度の参入を機会に「其情を励まさんがために」法橋《ほっきょう》に叙せられた。覚運はこれ以後、宮中や道長のもとにも出入りするようになるが、源信の出仕はついにこれ限りであったようである。この年はまた、横川に花台院を建立し、「迎講《むかえこう》」を始めたことで知られている。

花台院については、永観元年、妙空（九五二～九八九、二十五三昧結縁衆の一人）の建立にかかるという異説があり（『叡岳要記』）、『源信僧都伝』では、寛弘二年、源信が建立したもののように読めるが、この古伝は他にも年紀の立て方に不審な点があって、にわかに従えないものがあるから、今は『山門堂舎記』によって、長保三年建立説を採っておきたいと思う。堂舎は楞厳院の東南に営まれ、金色の丈六阿弥陀三尊が安置されていたというが、あるいはその一体が妙空の造立にかかるものであったかとも思われる。

迎講（来迎行者の講）はその地勢を利用して勤修されたもので、「菩薩聖衆、左右に囲遶し、伎楽供養、歌詠讃嘆して、已《すで》に年事と為す。緇素貴賤結縁の者、僉然《せんぜん》以て即身極楽国に往詣すと為す」といわれた（『源信僧都伝』）。迎講は、迎接会、あるいは練供養などともよばれているが、一種の演劇的な効果を伴うものであったらしく、「其場に集まる者、緇素老少、放蕩邪見の輩に至るまで、皆不覚の涙を流して往生の業を結び、五体を地に投じて菩提の因を種《う》う」ともいわれている（『本朝法華験記』）。

4　晩年の源信

源信と道長

翌長保四年の六月には、花山法皇の書写山御幸があり、『峯相記』によると、源信・覚運・寂心・寂照の他、具平親王や和泉式部もこれに従ったというが、事の実否は今にわかに定めがたいものがある。それよりもむしろ、この年はその十月に源信年来の友、寂心（慶滋保胤）が示寂したことで知られるが、道長もために四十九日の諷誦を行ない、寂照またそこに斡旋するところがあった（『本朝文粋』）。しかし、記録の不備のためであろうか、源信その人の名はそこにあらわれてこない。少なくともこの道長主催の法会には参加しなかったのであろうか。

明けて同五年、寂照の入宋にさいして、源信は「天台宗疑問二十七条」を作り、これを寂照に托して彼地に齎さしめた。これについては当時の叡山内部においてもいろいろな議論があったようで、中でも安海のごときは、いまさらそのようなことをしなくても、答釈などははじめからわかっているといったという話も伝えられている（『元亨釈書』）。幸田露伴の『連環記』もこの問題を取り上げており、源信は「緻密厳詳の学風の人」「いかにも謙虚の徳と自信の操との相対的にあった人で、しかも毫毛の末までも物事を曖昧にしておくことの嫌いなような性格だったと概解しても差支えないかと考えられる」として、この「疑問」は

「むしろ問をもって教えとなそうというのだったかも知れない」といっているのは興味ある見方であると思う。いずれにしても、源信の十年にちかい「三大部」講演の間に、このようなことが入ってくるのである。

寛弘元年四月、十年にちかい「三大部」の講演を竟えた源信は、その年の六月会の探題に挙げられて、天台の学僧としては最高の栄誉をになうことになったわけであるが、一方これと前後して、源信は、同門の大僧都厳久の譲によって権少僧都に任ぜられることになった。そのときの厳久の奏状が『源信僧都伝』にみえているが、それによると、厳久の素志は、僧都よりはむしろ法印に昇叙されたいというにあったようである。

それはともかく、厳久がここで「源信は方袍の領袖、円輪の輗軏《げいげつ》なり、蓮台を期して仏を念じ、只無上菩提の果を求め、山門を閉ぢて人を謝し、班次在下の愁を屑《いさぎよ》しとせず」といっているのは、たしかにそのとおりだと思われ、また「何ぞ況や源信、隠遁の中に猶六月会探題の宣旨を蒙り、厳久また其会の聴衆となる。各分職を守りて其役に従ふべし。避けて下塵を拝せんとすれば、則ち王法置次の階あり、忍びて上首に加はらんとすれば、亦た仏教尊師の禁を恐る」というのも、源信に師事する人の真情をあらわしたものとして素直に受け取られる文辞である。

道長なども、この叙任に注意をひかれたのであろうか、厳久の辞退によって源信を権少僧都に任じたことをその日記に書きとめており、またその疾の加持を依頼するためであろうか、和気正世を使者として源信のもとに遣わしている（六月二十二日、同二十六日）。なお、道長がいつ『往生要集』を手に入れたかはわからないが、寛弘二年にはその新写本をつくることを行成に依頼し、自分の本を行成に与えたことが『権記』にみえている。

『一乗要決』の重要性

源信はしかし、その間に『大乗対倶舎抄』という五巻の大著を完成させている（寛弘二年）。これはいわば、『倶舎論』が小乗仏教の綱要とみられるのにたいして、大乗仏教の綱要をつくろうとするもので、『瑜伽論』や『唯識論』とはまた別な立場から、大乗論の文をとって倶舎の本頌に対置させ、「品を次し義を弁じ、同を顕し異を示した」ものだという。天台の立場からする大乗仏教概論ともみなすべきものであり、倶舎の本頌六百行にたいして、「対し得たる所は五百余行、其未だ対せざるものは請ふらくは後賢を待たん」といっているが、それ自身が一つの空前の試みであったことに相違はなく、また露伴のいわゆる「謙虚の徳と自信の操とが相対的に」うかがわれる大著というべきであろう。

源信の真の偉大さは、実はこのようなところにあらわれてくるのではなかったか。そして、その後また年余にしてまとめられたものが『一乗要決』三巻であった（寛弘三年）。

源信は『一乗要決』の序文で、つぎのようにいっている。

諸乗の権実《ごんじつ》は古来の諍なり。倶《とも》に経論に拠り、互に是非を執《しゅう》す。余、寛弘丙午の歳（三年）冬十月、病中に嘆きて曰く、仏法に遇ふと雖も、仏意を了せず、若し終《つい》に手を空しうせば、後悔何ぞ追はん。爰《ここ》に経論の文義、賢哲の章疏、或は人をして尋ねしめ、或は自ら思択《しちやく》す。全く自宗他宗の偏党を捨て、専ら権智実智の深奥を探るに、遂に一乗は真実の理、五乗*は方便の説なることを得たり。既に今生《こんじよう》の蒙を開く、何ぞ夕死の恨を遺さん

と。

顧みれば九世紀の初頭に、最澄と徳一とが「諸乗権実」の論諍を交えてから、およそ二百年の歳月が流れてきたわけであるが、その間この論諍は、つねに仏教界の底流にあって、心ある学僧らを刺戟してきたものであり、先述の応和の宗論は、それが最も大きな規模で取り上げられたものであった。源信はそのとき、二十歳を越えたばかりの青年僧であったが、その師良源と論敵法蔵・仲算らとの応酬に無関心であったはずはなく、いわば爾後四十年の思索と研鑽の成果が、ここに『一乗要決』としてまとめられるにいたったものである。「既に今生の蒙を開く、何ぞ夕死の恨を遺さん」と書いた老僧の感懐は貴重なものであるが、源信にとっても、これはまさに会心の書であったことがうかがわれよう。

＊ 天台宗では人・天・声聞縁覚《しようもんえんがく》・菩薩・仏の五乗を数える。

『一乗要決』は、唐僧法宝の『一乗仏性究竟論』によるところが多いといわれるが、内容は左の八門から成っている。

一　法華に依りて一乗を立つ

二　余教の二乗作仏の文を引く
三　無余界の廻心《えしん》を弁ず
四　一切衆生有性成仏の文を引く
五　定性二乗永滅の計を斥《しりぞ》く
六　無性有情実有の執を遮す
七　仏性の差別を弁ず
八　諸教の権実を明す

源信は、この書の最後に一首の偈を掲げている。すなわち、

我今一乗教を信解《しんげ》す
願はくは無量寿仏の前に生れて
仏の智見に開示悟入し
一切の衆生もまた然らんことを

と。先に「何ぞ夕死の恨を遺さん」といった人の真情をここに掬《く》み取るべきであろうと思う。

霊山院の毎日作法

『一乗要決』の撰述を竟えた源信は、その年のうちに所帯の権少僧都を辞し、以後はひとえに「浄土の業」を修するようになったといい、先述のように、花台院の建立もそのころであったと伝えるものもあるが（『源信僧都伝』）、ここで注目すべきは、むしろ翌四年の「霊山《りょうぜん》院《いん》釈迦堂毎日作法」の制定であろう。

霊山院は、花台院の南に建立されたもので、創立は正暦年中に遡るといわれるが、一間四面の檜《ひ》皮葺《わだぶき》の小堂で、五尺の釈迦像を安置し、舎利《しゃり》弗《ほつ》等十大弟子の図が四面の壁に画かれていたという。毎月晦日、「法華経を講じて義理を談論」したので、院内ではこれを号して霊山釈迦講といったが、源信は、この年七月、その毎日の作法を定め、ついで「霊山院式」を制して、「善く三業を調へて参入すべき事」を求めるにいたった。「毎日作法」も「式」も、近江の来迎寺に蔵する「霊山院過去帳」の中に収められているが（「来迎寺文書」）、中でも、「式」は、毎日の供養、昼夜の宿直、読経念仏、別時の供養、発願等の各条について、細かに規定したものである。

詳細は訳文をみていただきたいと思うが、先述の花台院の迎講とは打って変わった一種厳粛な気分がその底に流れていることに気づかれるであろう。すなわち、一方は「放蕩邪見の輩」にいたるまで、参集が可能であったのにたいして、「式」では「不浄放逸非威儀の人等、一切来入することを得ず」といわれている。

これは迎講とはちがって、特定の学僧を対象にするものであったからだといえるであろうが、とくにその第三条「読経念仏して恋慕渇仰すべき事」において、「昼の三時は必ず寿量品三遍を読誦すべく、夜の三時は各釈迦の宝号百遍已上を称念すべし」といい、またその最後の条「素意を披陳して事に随って発願すべき事」では、ただ、

右、仏に向ひて作礼《さらい》し、心に念じ口に言へ、末世辺州の弟子仮名の比丘、若くは白衣《びゃくえ》の弟子某甲、大師釈尊に向ひて言ふ、大師の在世四十余年、既に有縁を度して早く無余に皈(帰)す、其後日本寛弘四年丁未を経るまで一千九百六十三季(年)、或はまた務(婺)州双林寺行辿師の説に云く、一千九百九十年なりと云々

とだけいっている点が注目をひく。間もなくすぐに末法の世に入ろうとしているのだということをよく心に念じ、口に出してもいえ、ということであろう。源信は、寛仁元年をもって末法の始だといったということが伝えられているが(『一代要記』)、右の行辿の説をとれば、たしかにそうなるわけで、その意味からも「式」のこの一条は注目すべきものになり、その最後を、

抑も入る息は出づる息を待たず、出づる息は入る息を待たず、矧《いわん》や或は衰邁に及び、旦暮期し難きをや、身心を策励して、放逸すべからず、我等幸に大師の悲願に依りて、適《たま》ま遺法の弟子となり、既に宝山に入る、手を空しうして帰ることなかれ

と結んだ所以も肯かれることになろう。

結縁の人々

「霊山院過去帳」はまた、この一年間に釈迦堂の行事に結縁した人々の名を挙げているが、その中には一品宮（資子内親王?）・内大臣家（藤原公季）・左大臣殿北政所（道長夫人源倫子）・皇后宮職・侍従命婦ら、高位の宮廷貴族（といっても、公季以外はほとんどが女流であるが）をはじめ、伊豆掾・西市正・織手長・若狭掾・大蔵権大輔・内膳典膳などの中下級の官人、さらには在地の有力者と思われる人々まで、あらゆる階層の人が見出されるといっても過言ではない。

中でも内大臣藤原公季は、年間を通して毎月晦日には必ずその名をみせていることが注目されるが、ただこの過去帳で不審なのは、その日付を一様に三十日としていることである。それに、寛弘四年ならば閏五月を数えなくてはならないのに、それがない。この点をどう解釈したらいいのか、「大日本史料」の注記によると、月日は「釈迦堂毎日作法」の本文と同筆であるが、僧俗人名等は、種々の異筆をもって記入されているということであるから、この月日の枠組は、月の大小や閏を無視した、ごく大まかな線を引いたものとするより他はないであろう。ということは逆に、それだけでそこに記入された僧俗の人名を疑わせることにはならないわけで、公季の毎月晦日の結縁ということも、その意味で認められていいと思う。

この過去帳にその名がみえる僧侶の中では、尋円・延円・寛印・仁康・明普・定朝・鎮源・覚超・梵昭・尋光・延鏡らの人々が注目されるが、一方、かつて二十五三昧の根本結衆ないしは結縁衆として名を列ねていた人々で、源信や明普・覚超らを含めて、ほぼその三分の一に近い人がふたたびここに姿をあらわしてくることを見逃してはならないであろう。このうち、明普（九三八〜一〇〇六）はすでにその前年に示寂した人であるが、楞厳院にあって数十年間西方の業を修し、念仏読経、薫修日ありといわれ（『三外往生記』）、覚超は、永延のころすでに修善講とよばれる行事を創始し、『修善講式』一巻を製してその普及を図っていたことが、最近、赤松俊秀氏の研究によって明らかにされている（「藤原時代浄土教と覚超」）。

このような人々が更めてこの釈迦堂の行事に目を向け、進んでこれに結縁するにいたったということ、その点が大事だと思うわけである。

『観心略要集』

源信の著述で『往生要集』と並び称せられるものに『観心略要集』があり、「理観」の念仏を強調した書として知られているが、その制作年時については諸説があって一定しない。というのは、その序文に「時に強圉《きようぎよ》の載、夏五月に序す」とある「強圉の載」、十干の丁にあたる年は、『要集』撰述以後でいえば、永延元年・長徳三年・寛弘四年・寛仁元年の四回あり、そのどれに当たるかという問題があるわけである。今日ではこれを寛仁元年、源信示寂の年に当てる考え方も有力のようであるが、そうするとしかし、長和三年（一〇一四）に書かれた『阿弥陀経略記』との先後関係に問題が生じてくるので、寛仁元年説はそのままではにわかに従いがたいものであるといわなくてはならぬ。ただ、それは本文制作の年ではなく、序文だけが新たに加えられたものとすれば、問題はまた別であるが、それを識別する決め手はえられない。

夫れ観法は諸仏の秘要、衆教の肝心なり。故に天台宗、以て規模と為す。心地観経《しんじかんぎょう》に曰く、能く心を観ずるものは究竟《くきょう》して解脱《げだつ》し、観ずること能はざるものは究竟して沈淪すと。当に知るべし、生死《しょうじ》の沈と不沈とは、心性の観と不観となることを。爰に世澆季《ぎょうき》に迄《いた》り、人利根なるもの少し。其門を尋ぬるものは閫奥《こんおう》を究め難く、其流を掬《く》むものは淵源を討すること罕《まれ》なり。何に矧《いわん》や予の如き愚暗のものをや。然れども志弘闡《ぐぜん》に深く、思兼済に切なり。窃《ひそか》に大師の観心を慕ひて、自他の恵眼を開かんと欲す。仍りて聊か祖師の釈文を鈔し、名づけて観心略要集といふ。観行の一門、分ちて十章と為す。

一には娑婆界の過失を挙げ、
二には念仏に寄せて観心を明し、
三には極楽依正の徳を嘆じ、
四には空仮中を弁じて執を蕩し、

五には凡聖一心を備ふることを釈し、
六には流転生死の源を知らしめ、
七には出離生死の観を教へ、
八には空観を修して懺悔を行ぜしめ、
九には真正の菩提心を発せしめ、
十には問答料簡して疑を釈す。
時に強圉の載、夏五月に序す

源信の念仏思想は『往生要集』から『観心略要集』を経て『阿弥陀経略記』へという展開を遂げるといわれているが、右の序文で、更めて「天台宗の規模」としての観法を強調するにいたった直接の動因としては、臆測ではあるが、そこに『一乗要決』の成立という事実から促されるものがあったのではないかと思われる。とするとまた、「強圉の載」は寛弘四年とみることができ、その二月後に制定された「霊山院式」の第三条に「昼の三時は必ず寿量品三遍を読誦すべし」としたことにもつながるものが出てくるのではないかとも思われる。

仏教の根底に迫る

源信は、その後もなお、著作活動をつづけ、『阿弥陀経略記』の撰述の前年には『倶舎論頌疏正文』のような、一種の原典批判的な仕事にさえ手をつけていたことが知られている。

どこまでも仏教をその根底から究めようとする一貫した学問的な態度がみられることは、偉としなくてはならないであろう。一方、また人に望まれれば『阿弥陀経略記』のような書物を書き、極楽を求める人の理解を助けるとともに、源信その人の思想も、またそれを機としていっそう深められることになったものである。つぎに『阿弥陀経略記』の序文を掲げておこう。

夫れ阿弥陀経は、生死海を度《わた》るの舟楫、清涼池に至るの輪轅なり。其文約略なるも、其義含弘なり。五岳を一簣《き》の山に籠め、四海を寸波の上に宗せしむ。是《ここ》を以て発心のものは先づ此経を持し、興法のものは必ず此経を弘む。則ち知る、我土は此経に因縁あり、此経は我土に感応あること明かなるを。

爰に左親衛藤将軍、朝を辞して以て剣を箱杖に閣《さしお》き、俗を遁《のが》れて以て蹤を雲巌に栖せしより以来、口に阿弥陀仏を称して二心無く、眼は極楽世界を望んで横視せず。今予に命じて曰く、天台の義記、文略にして了じ難し。願はくは其義を詳かにし、博く我意を以てせ《は》んことをと。予旨帰を尋ねて粗《ほぼ》文相を弁じ、之を要聞に備へ、名づけて略記といふ。唯慙づらくは浅智を以て奥区を究めざることを。

時に長和三年甲寅暮九日

睿山沙門源信叙す

晩年の源信については、なおこのように、たやすく著述を廃することがなかったことを知るのであるが、一方、諸伝によると、長和二年正月一日に願文を著わして、生前に修するところの行法を録して仏前に啓白したといわれ、それはつぎのような内容のものであった。

念仏二十倶胝遍
奉読大乗経五万五千五百巻
　『法華経』八千巻
　『阿弥陀経』一万巻
　『般若経』三千余巻等
奉念大呪百万反
　千手呪七十万反
　尊勝呪三十万反
　幷《なら》びに阿弥陀・不動・光明・仏眼等の呪少々

源信は、その後なお四年余の歳月を生きたが、寛仁元年（一〇一七）六月十日、七十六歳をもって示寂した。

補注

(1) 顕教 (2) 密教　仏教の宗派でいうと、真言宗は密教、天台宗は顕密兼修、他の諸宗は顕教といわれるが、顕教は顕露の教え、言語や文字であらわに示された教え、密教は秘密の教え、秘密のうちに説かれた教えの意味である。また真言宗の密教を東密、天台宗の密教を台密とよんで区別する。

(3) 事観 (4) 理観　事は特殊具体的な現象としての差別、理は普遍的な真理をいうが、往生極楽のための事観とは、仏の相好や浄土の姿を観想すること、理観とは、普遍的な真理そのものとしての仏と一体化しようとする修行法。

(5) 念仏　本来は仏を念ずる、心に想うというだけの意味であるが、大乗仏教では、しだいにその対象が阿弥陀仏に絞られるようになった。また口に阿弥陀を称える、いわゆる称名の意味が加わってくるのは、中国の善導（補注大文第四（7）参照）以来のことといわれる。

大文第一

(6) 三界　凡夫が生死流転する迷いの世界を三つにわけて、欲界・色界・無色界とする。欲界は婬・食の二欲を有するものの住所で、その中に地獄・餓鬼・畜生・修羅・人・天の六趣（六道）があり、欲界の天を六欲天という。色界は欲界の上にあり、婬・食の二欲を離れたものの住所で、この界の物質（色）はすべて殊妙精好なので、色界と名づけられる。四禅天（補注大文第二（12）参照）よりなる。無色界は、色界の上にあり、物質を超えた世界で、深妙な禅定に住するものの住所といわれ、ここで最高の非想非非想処天を有頂天《うちょうてん》と称する。別に仏界・衆生界・己界の三を三界とよぶことがあるが、ここでは上述の意味である。

(7) 由旬　踰繕那《ゆぜんな》ともいう。梵語ヨージャナの音訳。距離の単位で、帝王一日の行軍の里程、あるいは牛車の一日の行程をさすといわれるが、実際の距離は八倶盧舎（倶盧舎は梵語クローシャの音訳。牛または鼓の声を聞き得る最長距離）とも四倶盧舎ともいわれて、定かではない。

（8）**四天王天**　略して四王天ともいう。欲界六欲天の初天で、須弥山（補注大文第一（35）参照）の中腹にあるという。これは帝釈天に仕え、仏法と仏法に帰依する人を守護する四天王（持国・増長・広目・多聞）とその眷属との住所。

（9）**閻魔王**　閻魔羅社（梵語ヤマラージャの音訳）の略。衆生の罪を監視し、悪の怖るべきを知らしむる冥界の主で、その住所は地獄にありとも、餓鬼の世界にありともいわれる（本書はその後者を採っている）。もとインド神話の神から転化したものであるが、中国に入っては、これがさらに道教に影響して閻魔十王の説を生み、とくに裁判官としての姿において知られるにいたった。

（10）**忉利天**　忉利は梵語トラーヤストゥリンシャの音訳。欲界六欲天中の第二天。須弥山の頂上にありといわれ、山頂の喜見城（善見城とも）にいて、この天を主宰するのが帝釈天である。またその東西南北の四方の峯にそれぞれ八人の天人がおり、帝釈天と合わせて三十三人の天人がいることになるので、これを三十三天ともよんでいる。

（11）**衆生**　梵語サットヴァ（薩埵《さった》と音訳）の旧訳で、新訳では有情という。衆生には、衆人ともに生ずる義、衆多の法が仮に和合して生ずる義、衆多の生死を経る義などがあるといわれるが、有情とは、情識あるものの義、すなわち感情や意識をそなえたものの意味で、一切の生あるものの総称となる。実際にはしかし、主として人をさすものとしていいであろう。

（12）**夜摩天**　焔魔天ともいう。欲界六欲天中の第三天。夜摩は梵語で閻魔王と語源を同じくするが、時分・善分などと訳されるのは、善くその時分（ころあい）を知って五欲の楽を受けるからだとも、口に快楽を唱えるからだともいわれる。昼夜の別なく明るく、歓楽にみち、争いのない世界であるという。

（13）**熟臓**　生臓にたいする語で、消化器の上部を生臓、下腹部の腸の部分を熟臓といい、胎児は母の胎内にあるとき、生臓の下、熟臓の上にいるといわれるが、異説もある。なお、五臓という場合は、肺臓・心臓・肝臓・脾臓・腎臓の五をさし、それにたいして、大腸・小腸・胆・胃・三焦・膀胱の六を六腑という。

(14) **兜率天**　都率天ともいう。兜率は梵語トゥシタの音訳。欲界六欲天中の第四天。その内院は、当来の世に仏となってこの世に現われる菩薩の住所で、釈尊もかつてはここで修行し、弥勒菩薩は現にここで説法しつつあるといわれる。この内院の四方に各十二天宮あり、これに中央の弥勒説法院を加えたものが、いわゆる四十九院であるが、その一々に名称が付せられるようになったのは、平安密教渡来後のことであろうといわれている。

(15) **四百四病**　人間の身体を構成する地・水・火・風の四つの要素（四大、補注大文第一(21)参照）が平均を欠くと病いが起こるといわれ、地大の増すときは百一の黄病、水大の積もるときは百一の痰病、火大の盛んなるときは百一の熱病、風大の動くときは百一の風病、合わせて四百四病が起こるという。本書で風・黄・冷・雑という場合の黄はあるいは火病、冷は水病、雑は地病をさすのであろうか。

(16) **肘**　長さの単位。肘の端から中指の端にいたる長さという。

(17) **化楽天**　欲界六欲天中の第五天。化自在天ともいう。この天に生まれたものは、自ら諸妙楽の境を作りだし、また自ら娯楽するという。

(18) **他化自在天**　他化天ともいう。欲界六欲天中の第六天。この天に生まれたものは、他の作りだした諸妙楽の境を自在に受用して楽を受けるという。欲界天の最高処である。

(19) **分荼離迦**　梵語プンダリーカの音訳。白蓮華、白色の睡蓮の一種という。ただし、ここでは別処の名。

(20) **十方**　東西南北の四方と、乾（西北）・坤（西南）・巽（東南）・艮（東北）の四維、これに上下を加えて十方という。

(21) **四大**　物質を構成する四つの要素、地・水・火・風の四をいう。これに仮・実の別を立て、実の四大を能造の四大と名づけ、実の四大と色・声・香・味・触の九法の和合したものを仮の四大ということがあり、また正報たる人身を内の四大（有識の四大）、依報たる諸色を外の四大（無識の四大）として、内・外の区別をすることもある。

(22) **劫**　梵語カルパの音訳、劫波の略。きわめて長い時間のこと。人寿八万四千歳のときから、百年ごとに寿一歳を減じて人寿十歳のときにいたり、さらに百年ごとに寿一歳を増して八万四千歳のときにいたる。この一滅一増の間を一小劫といい、二十小劫を一中劫、四中劫を一大劫と名づける。また一世界の成立から次の世界の成立する間を、成《じょう》・住・壊《え》・空の四劫にわかち、そのおのおのの間がまた二十小劫あるという。

(23) **中有**　中陰ともいう。有情、生命あるものが生まれて死に、さらにふたたび生まれるまでを、生有・本有・死有・中有の四有にわけるが、中有は、前世に死んだ後、未だ次の生を受けない間をいう。その存続する時間は七日または七々日、あるいは無限ともいうが、今日でも人の死後七日ごとに仏事を営んで七々日にいたる中陰の法事が行なわれるのは、この説によるものである。

(24) **五戒**　在家の人の保持すべき五種の戒で、殺生・偸盗・邪婬・妄語・飲酒の禁止がそれである。

(25) **欲界**　補注大文第一(6)参照。

(26) **四維**　補注大文第一(20)参照。

(27) **天・修羅・健達婆……**　『法華経』などにいわゆる天竜八部(八部衆)の一部をあげたもの。八部とは、天・竜・夜叉・乾闥婆・阿修羅・迦楼羅《かるら》・緊那羅《きんなら》・摩睺羅伽《まごらか》の八で、いずれも仏法を守護するものとされている。このうち、天は欲界の六欲天をはじめとする諸天で、竜は難陀・跋難陀等の八大竜王をいうのであろう。夜叉は四天王所領の八部鬼衆の一、人を害し、勇健で空中を飛行するといい、乾闥婆(健達婆)は緊那羅とともに帝釈天に侍して伎楽を奏する楽神、阿修羅(修羅)は六道の一、戦闘を好む鬼神といわれる。迦楼羅は金翅鳥ともいい、四天下の大樹におり、竜を取って食となす鳥であるという。摩睺羅伽は、人身蛇首の大蟒神・地竜とも楽神の類ともいわれるが、これらの八部衆が仏法の守護者といわれるにいたった因縁は一様ではない。

(28) **羅刹**　羅刹娑(梵語ラークシャサの音訳)の略。悪鬼の通名といわれ、捷疾大力にしてよく人を魅し、また人を食うといわれる。

(29) **夜叉**　補注大文第一(27)参照。

(30) **四大洲**　四天下ともいう。須弥山の四方の鹹海(四大海)にあり、東を東勝身洲または東毘提河・東弗婆提、西を西牛貨洲または西瞿陀尼・西瞿耶尼、南を南贍部洲または南閻浮提、北を北瞿盧洲または北鬱単越という。このうち、南贍部洲（南閻浮提）が人間の住んでいる世界とされる。

（31）**欲界の六欲天**　補注大文第一（6）および（8）（10）（12）（14）（17）（18）参照。

（32）**五つの逆罪**　五逆罪・五無間業ともいう。これを犯すと無間地獄に堕ちるという、もっとも重い罪。小乗では、父を殺す、母を殺す、阿羅漢を殺す、仏身より血を出す、和合僧を破す、の五をその基本に数えるが、大乗ではこれを一括して、その一業をなすものを五逆の一に数え、これに、塔寺を破り経像を焼き三宝物を取る、声聞・辟支仏の法および大乗を毀謗覆蔵す、沙門を打罵・呵責・駆使しまたは還俗せしめあるいはその命を断つ、因果を撥無し常に十不善業を行ず、の四を加えるのが普通である。

（33）**四重戒**　四重禁・四重罪の略。四波羅夷ともいう。極重にして、これを犯せば懺悔すべき法なく、僧伽より擯出せらるる罪をいうとされ、比丘にあっては殺生・偸盗・邪婬・妄語がこれにあたるが、比丘尼にはさらに四を加えて八波羅夷という。また大乗戒には、別に菩薩の四波羅夷を立てるが、経によって所説はかならずしも一様ではない。

（34）**辟支仏**　梵語プラティエーカ・ブッダの訳。縁覚・独覚ともいう。無仏の世に出でて、性寂静を好み、加行満じて、師友の教えなく自然に独悟するから独覚と名づけ、また内外の縁を観待して聖果を悟るから縁覚と名づけるといわれるが、他の衆生を勧化することなく、己れ独り解脱せんことを欲するので、慈悲救済を願いとする菩薩よりは低いとされている。

（35）**須弥山**　須弥・須弥楼は梵語スメールの音訳、蘇迷盧ともいう。この世界の最下を風輪とし、その上に水輪・金輪（地輪）があり、またその上に九山・八海があって、その中心をなすものが須弥山であるという。水に入ること八万由旬、水を出ること八万由旬といわれ、その頂上は帝釈天の住所、中腹は四天王の住所で、その周囲には七つの香海・金山があり、四大洲（補注大文第一（30）参照）はこの七金山の外側の鹹海の四方にあるという。

（36）**三焦**　補注大文第一（13）参照。

（37）**鹿杖梵志**　梵志は梵士ともいう。婆羅門（補注大文第一（57）参照）の訳。梵天の法を志求するもの、師に就いて修学する学生期の波羅門、外道にして仏教に入ったものなどの意味があるが、ここではその第一の意味にとっていいであろう。鹿杖はその婆羅門の名であるが、仏が不浄観を説くのを聞いた比丘たちが厭離の心を生じ、鹿杖を雇うて己れを殺さしめたものが六十人に及んだという。

(38) **五陰**　五蘊《うん》ともいう。身心を構成する五つの要素、すなわち、色・受・想・行・識の五をいう。色は物質的感覚的なものを総体的にとらえた場合、受は感性的認識において起こる印象や感覚、想は知覚・表象、行は意志などの心作用、識は対象を識別する心の本体とされるが、これを有情の立場からすると、色蘊は身、他の四蘊は心ということになり、心の中でも、識は心の自性として心王と名づけ、他の三は心性の特別の作用であるから、心王所有の法、略して心所という。

(39) **旃陀羅**　梵語チャンダーラの音訳。インドのカーストの一で、最下の種族をいう。道を行くときは常に鈴を振り、破頭の竹を撃ってその標示としたといわれる。

(40) **神通力**　神力ともいう。超人的な自在不可思議な能力。

(41) **空にのぼり、海に入り、巌の中に隠れた三人**　『法句譬喩経』の説では、五神通を得ていた四人の兄弟の婆羅門が、おのおの七日後に迫った死期を知り、これを免れるために、一人は海中に、一人は須弥山に、一人は虚空に、一人は市中に隠れることにしたが、釈尊はその中の一人の死を聞いて、生・老・病・死の四苦は、通力を得た者でもこれを免れることはできぬと説き、この偈をつくったという。

(42) **この世の楽しみに耽り、六つの欲望**　原文は五塵六欲。五塵は、眼・耳・鼻・舌・身等、五根の対象である色・声・香・味・触の五境をいい、それは人に煩悩を起こさせるから塵と名づけられる。六欲は、凡夫の有する六種の欲で、色欲・形貌欲・威儀姿態欲・言語音声欲・細滑欲・人相欲の六をいう。別に六欲天（補注大文第一（6）（31）参照）の略として用いられる場合があるが、ここではその意味ではない。

(43) **衆車苑**　以下麁渋苑（麁悪苑とも）・雑林苑・歓喜苑（喜林苑とも）等は、いずれも善見城（補注大文第一（10）参照）の外にある庭園をいう。

(44) **劫波樹**　劫波は梵語カルパの音訳。時の意味であるが、劫波樹は歓喜苑（補注大文第一（43）参照）にある樹で、時に応じて一切の必要なものを出すという。

(45) **馬頭山**　(46) **沃焦海**　いわゆる九山八海の一に馬耳山の名が見えるが、馬頭山は不詳。沃焦海は、沃焦という水を吸う石が海底にある海のこと。無間地獄の火気によってこの石は常に焦熱しているので、海水が溢れないのだという。

(47) **非想天**　非有想非無想天・非想非非想処天の略。無色界の第四天で、三界の最頂上、有頂天ともいう。下界のような粗雑な煩悩がないから非有想といい、なお細かな煩悩がないわけではないから非無想という。それゆえ、仏教では、これはなお生死の境とされる。

(48) **五欲**　色・声・香・味・触の五境は、人の欲を引き起こすというので、欲と名づけられる。また、財・色・飲食・名・睡眠の欲を数える場合もある。

(49) **光音天**　色界第二禅天の最高天。極光浄天ともいう。この天では語ろうとするとき、口より浄光を発して言語となるというので、光音と名づけられる。

(50) **三途**　三塗ともいう。地獄・餓鬼・畜生の三悪道をいうが、地獄では猛火に焼かれる火塗、餓鬼道では刀剣仗をもって逼迫される刀塗、畜生道では互いに相食む血塗の三を数える。

(51) **毘布羅の山**　毘布羅は梵語ヴィプラの音訳。王舎城五山の一といわれ、中インド、マガダ国旧王舎城の東北にあった山で、山中に温泉多く、また釈尊の説法の跡には塔が建てられてあったという。

(52) **龍樹菩薩**　ナーガールジュナ。龍猛・龍勝ともいう。西暦二、三世紀ごろの人といわれ、南インドの婆羅門出身の思想家で、多数の大乗経典の注釈を書き、大乗思想の宣揚に力を尽くした。『中論』『十二門論』『大智度論』『十住毘婆沙論』などは、その代表的な著述である。日本では、ひろく八宗の祖師として尊崇されている。提婆（アーリヤデーヴァ）はその高弟である。

(53) **禅陀迦王**　法顕の『南海寄帰伝』に見えるという「南方大国王、娑多婆漢那（サータヴァーハナ）」がその人だとすると、深く仏教に帰依し、龍樹を恭敬し、伽藍を建てて金像を安置し、千僧を請じて礼拝せしめた王だといわれる。

(54) **九孔**　人間の身体には、二つの眼、二つの耳、二つの鼻孔、口、大小便の孔と九つの孔が数えられるわけである。九漏ともいう。

(55) **空・無我**　一切の事物は、我所（我が所有）なきがゆえに空、常一主宰なきがゆえに無我なりとも、我所なきを空、我見（五蘊仮和合の身に実我ありと執する謬見）なきを無我というともいわれ、また異名同義に用いられる。

(56) **利・衰の八法**　利・衰・毀・誉・称・譏・苦・楽の八をいう。この八は人の心を煽動するものというので、八風とも名づけられる。

(57) **沙門・婆羅門**　沙門は梵語シュラマナの音訳。息心・静志などと訳され、出家して仏道を修める人をいう。婆羅門（梵語ブラーフマナの音訳）もまた浄行・静志などと訳されるが、インドのカーストでは四姓の最上位におかれ、ヴェーダを誦し祭祀を行なう階級であった。婆羅門の生活には四期ありといわれ、若くしてヴェーダを学び、長じては家にありて祭祀の業に従い、さらに隠遁して苦行し、四方に遊行するのが一般であったという。補注大文第一（37）参照。

(58) **斎戒**　心の不浄を清めるのを斎、身の過非を禁ずるのを戒というが、在家の男女が一日一夜を期して保持する戒法を八斎戒・八戒斎・八戒などといい、殺生・不与取・非梵行・虚誑語・飲酒・塗飾香鬘舞歌観聴・眠座高広厳麗床上の七戒に、食非時食の斎法を加えて八とするものである。

(59) **馬鳴菩薩**　アシュヴァゴーシャ。紀元前一世紀ごろの中インド舎衛国の人。弁才に秀れ、またすこぶる文学・音楽に通じ、かつて頼吒和羅（ラーシュトラパーラ）と名づける楽曲を作って自ら演奏したところ、これに感じて五百人の王子が出家したという。のち、カニシカ王に伴われて北インド月支国に赴き、大いに仏教を宣揚した。釈尊の伝記をうたった『仏所行讃』は、その主著の一である。

(60) **頼吒和羅**　ラーシュトラパーラ。インド拘留国の長者の子といわれ、釈尊の説法を聞いて求道の志を起こし、ついに出家して少欲知足をもって聞こえ、のち国王コーラヴィヤをも教化したという。前出、馬鳴の作った頼吒和羅の曲は、この人の行状をうたったもので、聞くものはみな無常を悟ったといわれる。

(61) **堅牢比丘** 『大宝積経』に、弥楼犍駄仏(補注大文第一(62)参照)の大弟子として空閑の行を修め、独り深山に住して少欲知足、心に遠離を楽《ねが》う、と記されている人で、この人の住んでいた深山の石窟の壁上に、この偈が書かれていたという。

(62) **弥楼犍駄仏** 『大宝積経』に見える過去仏の名。

(63) **陀摩尸利菩薩** 同じく『大宝積経』に、この人が堅牢比丘(補注大文第一(61)参照)の石壁の偈に接して、弥楼犍駄仏の教えを聞き、これを弘めたと見えている。

(64) **雪山童子** 雪山大士ともいう。釈尊の前身。雪山はヒマラヤ山のこと。童子がかつてヒマラヤ山にあって、苦行を重ねていたとき、帝釈天がこれを試そうとして、羅刹(補注大文第一(28)参照)に身を変えてあらわれ、「諸行無常、是生滅法」と偈の前半二句をとなえたところ、童子は聞いて歓喜につつまれ、羅刹の前に身を投ずることを約束して後の二句を乞い、「生滅滅已、寂滅為楽」の二句を聞くことを得、自らは約束どおり樹上から身を投じて羅刹に与えたという『涅槃経』の説話にもとづくもの。

(65) **施鹿林** 鹿野園。中インドのヴァーラーナシー国にあって、国王が鹿を放し飼いにしていた地という。釈尊が成道ののち、はじめて説法した聖地。

(66) **小乗** (67) **大乗** 小乗は梵語ヒーナヤーナの訳、小さな劣った乗物の意。大乗(マハーヤーナ、大きな優れた乗物)の対。大乗仏教が興ってから、大乗教徒がそれまでの部派仏教を、自己一身の修道に終始する「劣った乗物」(ヒーナヤーナ)と軽んじたところからこの名が生まれたという。大乗は、これにたいして、自己の悟道だけではなく、多くの他者を救う巨大な乗物の意味で称え出されたものである。

(68) **難陀** ナンダ。釈尊の異母弟で、その弟子。美女スンダリーを妻とし、出家の後も妻を忘れえなかったので、しばしば釈尊の教誡を受けたという。のち、諸根を調伏すること第一といわれた。なお、六世紀ごろのインドの人で、唯識十大論師の一に数えられる難陀は別人。

大文第二

（1）**如来**　梵語タターガタの訳。仏陀の尊称。仏は真如の理を証得し、迷界に来たって衆生を済度するからであるという。

（2）**『伝記』**　直接にはいずれの書ともいえないが、唐の迦才の『浄土論』、文諗・少康共著の『瑞応伝』、あるいはわが慶滋保胤《よししげのやすたね》の『日本往生極楽記』などの類であろう。

（3）**妙法輪**　仏の教え。仏の説法がめぐって他に伝わってゆくのを車輪にたとえ、これを法輪を転ずるという。

（4）**恒河沙**　恒河は梵語ガンガーの音訳。ガンジス河のこと。恒河沙、また恒沙は、ガンジス河の砂の数の意味で、物の数多きに喩える。

（5）**坐禅入定**　坐は漢語、禅は梵語ディヤーナの音訳。静慮・思惟の意。端坐して観を凝らし、心を練って、直ちに心性を究明する行法をいう。定は心を一つの対象に向けて専注し、これを散動せしめないこと。三摩地（サマーディ）・三昧ともいう。

（6）**五体を地に投げ**　頭と両肘・両膝を地につけて行なう礼法。五体投地。

（7）**七宝**　一般には金・銀・瑠璃・頗黎《はり》・硨磲《しゃこ》・赤珠（珊瑚）・瑪瑙の七。他の数え方もある。

（8）**普賢菩薩が立てた……**　『華厳経』にいう普賢菩薩の十大願のこと。すなわち、一、諸仏を礼敬し、二、如来を称讃し、三、広く供養を修し、四、業障を懺悔し、五、功徳を随喜し、六、転法輪を請い、七、仏の住世を請い、八、つねに仏に随って学し、九、つねに衆生に順じ、十、あまねくみな回向するの十で、普賢の行願ともいう。

（9）**三十二相**　仏の身にそなわる三十二種の勝れた特質を数えたもので、三十二大人相ともいわれる。詳しくは、『大智度論』八十八に見える。

（10）**声聞衆**　声聞は梵語シュラーヴァカの訳。仏の教誡の声を聞いて悟る人の意。縁覚（補注大文第一（34）参照）と合わせて二乗といい、一般に小乗の聖者とされるが、大乗の菩薩との対比においては、自己の悟道に専心する自利の行者として区別される。

（11）**那由他**　梵語ナユタの音訳。那庾多ともいう。インドの数量の一単位。数十億、百倶胝（補注大文第二（29）参照）あるいは兆にあたるという阿由多をさらに百倍した数という。

（12）**四静慮**　静慮は梵語ディヤーナ（禅）の訳。色界の四禅定の意で、初禅から第四禅にいたり、心に憎愛なく、一念平等清浄なる定に入るという。この四禅定を修して生ずる天を四禅天という。

（13）**天眼**　肉眼・天眼・慧眼・法眼・仏眼の五眼の一つ。色界の天人の持つ眼で、大小遠近の一切のものや、衆生の未来の生死の姿を見得るという。仏眼は他の四眼の力を兼ねそなえている。

（14）**四十八の誓い**　阿弥陀仏が昔、法蔵比丘であったときに、世自在王仏のもとにあって立てた四十八の誓願で、詳しくは『無量寿経』上に見える。二百十億の諸仏国土から選択摂取した大願だというので、選択本願とも名づけられる。

（15）**波羅蜜**　梵語パーラミターの音訳。到彼岸・度などの意。生死の此岸から涅槃の彼岸にいたる意味で、菩薩の修行に名づけられる。布施・持戒・忍辱・精進・禅定・智慧（般若）を六波羅蜜（六度）といい、他にも十波羅蜜・四波羅蜜などの数え方がある。

（16）**十力**　仏・菩薩のそなえる十種の勝れた力をいうが、仏の十力と菩薩の十力ではその数え方が違う。

（17）**四無畏**　四無所畏ともいう。仏・菩薩が説法するにあたって、畏れを感じない四種の智徳をいい、これも仏と菩薩ではその数え方が違っている。

（18）**不共法**　仏・菩薩にのみそなわっている勝れた特質のこと。普通は十力・四無畏等の十八を数える。

（19）**無生忍**　無生法忍の略。不生不滅の法性を忍知して決定安住する位、すなわち第七・八・九地の菩薩をいうとも、極楽に往生することが定まったのを疑わない者をいうともいわれる。

（20）**五根**　（21）**五力**　（22）**七菩提分**　ここの五根は、眼・耳・鼻等の感覚器官ではなく、信・精進・念・定・慧の五根をいい、この五根が増長して五障（欺・怠・瞋・恨・怨）を対治する勢力をもつとき、これを五力という。七菩提分は七覚支ともいい、五根・五力などとともに、涅槃に至る三十七種の修行法（補注大文第四（35）参照）の一で、択《ちゃく》法《ほう》・精進・喜・軽安《きょうあん》・捨・定・念の七を数える。

(23) **須陀洹**　梵語シュロタ・アーパナの音訳。声聞四果中の初果。すなわち小乗の聖者の最初の階位をいう。究竟の階位は阿羅漢。

(24) **滅尽三昧**　滅尽定ともいう。一切の煩悩を滅しつくす三昧の意。この三昧の修行によって、色界最高の非想天に生まれるという。

(25) **世親**　ヴァスバンドゥ。五世紀ごろの人、ガンダーラ国プルシャプラの生まれという。もとは小乗を学んだが、兄の無着（アサンガ）の誘化によって大乗に転じ、多くの論書・注釈をつくって、瑜伽派の根底を築いた。また浄土教を宣説し『浄土論』を著わした。

(26) **輪王**　転輪王ともいう。身に三十二相（補注大文第二（9）参照）をそなえ、即位のとき、天より輪宝を感得し、その輪宝を転じて四方を降伏したので、この名がある。輪王の七宝とは、金輪・象・馬・珠・主蔵臣・玉女・主兵臣の七をいう。

(27) **六趣・四生**　六趣は六道（補注大文第一(6)参照）。四生は生物をその出生の形態によって四つに分けたもの。すなわち母胎から生まれる胎生、卵から生まれる卵生、湿気から生まれる湿生、他の力によらず、自らの業力（行為の力）によってたちまち起こる化生の四をいう。

(28) **阿僧祇**　梵語アサンキャの音訳。数えることができないという意味で、無数・無央数などと訳される。

(29) **倶胝**　梵語コティの音訳。数の名で、千万、あるいは億・京などの説がある。

(30) **慈眼**　仏・菩薩は慈悲の眼で衆生を見るからその眼を慈眼という。

(31) **一生補処**　ただ一度だけこの世に縛られるが、その一生が尽きると、次には仏の位処を補うものという意味で、菩薩の最高位をいう。弥勒菩薩はいま兜率天にあり、次生には人界に下生して釈尊の仏処を補うというので、一生補処の菩薩と称せられるが、一方、阿弥陀仏の四十八願のうち第二十二願は、また一生補処の願とよばれ、極楽国土に来生する菩薩は必ず一生補処に至らしめんといわれている。

(32) **大目連**　マハーマウドガルヤーヤナ。目犍連ともいう。仏の十大弟子の一人。マガダ国王舎城外の婆羅門の子という。舎利弗（補注大文第二(37)

参照）に誘われて仏弟子となり、神通第一と称せられた。

（33）**四無量・三解脱**　四無量は四無量心の略。四等・四梵行ともいう。慈・悲・喜・捨の四心は、無量の衆生を縁じ、無量の福を引くゆえに無量心と名づけられるという。三解脱は、三解脱門の略。三空門ともいう。一切を空と観じ、空であるから無相（差別なし）と観じ、無相であるから無願（願うところなし）と観じて悟りに至るもの。

（34）**舎衛城**　梵語シュラーヴァスティーの訛略という。仏在世のころ、中インドにあった国で、今のゴンダ州のサーヘット・マーヘットの地がそれに当たるといわれ、その都城の南に祇園精舎があった。

（35）**仙鹿王**　鹿のこと。山にすむから仙といい、同類の中のすぐれたものであるから王という。

（36）**八音**　仏陀の音声には八つの勝れた徳があるとして、極好・柔軟・和適・尊慧・不女・不誤・深遠・不竭の八を数えたもの。

（37）**舎利弗**　シャーリプトラ。身子ともいう。仏の十大弟子の一人。マガダ国王舎城北の生まれという。智慧第一と称せられた。

（38）**三千大千世界**　三千世界ともいう。日月・須弥山・四天下・諸天の一部を含む世界を一世界とし、これを千個合わせたものを小千世界、小千世界を千個合わせたものを中千世界、中千世界を千個合わせたものを大千世界として、これを三千世界または三千大千世界という。

（39）**八相**　八相成道ともいう。釈尊が衆生済度のために、この世に現われて示したという八種の相で、降兜率・入胎・住胎・出胎・出家・成道《じょうどう》・転法輪・入滅と数えることも、住胎を欠くかわりに出家の後に降魔を加えて八と数えることもある。

（40）**天台大師**　智顗《ちぎ》（五三八〜五九七）。隋の高僧で、天台宗の開祖。智者大師ともいう。『摩訶止観』などのいわゆる法華三大部をはじめ、多数の著述がある。

大文第三

（1）**迦才師**　唐の貞観（六二七〜六四九）ごろの僧。長安に住し、『浄土論』三巻を著わしたが、そのほかは伝未詳。

（2）**智憬師**　奈良時代の天平勝宝（七四九〜七五

七）ごろ、東大寺に智憬（智璟とも書く）という僧があり、華厳・律に通じていたというが、ここの智憬がそれに当たるかいなかは未詳。

（3）**慈恩大師**　慈恩大師窺基《きき》（六三二〜六八二）。唐の高僧で、法相宗の祖。玄奘の高弟で、長安の慈恩寺に住し、多数の著述がある。

（4）**末法**　仏の滅後、教（仏の教え）・行（修行）・証（修行による悟り）が正しく行なわれる正《しょう》法《ぼう》、証はないが教・行は行なわれる像法の時期を経て末法の世に入ると、教が存するのみで行・証は失われ、この末法の世が過ぎると、教も滅びて仏法滅尽の時を迎えるという歴史観。正法・像法の期間については、それぞれ五百年あるいは千年とする諸説があるが、末法はいずれも一万年としている。日本では一般に永承七年（一〇五二）を末法のはじめとするが、源信は寛仁元年（一〇一七）説をとっていたと思われる。

（5）**懐感禅師**　唐の僧。生没年は未詳であるが、善導（補注大文第四（7）参照）に従って念仏を学んだ。『釈浄土群疑論』の著者。

（6）**跋陀和菩薩**　梵語バドゥラパーラの音訳。賢護と訳する。仏法を護り衆生を助ける八大菩薩には諸説があるが、『般舟三昧経』ではこの跋陀和を八大菩薩の一つに数える。

（7）**玄奘三蔵**　三蔵法師の名で知られる唐の高僧。法相宗の祖。六〇〇（一説に六〇二）〜六六四。万難を排してインドにおもむき、経典六七五部を長安に持ち帰って、多数の経文を翻訳した。これを新訳といい、正確忠実な訳として知られる。また、インド紀行として有名な『大唐西域記』を著わした。三蔵とは経・律・論の一切に通じた人の意。

（8）**十地**　菩薩の修行の段階を五十二の位に分けた中で、第四十一〜第五十位を十地といい、十地の中の下から第七位（すなわち第四十七位）を七地という。七地は遠行地ともいい、中道から次第に上の部に進む位である。そして七・八・九地の三つを三地といい、無生忍（補注大文第二（19）参照）といって不生不滅の理を悟った段階とする。

（9）**報仏**　報身の仏。法身・報身・応身の仏の三身（補注大文第四（12）参照）の一つで、願を立てて修行した結果として現われた仏。阿弥陀如来や薬師如来がこの類である。

(10) 二十五菩薩　観音・勢至以下の二十五人の菩薩で、念仏の衆生を護る。三六五ページ参照。

(11) 竜華会　弥勒菩薩が、五十六億七千万年の後に兜率天の内院からこの世に下り、竜華樹という樹のもとで開く説法の会。三回にわたって上・中・下根のものそれぞれのために説法し、あまねくすべてのものを救うという。

(12) 賢劫　一つの世界が成立してから滅び、また次の世界が成立するまでの長い時期を四劫という四時期に分けるが、現在の世界はその第二期の賢劫に含まれるとし、賢劫には千の仏が現われるという。

(13) 盧遮那仏　梵語ヴァイロシャナの音訳。ここでは太陽の意味で、仏智の広大無辺なことの象徴。華厳にいう毘盧遮那仏はその具名であるが、天台ではこれを区別して、毘盧遮那・盧遮那・釈迦の三尊を法・報・応の三身に配する。

(14) 五十七倶胝六十百千年　五十七億六千万年のことであるが、この年数は五十六億七千万年とする説のほうが一般的である。

大文第四

(1) 回向　自分の行なった善根や功徳を、自分のものとしてだけでなく、他にめぐらし向けること。

(2) 能礼・所礼　能礼は礼拝するもの、すなわち人。所礼は礼拝されるもの、すなわち仏。

(3) 無上意　悟りを求める心。菩提心。

(4) 真際　真実際。際とは究極の意。真理の根源をいう。

(5) 優曇華　梵語ウドゥンバラの音訳。天上の花で、三千年に一度開くとも、金輪王が世に現われた時に開くともいい、きわめてまれなことのたとえに用いられる。

(6) 無上の両足尊　二本足の生物のうち、もっとも尊いものの意で、仏のこと。

(7) 善導和尚　中国浄土教の大成者。唐の高僧。六一三〜六八一。道綽《どうしゃく》（補注大文第四（11）参照）に浄土教を学び、善導流を開いた。和尚をカショウとよむのは天台流である。

(8) 賢聖衆　仏道を修行して、一切の煩悩を離れた真の智慧を得た者が聖で、まだそこまでには至らない者が賢である。

（9）**八道**　八正道。正見・正思惟・正語・正業・正命・正精進・正念・正定の八で、悟りを得るための八つの修行方法をいう。彼岸に導くものとして船に譬えられることが多い。

（10）**真言教の仏讃**　仏を讃える真言陀羅尼《だらに》で、梵語のまま唱える呪《じゅ》。「阿弥陀大呪」などの類をいう。

（11）**綽禅師**　隋・唐の高僧である道綽のこと。五六二〜六四五。玄中寺で曇鸞《どんらん》（北魏の人、四六七〜五四二）の碑を見てから浄土信仰に入り、『無量寿経』の講義を二百遍行ない、一日の念仏七万遍に及んだという。

（12）**三身**　仏の身体を分類する方法の一つで、法身・報身・応身をいう。

（13）**如意珠**　思いのままに求める宝を出すという空想上の宝珠。

（14）**摩訶薩**　梵語マハーサットゥバの音訳。菩薩と同義であるが、とくに大乗の修行者をいう。

（15）**仏眼**　五眼の一つ。他の四眼の力を兼ねそなえ、よく諸法の実相を見る。補注大文第二（13）参照。

（16）**頭陀行**　梵語ドゥータの音訳。修行者が衣・食・住の欲をむさぼらないための十二の修行法で、廃物の布を衣服とすることや、一日一食、乞食、樹下や露天に住む、いつも坐り、横にならないなどの制限がある。抖擻《とそう》ともいう。

（17）**喜根菩薩**　むかし喜根・勝意の二菩薩があり、勝意は戒を守り、頭陀を行なうことにとらわれて、喜根の弟子に一切は空であると説かれ、心に怒りの念を抱いた。喜根はこれを知って弟子に偈をもって示したという話がある。

（18）**諸法の実相**　諸法とは一切の存在をいい、そこでは差別の現象を考えるが、その実相、すなわちその真実の姿とは、絶対平等の理をさす。

（19）**迦葉菩薩**　迦葉は梵語カーシャパの音訳。摩訶迦葉・大迦葉などともいい、釈迦の十大弟子の一人。頭陀第一と称せられた。この迦葉が仏性について釈尊と問答したことが『涅槃経』に見えている。

（20）**大世尊**　もっとも尊い人の意。すなわち仏。

（21）**五蓋**　貪欲・怒りなどの五種の煩悩。善心を蓋《おお》うから蓋という。

（22）**種性**　本性。

(23) **調達** 提婆達多《だいばだった》(デーヴァダッタ)のこと。釈迦の従兄弟で、出家して弟子となったが、のちに教団の分裂をはかり、釈迦を害してその地位を奪おうとし、地獄に落ちたという。

(24) **慈童** 釈尊は遠い過去に、慈童女長者の子と生まれてすべての苦しむ者を救おうという願を起こし、死後、兜率天に生まれたという話が『雑宝蔵経』に見えている。

(25) **解脱分** 三賢(補注大文第十(11)参照)で修める善根をいう。

(26) **十二部経** 経典をその内容や形式から、契経《かい》(散文形式のもの)・諷誦《ふうじゅ》(詩の形のもの)・譬喩《ひゆ》(たとえの部分)など十二に分類し、これを十二部経という。

(27) **般若波羅蜜多** 般若波羅蜜ともいう。菩薩の修する六種の大行、すなわち六波羅蜜(補注大文第二(15)参照)の第六のもの。般若は梵語プラジュニャーの音訳で智慧の意。

(28) **一切智** 内外すべてのものを総括する智慧。補注大文第五(49)参照。

(29) **四摂法** 菩薩が衆生の心を捉えて引き入れるための四つの方法。布施・愛語(やさしい言葉をかける)・利行《りぎょう》(利益を与える)・同事(衆生と協同して苦楽をともにする)の四つ。

(30) **有所得** 無相の理を体して、心中に執着・分別するところなきを無所得、相対の法においてその一分を捨てて他の一分を取らんとする心を有所得という。

(31) **我見** 永遠不変の自我の存在を認める見解。仏教では人間は仮の結合体であるとして無我を説く。

(32) **衆生見** 我見の一種。衆生というものの実体が存在するという見解。

(33) **三諦** 天台宗の根本的な教理で、諦は真実の意。すべてのものは空であり(空諦)、単に仮に存在しているにすぎず(仮諦)、しかも空とも仮ともきめられない絶対的な中道である(中諦)として、真理をこの三つの面からとらえ、しかもこの三諦は個々のものでなく、すべてのものにおいて相互に融合して一体となっていると説く。

(34) **四果の向** 小乗の聖者の位を須陀洹(補注大文第二(23)参照)・斯陀含・阿那含・阿羅漢の四

段階に分け、それぞれの段階をたとえば阿羅漢果というように果と称し、その段階に至る修行過程を阿羅漢向というようにそれぞれ向と称する。

(35) 三十七品の修行方法　三十七道品ともいう。悟りを得るための三十七種の修行方法。八正道（補注大文第四（9）参照）もこれに含まれる。

(36) 十悪　殺生・偸盗・邪婬・妄語・綺語・悪口・両舌・貪欲・瞋恚・邪見をいう。

(37) 四教　天台宗で説く釈尊の教えの分類。小乗教の蔵教、大乗教の通教、菩薩だけの教えである別教、完全な仏の真の教えである円教の四つをいう。

(38) 閻浮檀金　閻浮檀は梵語ジャンブーナダの音訳。閻浮という樹の林から流れ出る河（檀）で採れる金という意味で、想像上の金。

(39) 瞻蔔や婆師　梵語チャンパカ、ヴァルシカの音訳で、その花は香気が高いという。

(40) 無漏智　煩悩をすべて離れた智慧。

(41) 弥伽大士　『華厳経』の「入法界品」に、善財童子という少年の菩薩が法を求めて五十三人のもとを遍歴した話があり、弥伽大士は童子が第五番目にたずねた名医。

(42) 第一義空　第一義とは涅槃をさす。真実の無差別絶対の空。

(43) 念仏三昧　一心に仏の姿を観念すること、また一心に仏の名をとなえ念ずることをいう。

(44) 九品　『観無量寿経』に、浄土に往生する者に九種の差別があると説くもの。上品・中品・下品の三つに分け、さらにそれぞれに上・中・下の別を設けて九とする。

(45) 新発意の菩薩　新たに発心、菩提を求める意を発した菩薩。初発心の菩薩。新発意はまた、たんに新たに出家したものをいう場合もある。

(46) 釈迦毘楞伽　梵語サクラービラグナ・ラトゥナ。純金色の宝珠で、あらゆる宝にまさるものという。

(47) 甄叔迦宝　梵語キンシュカ。赤色の宝玉であるという。

(48) 焔魔天　夜摩天ともいう。補注大文第一(12) 参照。

(49) 法蔵比丘　法蔵は阿弥陀仏が仏になる前、菩薩であった時の名。補注大文第二(14) 参照。

(50) 尼拘楼陀　梵語ニアグローダ。樹の名。釈尊は迦毘羅衛城のこの樹のある南庭で父王のために説法したという。

（51）**随好**　随形好ともたんに好ともいう。仏の相好のうち、大きなものを相、小さいものを好といい、好には八十種ある。

（52）**陀羅尼の人**　法をよく記憶し、忘れずに保つ人をいう。

（53）**梵天王**　大梵天王とも大梵王・大梵天ともいう。帝釈天と並ぶ代表的な仏教の守護神。色界（補注大文第一（6）参照）の初禅天はさらに三つの梵天に分かれるが、その最高の第三天を大梵天といい、その主を大梵天王とする。厚く仏法を信じ、常に仏に侍する。

（54）**頻婆**　梵語ビンバ。鮮やかな赤い実のなる樹という。その果実の色は、女子の唇色にたとえられる。

（55）**不可思議**　心でも言葉でもはかりつくせないこと。

（56）**十二因縁**　人生の転変を、無明に始まり、生まれてから種々の欲をそなえ、老死するにいたるまでの十二の段階に分けて説いた釈尊の教え。それぞれが過去・現在・未来にわたって互いに因となり、果となって輪廻する。

（57）**宿命**　宿世。前世・過去世の命数、またはその因縁、前世になした善悪の業因をいう。

（58）**金翅鳥**　迦楼羅《かるら》のこと。補注大文第一（27）参照。

（59）**卍**　万字とも書く。インドで古くから吉祥の印として用いられ、後に仏教の紋章となった。

（60）**実相印**　実相は一切のものの真実の姿。涅槃。仏の卍から光を発して六波羅蜜（補注大文第二（15）参照）の教えを説くから実相印と名づける。

（61）**心の相**　心臓の相をさしたものであろう。

（62）**清浄勝意楽地**　菩薩の階位には五十二位のほかに、七地に分けるもの、十三住に分けるものがあり、清浄勝意楽地は七地に分けた時の第三地（浄心地）で、五十二位では十地の初地（歓喜地）に相当する。

（63）**六十二因**　『瑜伽論』に仏の相好を感得する因として列挙されているものをさす。

（64）**四大海**　補注大文第一（30）参照。

（65）**鉄囲山**　須弥山を中心とする四洲（補注大文

第一（30）参照）の外側を囲む鉄の山。

（66）**劫水**　世界が壊滅する時期である壊劫《えこう》（補注大文第一（22）参照）では、最後に大火災・水災・風災が起こるとされる。劫水はその大水災の水をいう。

（67）**三念住**　三念処ともいう。仏の心は、一、衆生が仏を信じてもとくに喜ばず、二、仏を信じなくても憂えず、三、あるいは信じ、あるいは信じなくても乱れず、常に平静であることをいう。

（68）**仏衆法海**　仏・法・僧三宝の中の、僧宝すなわち僧団のことをさしたものであろう。

（69）**陰・入・界**　陰は五陰（補注大文第一（38）参照）。入は十二入（十二処）で、眼・耳・鼻・舌・身・意の六根と、その対象となる色・声・香・味・触・法の六境とを合わせたもの。界は十八界で、十二入にさらに眼識などの六識を加えたもの。すべて現実の世界の捉え方の分類法である。

（70）**結跏趺坐**　足を組み、足裏を左右の股の上に乗せるように坐ること。仏の坐法。

（71）**一行三昧**　心を一つの行に定めて修する三昧。二種の意味があり、一つは法界は平等一相であると観ずる一相三昧で、もう一つは念仏三昧（補注大文第四（43）参照）をいう。

（72）**観仏三昧**　仏の相を観想するに専念すること。一般には念仏三昧と同義であるが、仏の名を称える称名念仏を念仏三昧と名づけ、観仏三昧と区別する善導の解釈もある。

（73）**涅槃相**　八相（補注大文第二（39）参照）の一つ。その最後の釈尊入滅の姿を涅槃相という。

（74）**三種回向**　回向を分類して、一、自他の菩提（悟り）に向ける菩提回向、二、他の衆生に向ける衆生回向、三、真実の相（涅槃）に向ける実際回向の三種とするもの。

（75）**九世**　過去・現在・未来の三世のそれぞれにまた三世がそなわるとし、これを九世と総称する考え方。

（76）**劫焼**　劫火・劫災・劫尽火ともいう。壊劫の末に起こる三災（補注大文第四（66）参照）の一。このために初禅天以下すべてが焼かれるという。

（77）**髻中の明珠**　明珠とは明月珠《みょうがつしゅ》で、明月のような光を放つ宝珠。転輪王（補注大文第二（26）参照）の最上の宝とされ、その髻《まげ》の中に納められているのでこういう。

大文第五

(1) **六度** 六波羅蜜。補注大文第二(15)参照。

(2) **むくろじ** 木槵子・無患子などと書く。暖地の山に自生する喬木で、実は追羽根の球にも使われる。『木槵子経』に数珠のことが説かれている。

(3) **清浄大海衆** 仏弟子の総称。仏門に帰した者は、河川が大海に集まるように、一切区別なく和合すべきものという意味でこういう。

(4) **元暁師** 新羅の華厳宗の僧。六一七年に生まれたが没年は不詳。入唐して玄奘・慈恩に学んで帰国し、浄土の教えを説いた。

(5) **五趣** 五悪趣。地獄・餓鬼・畜生・人・天の五道をいう。

(6) **善逝** 如来の十号(補注大文第五(9)参照)の一つ。好去ともいう。迷いを去って彼岸におもむき、ふたたびもとに戻ることがないという意味でこう名づける。

(7) **愛流** 愛欲。物や人を深く愛する情。このために心を奪われ、生死の中に溺れ苦しむので、愛流とか愛海などという。

(8) **阿難** 阿難陀(梵語アーナンダの音訳)の略。釈尊の従弟で十大弟子の一人。多聞第一と称せられた。仏滅後の第一回の結集《けつじゅう》の中心人物。

(9) **如来の十号** 仏の徳をあらわす十種の称号。経・論によって多少の出入りがある。補注大文第七(3)参照。

(10) **阿迦膩吒天** 梵語アカニシュタの音訳。三界(補注大文第一(6)参照)のうち、色界は細別して十八天に分けられるが、その最上天を阿迦膩吒天といい、色究竟天《しきくきょうてん》と訳す。また有頂天ともいう。

(11) **刹塵** 無数の国土を微塵にしたものという意味で、無限の多数をいう。

(12) **玄一師** 新羅の人であるが、生没年・事蹟ともに未詳。

(13) **憬興師** 七世紀末ごろの新羅の人。多くの著述を残したという。

(14) **阿育王** アショーカ王。インドのマウルヤ王朝第三代の王で、在位年代は紀元前二六八～二三二年という。厚く仏教を信仰し、第三回の経典結集を主催し、多数の仏塔を建て、仏教の興隆と流布に大きな功績を残した。

(15) **波斯匿王**　釈尊と同時代の、中インドの強国、コーサラ国の王。梵語プラセナジット。厚く仏教を信仰し、教団を保護した。

(16) **風劫**　壊劫の最後に起こる火災・水災・風災の中の風災(補注大文第四(66)参照)で、地獄から色界の第三禅天までがすべて散り失せるという。

(17) **遍浄天**　色界(補注大文第一(6)参照)は初禅天から第四禅天までに分かれ、それぞれがさらにいくつかの天に分かれるが、第三禅天は少浄天・無量浄天・遍浄天の三つで、遍浄天を最高とする。

(18) **不殺の法**　不殺生の法。

(19) **大劫**　補注大文第一(22)参照。

(20) **色究竟天**　阿迦膩吒天。補注大文第五(10)参照。

(21) **随類化現**　相手の性質に応じてそれぞれに姿を変えてあらわれること。

(22) **小千の国土**　小千世界。補注大文第二(38)参照。

(23) **調伏**　身・口・意の三業(三種の働き)を調和し、諸悪を制伏することをいう。

(24) **宿住随念智**　宿住は過去の生涯、すなわち前世のこと。自他の前世の姿を思いのままに知ることができる智力。

(25) **宿業**　前世に行なったさまざまの行為。

(26) **初地**　菩薩の修行の段階を五十二階に分けた場合、第四十一〜五十位の十階を十地(補注大文第三(8)参照)と総称するが、初地はその十地の中の第一階、すなわち第四十一位をいう。この十地以上を聖位とする。

(27) **処・不処智**　処・非処智ともいう。道理(処)と非理(不処)とを明瞭に分別する仏の智をいう。

(28) **ウバニシャダ分**　烏波尼沙陀分。ウバニシャダは梵語。烏波尼沙陀分は微細の意で、比べるものもないほどの極少の数をいう。

(29) **慧眼**　五眼の一つ。諸法の空の理を見る智慧の眼という。補注大文第二(13)参照。

(30) **大梵王**　補注大文第四(53)参照。

(31) **羅睺羅**　梵語ラーフラ。釈尊の出家以前の子で、後に出家して十大弟子の一人となった。よく戒を守り、密行第一と称せられる。

（32）**四念処**　悟りを得るための三十七種の修行法を三十七道品（補注大文第四（35）参照）といい、その中に四念処や八正道などがある。四念処は身（身体）は不浄、受（感覚）は苦、心は無常、法（存在）は無我であると観想する修行をいう。

（33）**四の問答**　四記答という。他の問に答える時の四種の方法で、一、直ちに肯定する一向記、二、質問の意味を分析して答える分別記、三、反問して質問をたしかめてから答える反詰記、四、答える必要もない問には答えずにおく捨置記の四つをいう。

（34）**神力不共の法**　仏の超人的な力をいう。神力は神通力、不共は比類がないとの意味。

（35）**一実境界**　無差別平等の真如の境地をいう。

（36）**法性**　すべてのものにそなわっている絶対の真実の本性。真如・法界・仏性・実際などと同義。

（37）**極微塵数劫**　きわめて長い時間。五百塵点劫のことで、これは五百千万億那由他阿僧祇（那由他・阿僧祇は補注大文第二（11）（28）参照）の三千世界を微塵に砕き、その微塵を五百千万億那由他阿僧祇の国土を過ぎるたびに一つずつ落とし、微塵が尽きた時にそれまでに過ぎてきたすべての国土を微塵とし、その微塵一つを一劫として数えた数だけの劫をいう。

（38）**泥洹**　梵語ニルヴァーナの音訳。涅槃に同じ。

（39）**清信士・清信女**　優婆塞《うばそく》・優婆夷《うばい》（ウパーサカ、ウパーシカー）の訳語。在家の男女の信者。

（40）**那術**　那由他に同じ。補注大文第二（11）参照。

（41）**倶留孫仏**　釈尊以前にあらわれた七仏を過去七仏といい、倶留孫仏はその第四番目。

（42）**馬と井**　馬師と井宿、または馬師と満宿であるという。釈尊の当時、党を組んで教えにそむく六人の僧があったが、その中の二人。

（43）**二**　『金剛般若論』では、二とは経の受持と演説をさすとし、受持・演説が法身をさとる因（了因）となり、他の報身・応身についてはこれを生み出す因（生因）となる、と説明している。

（44）**経行**　「きんひん」ともいう。眠気を去り、運動のため、一定の場所を往来する散歩。

（45）**四四十六種の法**　『般舟三昧経』に、三昧を得る修行法として、四事法（四種類の行法）を四種挙げていることをさす。

（46）**諂誑**　へつらい、あざむくこと。

（47）**衣や鉢**　衣鉢《えはつ》という。僧は三衣（三種の衣）と一鉢（一箇の鉢）のほかは、余分の所持品を許されない。

（48）**十重戒や四十八軽戒**　『梵網経』に説く菩薩の守るべき戒律。十重戒は不殺戒・不盗戒・不婬戒など十種。四十八軽戒は不敬師長戒・飲酒戒・食肉戒など四十八種がある。

（49）**一切種智**　三智の一つ。三智とは、一、一切智（一切を総括して捉える声聞・縁覚の智）、二、道種智（一切を差別の面からも捉える菩薩の智）、三、一切種智（一切を平等の面からも差別の面からも完全に捉える仏の智）をいう。

（50）**四句の分類法**　四句分別ともいう。問題を肯定と否定を基に、四種の場合に分析して考える方法で、たとえば、一、有る、二、無い、三、有るとも無いともいえる、四、有るでもなし、無いわけでもない、の四つを考えてあらゆる場合を尽くすとする。

（51）**空王仏**　『観仏三昧経』に、空王仏のもとで学んだ四人の比丘が後に無量寿仏などになったことが見え、大文第七「念仏の利益」の第六「引例勧信」の節にも、その話が記されている。

（52）**慳蔽**　六蔽の一つ。清浄の心を蔽う六つの悪心。慳貪・破戒・瞋恚・懈怠・散乱・愚痴の六つで、それぞれ六波羅蜜（補注大文第二（15）参照）に対応する。

（53）**性相如々**　性は絶対の真理、相は相対の差別の姿をいう。如々は如ともいい、真如をさす。

（54）**大円鏡**　大円鏡智。一切のものを大円鏡のように明らかに正しく認める仏の智慧。

（55）**宝所**　珍宝のある所。すなわち涅槃のたとえ。

（56）**戒身**　戒体。戒を守ることを決心した時に得られる悪を防ぐ力。

（57）**阿闍世王**　梵語アジャータシャトゥルの音訳。略して闍王。中インドのマガダ国王。父の頻婆《びんば》娑羅《さら》王（ビンビサーラ）を殺して即位したが、のち仏教を信じ、これを保護した。

（58）**三乗**　教法を、人を乗せて目的地に送り届ける乗物にたとえて三つに分類したもの。声聞乗（小乗）・縁覚乗（辟支仏乗）・大乗（菩薩乗）の三つ。

（59）常行三昧や法華三昧　天台宗の四種三昧とよばれる修行法の中の、代表的な二つ。常行三昧は常に歩行して阿弥陀仏を唱念するもので、般舟三昧ともいう。法華三昧は坐禅したり歩行したりする行で、半行半坐三昧ともいう。

（60）三空門　三解脱門のこと。補注大文第二（33）参照。

（61）十二入　十二処ともいう。補注大文第四（69）参照。

大文第六

（1）四つの根本罪　四波羅夷罪。補注大文第一（33）参照。

（2）身の開遮　開遮は許されることと許されぬこと、行なっていいこととといけないことの意。

（3）無見頂　仏の三十二相（補注大文第二（9）参照）の一つである肉髻相にある好。八十種好（補注大文第四（51）参照）の一。人・天には見えないというので無見という。

（4）三菩提　三藐三菩提（梵語のサミャク・サンボディの音訳）の略。正遍知・正等覚と訳す。仏が正しく平等に一切諸法の理に通達していることをいう。

（5）色はすでに尽き……　仏は色・受・想・行・識の五蘊（補注大文第一（38）参照）がすでに尽きているということ。

（6）仏の色相……　相の体は相そのものの本体である真如、相の業はその相を生じた因としての仏の行為、相の果はその果として生じた種々の相、相の用はその相の利他のはたらきと解せられる。

（7）四十不共法　不共法（補注大文第二（18）参照）は、普通、十八を数えるが、『十住毘婆沙』では、飛行自在・変化無量よりはじめて無礙解脱に至る四十を数えている。

（8）諸仏の母、仏の眼、仏の父、無生大悲の母　この二つの母は仏の智慧と慈悲との二面をさすという解釈がある。

（9）この二法　前をうけて智慧と慈悲との二をさすとみる。

（10）劫火　補注大文第四（76）参照。

（11）大王　頻婆娑羅王（補注大文第五（57）参

照）をさすという。

（12）**生死即涅槃、煩悩即菩提**　迷える衆生の生死そのままが不生不滅の清浄涅槃の境であり、煩悩と菩提とは相即不二であるという意味で、大乗の至極をいいあらわした句とされる。

（13）**本覚**　始覚の対、本有の覚性。心はその本性において仏陀のさとりそのものであるということ。

（14）**境界と自体と当生との三種の愛欲**　臨終の時における三種の愛着心。眷属・家財に対するものを境界愛、己が身に対するものを自体愛、当来の生処に対するものを当生愛という。源信がここで三種の愛を数えたのは、あるいは千観（九一八〜九八三）の『十願発心記』によるものかともいわれる。

（15）**下品等の三人**　上生・中生・下生の三人で、上生は十悪を造る軽罪の凡夫人、中生は破戒次罪の凡夫人、下生は五逆罪等を造る重罪の凡夫人ともいわれる。

大文第七

（1）**須達の家の老女**　須達は須達多ともいう。梵語シューダッタの音訳。釈尊に帰依した舎衛国の長者で、よく貧窮者を救恤したので、給孤独の異称があり、また祇園精舎を造営、寄進したことで知られる。注にいう須達の家の老女の因縁とは、この長者の下婢で性吝嗇、長者が布施するのを好まず、生涯三宝を見聞せぬことを誓った毘佉羅《びきやら》という老女が、ついに羅睺羅の教化によって悟道の域に達したことをいう。

（2）**方等経**　大乗経典のこと。

（3）**如来・応・等正覚**　これに明行足・善逝・世間解・無上士・調御丈夫・天人師・仏世尊の七を加えて仏の十号というが、如来は、真如の理を証得し、迷界に来たって衆生を済度する、応は応供、供養を受けるに相応しい、等正覚は正遍知とも、正しく真理をさとったという意味である。

（4）**滅一劫**　この滅は滅劫の滅ではなく、一劫たらずの意味かともいわれる。

（5）**迦羅分**　迦羅は梵語カラーの音訳。分量の名で、人間の体毛の百分の一、あるいは十六分の一ともいう。

（6）**不可思議解脱定**　解脱・定ともに三昧の意。不可思議はその三昧のはたらきについていったもの。

(7) **三十六部の神王** 三十六部の善神・灌頂善神ともいう。善光・善明・善力等より善妙にいたる三十六神で、三帰、三宝に帰依することを誓ったものを守護するという。

(8) **劫尽壊焼** 補注大文第四(76)参照。

(9) **波旬** 梵語パーピーヤスの音訳。仏・仏弟子等を誘惑しようと企てた魔王をいう。人の慧命・善根を断つ魔であるから、殺者とも訳される。欲界の第六天を住所とするという。

(10) **正遍智海** 正遍智は仏十号の等正覚(補注大文第七(3)参照)に同じ。正理を窮めつくして知らざるなき諸仏の智慧を広大な海に喩えたもの。

(11) **智光** 奈良時代、三論宗の学僧。元興寺に住し、礼光とともに智蔵の二神足と称せられた。『往生論』(世親造)の疏とは『無量寿経論釈』五巻(今逸)をいい、逸文から推して、曇鸞の『往生論註』巻上とほとんど一致することが指摘されている。

(12) **覚観** 梵語ヴィタルカとヴィカーラの旧訳。新訳は尋伺。麁なる心相を覚、細なる心相を観と名づけ、ともに定心を妨げるものとされ、その有無によって定心の浅深を判ずるのであるという。

(13) **毘婆尸仏** 梵語ヴィパシインの音訳。釈尊は、過去世に菩薩として修行していた時、この仏に遇い、この仏を讃えた精進力によって、九劫を経て成仏したのだという。いわゆる過去七仏の第一。

(14) **尸棄仏** 梵語シキインの音訳。過去七仏の第二。

(15) **迦葉仏** 梵語カーシャパの音訳。過去七仏の第六。

(16) **燃灯仏** 梵語ディーパムカラの訳。釈迦菩薩に未来成仏の記別を与えたという過去仏。

(17) **記莂** 記または記別ともいう。仏が弟子らにたいして与える来世に関する予言を記といい、これを一々分別するから別の字を加えるという。この記を与えることを授記という。

(18) **首楞厳三昧** 首楞厳は梵語シューランガマの音訳。将軍が諸兵を用いて強敵を降伏するがごとく、煩悩の魔軍を摧破する勇猛堅固な仏の三昧であるという。三昧としては最高のもので、十地(補注大文第三(8)参照)の菩薩がこの三昧に入るといわれる。

（19）**無礙弁**　四無礙弁・四無礙解・四無礙智などという。仏・菩薩の説法における智弁を、意業の立場から解といい智といったもの。法無礙・教無礙・辞（詞）無礙・楽説無礙の四をいう。

（20）**普光三昧**　光を放って普《あまね》く一切を照らす三昧という。

（21）**慶滋氏の『日本往生記』**　慶滋保胤（?～一〇〇二）の『日本往生極楽記』。前出『伝記』（補注大文第二（2）参照）もあるいはこれを指しているかもしれない。日本における最初の往生伝である。なお「源信の生涯と思想」参照。

（22）**長寿天**　長寿なる天人の意。色界（補注大文第一（6）参照）の第四禅、無想天の寿命は五百大劫、無色界の第四処、非想非非想天は八万劫といわれる。

大文第八

（1）**三輩**　阿弥陀浄土に往生する人を、行業の浅深によって、上・中・下の三類としたもの。『無量寿経』の説で、『観無量寿経』の九品の説と多少の同異がある。

（2）**四依の菩薩**　衆生が依止すべき四種の菩薩の意で、大乗仏教では、五品・十信（初依）・十住・十行・十回向（二依）・十地（三依）・等覚・妙覚（四依）をいうが、十行・十回向を三依、十地からを四依とすることもある。

大文第九

（1）**韋提希**　梵語ヴァイデヒーの音訳。マガダ国頻婆娑羅王の妃。阿闍世王（補注大文第五（57）参照）の母で、阿闍世王のために七重の獄に幽閉され、厭世の心を生じて釈尊の説法を請うた。釈尊は、霊山における法華の説法を中止して王宮に詣り、ために『観無量寿経』を説いたという。

（2）**十六観**　十六想観ともいう。『観無量寿経』に説く十六の観法で、これを修すれば罪障を滅して阿弥陀浄土に往生することができるという。日想観・水想観・地想観・宝樹観・宝池観・宝楼観・華座観・像観・真身観・観音観・勢至観・普観・雑想観・上輩観・中輩観・下輩観の十六をいう。

（3）**慧遠法師**　東晋の時代、廬山に入って白蓮社を結び、浄業を修した慧遠（三三四〜四一六）と、隋代に楊州の浄影寺に住した慧遠（五二三〜五九二）と、同名の人が二人いるが、ここでは後者。

大文第十

（1）**応身仏・凡聖同居土**　天台は、凡聖同居土・方便有余土・実報無障礙土・常寂光土の四種の浄土を立てるが、その凡聖同居土は、凡夫や三乗の聖者が同居しているところであるから、応身仏の土であり、極楽や娑婆世界はこれにあたるという。

（2）**受用の事身**　受用身とは報身のこと。事身とは、それが具体的な姿をとってあらわれてきた仏という意味で、自受用身にたいする他受用身がこれにあたる。

（3）**加行**　（4）**正体**　加行はある目的を達するために行なう予備の修行、または方便のこと。正体はそれにたいして直接に目的に連なる行為をいう。

（5）**方便後心の行**　方便後心とは、初心の菩薩が信ずべき十信のうち、最後の願心（種々の浄願を修する）がこれにあたるという。

（6）**令因師**　憬興（補注大文第五（13）参照）と同時代の新羅僧という。

（7）**道宣律師**　唐代の高僧（五九六〜六六七）。南山律宗の開祖として知られる人であるが、ここは彼とともに律を宣揚した道世（?〜六八三）の誤りかともいわれる。

（8）**力法師**　不詳。

（9）**忍位**　七方便（補注大文第十（11）参照）の忍法の位。

（10）**前の三果**　阿羅漢果以前の三果。補注大文第四（34）参照。

（11）**七方便**　小乗では見道の聖位に入る方便の行位として、これを賢と名づけ、五停心観・別相念住・総相念住の三賢と、煖法・頂法・忍法・世第一法の四善根とを数える。また天台では、円教一仏乗の教を受けるまで、方便誘引された七種の機類、人・天・声聞・縁覚・菩薩（蔵・通・別の三乗にわける）の諸乗を七方便という。

（12）**別教**　（13）**円教**　天台でいう化法四教（補注大文第四（37）参照）の第三・第四。三界の惑を離れしむる界内の教（蔵教と通教）にたいして、これを界外の教、三界を出離し、さらに界外にある変易生死を脱せしむる教という。別教はその事教、円教は理教といわれ、完全円満な仏陀のさとりそのままの教えが円教で、『法華経』に示されたものがそれであるとされる。

(14) **懈慢界**　懈慢辺地ともいう。極楽浄土の辺地で、三宝を見聞することができないからだという。阿弥陀仏を信ずることが浅く、徳の少ないものがここに止まるとされる。

(15) **義寂法師**　新羅の僧。年代事蹟ともに不明であるが、あるいは玄奘の門人ともいわれる。別に宋代の僧で天台中興の祖といわれる義寂（九一九〜九八七）があるが、同名異人。

(16) **弥蘭王**　パーリ語のミリンダの音訳。紀元前二世紀のころ、インド西北部を支配したギリシア人、バクトリア王家のメナンドロスであろうといわれている。

(17) **那先比丘**　梵語ナーガセーナの音訳。インドの仏教僧で、この人と前記ミリンダ王との対話を記録したものが『那先比丘経』である。

(18) **第七の梵天**　色界（補注大文第一（6）参照）の第一、初禅天のこと。この地上より数えて第七番目になる。

(19) **罽賓国**　時代によってそのさすところが一定しないが、普通は西北インドのカシュミールの同称とする。六朝の終りころまではガンダーラをさし、唐の中葉以後は、カブール（アフガニスタン）地方をさしたともいう。

(20) **有間の心、有後の心**　有間心は心に雑念があって一心になりきれない状態、有後心はまだ後ありと思う心。無間心・無後心はその反対。

(21) **子安**　黄子安。晋代の仙人の名という。

(22) **五不思議**　五種不可思議。『智度論』三十に説くもので、衆生の多少・業の果報・坐禅人の力・諸竜の力・諸仏の力の五をいう。

(23) **外道の尼揵子**　外道は仏教以外の異教をいう。尼揵子は尼乾陀若提子（ニルグランタ・ニャーティプトラ）の略。ナータ族出身のニガンタ派の人の謂《いい》という。本名をヴァルダマーナといい、紀元前五世紀に生まれ、ジャイナ教の大成者として知られる。

(24) **順忍**　十地（補注大文第三（8）参照）のうち、四・五・六の三地をいう。

(25) **加持**　仏の大悲が衆生に加わり、衆生の信心に仏が応じて互いに道交すること。祈禱は、仏力を信者に加え、信者をしてその仏力を受持せしめるという意味で、祈禱をもまた加持という。

(26) **不定業**　(27) **定業**　生死の苦果を受けることが定まっている業因を定業、定まっていないものを不定業という。定業には善悪の二があり、さらに三時業の別があるが、三時業とは、善悪の業を、その果を受けるときの遅速によって、順現受業・順次受業（順生業）・順後受業の三時に分けたもの。

(28) **定生**　かならず浄土に生まれると定まっているもの。

(29) **順生の業**　補注大文第十（26）参照。

(30) **鴦掘摩羅**　梵語アングリマーラの音訳。はじめ外道を奉じ、市に出でて人を殺し、その指を切り取って髪飾りにしたが、千人目にわが母を害せんとして釈尊の教誡に遇い、改過懺悔して阿羅漢果を得たという。

(31) **密迹力士**　密迹金剛ともいう。金剛の武器を執って仏を警護する夜叉神の総名。つねに仏に親近して、その秘密の事迹を聞かんことを願うので、この名があるという。

(32) **蘭若**　(33) **阿蘭若**　阿蘭若は梵語アランニャの音訳。蘭若はその略称。阿練若ともいう。森林・原野・沙磧などの義で、比丘の住処をいう。町や村を去ること近からずまた遠からずして、修行に適した地をいう。

(34) **偏教**　一方に偏したる教の意味で、小乗または大乗中の権教をいう。

(35) **暗禅**　教理上の裏づけのない三昧。

(36) **因論生論**　問答論義などにさいして、それではあえて反論するが、というほどの意味で用いられることば。

(37) **自恣**　夏安居の終りの日に、大衆が互いに見・聞・疑の三事について罪過を指摘し、懺悔修福すること。

KODANSHA

本書は、一九七二年三月、中央公論社より刊行された『日本の名著　第四巻「源信」』より、「往生要集」を文庫化したものです。

川崎庸之（かわさき　つねゆき）
1908～1996。東京帝国大学文学部国史学科卒業。元東京大学教授，和光大学名誉教授。専門は日本思想史，日本文化史。

秋山　虔（あきやま　けん）
1924～2015。東京帝国大学国文科卒業。東京大学名誉教授，日本学士院会員，文化功労者。専門は中古文学。

土田直鎮（つちだ　なおしげ）
1924～1993。東京大学文学部国史学科卒業。東京大学名誉教授，元国立歴史民俗博物館館長。専門は日本古代史。

講談社学術文庫

定価はカバーに表示してあります。

往生要集《おうじょうようしゅう》 全現代語訳
源信《げんしん》／川崎庸之《かわさきつねゆき》・秋山《あきやま》　虔《けん》・土田直鎮《つちだなおしげ》 訳

2018年８月10日　第１刷発行
2024年６月24日　第４刷発行

発行者　森田浩章
発行所　株式会社講談社
東京都文京区音羽 2-12-21 〒112-8001
電話　編集（03）5395-3512
販売（03）5395-5817
業務（03）5395-3615

装　幀　蟹江征治
印　刷　株式会社広済堂ネクスト
製　本　株式会社若林製本工場
本文データ制作　講談社デジタル製作

ISBN978-4-06-512840-4

「講談社学術文庫」の刊行に当たって

これは、学術をポケットに入れることをモットーとして生まれた文庫である。学術は少年の心を養い、成年の心を満たす。その学術がポケットにはいる形で、万人のものになることは、生涯教育をうたう現代の理想である。

こうした考え方は、学術を巨大な城のように見る世間の常識に反するかもしれない。また、一部の人たちからは、学術の権威をおとすものと非難されるかもしれない。しかし、それはいずれも学術の新しい在り方を解しないものといわざるをえない。

学術は、まず魔術への挑戦から始まった。やがて、いわゆる常識をつぎつぎに改めていった。学術の権威は、幾百年、幾千年にわたる、苦しい戦いの成果である。こうしてきずきあげられた城が、一見して近づきがたいものにうつるのは、そのためである。しかし、学術の権威を、その形の上だけで判断してはならない。その生成のあとをかえりみれば、その根は常に人々の生活の中にあった。学術が大きな力たりうるのはそのためであって、生活をはなれた学術は、どこにもない。

開かれた社会といわれる現代にとって、これはまったく自明である。生活と学術との間に、もし距離があるとすれば、何をおいてもこれを埋めねばならない。もしこの距離が形の上の迷信からきているとすれば、その迷信をうち破らねばならぬ。

学術文庫は、内外の迷信を打破し、学術のために新しい天地をひらく意図をもって生まれた。文庫という小さい形と、学術という壮大な城とが、完全に両立するためには、なおいくらかの時を必要とするであろう。しかし、学術をポケットにした社会が、人間の生活にとってより豊かな社会であることは、たしかである。そうした社会の実現のために、文庫の世界に新しいジャンルを加えることができれば幸いである。

一九七六年六月　　　　野間省一

宗教

友松圓諦著（解説・奈良康明）
法句経《ほっくきょう》講義

原始仏教のみずみずしい感性を再興し、昭和の仏教改革運動の起点となった書。法句経の名を天下に知らしめるとともに、仏教の真の姿を提示した。混迷を深める現代日本の精神文化に力強い指針を与える書。

533

暁烏《あけがらす》 敏《はや》著（解説・松永伍一）
歎異抄《たんにしょう》講話

本書は、明治期まで秘義書とされた『歎異抄』をはじめて公衆に説き示し、その真価を広く一般に知らしめた画期的な書である。文章の解釈、さらに種々の角度からの解説により、『歎異抄』の真髄に迫る。

547

友松圓諦著（解説・友松諦道）
仏教聖典

釈尊の求道と布教の姿を、最古の仏典を素材にして格調高い文章で再現した仏教聖典の決定版。全日本仏教会の推薦を受け、広く各宗派にわたって支持され、全国にあまねくゆきわたった、人生の伴侶となる書。

550

凝然大徳《ぎょうねんだいとく》著／鎌田茂雄全訳注
八宗綱要《はっしゅうこうよう》　仏教を真によく知るための本

仏教の教理の基本構造を簡潔に説き明かした名著。凝然大徳の『八宗綱要』は今日なお仏教概論として最高のものといわれている。その原文に忠実に全注釈を加えた本書は、まさに初学者必携の書といえる。

555

酒井得元《とくげん》著（解説・鎌田茂雄）
沢木興道《さわきこうどう》聞き書き　ある禅者の生涯

沢木興道老師の言葉には寸毫の虚飾もごまかしもない。ここには老師の清らかに、真実に、徹底して生きぬいた一人の禅者の珠玉の言葉がちりばめられている。近代における不世出の禅者、沢木老師の伝記。

639

友松圓諦著（解説・奈良康明）
法句経《ほっくきょう》

法句経は、お経の中の「論語」に例えられる釈尊の人生訓をしるしたお経。宗教革新の意気に燃え、人間平等の人格主義を貫く青年釈尊のラジカルな思想を、四百二十三の詩句に謳いあげた真理の詞華集である。

679

《講談社学術文庫　既刊より》

宗教

マホメット
井筒俊彦《いづつとしひこ》著（解説・牧野信也）

沙漠を渡る風の声、澄んだ夜空に縺れて光る星々。世に無道時代と呼ばれるイスラーム誕生前夜のアラビアの美しい風土と人間から説き起し、沙漠の宗教の誕生を描く。世界的に令名高い碩学による名著中の名著。

877

教行信証入門《きょうぎょうしんしょう》
石田瑞麿《みずまろ》著

浄土の真実の心を考えるとき、如来の恵みである浄土に生まれる姿には、真実の教えと行と信とさとりがあるという。浄土真宗の根本をなす親鸞の「教行信証」を諄々と説きながらその思想にせまる格好の入門書。

902

維摩経講話《ゆいまぎょう》
鎌田茂雄著

維摩経は、大乗仏教の根本原理、すなわち煩悩即菩提《ぼんのうそくぼだい》を最もあざやかにとらえているといわれる。在家の信者の維摩居士が主役となって、出家者の菩薩や声聞を相手に、生活に即した教えを活殺自在に説き明かした。

919

道元禅師語録《どうげんぜんじごろく》
鏡島元隆《かがみしまげんりゅう》著

仏法の精髄を伝えて比類ない道元禅師の語録。道元の思想と信仰は、「正法眼蔵」と双璧をなす「永平広録」に最も鮮明かつ凝縮した形で伝えられている。思慮を傾けた高度な道元の言葉を平易な現代語訳で解説。

944

典座教訓《てんぞきょうくん》・赴粥飯法《ふしゅくはんぼう》
道元著／中村璋八他訳

典座とは、禅の修行道場における食事を司る役をいい、赴粥飯法とは、僧堂に赴いて食事を頂く作法をいう。両者の基本にあるものこそ真実の仏道修行そのものと説く。食の仏法の平等一如を唱えた道元の食の基本。

980

観音経講話《かんのんきょう》
鎌田茂雄著

宇宙の根本原理を説く観音経のこころ。時代と地域を超えて信仰されてきた観世音菩薩。そして最も広く読誦されてきた観音経。道元や明恵などの仮名法語を引用しつつ、観音経典の真髄を平易に解説した好著。

1000

一日一禅
秋月龍珉著（解説・竹村牧男）

師の至言から無門関まで、魂の禅語三六六句。柳緑花紅、照顧脚下、大道無門。禅者が、自らの存在をその一句に賭けた禅語。幾百年、師から弟子に伝わった魂に食い入る禅語三六六句を選び、一日一句を解説する。

1598

空の思想史　原始仏教から日本近代へ
立川武蔵著

一切は空である。神も世界も私すらも実在しない。仏教の核心思想の二千年史。仏教の核心をなす空の思想は、絶対の否定の果てに、一切の聖なる甦りを目指す。印度・中国・日本で花開いた深い思惟を追う二千年。

1600

正法眼蔵随聞記
山崎正一全訳注

道元が弟子に説き聞かせた学道する者の心得。修行者のあるべき姿を示した道元の言葉を、高弟懐奘が克明に筆録した法語集。実生活に即したその言葉は平易で懇切丁寧である。道元の人と思想を知るための入門書。

1622

インド仏教の歴史　「覚り」と「空」
竹村牧男著

インド亜大陸に展開した知と静の教えを探究。菩提樹の下のブッダの正覚から巨大な「アジアの宗教」へ。悠久の大河のように長く広い流れを、寂静への「覚り」と一切の「空」というキータームのもとに展望する。

1638

世親
三枝充悳《さいぐさみつよし》著（あとがき・横山紘一）

唯識の大成者にして仏教理論の完成者の全貌。現代の認識論や精神分析を、はるか千六百年の昔に先取りした精緻な唯識学を大成した世親。仏教理論をあらゆる面で完成に導いた知の巨人の思想と全生涯に迫る。

1642

正法眼蔵　（一）〜（八）
道元著／増谷文雄全訳注

禅の奥義を明かす日本仏教屈指の名著を解読。魂を揺さぶる迫力ある名文で仏教の本質を追究した『正法眼蔵』。浄土宗の人でありながら道元に深く傾倒した著者が繰り返し読み込み、その真髄は何かに肉迫する。

1645〜1652

宮坂宥勝訳注
密教経典 大日経・理趣経・大日経疏・理趣釈
大乗の教えをつきつめた先に現れる深秘の思想、宇宙の真理と人間存在の真実を追究する、その精髄とはなにか。詳細な語釈を添え現代語訳を施した密教の代表的経典をとおして、その教義と真髄を明らかにする。
2062

宮元啓一著
仏教誕生
古代インドの宗教的・思想的土壌にあって他派の思想との対立と融合を経るなかで、どんな革新性をもって仏教は生まれたのか？　そこで説かれたのは「慈悲」と「救済」だったのか？　釈尊の思想の本質にせまる。
2102

荒井章三著
ユダヤ教の誕生
放浪、奴隷、捕囚。民族的苦難の中で遊牧民の神は成長し宇宙を創造・支配する唯一神に変貌する。キリスト教やイスラーム、そしてイスラエル国家を生んだ「奇跡の宗教」誕生の謎に『聖書』の精緻な読解が挑む。
2152

立川武蔵著
ヨーガの哲学
世俗を捨て「精神の至福」を求める宗教実践は「根源的統一への帰一」へと人々を導く――。チャクラ、調気法、坐法、観想法等、仏教学の泰斗が自らの経験を踏まえてヨーガの核心をときあかす必読のヨーガ入門。
2185

三枝充悳著
インド仏教思想史
古代インドに仏教は誕生し、初期仏教から部派仏教、そして大乗仏教へと展開する。アビダルマ、中観、唯識、仏教論理学、密教と花開いた仏教史に沿って、基本思想とその変遷、重要概念を碩学が精緻に読み解く。
2191

中村　元著
往生要集を読む
日本人にとって地獄や極楽とは何か。元来、インド仏教にはなかったこの概念が日本に根づくのには『往生要集』の影響があった。膨大なインド仏教原典と源信の思想を比較検証し、日本浄土教の根源と特質に迫る。
2197

宗教

倉田百三《ひゃくぞう》著（解説・稲垣友美）
新版　**法然と親鸞の信仰**

信仰は思想ではない。生きることそのものなのだ！『出家とその弟子』で知られる求道的文学者が、「一枚起請文」と「歎異鈔」の世界に深く分け入り、情熱をこめて信仰と人生を語り説く。感動の仏教入門。

2432

竹村牧男著
親鸞と一遍　日本浄土教とは何か

無の深淵が口をあけ虚無の底に降り立った中世日本に日本浄土教を大成した二人の祖師。信心と名号、全く対照的な思索を展開した両者の教えの精緻な読み込みを通して日本人の仏教観の核に鋭く迫った清新な論考。

2435

大谷哲夫全訳注
道元「宝慶記《ほうきょうき》」

真の仏法を求めて入宋した道元禅師は、天童山でついに正師たる如浄に巡り会った。情熱をもって重ねられる問を受けとめる師の喜び。正しい教えを得た弟子の感激。八百年の時空を超えて伝わる求道と感激の書！

2443

マルティン・ルター著／深井智朗訳
宗教改革三大文書　付「九五箇条の提題」

記念碑的な文書「九五箇条の提題」とともに、一五二〇年に公刊され、宗教改革を決定づけた『キリスト教界の改善について』『教会のバビロン捕囚について』『キリスト者の自由について』を新訳で収録した決定版。

2456

秦　剛平訳
七十人訳ギリシア語聖書　モーセ五書

前三世紀頃、七十二人のユダヤ人長老がヘブライ語聖書をギリシア語に訳しはじめた。この通称「七十人訳」こそ、現存する最古の体系的聖書でありイエスの時代の聖書である。西洋文明の基礎文献、待望の文庫化！

2465

藤代泰三著（解説・佐藤　優）
キリスト教史

イエスの十字架から教会制度、神学思想、宣教などの変遷を、古代から現代まで描ききり、キリスト教史の枠組みのなかで日本のキリスト教を捉え直す。世界宗教の二〇〇〇年史をこの一冊で一望できる決定版！

2471